フランス自由主義の成立

公共圏の思想史

Takaho Ando
安藤隆穂……著

名古屋大学出版会

フランス自由主義の成立

目　次

序　章　公共性とフランス自由主義……I

第I章　啓蒙思想と公共空間……15
はじめに　15
一　「文芸共和国」から市民的公共性へ——予備的考察　19
二　公共性の啓蒙思想的起源　23
三　啓蒙期公共性の展開とその諸類型　34
おわりに　49

第2章　市民的公共性の創出……53
——「公論」の誕生と「公論」の思想
はじめに　53
一　チュルゴ改革と公共表象　56
二　穀物取引自由化と公共性の思想像　62
三　コンドルセと「公論」の思想　69
おわりに　80

第3章　フランス自由主義の胎動……85
——コンドルセと自由の公共空間
はじめに　85

一　「社会的技術」と「世論」――「公論」の政治秩序と自由　88
二　文明の政治空間　93
三　公共空間と自由の政治秩序　101
四　自由主義の胎動　107

第4章　フランス革命と公共圏の思想……111
はじめに――フランス革命と公共性　111
一　「公論」と革命　118
二　「公論」の思想と「公共精神」　128
三　自由の公共圏への模索　138
四　「公論」の可能性　144

第5章　テルミドール派と公共圏……149
はじめに　149
一　テルミドール派と「公論」――共和政と自由の秩序　151
二　レドレルと「世論」の構図　160
三　共和政と公共圏――ソフィー・コンドルセの道徳哲学　173
おわりに――「科学による統治」と「公論」の思想の分裂　183

第6章　ジェルメーヌ・スタールの自由主義……187
はじめに　187
一　共和主義への道　190
二　公共圏の政治哲学——自由の公共圏の創出　200
三　公共圏と文学——『コリンヌ』の公共性像　210
四　『ドイツ論』以降の自由主義——ナポレオン帝国を前にした自由と公共　222
おわりに——自由の原理から歴史のモラルへ　236

第7章　バンジャマン・コンスタンと自由主義の成立……241
はじめに　241
一　革命家および思想家としてのコンスタン　244
二　共和主義の政治哲学　249
三　自由主義の成立——公共圏の政治原理　255
四　自由主義と公共圏　273
五　自由のモラル　281
おわりに　289

第8章　体制としての自由主義……293
はじめに——復古王政の公共空間　293

一　体制としての自由主義の成立　297
二　自由主義体制と公共圏　305
おわりに　316
終　章　フランス自由主義の歴史的諸形態……321
あとがき　339
註　巻末 *II*
索　引　巻末 *I*

序章　公共性とフランス自由主義

「フランス自由主義」とは何か。「自由主義」という言葉自体が曖昧であるなかで、「フランス自由主義」を定義することは難しい。たとえば、よく知られたI・バーリンの消極的自由の概念やハイエク的自由あるいはロールズ的自由を基準に、フランス思想史に類似の潮流や源泉を探しても、ほとんど意味はない。[1] しかし、一九世紀前半フランスにおいて、「フランス自由主義」と呼ぶべき思想と運動が、いくつかの類型と段階において存在し、思想の全体的動向を左右する大きな力をもちえたことは、否定できない。本書の課題は、「フランス自由主義」の思想を対象として確定し、その特質と課題を探り、思想史上に位置づけることである。「自由主義」の意義や定義をめぐる現代の論争と直接関係をもつものではなく、[2] あくまで思想史に課題を限定するものである。

「フランス自由主義」という対象をどのように設定するかという課題は、容易なものではない。一九世紀に「自由主義」という言葉を生み出したイギリスでは、思想としても功利主義が一八世紀のアダム・スミスに代表される経済的自由主義を政治思想へと展開し、思想史上に確立した地位を占めている。しかし、フランスに、同様の機能を果たした思想潮流を見つけだすことは、難しい。[3] 一八世紀啓蒙思想の自由の理念までさかのぼり、これを「自由主義」と呼ぶこともある。一九世紀に対象を絞る場合にも、フランス革命期の共和主義という形をとった自由派を開始点とするか、もっと後のイギリス功利主義の影響を強く受けた諸潮流に限定するかなど、多くの問題がある。

こういう事情を反映し、「フランス自由主義」の全体像を取り上げる研究は意外に乏しかった。バンジャマン・

コンスタン、ギゾー、トクヴィルなどの個別思想の研究において、彼らの思想を「自由主義」と規定する場合にも、その「自由主義」の意味は多様であり、その全体像はむしろ拡散する傾向にある。テルミドール派に始まり、リベロー、ドクトリネールからトクヴィルまでを「フランス自由主義」の系譜と考える点では、共通の了解ができつつあると思われるが、その全体的性格づけがなされたとはいえない。近年ピエール・マナンは、ミルトンを出発点にして現代まで、ヨーロッパの代表的自由主義者の思想像を紹介することを試みた。[4] フランスの一八世紀では、ヴォルテールとモンテスキューが、一九世紀前半では、コンスタン、ロワイエ＝コラール、ギゾー、J・B・セー、バスティア、トクヴィルが選ばれている。個別思想家を掲げることはできるが、「フランス自由主義」をまとまった潮流と捉えることは、依然として難しいことが解かるだろう。

それでも、歴史学において、いわゆる修正派によってフランス革命像が大きく書き換えられて以降、「フランス自由主義」への関心が増大し、その接近方法にも明らかな変化が生まれている。修正派は、マルクス主義に対抗して、ギゾーやトクヴィルの文明史によるフランス革命把握を利用した。[5] 修正派は、また、いわゆるジャコバン史学に対抗し、政治文化論の枠組みのなかで、「自由主義」の思想の果たした役割を再評価した。F・フュレ、M・オズーフ編『フランス革命事典』（一九八八年）の「思想」や「歴史家」の項目をみても、自由主義的傾向に対する研究の充実ぶりが窺えるだろう。[6] 近年、このようなフランス革命研究の動向に触発されたと思われる、一九世紀フランス自由主義研究が始まっているのである。

L・ジョームは、一九九〇年の著作で、「フランス自由主義」に新しい光を投げかけようとした。[7] ジョームは、一八世紀以来の経済的自由主義をひとまず外し一九世紀の政治的自由主義に対象を絞ったうえで、「フランス自由主義」の潮流を、大きく三つに分ける。主力は、ギゾーとドクトリネールさらにオルレアン主義者に代表される「中間階層を歴史の完成点とする」もので、「エリート自由主義ないし名望家自由主義として特徴づけられる」。この潮流は、「ドクトリネール以降の統治する側の自由主義を形成」し、彼らにおいては、個人の概念は希薄であり、「一般的利益の後見人である国家」に「個人を従わせる」という関心が強くみられる。いま一つは、モンタランベールなどの「自由主義的カトリシズム」であるが、ここでも、国家による個人の保護に関心の中心がおかれる。[8] これら二つに、「権力への批判的判断と個人にその概念構成の重点をおいているスタール夫人とバンジャマン・コンスタンの自由主義」が対抗する。[9]「後見的であるがゆえに圧制的な教会および権力に対抗する個人の解放を中心に据えた」のは、この最後の潮流のみであった。[10]

こうして、ジョームは、フランス自由主義の全体的特徴づけをひとまず、次のように行う。「自由主義者の多数が『個人主義』を忌避しており、またこの意味において彼らはジャコバン主義（彼らはそれを嫌悪すると公言している）からそれほど離れていないのであって、ナポレオンという両者を繋ぐ重要な鎖が存在したということをはっきりさせておく必要がある。彼ら自由主義者たちが、究極的には、個人権に対する国権の優位に与しているのは、彼らが、王政復古以来、帝政の諸制度を壊すよりもむしろそれらを自由化することを選んだからである」。[11]「フランス自由主義は、国家に対抗する自由主義とは程遠く、市民社会、多様性そして利益の多元性を重んじるには程遠かったのであり、概して、国家による自由主義であったのだ」。[12] そうだとすれば、フランス自由主義は、「個人権の正当性と国家の正当性との間の緊張」という問題に理論的に立ち向かわず、[13] 近代国家による個人の全体的包括というジャコバン主義の脅威を抱え込み放置していることになる。

ジョームによるフランス自由主義のこうした整理と特徴づけは、とくに新しいものではない。しかし、ジョームの研究主題は、この先にある。ジョームは、フランス自由主義の全体的特徴づけを変更する意図はもたないが、その枠内においてフランス自由主義が展開した国家と自由の関係をめぐる苦闘を発掘し再認識しようとするのである。ジャコバン派は、ホッブズとルソーの思想から、近代的個人の独立を近代国家の樹立によって実現するという論理を受け継いで、これを実施しようとした。フランス自由主義はこのジャコバン派による個人の政治的解放という主題をどう受け止め回答しようとしたのか。この問題を避けては、フランス自由主義による革命終結の意義は、明らかにならない。フランス自由主義を、「国家による自由主義」として全体的に特徴づけるだけでは十分ではない。むしろ、個人と国家との緊張という主題を素通りせず経験した自由主義の苦闘を発掘し、再評価しようというのが、ジョームの問題意識であると思う。(14)

ジョームは、このように、近代的個人の確立をめぐるジャコバン主義との対抗という文脈を掘り起こし、フランス自由主義研究に新視角を導入した。ジョームは、ジャコバン主義と自由主義のそれぞれにおける、「代表」概念と「個人の位置」を焦点として、フランス自由主義を再評価しようとしている。(15) そこでまず注目されたのは、レドレルである。レドレルが一七九六年に発行した新聞『公共経済、道徳、政治雑誌』と一七九七年執筆の『国民の多数者、それが形成される仕方、それを認識する手段、そして世論の理論について』(以下、『世論の理論』)のなかに、自由主義における個人の地位をめぐる考察と代表論という形の政治論を発掘し、「市民社会、多様性そして利益の多元性を重んじる」(16)自由主義の成立を、ジョームはみようとする。こうして、コンスタンの潮流だけでなく、フランス自由主義全体に、個人の独立と国家への対抗という意識と論理が存在していたありようを、ジョームは発掘検討しようとしているのである。彼は、一九九七年には『目立たない個人あるいはフランス自由主義のパラドックス』を書き、一九世紀全体を視野において、研究を発展させている。ここでも、自由主義は、同じく三つの潮流に区別され、いっそう具体的となっているが、ジョームは、フランス自由主義の分類よりも、全体を統一的に捉えようとしているように見える。(17) ただし、レドレルに着目した視角は、必ずしも生かされておらず、主力を功利主義とし、コンスタンおよびスタール夫人をその外におこうとしていて、コンスタンの政治哲学の特徴づけを別とすれば、意外に従来の研究に近い平板な結論になっているという印象をぬぐえない。

ジョームとは視角が違うが、P・ローザンヴァロンも、ギゾーを中心に、フランス自由主義の政治思想について、それが独自の政治学をもつことを明らかにしてきた。ローザンヴァロンは一九八五年にまとめたギゾー研究で、フランス自由主義の政治思想を問題とした。[18] ローザンヴァロンによれば、イギリスの「自由主義的思潮」においては、一六八八年の革命以降、「経済的自由主義」と「政治的自由主義」とが調和し発展した。これに対して、フランスでは、近代化をフランス革命とその政治文化が切断し、個人の社会的結合という課題が政治的次元に集約され、自由主義の焦点が「政治的自由主義」に絞られた。その「政治的自由主義」は、これまで歴史の過渡期にすぎないと軽視されてきた一八一四年から一八四八年の時期に、独自の展開を遂げていたのである。このような問題提起を経て、ローザンヴァロンは、一九世紀フランス自由主義について、J・B・セーやバスティアなどの経済的自由主義ではなく、政治的自由主義を重視し、その思想的特質を求め、ギゾーを取り上げた。ローザンヴァロンの研究からも、フランス自由主義は、単純に「国家による自由主義」として済ませることはできず、独自の政治学をもつことが、浮かび上がってくる。それは、フランス革命に終止符を打ち、革命が樹立した近代的国家と政治諸制度の枠内に政治過程を組み込むものであった。ローザンヴァロンは、ギゾーが自由主義に組み込もうとした政治過程論を、市民社会、教育などの領域を中心に、再構成している。フランス自由主義は、「国家による自由主義」であったとしても、近代国家に市民社会のもつ政治的ダイナミズムを織り込もうとしたのである。ローザンヴァロンの近著『フランス的政治モデル――一七八九年から今日までのジャコバン主義に対抗する市民社会』（二〇〇四年）も、題名が語るように、ジャコバン派に対するもう一つの選択肢として、自由主義の政治モデルを、市民社会の位置を中心に、提出している。[19]

ジョームもローザンヴァロンも、いわゆる修正派のフランス革命研究を踏まえて、フランス自由主義を読み直そうとしていることは、これまで見てきた限りでも、十分に理解できるだろう。修正派はフランス革命を政治文化の視点で捉えた。ジャコバン主義の対抗軸として、フランス自由主義が革命を別の終結に導いたとすれば、その中心には、自由主義がフランス革命の政治文化にどう向き合ったかという問いが、おかれるだろう。フランス自由主義を功利主義の大陸的変種とみなし、経済的自由主義を中心に観察するだけでは、十分ではない。ジョームがレドレルの「世論」の概念に、ローザンヴァロンがギゾーの市民社会の政治的把握に注目したように、一九世紀フランス自由主義は、フランス革命の政治文化を闘技場として、近代的個人の社会的結合と独立という主題をめぐってジャコバン主義とその主導権を争ったという次元においても、その思想を把握する必要があるのである。(20)

ジョームやローザンヴァロンは、一九世紀の政治的自由主義に主要対象を絞っているけれども、革命前の自由主義についても見直しがはじまっている。啓蒙期の自由主義については、啓蒙思想における多様な自由の理念の発展が指摘され、また運動としてはフィジオクラートの自由主義的改革活動とJ・エグレのいわゆる貴族の「自由主義的革命」とが知られているが、前者は「政治的自由」抜きの経済的自由主義であり、後者も、王政に対する抵抗にとどまるものであって、フランス革命に繋がるような体制変革志向をもつものとはみられてこなかった。ところが、K・M・ベイカーは、一九七五年に出版した『コンドルセ』において、フィジオクラート（重農主義者）の経済的自由主義が、革命前夜から革命期にかけて、啓蒙的地主による国家像をしだいに民主化していく形で、フランス革命に対応する政治的思想を創出していく経緯を示そうとした。ベイカーの議論はフランスの研究者に大きな影響を及ぼし、フランス語版が、フュレの「序文」つきで、一九八八年刊行された。そこで、フュレも「コンドルセのみが啓蒙の哲学と革命の政治という継続する二つの世界に完全に属する」と述べた。ローザンヴァロンも、革命以前のフランス自由主義については、フィジオクラートの政治化というベイカーの議論をほぼ共有しているように思われる。

こうした動向に繋がるように、経済思想史の分野でも、革命前における経済的自由主義から政治的自由主義へのフランス的展開について、強い関心がもたれるようになっている。一七七六年の『国富論』の出版とアメリカ革命の開始と時期を同じくして、フランスではチュルゴによって王政の諸改革が断行されようとした。この改革は、フィジオクラートの経済的自由主義によるものとみなされてきたが、近年、この改革を政治的自由主義の出現に結びつけて把握する動向が、有力となってきたのである。たとえば、E・ロスチャイルドは、「ロマン主義的自由主義」の出現と発展をみようとしているし、J・ファッカレーロは、「公共経済学」への動向を見出し、市場の政治学ともいうべき思考の出現を示そうとした。また、I・ザペリの研究のように、シエースの政治思想の前提に、フィジオクラートとは異なる経済像の自立過程があることにも注目が集まりはじめている。[21]こうした経済思想史研究は、フィジオクラートの発展上にではなく、その解体克服という課題を伴うものとして政治的自由主義の出現をみているのだから、経済思想史での新しい研究に繫がっているとはいえないが、ロスチャイルドのいう「ロマン主義的自由主義」が、自由主義への政治文化論的アプローチを意識していることは明らかだろう。

ローザンヴァロンなどの一九世紀自由主義の新研究と経済思想史による革命以前の自由主義の発掘とを結びつけ、フランス自由主義の思想史を新しい形で描くことはできないだろうか。フランス自由主義へのアプローチについて、このように見直すとき、「公論」およびこれに繫がる公共圏のもつ意義が、連結軸として注目されると思う。フランスにおいて、「公論」は一八世紀後半に政治的に創出され、フランス革命の政治文化の運動中枢を構成した。革命による政治社会諸制度の設計は、「公論」と公共圏を通して行われたし、諸思想は、公共圏での戦いを経て、その実行力を確認した。[22]したがって、ジョームのいうジャコバン主義と自由主義の対決の焦点は、公共圏をどう組織しリードするかにあったと考えられる。だからこそ、ジョームも、レドレルの『世論の理論』を重視したのであった。

そうだとすれば、近年の新視角によるフランス自由主義研究を、公共性の思想史研究に結びつけることができるし、それはきわめて有意義な試みであると思われる。一八世紀フランスにおける公共圏の創出と成立には、公共性の思想の出現が伴った。革命後の自由主義における公共圏の意義を問うことは、革命以前の公共性の思想における自由主義的モメントの出現を問うことに繋がる。革命後の自由主義は、革命の公共圏をめぐるアクチュアルな思想闘争を、革命以前の自由主義的モメントの吸収を通じて行ったはずである。[23] 革命以前の公共性出現過程のなかで自由と公共性を結合する思想とその諸表象が発展し、それは、革命の動乱期をくぐり抜け、革命後の自由主義の思想に引き継がれる。したがって、公共性というダイナミックなプリズムを通して、一八世紀思想における自由主義的諸モメントと一九世紀フランス自由主義を結びつけ、フランス自由主義の生成と発展の流れを描く新領域が、開かれてくると考えられる。

フランス自由主義の思想史研究と公共性の歴史研究をこのように結びつけることがやや強引であることは、もちろん否定できない。公共性の歴史研究はもともと、自由主義どころか、思想史研究とさえ直接には関係なく始まった。研究の口火を切ったJ・ハーバマスによれば、公共圏は、ヨーロッパ文明の個人化過程の結果、資本制社会の発展による文化の商業化を基礎として、一八世紀に出現した。主体はブルジョワであり、彼らは後衛に親密圏として近代的家族を保持し、社会においては所有者と人間の役割を同時に演じる独自のコミュニケーション的行為の圏域を生み出した。この公共圏は、私的個人相互の交流圏域であると同時に、国家と公権力を批判し規制する市民の社会でもあるという、二重の機能を併せ持つ。また、それは、理性的討議を原理とし、民衆のモラル・エコノミーと対峙した。[24]

ハーバマスの提案した市民的公共性は、歴史社会学的というより哲学的概念であり、十分に実証的なものとは言えないが、一八世紀思想において、思想家が公共圏という表現圏をもち、思想の生産と流通とが密接に繋がり、思想家と社会とを結ぶダイナミズムを可能にしていたことを示すものであった。[25] 一八世紀を「編集知の世紀」とする捉え方があるが、それも、市民的公共性の出現の主体的表現といえるだろう。[26]

フランスの一八世紀については、K・M・ベイカー、M・オズーフ、R・シャルチェなどの後続研究によって、「公論」の観念が「政治的に創出」され、公共圏が政治文化の変容と発展を担い、フランス革命という事件を規定していったことが強調された。[27] とりわけ、フランス革命との関係では、「公論」の概念、公共性の観念そのものが、どう具体的に構成され位置づけられるかが、重要であった。

そうだとすれば、一八世紀思想は、公共圏での公共性についての表象変革作用によって、政治文化の運動をリードする機会をもったことになる。「公論」の観念について、ルソー、フィジオクラート、アンシクロペディストなど、諸潮流が争い異なる枠組みを生み出そうとした。フランス革命の思想も自由主義も、これら一八世紀の公共性の諸観念を継承し批判し、革命を実践した。[28]

このようにみてくると、一八世紀公共性の思想史を自由主義と結ぶという研究視角は、決して唐突なものではないであろう。一八世紀の公共性の諸観念において自由主義的モメントが成立発展した過程と一九世紀フランス自由主義が、公共性をめぐって展開する過程を結ぶとき、フランス自由主義の生成と発展について、有力な思想史的コンテクストが浮かび上がってくると思われるのである。[29]

本書は、必ずしも自由主義にこだわることなく、公共性の思想史として出発する。そして、公共性の発展は国家による総括を意味しないという当然の流れによって、自由主義の思想史が出現してくるという構成をとっている。公共圏をめぐる権力と自由の緊張を、自由による公共性の確保という側面において、思想史的にたどる試みといってもよい。奇妙な着想かもしれないが、公共性にこだわった形の社会思想史研究の一つであると考えている。とりわけ、扱った時期においては、思想の社会的態度が、公共圏の創出を試金石としたという意味において、このこだわりによる限定も、有効性をもつのではないだろうか。

これまで述べてきた理由により、本書は、研究手続きとは逆の配列で、叙述される。すなわち、フランス思想史における公共圏観念の発展を追い、結果として、その一つの総括形態としてフランス自由主義が出現するという構成となる。本書の構成は、次のようである。

まず第1章では、啓蒙思想の公共表象の発展をその多様性を含めて整理する。フランス啓蒙思想の公共表象は、ヴォルテールによって提出され、文明が「自由と公共」の結合をしだいに実現していくという観念を中心軸として、展開したと考えられる。啓蒙思想の公共表象についての研究は少ないので、できるかぎり多様な諸潮流を網羅したい。

第2章は、一七七〇年代のチュルゴによる王政改革時に、「公論の政治的創出」をめぐって、公共表象がさまざまに政治化していく様相を論じる。チュルゴの改革は、一方において、七年戦争敗北の衝撃がイギリス立憲政体に対抗しうるフランス新体制の設計を迫るなかで、他方において、アメリカの独立と共和政運動を視野に入れて、全社会的規模で推進された。近代的政治秩序の樹立が、現実的視野に上ってきたという意味で、公共表象発展の大きな転回点となったのである。

第3章は、チュルゴ改革期と改革挫折後のコンドルセを中心に、政治化した公共性という磁場において、公共圏の独自的意義と政治空間との関係が問われ、近代的個人の自由の独自性認識が発展し、政治思想としての自由主義の諸要素が思想的に準備されていくことを示す。コンドルセのアカデミー改革、司法改革運動、市場分析などを中心に、読み解いていきたい。コンドルセはこの時期、後にコンスタンの理論として有名となる近代における個人的自由と政治的自由の分離という問題を提出した。彼の『黒人奴隷に関する考察』（一七八一年）の新しい解読を中心に、フランス自由主義の諸モメント出現の経緯を、明らかにしていく。

第4章は、フランス革命によって、公共圏が、近代的個人、近代社会、近代国家を結ぶ政治的磁場となるなかで、公共性をめぐる思想対立が現実的政治対立となり、共和政の枠組みを焦点として、自由主義が政治思想としての形態を整えていく過程をみる。コンドルセとシエースを中心に、その政治活動よりも、思想活動をより反映する『一七八九年協会誌』などの資料によって、革命期自由派に共通する思想の枠組みを示したい。現在有力な見解では、革命期に近代国家諸制度が樹立され、公共圏はその政治諸制度に統括され、「公論」が「公共精神」に圧倒され力を失っていくという。(30) 本書では、逆に、革命期「公論」の生命力を救い出し、新しい意義づけをおこないたい。

第5章は、テルミドール派の思想において、自由と公共性の諸モメントが近代的政治諸制度の設計という実行の現場にあって鍛えられ、逆に矛盾を生み出していく過程を分析する。テルミドール派は、モンタニャール独裁の悪夢を消し去ろうとして、共和政体における自由と公共の結合についての別の選択肢を示す必要があった。しかし、その努力のなかで、近代国家諸制度と公共性との分裂が新しく生じた。総裁政府における行政権力の強化は、その矛盾を激化し、末期におけるクーデタの続発のなかで、レドレルやソフィー・コンドルセによって、テルミドール派共和主義から政治思想としての自由主義が自立する動向が出現する。

第6章と第7章は、レドレルと同じく自由主義への歩みを踏み出した、バンジャマン・コンスタンとジェルメーヌ・スタール（スタール夫人）が、レドレルに繋がる主流とは異なる独自の自由主義を成立させる経緯を、その思想の独自的性格とあわせて、追跡再構成する。ナポレオン帝政と復古王政期に、さまざまな自由主義の潮流が生じるが、このコッペを基地とした自由主義は、公共圏に近代的個人の政治空間として独自に新しい光をあてた。一八世紀啓蒙の公共表象を再生し自由主義の新しい枠組みの生命力としたのである。コッペの自由主義が国家に批判的であったのは、ナポレオンの迫害から逃れるなかで、帝国の辺境でその思想が醗酵したことにもよるだろう。ジェルメーヌ・スタールの『革命を終結させうる現在の状況とフランスで共和国の基礎となるべき諸原理について』

（一七九八年執筆）やコンスタンの『ヨーロッパ文明との関係における征服と簒奪の精神について』（一八一四年）などの自由主義諸文献は、ナポレオン帝国の外で書かれた。しかし、そうした事情以上に、公共圏の独自の意義づけが、批判的自由主義としての独自性を支えていたと思われる。この独自の公共圏の観念によって、コンスタンとジェルメーヌ・スタールの自由主義は、近代的個人の独立にこだわり続け、個人主義と自由主義を結合したと考えられる。他の自由主義諸潮流は、自由の政治体制の設計に主題を集約し、主体としての近代的個人の観念を希薄にしていった。自由の主体は、所有者市民やブルジョワなどに制限された。コンスタンとジェルメーヌ・スタールの自由主義のみが、近代的個人の社会的解放という主題を、最後まで維持していたのである。

第8章は、ドクトリネールとギゾーによる体制としての自由主義の成立を扱う。ギゾーは、テルミドール派やコンスタンの世代と自己を切り離し、体制構築型の自由主義を生み出そうとした。それは、コンスタンがみていた公共圏の自由を、立憲的政治秩序に吸収してしまうものであったが、体制において市民社会のダイナミズムを最大限維持しようとするものでもあった。ギゾーにおける体制としての自由主義の成立をもって、フランス自由主義の思想史的過程は、その諸潮流の思想の諸類型および諸配置をひとまず終え、その独自性を鮮明にすると思われる。体制としての自由主義の成立によって、逆にコンスタンのような自由主義は体制批判的性格をいっそう浮上させる。自由主義諸潮流は、分化し対立し、ロマン主義や社会主義との複雑な混合を現出し、トクヴィルなどによる新段階に向かっていくのである。

そして終章では本書で発掘した自由主義の諸潮流を組み込む形で、フランス自由主義の歴史的諸形態を再配置し、ギゾー以降の自由主義の展開について、空想的社会主義、社会主義を視野に入れ、新しい展望を試みることとしたい。

本論に先立って、その小さなスケッチをここに置いたのは、接近方法だけでなく、フランス自由主義の対象設定あるいは発掘が、これまでの通念と大きく異なっているからである。これまでは、テルミドール派からコンスタンを経てギゾーへと直線的にフランス自由主義の成立史を描き、その先にトクヴィルをみるのが、普通であった[31]。本書は、フランス革命以前に対象を大きく拡大し、トクヴィルまで到達する以前にとどまっている。それは、筆者の力量不足にもよるが、ギゾーの段階で、フランス自由主義の意義と独自性について、ひとまず総括しうるという考えにもよるのである。

本書は、フランス自由主義の直接の起源をフランス革命前のコンドルセとその周辺にみることを、第一の特徴とする。そうして、フランス革命期のコンドルセやシエースの共和派とそれに続くテルミドール派共和主義に、共和主義の衣服を着た自由主義の発展をみるが、そこにおいて共和主義と自由主義とが矛盾に陥ること、それが公共圏をめぐる自由主義の独自的主題を生み出したことを発掘するのが、第二の特徴である。そして、ジャコバン主義への批判だけでなく、テルミドール派共和主義の自己批判とナポレオン帝政への対応を同時課題として自由主義が自立するとみるのが、第三の特徴である。最後に、その自由主義の成立を、コンスタンからギゾーへの世代交代としてではなく、ギゾーによる体制としての自由主義の樹立をめぐって、フランス自由主義内部における思想対立が配置される過程においてみるのが、第四の特徴である。こうしたフランス自由主義の成立史の書き換えによって、フランス自由主義を、国家からの自由主義でも国家による自由主義でもなく、公共圏設計の思想、公共圏と自由のポリティックスを目指した思想として、クローズアップしたいと思う。

本書の諸章は、どれも、解答を準備する前に問題提起を急いだという性格を否めない。その意味では、本書は、フランス自由主義研究の序説的段階のものということができる。しかし、フランス自由主義の思想史的位置づけの現状においては、こうした問題提起的研究が、ぜひとも必要であると考える。また、本書は、公共性の思想史研究ではあっても、公共性についての歴史研究ではないことも、繰り返し断っておきたい。本書は、扱った時代と地域における公共性の実証的研究を、十分に生かし切ることもできていない。それでも、公共性の歴史研究に対しても思想史的接近の必要性は大きいのだし、本書の研究が、間接的にせよそれに寄与できれば、幸いである。

第*I*章　啓蒙思想と公共空間

はじめに

公共圏の制度化は、文化の商業化を基盤に進められ、イギリスに続いて、フランスでも、一七五〇年代から「政治的に議論する公衆」および「市民的公共性」が出現した。[1] このハーバマスの歴史社会学の図式を検討して、K・M・ベイカーは、フランスでは公共性の発展がきわめて政治的であり、「公論の政治的創出」によって劇的に出現したという。[2] ベイカーによれば、「公論」誕生の戦場は、一七五〇年代からのジャンセニスムの秘蹟問題、一七六〇年代からの穀物取引の自由化問題と王室財務行政問題であり、これら三つの問題をめぐる、王権と高等法院の対立・抗争である。

ハーバマスが国家の対抗圏として市民的公共性をみているのに対し、ベイカーは、公共性の出現がフランスでは、公権力を根拠づける代表の理論を変革したことを重視する。一八世紀フランスには、公権力を基礎づける理論として、第一に、王の人格を王国の唯一の代表とみなす「絶対主義的な理論」、第二に、高等法院を国民意志の解釈者とする「司法上の理論」、第三に、公権力の役割を社会的利害の合理的運用に求め、代表の源泉を効用（したがって所有）に帰する「行政の理論」、以上の三つがあった。一八世紀後半の政治的諸対立を通じて、これら三つの古い枠組みが突破され、国民的政治意志が立ち上がる公共空間が成立し、「公論」が生み出されたと、ベイカーはみる。[3]

「公論」の出現は、フランス啓蒙思想の諸対立を、「公論」の観念と公権力の代表観念をめぐる対抗という政治的次元に引き上げる。ハーバマスもベイカーも、ルソー的傾向とフィジオクラート的傾向とネッケル的傾向の諸類型による対抗をあげている。このうち、ルソー的傾向の位置については、ハーバマスとベイカーの見解は一致する。ルソーは政治社会を構想し、そこに「公論」を組み込む。その結果、ルソーは、一般意志の支配を絶対条件としたために、「公論」から討議的性格を奪ってしまう。[4] このルソー的公共性の観念が、フランス革命期にロベスピエールの共和政体として実施に移されるのである。

ハーバマスもベイカーも、ルソー的傾向への対抗軸として、討議を組み込んだ「公論」の観念を指名する。ハーバマスは、それを、フィジオクラートの「啓蒙された公衆」の観念に求め、このフィジオクラート的傾向を主流に、フランス革命期の市民社会が展開するとみた。[5] しかし、ベイカーは、フィジオクラートの「啓蒙された公衆」について、これは討議型ではないという。フィジオクラートからチュルゴとコンドルセを貫くのは、「公衆がその判断によって啓蒙された公論を適切に構成する以前にこれらの諸真理にすでに通じていなければならない」という見解である。公衆は討議に関係なく、あらかじめ啓蒙された存在とされているのである。これは、ハーバマスのいう討議型の「公論」ではない。「革命前夜のフランスにあって、合理的公論の概念の十分な発展をみるのは、フィジオクラートにおいてではないのである」。[6]

ベイカーは、穀物取引の自由化問題で、フィジオクラート、チュルゴ、コンドルセを批判したネッケルに、討議型「公論」の観念の成立をみる。穀物取引をめぐる論争からチュルゴのあとの財務総監となり王室財政公開を主張する過程で、ネッケルは「公論」を掲げる。ベイカーは、『系統的百科全書』に、『ネッケル財政論』（一七八四年）

に影響を受けた討議型「公論」の概念が現れるとして、これを革命前の「公論」の観念の最先端に位置づけた。[7]

ところが、ベイカーは、このネッケル的「公論」の観念がフランス革命のイニシアティヴをとるのではなく、フィジオクラート、チュルゴ、コンドルセの系譜がルソー的系譜に対峙したと考えている。ベイカーによれば、ロベスピエール独裁に対抗したのは、ハーバマスのいう国家に対抗的な市民社会論ではなく、フィジオクラートの「啓蒙された公衆」の子孫である知的エリートによる合理的統治論であった。[8]

ベイカーにおいては、「公論」の発展とそのイニシアティヴをとる担い手としての「啓蒙された公衆」の間に齟齬が存在することにならないだろうか。つまり、公共性を政治化し「公論」に民主主義的性格を与えたのはネッケル的傾向であったが、政治文化をフランス革命へとリードしたのはフィジオクラート的な「啓蒙された公衆」であり、彼らにおける「公論」の観念は討議型ではなかったということになるだろう。じつは、ハーバマスも、「政治的に機能する公共性が絶対主義体制に突入するための突破口を切り開くことにはじめて成功したのは、周知のようにネッケルである」と述べていた。[9] ハーバマスの場合、フィジオクラートの「啓蒙された公衆」とネッケルとは「公論」の発展上では対立しないので、「政治的に議論する公衆」の出現は順調にすすんでいったとみられていたのである。これに対して、ベイカーは、ネッケルとフィジオクラートの「啓蒙された公衆」との間の「公論」の観念の違いを指摘した。ベイカーが、この非討議型の「公論」をフランス革命に繋げるとき、ハーバマスとの革命像の違いも明らかとなる。ハーバマスが「政治的に議論する公衆」による対抗権力的運動を市民革命の主題とするのに対し、ベイカーは、合理的政治的行為の出現と政治秩序の創造とに引きつけて政治文化論的に革命を把握しようとしているのである。

ハーバマスもベイカーも、「公論」さらにはフランス革命について、ほぼ同じ担い手をみながら、異なる「公論」の観念とこれまた異なる革命像を導き出した。その結果、ネッケルの位置が、曖昧となっている。ともに、フランスにおける公共性の発展上で、ネッケルの果たした重要な役割を認めながら、ハーバマスではネッケルはフィジオクラートの「啓蒙された公衆」による公共性の政治化に合併され、ベイカーでは、切り離される。そうして、両者とも、フランス革命の主力として、ネッケル的潮流とは別のフィジオクラートを中心とする系譜を指名しているのである。ネッケルは、エグレのいう貴族の「自由主義的革命」を総括する位置に立つ。[10] したがって、ハーバマスもベイカーも、「公論」や「啓蒙された公衆」をクローズアップし、貴族の「自由主義的革命」を超える新しい政治集団の出現を展望したということができよう。しかし、そのことによって、「公論」の観念の多様性についても、公共性の「公論」による政治化というプロセスと論理についても、かえって複雑な様相を浮かび上がらせることになったのである。

本書の課題は、ハーバマスとベイカーの対立に直接介入することではない。ハーバマスもベイカーも公共性の「公論」による政治化のプロセスを、フランス革命に引きつけすぎて解釈しようとしていると思われる。そして、両者の解釈の対立によって、かえって、両者が光を必ずしもあてようとしなかった広大な領域が、フランスにおける公共性の発展と「公論」によるその政治化過程に残されていることが、知られたと思う。たとえば、R・シャルチエも、「新しい公共空間の出現と印刷物の流通との関係」を重視している。[11]「公論の政治的創出」に際しても政治的諸対立や「公論」の観念そのものをめぐる思想的対立も、この「印刷物の流通」圏において戦われた。本章では、文化史や社会史などで明らかにされてきた公共圏について、そこに生きた思想とその諸対立に即して、再検討することを試みたい。ハーバマスもベイカーも、「印刷物の流通」圏が公共性の発展を支えたことは当然の前提としているが、シャルチエも含めて、その公共圏を現実に動かした思想とその諸対立を明らかにしてはいない。ここでは、政治文化論やフランス革命論からいったん自由になって、一八世紀フランスの公共圏での思想の諸抗争に内在してみよう。[12] 一八世紀思想における公共表象の発展をたどり、「公論」の観念の出現とその政治化の過程を、思想史的に明らかにしていきたい。

一八世紀フランス思想の主力であったアンシクロペディストの思想が、ハーバマスにおいてもベイカーにおいても「公論」の観念の成立にほとんど関与しないのは、奇妙である。思想史の領域においては、「公論」の観念の発展に関して、もっと多様な諸潮流の対抗がみられるのではないだろうか。そうした諸潮流の発掘は、「公論」と公共性の観念について、ハーバマスやベイカーのどちらの把握とも異なる容姿を与えてくれるように思う。それはまた、ハーバマス、ベイカーのいずれとも違うフランス革命像の模索にも繋がるだろう。

本章では、したがって、一八世紀フランス思想の発展の流れにそって、思想が公共表象を懐胎し発展させ、「公論」の観念をつむぎだしていく過程を探ってみたいと思う。そのために、「文芸共和国」の市民的公共性への転化と発展というハーバマスの図式を、思想史として再検討することから始めたい。「文芸共和国」の伝統が一八世紀の公共圏を準備しその発展を大きく規定したことは疑いをいれない。「文芸共和国」の世俗への接近と市民的公共性の胎動が錯綜する一八世紀前半に焦点を絞って、これに対応する思想の動向を再構成し、フランス啓蒙思想における公共表象の成立と発展を追うことが、本章の主題である。

一　「文芸共和国」から市民的公共性へ——予備的考察

「文芸共和国」はイタリアのルネサンス・ヒューマニズムと都市共和国の経験から生まれ、一六世紀初頭には、ラテン語を共通語に手紙と出版によって結ばれた知識人の交流圏として、ヨーロッパに広がった。エラスムスは「文芸共和国」が生んだ代表的知識人であり、彼の時代にはその居住地バーゼルを中心に知識人のヨーロッパ連合とその諸活動が活発にみられた。『痴愚神礼賛』（一五一一年）に溢れるエラスムスのヒューマニズムは「文芸共和国」

の知識人共通のものであり、彼らは連帯を自覚し、共同して、経験科学、地理上の視野拡大による相対主義を力として、理性に基づいて、狂信、宗教道徳、専制を批判した。「文芸共和国」の成員を自覚した知識人は、王や貴族や大商人などをパトロンとしていたので、彼らの批判は中世の権力体制の壁を越えることはなかった。理性による鋭い批判は権力との緊張を常にはらんではいたが、現実を変革するのではなく、寛容の原理による狂信と専制の批判に止まり、議論も「文芸共和国」の成員内部でおこなわれた(13)。

P・アザールが「ヨーロッパ精神の危機」をみる一七世紀後半は、「文芸共和国」の大きな転機でもあった(14)。思想における「神経の回復」を促した歴史変動は、イギリスの市民国家とフランスの絶対王権すなわちレゾン・デタを中心にいわゆる「財政軍事国家」への方向性を強め、その波は「文芸共和国」へも押し寄せる(15)。この時期、諸国家は「公共」の強化をはかり、「財政軍事国家」体制の知的基盤として、学問と技術の組織化を活発に推し進める。イギリスは一六六二年に王立協会（ロンドン）を創設したが、フランスも一六三五年にアカデミー・フランセーズを設置し、さらにコルベールの手によって六三年に王立碑文・文芸アカデミー、六六年に王立科学アカデミーを創設していた。プロイセンのベルリン王立科学協会（一七〇〇年?）、ロシアのサンクト・ペテルブルク科学アカデミー（一七二五年）がこれに続く。これらは、『ジュルナル・デ・サヴァン』（コルベールの「小アカデミー」より一六六五年創刊）、『王立アカデミー会報』（一六六六年創刊）などの公式雑誌をもっていた。イギリスの王立協会はベーコン流の科学による統治の実現に向けて学問の組織の中心として成果を生み出していったが、フランスでは、ラテン語にかわる国家語としてのフランス語の整備を中心に、学問の国家的組織化が図られた(16)。

ハーバマスはイギリスを中心に市民的公共性の発展をみているが、ヨーロッパ全体を視野において「文芸共和国」の動きをみるとき、学問組織に向けてのフランスの国家戦略の影響がきわめて大きかった。というのは、一七世紀後半の「文芸共和国」の言語は、ラテン語からフランス語に移っていたからである。一六八五年にルイ一四世によるナントの勅令廃止のためフランスを脱出したユグノーは、移住先のネーデルラント、イングランド、プロイセン、スカンディナヴィア諸地域で活躍した。「ユグノーの学者、企業家、銀行家、軍人たちは、亡命先のエリートにとけこみ、彼らにフランス語とフランス文化や、パリで起こることへの好奇心を喚起した。他方、ユグノーの編集者や出版社は、とりわけネーデルラントを起点として、ヨーロッパ規模での書物と定期刊行物の販売網を創設した。こうして彼らは、『文芸共和国』に基盤を与え、フランス語をヨーロッパの国際語にしたのである」[17]。

一七世紀末の「文芸共和国」の代表、ピエール・ベールは、ロッテルダムに住みアムステルダムを活動拠点としたが、いま述べた動向を反映している。『彗星雑考』(一六八二年）がフランスの宗教弾圧に対する戦いであり、『歴史的批評的辞典』(全三巻、一六九七年）がアカデミーの議論を意識しているように、ベールは、フランス語によって、レゾン・デタとの対抗を主題に、社会に向かって発信したのである[18]。

ベールの発信先が「文芸共和国」の外に向けられたように、このころから、ハーバマスのいう「市民的公共性」に繋がる新しい「公衆」出現の動きが始まった。イギリスにおいては、間違いなく、社会から活力を汲み出す「公衆」が姿を現す。T・イーグルトンの分析したように、イギリスでは貴族文化と市民文化が融合して公共圏の成立を促進し、思想は道徳哲学の動向を中心に、公共性に社会的内実を加える方向で展開した[19]。その公共圏の動力源として、たとえばR・スティールの『タトラー』(一七〇九年）が週三回発行され、これに続いたスティールとJ・アディソンの『スペクテイタ』(一七一一―一二年）は日刊紙となった。これらの雑誌新聞において、記者は、冷静な哲学的社会批評を行い、「公衆」を育てたのである。

フランスでは、国家のアカデミーの力が強く、国家のなかから「公衆」が生み出された。「公衆」がときとして宮廷を意味するという状況が、フランスでは一八世紀半ばまでは続いた[20]。「文芸共和国」は、社会と遭遇する前に、国家の近くにいる「公衆」と交わったのである。

「公衆」をめぐって「文芸共和国」と宮廷が交錯するとき、フランスにおいては、「公衆」の観念にも独自の性格が付与された。もともと「文芸共和国」が文字と言語の世界であったのに対し、宮廷は図像とスペクタクルの世界を構成していた。[21]「文芸共和国」と国家とが緊張関係に入ったとき、言語とスペクタクルという二つの世界が交錯する。一八世紀フランスにおける「公衆」の出現には、言語の「公衆」とスペクタクルの「公衆」とが錯綜して現れる。「文芸共和国」の思想家の努力は、「公衆」を言語と批判の主体として育てることであった。フランスでは、演劇の世界を中心に、こうした「公衆」確立の努力が続くことになる。コルネイユの『ル・シッド』の評価をめぐる論争には、「宮廷人と民衆」を「公衆」とする方向が明確にみられるといわれ、「文芸共和国」が「公衆」に道を譲る転換が示されているといわれるが、[22]この「公衆」は宮廷的スペクタクルにおける観客ではなく、議論し判断し評価する「公衆」に他ならない。

フランスの「公衆」のもつ国家的制約をうち破り、その活動舞台を社会に引き出すのは、ヴォルテール以降の啓蒙思想である。彼らは、フランスに社会的内実をもたなかったので、主としてイギリスの事例を用い、新しい「公衆」と公共圏の構図を描いた。しかし、そこには、フランス的屈折が避けがたく伴い、それをフランス啓蒙思想における啓蒙的立法者の強調が表すことになる。一八世紀思想は、多かれ少なかれ、啓蒙的立法者の観念の下に、公共表象を展開した。しかし、イギリスの思想は、マンドヴィルの『蜂の寓話』（一七一四年）に象徴されるように、[23]私益＝公益という社会活動の自立性のもとに、啓蒙的立法者への公共圏の依存を縮小しようとした。逆に、フランスの思想は、立法者への依存を公言し、立法者の啓蒙化を追求した。イギリスでは、「公衆」は社会の中に求められるのに、フランスでは立法者との関係で曖昧に社会と国家の間に浮遊するのである。[24]

二　公共性の啓蒙思想的起源

フランス啓蒙思想の胎動期は、オーストリア継承戦争にユトレヒト条約（一七一三年）が終止符を打った後の、「摂政時代」であり、一七世紀リベルタンとスピノザ的潮流にイギリス思想が合流する中で、フランス独自の思想が形づくられる。ピエール・ベールと「文芸共和国」の思想と諸制度とが、その豊かな源泉であった。イギリスとの交流が再開し、政治的に貴族復帰の夢が生じ（いわゆる「中二階クラブ」の政策構想集団としての活動）、商工業が活発となり、自由が道徳の乱れとして現れ、サロンやカフェが繁栄する。[25] ハーバマスのいう市民的公共圏の活動がフランスで本格的に胎動を開始した時期であった。

ルイ太陽王の死（一七一五年）は、ボシュエ的王権神授説を弱め、機械としての王の観念を強め、「財政軍事国家」としての政治的再編成を問題とした。哲人王の理想を物語る当代風『オデュッセイア』ともいえるフェヌロンの『テレマック』（一六九九年初版）が版を重ね、「中二階クラブ」の論客、アベ・ド・サン＝ピエールは一七一三年に『ヨーロッパの永久平和』を書いた。[26] そこには、ネーデルラント戦争（一六六七—六八年）、オランダ戦争（一六七二—七九年）、ファルツ戦争（一六八九—九七年）、スペイン継承戦争（一七〇一—一三年）を起こしたルイ一四世時代のレゾン・デタの抗争に終止符を打ち、貴族を含む非中央集権型国家のヨーロッパ連合が説かれていた。哲人王の理想は統治における学問の位置を大きくし、アカデミーと「文芸共和国」に力を与えたし、サン＝ピエールのような貴族復権と身分制議会再興の夢は、「財政軍事国家」の政治形態をめぐる論争を活気づけた。

フランス思想は「摂政時代」に、「文芸共和国」の文芸の話題を超え、急激に政治の坩堝に投げ込まれていった。それは、思想が「文芸共和国」のようなパトロンによる保護を離れ、主題においても、直接に、社会と民衆の生活に向き合うことも意味した。「財政軍事国家」も、ルイ太陽王によるレゾン・デタの時代と違い、いっそう幅広い社会認識とジョン・ローのような知識人の登用を必要とした。(27) そのフランス社会には、いわゆる「商業社会」を現す流行と生活様式がドーヴァーを越えて急速に押し寄せ、前述のアディスン『スペクテイタ』、スティール『タトラー』などの雑誌新聞やルサージュ『イギリス観察記』(一七一五年)、ブロ・デランド『イギリス新旅行記』(一七一七年)などが、一八世紀フランスがたびたび経験するイギリス熱の始まりを飾っていた。一方に、レゾン・デタにかわる公共性の模索が始まり、他方にイギリス熱をはらんだ社会的変動がある。この両者の交錯地帯において、「文芸共和国」にかわる思想の活動は始まった。(28)

「摂政時代」のこうした動向を哲学的に表現し、フランス啓蒙思想の方向を決定づけたのは、ヴォルテールの『哲学書簡』(一七三四年、原題『イギリス便り』一七三三年)であった。ヴォルテールは一七二六年から一七二九年までイギリスで亡命生活を送った。一七一七年には『私はみた』で摂政政治を批判したとしてバスチーユへ投獄された経験をもつヴォルテールは、コッスやルクレックによってロックやシャーフツベリのイギリス思想がフランスに移植されるのをみながら(ロック『人間悟性論』フランス語訳/一七〇〇年、シャーフツベリ「熱狂に関する手紙」「徳の探究」フランス語訳/一七〇八年)、ドーヴァーを渡り、ロックの国に入った。イギリスではロックの道徳哲学の発展上に、シャーフツベリ『人間、風習、意見、時代の諸特徴』(一七一一年)やマンドヴィル『蜂の寓話』(一七一四年)が、すでに公共圏の共有財産となっていた。ヴォルテールがおこなうイギリスの制度、風俗、宗教、思想の批評は、そのままでフランスのアンシャン・レジームに対する激しい告発となり、啓蒙思想の諸課題のほとんどを提出することになるのである。(29)

『哲学書簡』でヴォルテールは、イギリスで人民の時代が始まったという。「人民は、これは人間のうちでいちばん数が多く、いちばん役に立ち、またいちばん有徳の分子であって、法律や学問を研究するもの、商人、職人、それに職業のうちでも最初の職業、しかも最も軽蔑されている職業を行っている農夫から成り立っている」。いまや、彼らの時代が始まり、滅びるのは、「バロン、司教、教皇」、すなわち、封建制と宗教である。[30]

ヴォルテールは、こうした時代の転換において、公共性の理念と諸制度の成立を見つける。かつて「自由と公共の福祉の番人」は身分制議会の手にあったが、いまやイギリス人は自由な政治を樹立し、「上院と下院が国民の二大決裁者」となった。[31]自由と公共を生み出すのは、これまで政治体制の外におかれていた人民自身となった。ヴォルテールがイギリスにおいて摑んだのは、国家のなかから「公衆」が生まれるフランスとはまったく違う、公共圏の存在であった。

それでは、イギリスにおいて自由と公共を獲得しつつある人民とは、哲学的にどのような存在なのか。ヴォルテールは、その新しい人間について、イギリス経験論、とくにロックの哲学に学んで、「自己愛」を活動原理とする諸個人として把握しようとする。「自己愛なしには社会は形成されることも存続することもできない。我々自身への愛が、他人への愛を支えているのだ。……各々の動物が自然から享けたこの自己愛こそが、他人の自己愛を尊重せよと我々に告げるのである。法律はこの自己愛の手綱をとり、宗教はそれを純化する」[32]。諸個人は自己愛の活動によって宗教と政治による旧体制から独立し、逆に法と宗教をその補助機能に格下げする。イギリスにおけるように、「自由と公共」を人民の手にゆだねる力は、このような利己的諸個人の自立から生まれるのである。

ヴォルテールに哲学的指針を与えたロックは、「自己愛」に基づく「公共」の成立について語り、素朴な公共性として「意見と評判の法」の存在を指摘していた。ロックによれば、法には三つの位相があり、それは、「神の法」、「市民の法」、「美徳と悪徳の法」であった。ロックは、社会から神の役割を排除し、市民法と市民政府による秩序の樹立を展望していたが、社会にはさらに「美徳と悪徳の法」が存在すると考えていた。この法は「意見と評判の法」とも呼ばれ、「ともに生活し、会話を交わす人々の行為の善悪を判断し、是認ないし否認する力」であり、ロックによれば、人々はこれ（意見や評判）によって利己的活動を自己規制するのである。[33]

ヴォルテールもロックを踏襲し、理神論の枠組みで、制度としての宗教を否定し、宗教を個人の内面に限定する。「イギリス人は自由な人間として己の好む道を通って天国に行く」[34]。「イギリスには三〇からもの宗旨があるので、みんな仲よく安穏に暮らしている」[35]。したがって、自由な諸個人の利己的活動は、宗教を離れても、自立的な相互関係を築きうると考え、ヴォルテールは、ロックの「意見や評判の法」ほど整理されていないが、次のようにいう。「ためしにロンドンの取引所に入ってみたまえ。これはそこらあたりにざらにある法院なんぞよりはずっと尊ぶべき場所だが、あなたの目にされるものといえば、人間の利得のために万国の代表者たちが蝟集している光景だ。そこでは、ユダヤ教徒、マホメット教徒、そしてキリスト教徒が、まるで同じ宗旨の人間のようにお互い同士を扱っていて、異教徒呼ばわりするのは破産なんかする奴に対してだけだ」[36]。

『哲学書簡』には、コミュニケーションとその諸制度に関して、次のような描写もある。「イギリスでは、一般に誰もが物事を考えており、そして文芸はそこではフランスよりずっと重んじられている。この長所はその政治形態から来る必然の結果の一つだ。ロンドンでは、議会で演説し、国民の利益を擁護する権利をもつおよそ八百人からの人がいる。そしておよそ五、六千人が自分たちも同様の栄誉を獲ようと志している。残りの全人民は、これらの人々の審判者をもって任じており、各人は公の問題について己の所信を印刷に付すことができる」[37]。

こうしてヴォルテールは、イギリスの社会と経験論哲学双方から、フランスにみられない「公衆」と公共圏を引き出し、諸個人の「自己愛」を原理とする自由な活動の側から社会と国家の諸制度を設計するという課題を、フランスの体制にぶつけようとしていた。ヴォルテールのイギリス観察と社会文芸批評は、フランスの旧制度と思想に対する爆弾となり、フランス啓蒙思想の軌道を設定したのである。

ロックの「意見と評判の法」の議論は、イギリスでは、ヒュームによって「意見に基礎をおいてのみ政府は成り立つ」[38]という形で、政体の基礎に世論を置く議論へと発展した。しかし、『哲学書簡』には、そうした方向はみられない。ヴォルテールは公共性の成立を捉えながら、これを公権力の新しい代表理論へと展開することはしなかった。ヴォルテールによれば、人民の自由をもたらしたのは、イギリスでは「王と国民の合法的権力」であり、フランスでは「王の合法的権力」であった[39]。ヴォルテールは、改革者として、合法的専制の枠内にとどまったといわれる。ヴォルテールは、公共性を政治権力に結びつけるのではなく、独立した領域として確保しようとした。ヴォルテールを特徴づけるのは、権力の外に確保した公共性を利用した、権力との戦いである。カラス事件での活動にみられるように、ヴォルテールは、知識人間のコミュニケーションを縦横に活用し組織して、戦うのである[40]。

これまでみてきたヴォルテールの公共表象には、フランス啓蒙思想の大多数が共有することになる特徴が、すでに明確に現れているように思う。ヴォルテールが自由と公共というとき、それは、「公共」を個人と社会、したがって個人の自由から引き出すことを意味した。ボーダンが主権の支えにおき、フランスのレゾン・デタが強化しようとした「公共」は国家のなかにおける国家のための「公共」であった。ヴォルテールは、「公共」をそうしたレゾン・デタの外に見出し、その「公共」の起動因を諸個人の自由に求めた。「公共」の個人の自由による奪取、あるいは、自由の公共圏の創造という課題を明確とし、市民的公共性の樹立という目標を、フランス一八世紀思想にヴォルテールはビルトインしたのである。

ヴォルテールはイギリスを観察し、そこで、「自由と公共の福祉の番人」を名誉革命後の発展する社会の中に見出そうとし、それを支える思想をロック以来の道徳哲学に求めていた。しかし、ヴォルテールは、同様の過程をフランスに見出すことはできなかった。ヴォルテールはフランスの民衆と社会に「自由と公共の福祉の番人」をみていないし、フランスの政体にイギリス議会のような公共的機能を期待していない。ただ唯一「王の合法的権力」という抽象的枠組みを語るのみである[41]。ヴォルテールにとって、フランスでは、公共性は経験から引き出すものである前に創出すべき未知の領域であり、ふさわしい「公衆」は存在しない。一方で社会は啓蒙の対象であり、他方で、「王の合法的権力」は作り直しの対象である。一方で民衆の「公衆」への成長は遠い道のりであり、他方で、イデオロギー諸装置を含む王政の公共的閉鎖性は強力であった。ヴォルテールの晩年の裁判闘争も、「公衆」と公共圏に訴えるだけでなく、通信を駆使した公共性の創造行為として、展開されるのである。フランス啓蒙思想の公共表象は、「公論の政治的創出」という一八世紀後半の政治文化上のドラマを、はじめから暗示していたといってもよい。

フランス啓蒙思想のもう一人の先駆者、モンテスキューも、やはりイギリスを讃美した。モンテスキューは、ヴォルテールの『哲学書簡』よりもはやく『ペルシャ人の手紙』（一七二一年）を書き、アンシャン・レジームを批判した。[42] その『ペルシャ人の手紙』でモンテスキューは、「トログロディット人」の物語という形式で、マンドヴィル『蜂の寓話』を書き直し、近代における宗教と徳の衰退を認めた。モンテスキューにとっても、近代の活力源は「自己愛」と「産業」であり、社会の「すぐれた基礎」は「商業と諸技芸」であって、[43] 法がこれを保証する体制がイギリスの立憲体制なのであった。モンテスキューも、ヴォルテールとほぼ同じように、イギリスにおいて、国家から独立して、諸個人の「自己愛」の活動に基づき公共圏が豊かに立ち上がるのを、みていたのである。

二年間のイギリス滞在（一七二八―二九年）は、「商業社会」とこれに繋がる公共性の成熟について、モンテスキューの認識をさらに深める。『法の精神』（一七四八年）でモンテスキューが、イギリス的自由の基礎に商業精神の活動を認めていたことはよく知られている。「商業の精神は人間のうちに一種厳格な正義感を育む」。[44]「商業は破壊的な偏見を癒す。穏和な習俗が存在するあらゆる場所に商業がみられ、商業が存在するあらゆる場所で習俗は穏和である」。[45] これらは、ロンドンの取引所についてのヴォルテールの描写を、思い起こさせるほどである。[46]

モンテスキューが自由を「政治的自由」と「市民的自由」に分割するとき、そこには、彼の公共性認識が大きく反映している。「政治的自由」は、王権、貴族を中心に運営される政治の領域を構成し、「市民的自由」は、刑法、刑罰、財産をめぐる諸領域に関するものと規定されている。自由と公共をヴォルテールのようにレゾン・デタの外に取り出したからこそ、モンテスキューは「市民的自由」に独自の領域と意義を見出し得たのである。彼の権力均衡論が、旧身分制的均衡を色濃く投影しているにもかかわらず、近代的性格を保持し得たのも、こうした公共性に結合する「市民的自由」論をもっていたことによる。ところが、現実認識において、モンテスキューは、「政治的自由」と「市民的自由」の分離を選択し、「商業社会」のダイナミズムを「市民的自由」にも「政治的自由」にも組み込む熱意をもたなかった。とりわけ、フランスの王政については、自由と社会における勢力均衡さらには権力の制御の問題を、権力内部の均衡にゆだねた(47)。そこには、貴族身分という公共性の解釈者が存在するにすぎない。公共性の「政治的自由」への通路は、貴族の近代的機能に限定されたのである。しかも、その貴族の行動原理は「名誉」であり、「自己愛」で動くイギリス的公共圏とは、相容れないのである(48)。

モンテスキューは「公共」を、ヴォルテールのように、自由と社会に結びつけたが、その豊かな公共性認識を、「公共」の解釈者として貴族を再定義し、貴族に近代的機能を付与するという方向に集約し、結局は、公権力の古い枠組みに回収してしまった。公共性の解釈者を貴族あるいは高等法院に限定し、公共性の現実的活動領域を狭めたとさえいえよう。ヴォルテールが書簡による公共圏創出活動をしたようには、モンテスキューの思想は、公共性樹立志向を持ち得なかった。一八世紀後半の「公論の政治的創出」においても、フランス革命においても、貴族的潮流によって利用され、その限定的性格を露呈する運命にあったのである(49)。

ヴォルテールとモンテスキューは、啓蒙思想発展の土壌を耕し、そこに、フランスに希薄な国家の外の公共圏(「市民的公共性」)出現という問題を送り込んだ。とりわけ、ヴォルテールの『哲学書簡』の衝撃は大きかった。ロックの経験論を感覚論に傾斜させる方向で、一七四〇年代になると、コンディヤックにみられるような、啓蒙の新世代が活動を始める。そのなかで、ヴォルテールの哲学では弱かった政治的理論も発展した。コンディヤックやエルヴェシウスは、ヴォルテール的公共性の政治的ペースメーカーとして、功利主義を原理とする立法者像を描く。とくに、エルヴェシウスは、個別利益を組み合わせ一般的利益へと誘導する立法者の必要を力説し、「最大多数の最大幸福」という功利主義原理を宣言した。しかし、このような立法者像も、啓蒙的専制の枠を超えるにはいたらなかった。(50)

ヴォルテールの『哲学書簡』は、ヴォルテールの批判者も生み出す。そのとき、その批判者の中に、公共性の政治的創造という、新しい公共表象が現れる。その発端となったのが、ルソーの『学問芸術論』(一七五〇年)であった。『学問芸術論』が文明を全面的に告発したことは、あまりにもよく知られているが、ルソーは『哲学書簡』の文明史像を否定的に読み直そうとしたと思われる。

『学問芸術論』によれば、文明とは、「生活の便宜の増大」、「奢侈の当然の結果である習俗の堕落」、「趣味の腐敗」、「繊細」と「礼節の精神」の発達、「才能の差別と徳の堕落とによって人間の中に導きいれられた有害な不平等」などからなり、これらの原因でも結果でもある学問を伴う。文明の発展とともに、「習俗と徳」にかわって「金銭と商業」または奢侈が讃美される。(51)

ルソーは文明を非難しているが、封建制と宗教の支配が崩れ、商業を優位とする新しい社会が台頭したという点で、ヴォルテールと同じ認識に立っている。文明において「人々はもはや、あえてありのままの姿をあらわそうとしません」。人々の交わりは「なに一つ徳をもたないのに、あらゆる徳があるかのようなみせかけ」を通じてなされる。(52) 教養や学問も「お互いを気にいろうとする欲望を刺戟して、人間をいっそう社会的なものにする」世界を演出する。

ヴォルテールが「自由と公共」の活力源としたものを、ルソーも正確に捉えている。ルソーは、国家の外における公共圏の成立という事実認識をヴォルテールと共有したうえで、これを否定していくのである。ヴォルテールが好んだ印刷媒体による文明のコミュニケーションについても、ルソーはその興隆を認めるからこそ、これを批判し、「印刷活字」を「人間精神の不条理を永遠化する技術」と切り捨てる。[53]

したがって、ルソーは、「公衆」が社会という諸個人の私的圏域に移行しつつある事実をはっきりと把握し、これを告発したのである。『学問芸術論』は、「序文」で、「いく人かの賢者に賞讃されるという栄誉をうけたからといって、公衆の賞讃を期待してはなりません」といって、「公衆」の性格が変わってしまったことを示唆する。では、文明において「公衆」がなぜ信用できないのかといえば、それは、彼らが「その世紀、祖国、社会の意見」に従うからであった。ルソーは、このように、「公衆」の存在が、社会に住居をかえ、不気味な力としての「社会の意見」に左右されるようになったとみた。[54] ルソーは、ロックの「意見と評判の法」の議論に近い形で、文明における公共性の出現を捉え、これを否定的に観察していたのである。

ルソーは、「公衆」の社会への居住移動による変容と「社会の意見」のもつ力について、『学問芸術論』以降も、「演劇に関するアカデミー会員への手紙」や『『ナルシス』序文』（一七五二年）などで考察を深めた。[55] その分析は、『人間不平等起源論』（一七五五年）で、一つの結論に至り、ここに、ルソー独自の「世論」概念が成立した。『学問芸術論』に続くこれらの諸論述は、ヴォルテール、ダランベール、ディドロなど、身近な思想家との差異をルソーが自覚し、彼らと激しい対立に突入していく経緯を示すものでもある。この時期、一七五五年にルソーが『百科全書』第五巻に公表した「政治経済論」には、ルソーのアンシクロペディストに対する明確な対抗意識が込められていた。したがって、『学問芸術論』の後の時期については、啓蒙思想が内部分化し、公共表象においても多様な方向を刻み始める一七五〇年代後半以降の文脈で取り上げるべきかもしれない。しかし、『人間不平等起源論』については、『学問芸術論』の議論に忠実に内容をより具体化したものとして、ここで検討しておきたい。

『人間不平等起源論』になると、ルソーは、文明を産業と財産の発展において捉え、諸個人の「自己愛」の活動に実質を与える。財産という実質を伴う「自己愛」は「自尊心」といわれる。「自己愛」は本来「あわれみ」という自己制御の感情を同伴しているが、「自尊心」はこれを喪失し、自他の比較を原理とすると、ルソーはいう。だから、文明においては、「自分自身よりもむしろ他人の立証に基づいて幸福になり、自分に満足することができるような種類の人間」が誕生した。「未開人は自分自身の中で生きている。社会に生きる人は、常に自分の外にあり、他人の意見の中でしか生きられない[56]」。

産業と財産の発達は、文明人の「自己愛」をますます、「他人の意見」を主体化する「自尊心」という形態に変質していく[57]。文明において諸個人は、どのような公的意志にも優る強力な判断者を、社会のなかに、「他人の意見」あるいは「世論」という形で、保持するにいたったのである。『人間不平等起源論』でルソーは、歴史を導入して、財産を基礎とする政治社会または市民社会の形成を論じた。その市民社会は、富者による貧者の支配体制に他ならなかった。けれども、そうした不平等な体制も、文明においては、「世論」を通じて引き出されると、ルソーはいいたいのである。文明の支配者は、体制の樹立に先だって、「団結しよう」と、人々に呼びかける[58]。これを承認してしまう人々は、自己の存在への関心である「自己愛」を、財産の発達に伴い、ますます「固有」のものへの愛着にかえ、自他を比較し、「世論」の奴隷となっている。ルソーにとって、「世論」こそが、腐敗の根本原因であるとともに、文明において公的意志が立ち上がる最初の回路とみられているのである。

ルソーにおける「世論」の意義は、ロックにおける「意見と評判の法」の機能に相当する。公共表象とレゾン・デタとの対立を避けたヴォルテールを超えて、ルソーは、諸個人の自然的活動と「意見」とから、政治社会あるいは市民社会を引き出そうとした。逆説的だが、ロックが前提としヴォルテールが発見した「世論」および諸個人のコミュニケーションからなる公共圏を否定することによって、ルソーは、政治社会をフランス的レゾン・デタから切り離し、政治社会の成立に関してロックの理論に肉薄したのである。

しかし、ルソーは、諸個人の自然的自由、財産、「世論」から、したがって「市民的公共性」から市民社会を組み立てるロック的方向を、共有できない。『人間不平等起源論』で、ヴォルテール的「王の合法的権力」から市民社会を解放したルソーは、固有の政治社会像を提出はできなかった。ヴォルテールを手掛かりに、「公衆」と公共表象をロック的社会に結びつけながら、ルソーは、ロック的社会の中に公共圏の成立を見通すことはできない。ルソーが向かったのは、ヴォルテールのような啓蒙的王政への回帰ではなく、社会と公共性を切断し、その公共性を政治的に創出する方向であった。

これまでみてきた限りで、フランス啓蒙思想は、自己の活動圏として、社会の中に公共圏の成立を認めていたことが、明らかになったであろう。それは、事実認識としても思想としても、イギリスの圧倒的影響下でなされた。ヴォルテールやモンテスキューのように直接のイギリス滞在によって、また「中二階」クラブのような、従来と違う政策集団的会合にボーリングブルックなどのイギリスの議論が当事者によって持ち込まれることによって、イギリスの公共圏とその思想は、フランス啓蒙思想を刺戟したのである。(59) しかし、フランス啓蒙思想による「市民的公共性」の発見は、フランスにおけるその欠落感を伴った。確かに、この時期、フランスでも、カフェが繁栄しクラブやサロンが新しい活気にあふれ、出版が拡大し、民間の読者層が出現しつつあった。しかし、そこに、「政治的に論議する公衆」は見出せなかった。フランスでは、「公衆」は、いまだ、国家の中にいたか、国家すなわち「宮廷」そのものであったのである。

こうして、フランス啓蒙思想における公共表象は、ロック哲学の受容とその屈折という軌道で、成立し変容した。ロック的個人と社会の表象を受容しながら、これを政治秩序に展開し得なかった。(60) ヴォルテールは合法的専制論にとどまり、モンテスキューは貴族という公共性の解釈者を組み込むことで君主政に公共圏をあらためて包摂しようとした。ルソーのみが政治社会の形成を展望する。しかし、それは、現実の「市民的公共性」から引き出されるのではなく、社会そのものの全体的革命を必要とするものであった。フランス啓蒙思想は、公共表象をレゾン・デタから独立させたが、依然として絶対王政の厚い壁にはばまれ、「公衆」と公共圏を社会に結びつけることができず、思想間の抽象的諸対立を激化させていくことになる。

三　啓蒙期公共性の展開とその諸類型

七年戦争（一七五六―六三年）は啓蒙思想に大きな衝撃を与えた。それがイギリスとフランスの間で長年にわたっておこなわれた植民地戦争に一つの終止符を打ち、イギリスの圧倒的優位を確立したからだけではない。イギリスに支援されたプロイセンがフランス・ロシアと同盟したオーストリアとドイツで激闘したこの戦争は、ヴォルテールが『カンディード』（一七五九年）で描くように、フランスの日常生活の近くに戦争を持ち込み[61]、多くの人々に、政治体制の崩壊を印象づけたのである。

啓蒙思想だけでなく社会においても、こうして、国家と行政の問題が大きな関心事となり、フランスでは、一七五〇年代末期から「政治的に論議する公衆」出現への動きが強まる。ベイカーのいう「公論の政治的創出」に向かう三つの局面は、そうした全体的傾向のうち顕著な現象であった。この時期、フランス啓蒙思想は、いくつかの諸傾向に分化し、複雑な動向を示し始めるが、こうした状況を反映して、さまざまな次元で公共表象を具体化しようとするのがみられる。

モンテスキューの思想は、高等法院の活動に結びつき、政治過程に参入する[62]。ヴォルテールを継ぐ若い世代は、ディドロとダランベールの『百科全書』（一七五一―七二年）に結集し、発禁による弾圧と戦いながら、公共性の組織にとりかかる。フィジオクラートとエコノミストが出現し、王政官僚と緊密に結びつき、王政の合理化に影響力を発揮する。最後に、ルソーは、啓蒙の異端的潮流として、文明批判をいっそう強化していく。一七七〇年代のクライマックスに向けて、さまざまな思想潮流が「公論」の思想を準備していくのが見られるのである。

啓蒙思想の若い集団が姿をあらわすなかで、ヴォルテールのロック的思考はさまざまに引き継がれ、「王の合法的権力」から自由に理想的政体像を描き始める。その道はヴォルテール自身が準備していた。[63] イギリスの「商業社会」に公共性の基盤をみたヴォルテールは、ジョン・ローのシステムによって混乱と流動化が始まったフランスの動向に注目していた。ヴォルテールは、混乱の中にフランス社会が、王権の政治体制から自立を始めたとみた。ヴォルテールは、ローの継承者デュトとムロンの経済学に着目してこれを讃美し、「貨幣は、流通し、あらゆる技芸を生み出し、人間の勤労を買うためにつくられた」というように、ムロンから経済分析を学ぼうとした。[64] ムロンは、ローの秘書を務め、「ローのシステム」壊滅後、『商業に関する政治的試論』（一七三四年）を書いていて、「商人は金銭欲によって働く。……奢侈は人々にとって労働への新たな動機となる」といい、「立法者」はこれらの諸情念を利用せよと主張していた。[65] ヴォルテールは、『哲学書簡』の公共表象を啓蒙的王政に持ち込むだけでなく、フランス社会に根づかせる必要性を、感じていたのである。

ヴォルテールが接近した経済学は、ボアギールベールやカンティロンなどの先駆者の祖述段階を超え、一七五〇年代になると新しい動向をみせ、グルネとそのサークルなどによって、イギリスの経済学に接近していた。[66] グルネが、J・チャイルドの『新交易論』（一六九三年）を仏訳し註解をつけ、「自由放任」の思想を示すのが一七五四年であり、翌一七五五年には、カンティロンの『商業一般の性質に関する試論』が、死後二一年を経て出版された。[67] グルネは一七五一年から一七五八年にかけて通商監督官の任にあったが、私的サークルを指導し、若いエコノミストを育てた。グルネは、産業と流通の「自由放任」を主張し、そのために国家の保護政策を求めた。それは、イギリス経済学の「商業社会」像をフランスに導入する試みであったといってもよいであろう。グルネの自由放任論、レッセ・パセは、すぐ後でみるフィジオクラートと違って、私的個人の動機に基づく自由を視野においたものであった。グルネ・サークルからは、フォルボネなどの多数の重要なエコノミストや重商主義者が巣立つ(68)。チュルゴもその一人であった。彼らは、個人の自発的動機から経済社会像を引き出そうとし、市場を重視したので、商品価値を感覚論によって説明しようとし、主観価値論を経済学の中心におく場合が多い。

グルネ・サークルは経済活動を、国家から自立した領域として把握し、政府をこの経済社会を支え保護する政策主体とみる行政権力像をもっていた。国家は、「調整国家」であり、経済的諸活動は、利己的諸対立の自立性にゆだねられると、考えていたのである(69)。この国家像は、コンディヤックやエルヴェシウスなどの感覚論者さらにはアンシクロペディストの多くが共有した、啓蒙的立法者にほぼ重なる。コンディヤック『感覚論』(一七五四年)、エルヴェシウス『精神論』(一七五八年)などが、社会秩序を個人の利己的活動から引き出し、立法にその諸活動の調整機能を受け持たせようとしていたのである。ただし、彼らの議論は抽象的であって、王政の内部で新しい行政機能を独立させる要求にとどまった。彼らの議論のなかに、「政治的に論議する公衆」は、いまだ登場してこない(70)。

『百科全書』第一巻の刊行は一七五一年であり(—一七八〇年、全三五巻)、アンシクロペディストの活動が始まった。編集者の一人となったディドロは、ヴォルテールに学び、ロックとシャーフツベリ(第三代)のイギリス道徳哲学の影響下で思想形成した(71)。ディドロは、『百科全書』の項目、「政治的権威」、「主権者」、「自然法」などにみられるように、大陸自然法思想によって統治契約論を展開していた。ディドロは、自然権に基づく諸個人の活動から「社交性」を通じて社会秩序が引き出されると考え、そうした社会を保護するために統治契約によって公権力が承認されるのだと考えていた(72)。これは大陸自然法論の常識にすぎないと映るかもしれないが、ディドロの時代、「社交性」の概念にはヴォルテール経由で「商業社会」という新しい内容が含まれていた。「社交性」は統治契約論の前提的概念としてよりも、コンディヤックのような感覚論者やグルネなどのみていた経済活動に引き付けて把握されていたし、ディドロも、「社交性」や法を個人のモラルに結びつけて考える傾向を強めていたと思われる。ディドロの世代は、ヴォルテールの「合法的王政」の呪縛から自由になりつつあった。文明から公共性を引き出す場合、ディドロたちにとって、それはフランスの社会と文化の現実に即してのことであった。アングロマニーを脱し、文明論がフランス社会の独自性把握に傾斜し、ルソーなどに顕著なイギリス批判を生む[73]。このように、七年戦争の時代は、啓蒙思想の社会表象と公共表象を大きく変えていた。ヴォルテールのイギリス讃美と「王の合法的権力」への期待は、フランス社会の変革と啓蒙的立法者の具体化へと展開しつつあった。『百科全書』は、こうした新しい局面にたっての啓蒙思想の実践であった。

フランスの市民的公共性の発展に『百科全書』が果たした役割について、ハーバマスは過小評価していると思われる。ハーバマスにとっては、『百科全書』の機能は、政治新聞や商業新聞とあまり変わらないと映ったのかもしれない[74]。しかし、『百科全書』には、公共性に参入するだけでなく、公共性を創造変容しようという意図が読み取れる。それは、公権力の変革とは直接結びつかない領域であっても、公共性をめぐる政治闘争であることにかわりはなかった[75]。そこには、ヴォルテールにみられなかった公共表象の発展があると思われる。

『百科全書』の編集作業が、すでに公共性を組織する試みであった。辞典を編むに際して、編集者は、「パリやこの国の熟練工に声をかけた」と、もう一人の編集者ダランベールはいう[76]。「実際には、『百科全書』には何も執筆しなかったものの、それでも、書籍を貸与したとか、編集者に批判的な意見を書き送ったとか、あるいは、単にある工芸に関して、ディドロに不慣れな指の使い方を熱心に教えたといったことで示されたような共通の大義への献身によって、アンシクロペディストというにもふさわしい図書館員や紳士や著名、あるいは無名の職人がいたのだ[77]」。

『百科全書』はいわゆる啓蒙の書ではない。知識の普及よりも、思想の創造を目的にしていた。『百科全書』は「自分自身のためにのみ自学する人々を啓蒙すると同時に、他人の教育のために働く気概を感じている人々を手引きするのに役立つような『辞典』[78]であった。啓蒙だけでなく人間そのものを創造するという『百科全書』の目的は、『百科全書』という形式によって実現しうると、ディドロやダランベールは考えていた。『百科全書』という書物は、一つの思想によって、統制されているものではない。それは無秩序な知識の集合体であり、さしあたりこれに秩序を与えるのは、作者ではなく編集者である。しかし、それも、アルファベット順という暫定的なものであって、最終的に知識を編集するのは、読者の自由な仕事であり、生活の実用のためなのである。

編集者ディドロは、『百科全書』にいくつものたくらみを忍ばせて、読者が生きる場で知識を編集組織する過程に、縦横に介入しようとする。ダランベールがいうように、『百科全書』はアルファベット順と「百科全書的順序」との葛藤を持ち込み、読者に価値の闘争を生み出す。[79]ディドロは、感覚論の手法を生かし、図版により読者の感覚を刺戟し、情念と利己心に訴え、新しい読者を生み出そうとした。[80]参照項目などの巧みな仕掛けは、読者の思想の発展を促しかつこれに介入する方法であった。ディドロが狙い撃ちしたのは、都市の商工業者を中心にした広範な階層であったが、それは、この階層を「公衆」に変革する試みであったのである。

ディドロの「公衆」がハーバマスのいう「政治的に議論する公衆」という資質をもちつつあったことは疑いをいれない。ディドロはこうした「公衆」の政治過程への参入戦略も練るが、議論し判断する公衆を生み出すことを何より重要だと考えていた。たとえば、一七五九年一一月、ディドロは『文芸通信』に最初の「サロン」を発表し、以後ほぼ隔年に「サロン」を続けた（一七六一、六三、六五、六七、六九、七一、七五、八一年）。ディドロは、絵画に感動をかき立てる道徳的主題を求めていた。これは、「公衆」の範囲を社会に開くとともに、芸術判断において、理性に基づき議論し判断する公衆を創出する試みであった。[81]「文芸共和国」と「宮廷」の融合の中で、スペクタクルの観察者が「公衆」の観念に滑り込んできたのを、ディドロは、議論し理性的判断をなす「公衆」として再確定しようとした。

こうした「公衆」と民間との交流が、ディドロが『百科全書』に託した期待であった。公共性を育てるという『百科全書』の試みは、ディドロの当時の思想から自然に構想されたものだということができる。ディドロが諸個人の活動を秩序へと導く「社交性」の資質が社会と公権力との関係を規定すると考えていたことは、すでに述べた。(82) 公共性の創造は、ディドロにとって、社会秩序の主体性を強化し、公権力に対する抵抗力を確保することを意味したのである。

社会と公共性というディドロの主題は、『ラモーの甥』においても取り出すことができる。『ラモーの甥』は一七六一年から六二年にかけて書き始められ、一七六五年、七二年、七三年以後の三度にわたって改訂されたといわれる。そこでは、哲学者と俗人「ラモーの甥」が論争する。(83) 論争する哲学者は『百科全書』の求める「公衆」を象徴し、社会を偽善の巣窟とし改革を拒む俗人に挑む哲学者の姿は、『百科全書』の公論的企画を想像させるだろう。

ディドロによる公共性戦略は、いわゆるパメラ・ブームへの対応にもみてとることができる。一七五〇年代から『パメラ』と『クラリッサ・ハーロー』により巻き起こったリチャードスンの小説人気に、ディドロはいち早く対応し、これに哲学的意味を与えようとした。ディドロは、リチャードスンの小説に道徳哲学的たくらみを読みとる。(84) ディドロは、リチャードスンの小説を批評して、それが「私たちが生きている世界」を舞台とし、そこでは登場人物が私たちの日常の苦悩と同じものを生きているという。したがって、読者は、登場人物のそれぞれに託して、読者の生活を生きなおす。そのとき、ディドロによれば、その小説に蒔かれている「徳の種」が読者において花開くのである。(85)

ここには、ディドロの構想する「公衆」の限界線も現れている。ディドロが讃美するリチャードスンは、『クラリッサ・ハーロー』の執筆過程そのものを公共圏に委ねていた。手紙やサークルを通じて多くの女性が作品形成に参加していた。そこには、イギリスの公共圏の広がりとともにそこにおける道徳感情の存在が反映されている。(86) ところが、ディドロは、作品を「徳の種」を蒔くという機能に限定している。感情の重視は民衆の言語障壁を打ち破るかもしれないが、「徳」を育てる力は作家や編集者の側に委ねられている。確かに、『百科全書』は多くの民間の技術者を動員した。しかし、公共性における言語や技術や学問という障壁は、リチャードスンのイギリスに比べて、ディドロのフランスでは民衆に対し高くそびえているといわざるを得ない。

七年戦争の時代、イギリス思想においては、ロックの道徳哲学の発展がスミスの『道徳感情論』(一七五九年)を生み、道徳の判断者を社会の中の観察者として設定し、しかもその観察者は理性だけでなく感情をもつ現実の人間に近いものとなっていた。(87)ディドロのフランスでは、「公衆」は、編集者として社会に介入するが、そこにとどまるわけではなく、感情に考慮しはしても、それは理性による判断を揺るがすものではない。イギリスの「公衆」像が社会に密着しているのに対し、フランスでは「公衆」は理性と学問という知的障壁を崩さず、社会の中には容易にその具体像を結ばないのである。

公共性のディドロ的創造行為は、商工業者などの社会に対してだけでなく、ダランベールによって、アカデミーにも向けられた。一七五九年高等法院は『百科全書』発禁の処分を決定し、弾圧に乗り出す。ダランベールは一七五八年に編集者を退いていたが、これは必ずしも脱落を意味しなかった。ダランベールはアカデミーに退却したとみせて、実際は、積極的にアカデミー改革に乗り出した。(88)『百科全書』が社会に対する公論的企画であったのに連動し、ダランベールは、アカデミーという権力のイデオロギー装置に公論の中枢という機能を生み出そうとしたのだ。ダランベールがアカデミーに密かに蒔いた種は、やがて、ダランベールの戦略を忠実に実行したコンドルセによって、あるいはマルゼルブによって、回顧されることになる。マルゼルブは、一七七五年に、フランス・アカデミー入会演説で、アカデミー会員を主体とする「公論」の誕生を示唆し、これを権力から独立した法廷に指名した。(89)「科学アカデミー」改革に尽くしたコンドルセは、一七七二年のフランス・アカデミー入会演説で、「社会にどのような利益をもたらすことができるか」が学問の根本課題だと述べた。[90] いずれも、権力の要請にこたえる学問から社会の利益を示し権力を指導する学問への転換を語っている。[91] ダランベールの戦略は実を結び、アカデミーは国家内の制度という性格を払拭し、むしろ公共性のペースメイカーとなる方向に、転換していったのである。

アンシクロペディストの多くは、エルヴェシウス的な功利主義的立法者像を共有していたし、フランス王政の権力機関の改革には、あまり踏み込まなかった。[92] しかし、思想としても運動としても、公共空間を飛躍的に拡大し組織した。ディドロの『百科全書』は弾圧に屈しなかったし、むしろ多種多様な『百科全書』が出現した。[93] 体制側にもマルゼルブのような理解者を生み出した。マルゼルブの『百科全書』への寛容な対応、出版印刷の自由実現への努力は、出版と読書というフランスの公共圏の中心に大きな活力をもたらした。[94] 先ほど引いたマルゼルブのアカデミー入会演説は、出版を通じて広がる公共圏とアカデミーとが結合したことを象徴する出来事でもあった。ベイカーのいう「公論の政治的創造」に向けて、『百科全書』は大きな役割を演じたのである。

アンシクロペディストが権力の外で公共性を開拓し、モンテスキューの思想が高等法院に受容されていく中で、やはり啓蒙思想の新潮流として、フィジオクラートとエコノミストが出現した。エコノミスーの活動は、グルネ・サークルを中心に活気づき、啓蒙思想に「自由放任」あるいは「レッセ・パセ」の原理を送り込み、その公共表象に大きな影響を及ぼしたことは、すでに述べた。エコノミストは王政の重商主義官僚に理論的武器を提供する。フィジオクラートは、エコノミストと密接に結びつきかつ対立をしながら、農業の資本制的生産力を重視し、これも国王権力の行政に直接関与していく。こうしたエコノミストとフィジオクラートの活動の舞台を準備したのが、一七五八年外務大臣となったショワズールが開始した一連の自由主義的王政改革の流れであることは、いまさら言うまでもないであろう。ショワズール派は、イエズス会の廃止、その後の高等法院と王権の対立、穀物取引自由化へ向けての経済改革などを押し進め、これに対する反発と抗争のなかで、いわゆる貴族の「自由主義革命」も展開した。こうして、王権において改革派官僚が育っていったのである。[95]

フィジオクラートの思想はフランソワ・ケネーに始まる。ケネーは、ポンパドゥール夫人の侍医としてヴェルサイユに入り（一七四九年）、一七五三年頃経済学の研究を始めたといわれる。『百科全書』にも「借地農論」、「穀物論」などを寄稿したが、一七五八年には『経済表』を著した。デュポン・ド・ヌムール、メルシエ・ド・ラ・リヴィエールなどの支持をえて、王政の体制内改革派いわゆるヴェルサイユ左派を形成し、これがフィジオクラートと呼ばれることになる。[96]

ケネーの経済学が描く体制は、社会と公共性との関係という点からみると、アンシクロペディストよりもルソーに近い。ケネーが経済を生命体との類似で捉えたことが、後でみるルソーの有機体的な政治と経済の結合と似通っているばかりでなく、ケネーも、経済を同時に政治的体制として把握していたからである。[97] ケネーにとって、経済活動は、諸個人の利己的活動として自立した領域をなすものではなく、経済法則に決定された体制とみなされるべきものであった。ケネーは、借地農を軸とする経済活動において事実上資本制的利潤を把握したが、それを最終的には地代に解消した。ケネーの経済学は、土地所有者の体制にできる限り資本制的経済を組み込もうとするものであった。エコノミストとして「レッセ・フェール」を主張したが、これも、市場の現実経験によってではなく、君主の英知がもたらす合法的統治下においてのみ可能とされた。[98] 後でみるルソーの「公共経済」と同じように、ケネー的経済は、政治によって組織されることを前提とする体制であった。

ケネーにおいて、経済体制は、社会の独立に繋がるものではない。ヴォルテールがイギリス商人やロンドンの取引所に見出したのは、諸個人の利己的活動が、国境を越え、体制を越え、世界に開かれているということであった。ケネーの経済は、王国経済として体制の中に組織されたものに他ならない。したがって、ケネーにおいて、公共性は合法的統治として表現されているにすぎない。しかも、合法的統治が、法則を実現する英知の手にあるとされるかぎり、固有の意味で公共性は、ケネーの視野に上らないだろう。ケネーの経済法則への信頼は揺るぎないものであり、ケネーは公共性論を持ち得なかったといってもよい。

フィジオクラートにおいて、公共性が独自に問題として意識されるのは、彼らが王政官僚として活動する中で、経済体制と合法的統治の乖離が激しくなったときである。それは、経済理論としては、利潤と地代の矛盾あるいは資本制的経済と土地所有との矛盾として現れ、政治的には、行政の合法性をめぐる問題として現れた。フィジオクラートにおいて、一方で、ケネーが地代に解消していた利潤を独立して把握しようという動向が生じ、他方で、合法的統治機能を担う機関の具体化を求めて、地主国家の模索が始まる。「レッセ・フェール」を具体化する社会の仕組みへの関心が増し、合法的専制論による王の非人格化を進め、行政を所有（土地所有）の代表観念という枠組みで捉えようとする。この過程で、「啓蒙された公衆」という政治主体像と「社会的技術」という合理的統治論が出現してくる。こうしたフィジオクラートの新体制構想は、主として穀物取引の自由化をめぐって、重商主義官僚と対立する中で準備され、一七七〇年代に、とりわけ財務総監チュルゴの時期に、完全実施を目指して挫折した。そのとき、チュルゴによる王政改革の指針として、一七七五年にデュポン・ド・ヌムールが書く『自治体に関する覚書』に、フィジオクラートの到達点が、集約的に示されている。フィジオクラートは自然法から「レッセ・フェール」の政策原理を引き出したが、これを最後まで「政治的自由」に繋げることはなく、チュルゴ改革の終焉とともに、その影響力を急速に失っていく運命にあった。(99)

エコノミストはよくフィジオクラートと混同されるが、その主要傾向は、先に述べたグルネ・サークルにみられるものであったことに、注意しておきたい。(100)エコノミストは、フィジオクラートよりもはるかにイギリス経済学に近い立場から、「自由と保護の経済政策」を提言したが、それを「柔らかいディリジスム」に包んでいた。彼らは、その政策の実行を王政官僚に求めたので、その活動はフィジオクラートと重なった。両者は、相互に影響を及ぼしながら、合理的行政をめぐって、対立を繰り返す。一八世紀後半のコルベール主義とフィジオクラートの対立において、コルベール主義はもはや守旧的なものでなく、エコノミストの「柔らかいディリジスム」を主張していたのである。[101]

七年戦争の時代にフランス啓蒙思想に諸潮流が生まれ、それぞれに公共表象を発展させていく中で、ルソーもまた、政治社会の構想を発展させていた。「公衆」、「世論」などの公共圏評価をめぐっても、「演劇に関するダランベールへの手紙」(一七五八年)などで、ルソーは啓蒙思想の異端としての立場を明確にした。[102]

ディドロ、ダランベールとの対立が、いまだ表面化していない一七五五年に、ルソーは「政治経済論」を『百科全書』第五巻において公表した。執筆時期は明らかではないが、一七五三年あるいは五四年とされ、『人間不平等起源論』(一七五五年公刊)執筆の直前か同時期と推定されている。「政治経済論」は政治論としては未完成であって、『社会契約論』と比べて、個人主義的色彩が強く、経済を主要対象としている。ルソーが『百科全書』と共通の土俵で議論しえた最後の作品でもあった。

『学問芸術論』でルソーは、ヴォルテールやモンテスキューが近代の独自性として評価した「商業社会」を人間腐敗の源泉として告発し、社会における「意見」をも同じく否定した。「政治経済論」でも、ルソーは、冒頭から、旧来の「家政(オイコス)」と異なる国家規模での経済活動が出現したことを述べる。[103] しかし、これを、人間腐敗の原因として非難するのではなく、次のように政治体に組み込むことが、ここでの課題となる。「政治体は、個別的に取り上げれば、組織をもち、生きている個体として、また人間の身体に類似したものとして、考えることができる。主権は頭をあらわす。法律と慣習は、脳髄である。それは神経の根源であり、悟性、意志、および感覚の中枢である。判事や法官は、その機関である。商業、工業および農業は、口および胃であって、全体の生存を準備する。公財政は血液であり、賢明な経済は、心臓の役目をしながら、血液を送り、身体全部に栄養と生命を行き渡らせる。市民は、身体であり、手足であって、［身体の――引用者］機関を動かし、生かし、働かせる[104]」。

ここにみられる有機体の比喩は、かつて研究者R・ユベールがルソー政治論の未熟な段階を表すとみたものであるが、少なくとも、経済を政治体に組み込もうとするルソーの見地を、よく表現している。その政治体の樹立について、「政治経済論」は『社会契約論』の前身となる構想をすでに語っていた。「相互の必要により、大社会のなかで結合している人々を、市民社会によって、より緊密に結びつけるように駆りたてる動機は何であるかを探求せよ。そうすれば、それは、全員の保護によって各々の成員の財産、生命および自由を確保する以外のなんらの動機をもつものでないことが知られるであろう[105]」。この時期のルソーは、社会契約による政治体の樹立という論理を明確にはしておらず、公益を求める諸個人の意志と公正な立法者の意志の合同によって国家が運営されるという見通しを立てていた。しかし、主権者の意志のもとにある政治体によって経済を組織するという論理は、すでに明確となっていた。「立法者の第一の義務は、法律を一般意志に合致させることであるのと同様に、公経済［公共経済(economie publique)］の第一の原則は、行政を法律に適合させることである[106]」。こうして、ルソーにおいて、「公共経済」という分野が登場する。「政治経済論」のルソーは、政治体に統合される限りにおいて経済を承認し、この領域に「公共経済」の名をあてるのである。それは、「統治」あるいは「政府」と同義だとされている。

このようにみてくると、「政治経済論」における経済と公共性との関連づけについて、その概要がほぼ明らかとなるだろう。ヴォルテールやモンテスキューは「商業社会」と公共性とを関連づけ、相互に排他的と捉えることはなかった。これに対して、『学問芸術論』でルソーは、「商業社会」と公共性とを切断していた。「商業社会」は人間腐敗を生み出し、「世論」とともに、公共性を害する不気味な力をもつとみていた。「政治経済論」のルソーが示すのは、公共性が政治によってのみ保証され、政治が一方的に経済を支配し「公共経済」という領域を生み出すということである。自由な財産の活動や「世論」が公共性を促進するという見通しは、ルソーには持ち得ないのであった。

「政治経済論」の記述は、アンシクロペディストやエコノミストの経済観とかけ離れていた。『百科全書』も、まもなく、第一一巻にいたって、ブーランジェによる「政治経済論」を新項目として載せることになるだろう。しかし、「政治経済論」のルソーには、『社会契約論』では消えるとされる個人主義の性格が色濃くあって、政治から独立した経済過程に対する関心がみられるという意味で、『百科全書』とルソーの距離が接近した最後の機会ともなったのである。

ディドロは、『百科全書』に「ホッブズ主義あるいはホッブズの哲学」を寄稿し、「ホッブズを認めれば、法と社会の形成が人間を善くしたのであり、ルソーを認めれば、それらは人間を堕落させたのである」と書き、「ホッブズとルソーの体系の間に、おそらく正しいもう一つの体系がある。それは、人類の状態は不断の変転のうちにあるが、その善良さと邪悪さは同じものであるというもの、幸福も不幸も人間が超えられない範囲に制限されているというものである。あらゆる人為的利益は人為的害悪によって相殺され、あらゆる不幸は自然の幸福によって相殺されるというものである」と答える。(107)ディドロは人間の社交性の発展上に法と社会の成立を構想し、『百科全書』という公論的企画を実践したのだ。ルソーの側は、『人間不平等起源論』で、「あわれみ」の感情が種全体を保護すると述べたとき、「自然が人間に社交性を準備することがいかに少なかったか」といって、文明の社交性を否定していた。(108)ルソーにとって、社交性の文明における形態は、「利己心」と「世論」であり、この活動の活性化から公共表象を引き出すヴォルテールを否定したのである。

「政治経済論」で『百科全書』との対立を明確にしたルソーは、政治による経済の組織という方向にいっそう確信を強め、独自の文明体制構想を描き始める。この時期ルソーは、文明を変革するために政治制度論を構想し（『社会契約論』一七六二年）、文明に汚されない新しい人間を生み出す教育のために『エミール』（一七六二年）を書いた。これらにおいて、ルソーは、公共性に政治的表現を与えるためにこそ、公共性の声としての「世論」を作り変えなければならないという考えを、ますます強めていく。

たとえば『エミール』でルソーは、人間が生きていく中でもつ依存関係について、次のようにいう。「一つは事物への依存で、これは自然に基づいている。もう一つは人間への依存で、これは社会に基づいている。事物への依存はなんら道徳性をもたないのであって、自由を妨げることなく、悪を生み出すことはない。人間への依存は、無秩序なものとして、あらゆる悪を生み出し、これによって支配者と奴隷は互いに相手を堕落させる。社会におけるこうした悪に対抗するなんらかの方法があるとするなら、それは人間の代わりに法を置き、一般意志に現実的な力を与え、それをあらゆる個別意志の行為の上に置くことだ」(109)。ここで非難されているのは、「他人の意見」による「自尊心」の活動のことであり、これを法によって統合せよと、ルソーはいうのである。

「他人の意見」あるいは「世論」を作り変えるもう一つの力は、ルソーによれば、教育による徳と人間の形成である。しかし、『エミール』全体をみると、教育と徳による「自尊心」への対抗は、必ずしも成功しておらず、「他人の意見」あるいは「世論」は、人間を迷わす力として、徳を圧していると思われる。理想的教育によって純粋培養されたエミールは、続篇「エミールとソフィー」(未完)では、世俗、とりわけ「世論」の都パリで、ソフィーの裏切りにあい、挫折する。放浪の果て、彼が最後にソフィーの遺書にみるのが、悔恨とともに輝いている徳であった(110)。ルソーの物語では、徳が社会と「世論」に対して現実の勝利をうるのは、至難であるとみられている。「自分の友を知るためには、重大な機会、すなわち、万事が終わったときを、待たねばなりません」という『学問芸術論』の嘆息は(111)『エミール』にも響いているのである。

エミールがたどる人生行路は、ルソーによるリチャードスン受容過程を象徴してもいる。『エミール』に描かれる感情生活や『新エロイーズ』(一七六一年)の世界は、フランスのリチャードスン・ブームを発展させた。読者を社会へ、さらに道徳感情へといざなうことを目指す、リチャードスンの公共性戦略を、ルソーは引き継いだ。しかし、ルソーの作品からみえてくるのは、文明に対する人間の挫折であり、モラルの男女の愛と家族的世界への限定である。家庭教師の監視を離れたエミールは、文明や「世論」に対応しえなかった。(112) ソフィーの死の後で、悔恨の中で「徳」の存在が確認される。その「徳」は反社会的なものであった。リチャードスンの戦略を、社交性の滋養に展開しようとしたディドロとも対照的である。「クラリッサの陵辱」という衝撃は、近代家族制度の女性抑圧というジェンダー的問題を公共圏に引き出したが、(113) そうしたリチャードスンの公共圏像を、ルソーは決して認めなかった。

ルソーが目指したのは文明社会との断絶であった。ルソーは、現実の社会、経済活動、「世論」の自由すべてを否定し、契約による政治共同体樹立を主張するとともに、逆にその政治体による社会の統合を構想したのであった。「世論」は、その契約に基づく政治社会において、これを規定する最も巨大な力として再登場する。ルソーは、『社会契約論』で、政治共同体を動かす力として、公法、市民法、刑法の三つの法を挙げ、次のようにいう。「これら三種類の法に第四の法が加えられる。これは最も重要な法で、大理石柱にも青銅板にも刻まれないが、市民の心に刻まれている。これこそ真の国家の基本構造をなすもので、日に日に新しい力を加え、他の法が老朽化し、消滅しようとするとき、これに活力を与え、あるいはそれにとってかわり、人民に国家設立の精神を維持させ、知らず知らずのうちに権威の力に習慣の力を置き換えるものである。私の述べているのは風俗、習慣、とくに世論のことである」。(114) ここで言われる「世論」は、文明社会の中の「他人の意見」とは異なり、国家設立時にすでに「一般意志」の担い手として作り変えられているものである。ルソーは文明における「社会の意見」の力を知っていたから、市民的国家の基礎に、公共性の声としてこの政治的に再生された「世論」を置いたのである。

「世論」を公共性の意志にふさわしいものに作り変える力は、教育であったが、『社会契約論』では、「世論」を制度化するために「監察官の制度」が提案される。「一般意志の表明が法によってなされるのと同様に、公衆の判断の表明は観察によってなされる」。「監察の制度は、世論の腐敗を防ぎ、賢明な判定を適用してその正しさを保ち、ときにより、世論がまだ定まっていないときにはそれを安定させることによって、習俗を維持する」(115)。

こうして、ルソーは、教育の力をかりて「世論」に徳を浸透させ、監察の制度によって「世論」を立法者の意志に一体化しようとしていた。このような「世論」は、ヴォルテールやディドロがみていた公共性とはまったく性格を異にし、自己愛の活動のもつ諸対立と多様性を認めないものである。ルソーは論争よりも良心による透明な心の交流を求めた。ルソーが、文明の「社会の意見」を否定し、再生した「世論」を掲げたとき、その「世論」からは、ハーバマスのいうように、討議的性格は抜き取られていたのである。

ルソーが契約による共和政体の樹立を構想したとき、ルソーの公共表象は啓蒙思想にみられない新しい方向に発展を始めた。文明の現実に公共圏の成熟を求め、ここから政治社会を引き出すのではなく、まったく逆に、ルソーは、政治社会の創出によって、社会を公共的統合に導けという。公共性の政治的創造を課題としたといってもよい。

おわりに

フランス啓蒙思想が胎動する「摂政時代」以降、七年戦争直後の一七六〇年代まで、フランス思想の公共表象の成立と発展をみてきた。取り上げた思想家が少なく、トピックに依存した選択でもあって、全体を描くには程遠い。それでも、おおよその傾向、多様性について、明らかにしえたであろう。

啓蒙の公共表象展開の前提条件として、一方に社会の商業化があり、他方に国家の「財政軍事国家」としての編成過程があった。フランスにおいては、ルイ一四世の死によりレゾン・デタの力が弱まり、摂政時代には、市民的公共性へ向けての胎動が始まった。フランス啓蒙思想は、ヴォルテールが軌道設定したように、イギリスの社会事情に基づき、社会における公共性の出現を理論化することから出発した。七年戦争以前においては、こうした枠組みが続き、イギリスをモデルにして引き出した公共表象をフランスの合法的王政に繋げる方向が模索されていた。ヴォルテール、モンテスキュー、ルソーの間に分裂がみられたが、いまだ、文明論を基調とした議論にとどまった。しかし、それでも、フランス啓蒙思想が、その誕生とともに、公共性をレゾン・デタの外に把握し、「公共」の発生土壌を個人と社会に発掘し、「公共」の起動因を自由に求めたことは明らかであり、決定的であった。ヴォルテール、モンテスキュー、ルソーの対立は、一八世紀思想において潮流対立となって拡大していくが、共通して、公共性を個人と社会の自由から引き出す。「公共」はレゾン・デタから切り離され、自由によって奪取され、自由によって発展するとみられている。そうした意味で、フランス啓蒙思想は、はじめから、公共圏を自由の原理によって動くものとみる点で、「自由主義」的であったのである。

七年戦争の衝撃を受ける一七五〇年代末から、フランス啓蒙思想は、公共表象を発展させ、これを具体化する現実の公共圏を求める。諸潮流がそれぞれ公共性の声あるいは発生装置について構想し始める。すなわち、思想において、公共圏の政治化という主題が登場し、発展したのである。第一に、高等法院を公共性の解釈者とするモンテスキュー的方向、第二に、所有と社会的利害の代弁者を「啓蒙された公衆」に求め、公権力をその支配下に置こうとするフィジオクラートとエコノミストの方向、第三に、公共性を社会において活性化し、これに基づいて権力批判をおこなおうとするアンシクロペディストの方向、第四に、共和政体の樹立によって公共性の政治的創造を目指すルソーの方向、大きくいって以上の四つの方向がみられた。このうち、第二と第三の方向は、サロンなどを通じて密接に連携をとっており、エコノミストとアンシクロペディストの多くは功利主義的立法者像をもっていた。

この時代、啓蒙思想家は、公共空間を拡大する活動に、熱烈に参加する。政治文化の発展が「公論の政治的創出」を果たすのはこの時代からであり、それには啓蒙思想家の関与が決定的であったのではないだろうか。ハーバマスやベイカーは、そうした思想家の活動を、過小評価しているように思う。

ベイカーの議論では、「公論の政治的創出」のドラマは、一七五〇年代のジャンセニスムの秘蹟認可問題に始まり、一七六〇年代の穀物取引の自由化問題と王室財務行政問題をめぐって、展開した。民衆の意見の解釈者を任じる高等法院に対抗して、主として王政側から「公論」の観念が提出されたのである。思想の次元でいえば、ハーバマスでもベイカーでも、先ほど述べた四つの方向のうち、第一の方向と第二の方向が対立する中で、第二の方向が、古い代表観念の外に、「啓蒙された公衆」を自立させていくとき、「公論」の思想が成立し、フランス革命においてルソーの方向と切り結ぶことになる。しかし、「公論」の成立に果たした思想の役割は、ベイカーの政治文化論やハーバマスの歴史社会学が語るより、はるかに大きかったのではないだろうか。以上のような一八世紀後半の思想状況と公共表象の多様性をみるとき、「公論」の思想の成立は、もっと多様なフランス啓蒙思想全体の共同創造行為であったように思われる。少なくとも、第三の方向、すなわちアンシクロペディストもすでに成熟した公共表象を準備していたのであり、四つの諸潮流の衝突も激しく繰り返されたのである。

第2章　市民的公共性の創出
――「公論」の誕生と「公論」の思想

はじめに

一七七四年即位したルイ一六世は、王政改革の中枢に、チュルゴを登用する。チュルゴは同年五月に、海軍大臣に登用され、八月には財務総監に任命された。チュルゴは、一七六一年から一三年間にわたって、リモージュ県（徴税管区）の知事として、多くの実績をあげたことで知られていた。税制改革に止まらず、農業調査と土地台帳の作成、賦役の見直し、道路改修など公共事業の改善、農業技術の改良と産業の育成に取り組み、穀物取引自由化という実験をおこなっていたのである(1)。

チュルゴの登場は、王政改革推進への期待を啓蒙思想家と民衆に抱かせた。一七五八年にケネーが発表した『経済表』は、体制の基礎が農業生産にあることを示し、これを受け入れた弟子たちはフィジオクラート集団を形成し、王政官僚となり改革に新風を吹き込んでいた。コルベール以来の重商主義的改革は、財政の基礎を流通に求めていたが、フィジオクラートは農業を特別視したとはいえ生産過程に富と余剰価値を把握し、経済体制の抜本的改革を求めていた。フィジオクラートは、メルシエ・ド・ラ・リヴィエール、デュポン・ド・ヌムールを先頭に、『農業と商業および金融雑誌』（一七六五―六六年）、『市民暦』（一七六八―七二年）などの機関紙をもつ政策集団を構成し、穀物取引の自由化を軸に王政改革に挑んだ。しかし、重商主義官僚との対立は激しく、改革は行き詰まりをみせていた。またチュルゴ登用の直前には、一七七〇年から一七七四年にかけての、大法官モープー、財務総監テレ、外務総監デギヨンによるいわゆる「三頭政治」の時代があり、モープーによる司法の大改革が試みられた。それは、王権と高等法院の抗争を激化させていた。チュルゴは、混乱を収拾し改革を推進する切り札として、多方面にわたる期待を集めたのである。

チュルゴは、もともとグルネの弟子であったが、ケネーに接近し、財務総監就任時には、両者の理論的総合をはかろうとしていた。したがって、チュルゴが打ち出した諸政策が、穀物取引の自由化を主柱とするフィジオクラート路線を基本にしていることは、間違いない。事実、チュルゴは、片腕にデュポン・ド・ヌムールを起用し、改革大綱ともいえる『自治体に関する覚書』（一七七五年）は、彼がまとめるのである。デュポン・ド・ヌムールは、一七六七年にケネーの著作集を『フィジオクラシー（自然統治）』合計二巻として出版しており、その前一七六四年に『穀物の輸出入について』を書いて、「穀物貿易の自由化」の効果を論じていた。

チュルゴの改革は、穀物取引の自由化を焦点として、民衆暴動を引き起こす国民的紛争に突入した。一七七六年五月チュルゴは解任され、改革は一年九カ月の短命に終わった。しかし、この激動こそが、「公論の政治的創出」のクライマックスを演出することになる。「公論」の出現についてベイカーが最も重視するのは、チュルゴの改革に先行する、「三頭政治」の時代である。しかし、チュルゴは司法改革を受け継ぎ、穀物取引の自由化に決着をつけようとして、高等法院と正面対決に入ったのであり、「公論の政治的創出」が確定するのは、むしろ、このチュルゴ改革における穀物取引自由化をめぐる政治抗争を通じてであった。(2) 穀物取引の自由化問題は、重商主義対フィジオクラートの政策対立を超えて、民衆とその声の代弁者を自認する高等法院を相手として、政治体制の枠組みをめぐる対決にシフトし、「公論」に力と輝きを与えていったのである。(3)

『自治体に関する覚書』は、フランス王政における「憲政」の欠落を指摘しその樹立の必要性を述べていた。チュルゴ改革においては、個別の政策はつねに「憲政」の枠組みに結びつけて争われた。穀物取引の自由化政策についても、紛争の焦点は、すぐにこの「憲政」の枠組みをどうするかという政治対立へと展開した。そうした傾向は、高等法院との抗争においてみられるだけではない。重商主義の側から穀物取引の自由化を批判したのは、ネッケルであるが、その議論も、「憲政」を意識してなされていると思われる。(4)

こうしてチュルゴ改革は、穀物取引の自由化をめぐる政治抗争と論争を焦点として、「憲政」の観念と「公論」の観念とを鮮明に出現させていったのであった。それでは、このとき「公論」の観念創出の主役をつとめたのも、『自治体に関する覚書』をデュポン・ド・ヌムールが書いたように、またハーバマスやベイカーがみるようにフィジオクラートであったのだろうか。事実は、それほど単純ではないように思われる。ネッケルさらには高等法院系の理論家との論争で、チュルゴ側から矢面に立ったのは、デュポン・ド・ヌムールよりも、いま一人のチュルゴの片腕、造幣局長官コンドルセであった。コンドルセはヴォルテールとダランベールの影響を強く受けており、論争のなかで、『百科全書』の公論的企画とアカデミー改革の経験を「憲政」問題に繫ぎ、フィジオクラートとは異なる「公論」の観念を提出していくと思われる。そうだとすれば、王権と高等法院との政治的主導権争いが激化するなかで、一方で、「公論の政治的創出」が進み、他方で、チュルゴ側ではデュポン・ド・ヌムールの公共表象が突破されることになるだろう。

チュルゴは、進歩の観念を掲げ、啓蒙思想家として出発した。(5) フィジオクラートの枠に収まりきる思想家ではない。改革に臨んでも、チュルゴは、これをフィジオクラート路線の王政の改善にとどめず、文明史上の社会改革と捉えていたと考えられる。じつは、コンドルセはチュルゴに協力することについて、ダランベールとともにフェルネのヴォルテールを訪れその賛同をえていたし、チュルゴはマルゼルブの租税法院院長就任をとりつけていた。(6) このように人材登用の面でみても、チュルゴの改革は、啓蒙思想の総力を挙げた社会改革を視野に入れていた。ショワズール以来の改革とこれに対する抵抗のなかで行われたさまざまな貴族の「自由主義的革命」を含むすべての改革を継承し、これに民間の啓蒙思想家の英知をすべて結集し、王政の総体改革を実現しようとしていた。だから、改革の紛争が政治体制論争へと進む中で、背景にあったチュルゴ本来の公共表象が、コンドルセによってより鮮明に引き出されていったのではないだろうか。そして、それは、普通に言われるフィジオクラート的枠組にはおさまらないものであったと思われるのである。

ここでは、チュルゴ改革を「公論の政治的創出」と結びつけて観察し、政治的激動の坩堝の中で、「公論」の思想が成立してくる過程を取り出したい。それは、ハーバマスとベイカーがともにいうフィジオクラート主導のものではなく、チュルゴからコンドルセへと引き継がれる別の過程となるだろう。

一　チュルゴ改革と公共表象

一七二七年パリ市長の家に生まれたチュルゴは、富裕なブルジョアの教育課程を経てソルボンヌの神学部に進んだが、ここでヴォルテールの影響下にあった哲学と歴史、法学、物理学を吸収し、政治と経済についても学ぶことになる。一七五〇年にチュルゴがソルボンヌ神学部付属神学院で有名な講演をおこなったのは二三歳のときであり、そこには啓蒙の文明史観が進歩の観念によって表されていた。翌年チュルゴは官僚への道に入るが、『百科全書』に寄稿するなど、アンシクロペディストとの関係を大切にした(7)。チュルゴが書いた『百科全書』の項目は、「存在」などの哲学に関するものだけでなく、「定期市と市場」、「基金」など経済政策を含むものであって、この時期チュルゴは、グルネ・サークルに接近し、その経済学に惹かれていた。『百科全書』の諸項目では、独占の打破とグル

ネ的自由競争の主張がみられる。(8)

官僚としてのチュルゴは、急速にケネーの経済学を取り入れるが、グルネの経済学を捨てることはなかった。チュルゴが一七五九年にグルネの死を悼んで書いた『グルネ賞讃』には、グルネとケネーの総合をはかろうとするチュルゴの姿勢が示されている。チュルゴがグルネから引き継ぎかつ生涯手放さないのは、「人間は、自分の利益を、その利益と何の関係もない他人よりよく知っている」という原理である。(9) チュルゴがこの原理をケネーの体系にビルトインしようとするとき、三つの方向が現れると思われる。第一は、「労働権」の承認であり、これはケネーの生産階級を農業だけでなく産業に広げ、また階級としてでなく諸個人の活動を評価することに繋がる。第二は、ケネーが農業において排他的に把握する剰余を、商工業を含む資本から導き出そうとする努力であり、チュルゴは、ケネーが商工業階級を「不生産的階級」と呼んだのを退け、「被雇用階級」の名を与え、地主を「自由に処分しうる階級」と再定義しこれに富裕な商工業者を加えた。第三は、「自由放任」の実現のために、政策的保護主義を認めることであり、これは、フィジオクラートの合法的統治論からチュルゴを分かつことになる。

いま述べた三つの方向は、一七六六年の『富の生産と分配についての諸考察』において、具体化された。この著作はスミスの『国富論』（一七七六年）とよく比較される。スミスのフランス旅行が一七六四―六六年であって、チュルゴがスミスに先行してケネーを修正していたともいわれる。しかし、比較は経済理論に限定されるべきではないのであって、『国富論』がそうであるように、『富の生産と分配についての諸考察』も、経済学的手法による文明分析を目指していた。チュルゴは、啓蒙思想家として、文明の社会、人間、習俗とモラル、国家を考察対象としており、この著作でも、文明の経済的動態分析を試みたのである。

「未開の人々の場合は能力の鍛錬がすべての個人において同一であって、人間の不平等は顕著ではありえない。労働が人々の才能によって分割されるとき、そのこと自体がきわめて有益であって、あらゆる仕事をよりよく迅速にするが、社会における財と負担との不平等な分配が生まれ、卑しく粗野な仕事に携わる大多数の人々が、余暇とそれを利用する手段をもつ他方の人々の進歩についていくことができなくなる[10]」。

「都市、商業、有用なまたは単純に娯楽のための技芸、職業の分化、教育の違い、いっそう大きな生活水準の不平等が生まれ、そこから余暇が生じるが、その余暇によって、一次的な必要から自由になった才能が、その必要が閉じこめていた狭い領域をでて、あらゆる力を技芸の練磨へと向ける。そこから人間精神のいっそう緻密で急速なあの歩みが生まれるのであって、それは社会のあらゆる部分をひきずっていき、そしてその部分の完成から新しい活力を受け取るのだ[11]」。

チュルゴが、文明の発達した経済段階を、地主、農業資本家、農業労働者、商・工業資本家、商・工業労働者という五つの経済階級が活動する機構として、ケネーよりダイナミックに把握したことについては、ここでは立ち入らない[12]。二つの引用文が示すのは、チュルゴの文明論の枠組みである。チュルゴによれば、一方で、労働の分割を原動力に、職業の分化と多様性と活動領域の拡大が進む。それが、狩猟、牧畜、農業という文明の諸段階を構成する。他方で、それは、都市を中心に多様な文化を展開し、人間精神の進歩における不平等を拡大するのであって、日常の利害の中にとどまる人々と教養ある人々との分割を深める[13]。両者を分けるのは、剰余の取得による「余暇」の保有の有無であって、チュルゴは、ケネーの「生産的階級」と「不生産的階級」の区分を修正して、「生産階級」「被雇用階級」「自由に処分しうる階級」の三分割とした。ケネーの農業偏重を修正し、「生産階級」に産業諸階層を組み入れ、「自由に処分しうる階級」の概念によって、地主にブルジョワを加えた政治的指導階級の存在を示そうとしたのである。

こうしてチュルゴのみるところでは、「人間は、自分の利益を、その利益と何の関係もない他人よりよく知っている」という原理は、文明において、その利益を知るやり方によって、統治者と被統治者という別の現れ方をすることになる。「非常に視野が限られ、矮小な利益にとらわれ、個別的利益の追求においてほとんど常に対立しあうので、人々は、全員の幸福を目的とし、多くの異なる利益を一つの目的に導き、一致させることのできる上級の権力を必要とした」[14]。したがって、文明において、人々は「人類の譲り渡すことのできない」労働を営み、統治を「上級の権力」に委ね、「統治するものと服従するものとの幸福な調和」を求める[15]。

「自由に処分しうる階級」は、経済分析よりも、文明の統治論を意識して考えられた概念である。「自分の財産を損なわずに、また生産的労働の秩序も乱さずに、あらゆる種類の職務に、学問研究に、軍務、司法、行政の官職に専念できるのは、労働せずに収入を受け取る土地所有者と貨幣貸付人だけである。これらの職務はすべて、富裕でないまでも、少なくとも労働せずに相当な生活を営む人々、また必要に迫られて労働に従事するわけではないので、名誉心、徳義心、公益心のような、いちだんと高貴な動機に従いうる人々を、前提とする」[16]。ここで語られているのはフィジオクラートの地主像に近いものにみえるが、少なくとも二つの点で、チュルゴはフィジオクラートを超えていく。第一は、「自由に処分しうる階級」が、地主に限定されておらず、文明の変動を反映するダイナミズムをもつことであり、第二は、この階級が自然法を実施するのではなく、現実の社会的利害対立に配慮した政策立案能力をもつことである。

この第二の点に繋げて、チュルゴは、ケネーの自然法による統治にかえて、経験科学としての立法の科学が必要であると考えていた。チュルゴは、人間の「理性」は「欲求、欲望、情念」を調整する機能をもち、「統治」とは「諸個人の利益と情念さらには悪行さえも公共の幸福へと導く」ことだという[17]。これは、明らかに、ケネーの形而上学を離れ、ダランベールとコンドルセがアカデミー改革で目指していた経験的政策を生み出す学問に連携するものである。チュルゴの立法の科学は、政策を立案する経験的科学者集団の組織を必要とし、国家のなかにではあるが、「政治的に論議する公衆」出現への展望が開かれる。しかも、それは、社会的利害の総括を通じて、社会における公共圏の成立に関心をもつ集団となるだろう。

チュルゴは改革に臨んで、さまざまな政策実施だけでなく、その枠組みとして、文明社会と公共に関する彼の表象を具体化しようとした。チュルゴの改革は、「憲政」の樹立を掲げるのである。チュルゴの指示でデュポン・ド・ヌムールが書く『自治体に関する覚書』（一七七五年）には、次のように宣言されていた。「陛下、不幸の原因は、陛下の国民がまったく機構（憲政［Constitution］）をもっていないということにあります。陛下の国民は、結びつきの悪い異なる諸身分と相互にほとんど社会関係をもたない人々からなる社会をつくっております。したがって、そこでは、おのおのは排他的な個人的利益のみに専心するし、おおかたの人は自己の義務を果たそうとしませんし、他人との関係を知ろうともしません[18]」。ここには、チュルゴの『富の生産と分配についての諸考察』の先に引用した文明表象とほとんど同じ認識が示され、「憲政」の樹立が提案されている。それは具体的であって、デュポン・ド・ヌムールは、「教区議会から全国議会にいたる階層的な議会制度」の設立構想を示し、その人材育成のための教育制度樹立をあわせて提起した[19]。

このような「憲政」の具体的主体像について、デュポン・ド・ヌムールは、次のように言う。「市民を、国家に対して彼らがもちうる現実の効用と、土地に対して彼らが所有によってはっきりと占める地位とに比例して分類すれば、彼らは、国民を、各人の権利の保全と公益という、唯一の目的によって永遠に動く、一つの団体にしかしないでしょう[20]」。ここには、デュポン・ド・ヌムールの重農主義と当時盛んになったフィジオクラートの自治体改革運動が、色濃く反映しているが、指示を出したチュルゴの主体表象は、「自由に処分しうる階級」であり、よりブルジョワ的であった。

チュルゴの具体的諸政策も、それまでのフィジオクラート運動の枠を、大きく超えていた。チュルゴは、一七七四年九月に、まず穀物取引の自由と輸入の自由を布告した。折からの不作は食料を高騰させ、民衆はチュルゴの法令に拒絶反応を示し、旧来の穀物価格統制を求めて暴動を引き起こす。高等法院と重商主義官僚もチュルゴに激しく反発した。チュルゴは、民衆暴動を鎮圧し、七六年一月に六勅令を発して不退転の決意で経済の自由化を推進しようとする。六勅令は、「賦役の廃止」「パリにおける穀物取締りの廃止」「パリ河岸、市場、港の監督事務所廃止」「宣誓手工業組合（ギルド）の廃止」「ポワシ金庫の廃止」「油脂税改正」からなり、賦役、ギルド、取引取締りを解体し、労働の自由を確立しようとするものであった。ここにあるのは、フィジオクラートの改革表象というより、グルネの「自由放任」政策の発展といってもよいだろう。[21]

「憲政」の樹立に関しても、改革の現実は、デュポン・ド・ヌムールの公共表象の枠にとどまるどころか、これを事実上拡大発展させていく。穀物の国民的配分への市場の導入について、チュルゴは、グルネの弟子として、市場原理が機能するために、市場社会が現実的に成熟する必要があることを知っていた。チュルゴは、市場の地域的閉鎖性を打破するために取締り特権を解体するだけでなく、社会における情報の流通とコミュニケーションの圏域を広げるため、出版の自由を確立しようとし、駅馬車や郵便制度の整備に努めた。[22]チュルゴは、「憲政」の主体を「自由に処分しうる階級」に求めるだけでなく、社会における公共的意志の出現を視野に収めていたのである。[23]この意味でもマルゼルブとコンドルセの協力は必要であった。マルゼルブは、一七五九年『出版論』で「公衆」の意義を語っていたのであり、コンドルセは一七七六年に『出版の自由についての断章』を書く。[24]

チュルゴの「憲政」樹立構想は、改革の激務に追われ、思想としては十分に成熟しないままに、一八八一年の彼の死を迎える。チュルゴの前には、七年戦争後のフランスの体制建て直しだけでなく、アメリカの独立という衝撃が訪れていた。七年戦争がイギリスの優位を確立したようにみえたそのとき、新大陸で反乱が始まった。一七七三年のボストン茶事件、一七七四年のフィラデルフィアでの第一回大陸会議と、アメリカでのイギリスへの抗議行動は独立運動へと高まっていった。アメリカの動向は、共和政という「憲政」の新しい選択肢を提起する。チュルゴは、イギリスとフランスの比較にとどまらず、アメリカの動向を視野に入れなければならなかった。アメリカ独立を目指す思想家および活動家と交流をもち、チュルゴ自身、プライスに手紙で論争を挑み[25]、フランクリンのために「租税に関する覚書」を書き（一七七七年）[26]、「アメリカ連合の状況についての考察」を書いていたといわれる[27]。チュルゴは、「憲政」王政構想の立場を崩さなかったが、それを具体化もできなかった。一七七六年には、アダム・スミスが『国富論』で、「自然的自由」の体制として、文明における経済的自由と政治的自由の新しい構造を提案する。一七七八年にはフランスはアメリカ植民地の独立戦争に介入する。チュルゴには、思想家としても、政治家としても、活動の時間は残されていなかった。

しかし、チュルゴが持ち得た「憲政」構想と公共表象は、改革の実践と政治抗争を通じて、「公論」の思想として、引き継がれ発展していったと思われる。穀物取引の自由化をめぐる対立が、「公論の政治的創出」に繋がる政治体制論争となる中で、チュルゴにかわり奮戦するのは、今一度いえば、コンドルセである。コンドルセの論戦の中で、デュポン・ド・ヌムールのフィジオクラート的色彩が払拭され、チュルゴの「憲政」構想と公共表象がその形を鮮明にしてくると思われる。チュルゴからコンドルセというこのバトンタッチにおいて、フランス啓蒙思想における公共表象発展の新しい段階が訪れるだろう。

二　穀物取引自由化と公共性の思想像

チュルゴの改革は、経済改革を超え王制の政治秩序を大転換しようとするものであったが、政治原理が直接に争われたわけではない。個別政策を争点にして、高等法院と王政官僚、王政官僚内部のフィジオクラートと重商主義派との対抗、民衆や社会の動き、これらが複雑に絡み合い進行した。基本的には、諸法令の認可をめぐって、高等法院がチュルゴの行政に反抗するという、旧王制の政治システムの中で、対立は進行する。高等法院はモープーの改革に対抗して王政の機関としての機能と権限を拡大しようとしており、チュルゴも伝統的な行政の手続きを変更しなかった。したがって、改革の意思決定は、最終的にはリ・ド・ジュスティスにおける王の認可によって決着するという、伝統的公共表象の枠組みで行われた(28)。

ところが、一七七六年三月に発布された穀物取引の自由化勅令については、事情が異なった。それが、最も大きな王国住民の関心事であったというだけではない。民衆暴動が起きる中、高等法院は、民意を持ち上げ、これを統治にどう反映させるかという政治問題としていったのである(29)。

穀物取引の自由化問題は、一七五〇年代から激しい論戦を巻き起こしていた。フランス絶対王政においては、もともと、穀物を「公定価格」によって民衆に供給するのが王政の義務であり、コルベール主義によって、穀物市場を政府がさまざまに規制してきた。しかし一七五〇年代末になり、フィジオクラート官僚の勢力が強まり、穀物取引の自由化論が台頭した。財務総監ベルタンが、一七六三年に穀物取引の国内規制を廃止する法令を出し、翌年、財務総監ラヴェルディが穀物輸出の自由を認める法令を出す。以後、この政策の効力をめぐって、激しい政策論争が続いた(30)。

チュルゴ改革を迎える頃、高等法院は、この問題について、法令認可拒否という従来の介入方法を、民衆との連携を模索し、政治的紛争へと展開していく。高等法院は、穀物取引規制を国王に要請するに際して、民意の代弁者という自己の存置理由を、いっそう強調するようになる。一七六九年一一月には、広範な行政的社会的諸階層からなる「全般的治安会議」を開くという手続きを経て、「市民の意見」として、穀物取引の規制を訴えている(31)。

高等法院の側は、このような運動の経緯をみても、王政の政治秩序や原理を変更する意図をもってはいなかった。穀物政策について伝統を保持せよというものであり、高等法院が盾にする「市民の意見」も、内容は身分制に組み込まれた民衆を前提としていた。高等法院は、依然として、自己を民意の代弁者とし、王政の伝統的手続きを尊重し、行動していたのである。

しかし、にもかかわらず、高等法院が「市民の意見」を強調すればするほど、それは、「市民の意見」と政治秩序の関係の問題をクローズアップすることになった。チュルゴ側も、「市民の意見」の尊重をもって答える。そのとき、チュルゴ側の考える「市民の意見」は、穀物取引の自由化を支持しうるものでなければならない。チュルゴ側は、それを「公論」に求め、「公論の政治的創出」に連携し、「憲政」樹立を現実的プログラムに載せようとするのである。

こうして、チュルゴ改革期において、穀物取引政策の対立は、ジャンセニスムの秘蹟問題、王室財務行政問題という別の戦場で力を蓄えていた「公論」の観念を「憲政」問題へと結ぶ論戦へと展開した。(32) このときの論争文献は、この後みるように、穀物取引の問題を、必要以上に、司法、所有といった公権力の代表観念に結びつけて議論している。論戦の中で、「公論」や「公衆」とりわけ「公論」の観念が、新しい「憲政」と政治秩序の正当性の源泉という位置を確保していくのがみられるだろう。(33)

「公論の政治的創出」についても、王政側が主導権をとったことが、すでに推察されるだろう。高等法院が主導権をとって、王政の旧政治システムに揺さぶりをかけたのではない。王政の旧システムを利用しようとした高等法院に対し、王政の啓蒙派路線が、「公論」を後ろ盾に、王政のシステムを改革しようとした。フランス革命は、貴族の反抗に始まり、貴族特権を解体する政治秩序を樹立する。同様の構図が、「公論」の出現時にもみられるのである。

一七七五年にデュポン・ド・ヌムールが書いた『自治体に関する覚書』が、地主による議会と教育による国民の創造を、改革のプログラムに挙げていたことは、すでにみた。その変革主体像の背景にはチュルゴの「自由に処分しうる階級」があったが、ここには、チュルゴ以上に、デュポン・ド・ヌムールの重農主義が反映されていたことも、すでに注意した。したがって、ハーバマスやベイカーが、この時期の「啓蒙された公衆」の観念をフィジオクラート的観念とみることには、根拠がある。[34]

しかし、チュルゴ改革によって浮上する「公論」の観念がフィジオクラート的だとするのも、この時期の穀物取引の自由化をめぐる対立を、王の行政権力と高等法院との政治的論争に集約するのも、やはり、限定のしすぎであると思われる。高等法院の「市民の意見」に対抗して、チュルゴ側が「公論」を社会に求めたとき、そこには、フィジオクラート的「啓蒙された公衆」を超える幅広い人々が、穀物取引の自由化を論じていたからである。「一七五〇年頃、……フランス国民は穀物に関して議論を始めた。……国民の叫びは、政府より一七六四年に輸出の自由を得た」とヴォルテール『哲学辞典』（一七六四年）は書いている。[35] 問題は国民的関心事であり、フランス啓蒙思想の諸潮流が、こぞってこの問題を論争したのである。

穀物取引問題と「公論」との結合は、育ちつつあった公共圏とそこでの論争の蓄積を、改革の主役の座に呼び出したと思われる。したがって、チュルゴ改革期の政治問題化した穀物取引論争は、高等法院というプリズムもフィジオクラートのプリズムも、ともに外して、もっと多様に、フランス啓蒙思想間の論争として、その公共表象との関連を含めて、考察する必要があるだろう。

このようにみるとき、高等法院と王政官僚との対立よりも、何よりもまず、穀物取引自由化に関して、エコノミストやフィジオクラートだけでなくアンシクロペディストが介入し、激しく論争したことが思い浮かぶ。少なくとも、ディドロ（アベ・ガリアニ）とアベ・モルレの論争を見落とすことはできない。

ディドロは、一七六九年に、ガリアニの『穀物取引に関する対話』の刊行を助力した。この書物は、モルレの重農主義を批判するものであった。一七六三年の穀物取引の国内規制廃止法令（財務総監ベルタン）と翌一七六四年の穀物輸出の自由法令（財務総監ラヴェルディ）が、飢饉も重なって、効果を発揮できないのをみて、ディドロは、フィジオクラート批判が必要であると考えたのである。ガリアニは、国民的産業の育成の立場にたち、フィジオクラートの論敵コルベール主義も批判したが、フィジオクラートの自由主義が現実感覚を欠いていることを熱心に論じていた。フィジオクラートの側も、王政官僚内部の争いを、公開の場に引き出し、穀物取引自由化の合理性を広く国民に訴えようとしていた。チュルゴはすでにその自由化論者の中心にいたし、一七七〇年にはメルシエ・ド・ラ・リヴィエールが『国家の一般的利益』を出版し、自由化論を総括的に提出した。デュポン・ド・ヌムールも『ジュルナル・エコノミック』に一七七〇年七月に「穀物取引の自由の諸結果と禁止の諸結果についての観察」を寄稿した。チュルゴも、この時期、「穀物取引に関するアベ・テレへの手紙」を書いていた。ガリアニに対しては、モルレが論争に立ち、『穀物取引に関する対話と題された著書への反駁』を書き（一七七〇年執筆、一七七四年刊行）、所有権の神聖と自由放任というフィジオクラートの原理を改めて確認した。モルレはグルネから多くを学んでいたが、ケネーに接近し、ここではフィジオクラートの理論を展開していた。モルレにディドロが反論した『ガリアニ擁護』は出版されなかったが、ドルバックのパリのサロンで行われた論争の中で執筆されたものであった。[36]こうして、穀物取引の自由化論争に、ガリアニに続いてディドロが参戦し、アンシクロペディストが介入していったのである。それは、後にコンドルセが「政治経済体制論争」と規定したように、政策論争を越えた体制論に及ぶもので、かつ啓蒙思想全体を巻き込む論争となっていった。

ディドロはモルレが所有権の絶対と自由競争の原則のみを無前提に主張するのは誤りだとして、飢饉の場合などには、取引の規制が必要だと論じている。ディドロは、穀物取引の自由一般を否定したわけではない。ディドロによれば、自由はモルレのように抽象的にではなく、具体的現実的に捉えられなければならない。穀物取引の自由は、現実には、「買占め人」の自由となり、「独占による無秩序」を生み出した。だから、ディドロは、穀物取引の自由は、製造業や農業の立場すなわち民衆の自由に基づいて見直さねばならないというのである。こうして、ディドロの議論の中で、政策の判定者として、自由の根本的保持者である民衆が浮上してくる。政策は、知識人の「自分の部屋での抽象的諸観念」によってではなく、「自己に有利なことに関する民衆の本能」に基づかねばならない。「長い経験こそが導き手なのだ」と、ディドロはいう(37)。

ディドロが政策の判断者を「民衆の本能」およびその「長い経験」に求めていたのは、政治的正当性を『百科全書』が開拓しようとしていた公共空間のほうに引き寄せていたことを意味する。それは、フィジオクラートの「啓蒙された公衆」より社会に開かれた空間であった。こうした発言がフィジオクラートに向かって行われたことは重要である。一七六三年の穀物取引自由法令の「序文」はチュルゴとデュポン・ド・ヌムールが書いたといわれる。ディドロ（ガリアニ）とモルレの論争は、当然、チュルゴの改革の理念に反映したであろう。

チュルゴの改革は全体としてフィジオクラート的色彩が強く、その点で、とくにデュポン・ド・ヌムールの貢献が大きかったことを否定できないことは、再三指摘した。チュルゴは、厳密な意味では、フィジオクラートではなく、グルネの理論を吸収し、アンシクロペディストとの密接な交流を維持していたことも、繰り返し述べた。ここで、フィジオクラートの形而上学ともいえる「レッセ・フェール（自由放任）」原理について、チュルゴの視点が異なる点に、もう少し立ち入っておきたい(38)。

チュルゴによれば、「個々人のみがその土地と労働を最も有益に用いる判断者である。彼のみが身近な知識をもつのであり、その知識なしには最も啓蒙された人であっても盲目的推論しかできない(39)」。商業は、「売り手と買い手の間の論争」を通じて行われるコミュニケーションの行為なのであって、人々は、うわさや他人の意見に左右されながら、商品を値踏みする(40)。このようにして、フィジオクラートの「レッセ・フェール」は、チュルゴにおいては、当事者こそが状況判断を最も的確にしうるという、グルネ的かつ経験論的裏づけによって、組み直されていた。さらにチュルゴにおいては、地主の地代取得権の根拠が「人間の慣習と市民的法律」に求められ、経済的支配も法則としてだけでなく社会的交渉を組み込み解釈されていた(41)。

「レッセ・フェール」と経済社会をこのように把握するチュルゴの公共表象は、「民衆の本能」とその「長い経験」を語るディドロに近い。ヴォルテールはイギリスに「商業社会」の興隆をみてそこに公共性の基盤を捉えようとしたが、ディドロもチュルゴも、その「商業社会」のフランスにおける現実を検討し、それを政策主体に繋げようとしていた。したがって、そうした方向が、やがて、フランス王政の公共空間の設計を促す道を開く可能性は十分にあったのである。ディドロは『百科全書』によって、「商業社会」に公論的企画を浸透させようとしたが、チュルゴも、穀物取引の自由化を提案する際に、それをフランス「商業社会」の自立に繋げていたと考えられる。そうだとすれば、チュルゴやチュルゴ改革が生み出した「公論」の思想は、デュポン・ド・ヌムールの「啓蒙された公衆」よりもさらに発展した公共表象をもつものであったのではないだろうか。

穀物取引論争に戻ると、ガリアニとディドロの穀物取引論およびモルレとの先ほどみた論争に続いて、ネッケル『立法と穀物取引』（一七七五年）、コンドルセ『穀物取引に関する手紙』（一七七五年）、『小麦取引についての考察』（一七七六年）、コンディヤック『商業と政府』（一七七六年）などが次々と出現した。このうちネッケルとコンドルセは激しく争い、チュルゴ改革の一つのハイライトを演じることになる。

『商業と政府』で、感覚論者コンディヤックも穀物取引論争に加入した。そこでは、効用価値論に基づいて、商品流通から利潤が引き出されようとしている。経済活動は、私的利益追求活動が、市場を通じて価値を創造する過程と捉えられた。エコノミストほどの分析の深みには欠けるとはいえ、ここには、フィジオクラートとは異なる自由な経済秩序が、農業だけでなく「工業をもまた富の源泉」として組み込みながら、示されている。政府は、この経済秩序の自由を尊重し擁護することを求められている。コンディヤックは、穀物取引の自由を、ヴォルテールの

「商業社会」讃美の延長上で主張した。ヴォルテールを発展させる社会像と公共表象を引き出し、フィジオクラート行政官僚に対抗した。[42]ネッケルもチュルゴとコンドルセと激しく対抗するが、高等法院派の論客と違い、エコノミストとして、コンディヤックに近い公共表象をもっていたことは後でみる。チュルゴ改革期の穀物取引論争は、自由化の是非という結論においてだけでは把握できない多様な内容をもつ。チュルゴとの関係も複雑であるが、経済像と政府像という次元においては、高等法院派どころかフィジオクラートの地主的社会像を解体する方向を、全体として示すだろう。

このようにチュルゴ改革期の論争を、先行する歴史に引き戻してみると、改革時のチュルゴ側の論客として、デュポン・ド・ヌムールよりも、コンドルセの姿が浮かび上がってくる。[43]コンドルセは、ヴォルテールとダランベールの賛同を取りつけ、チュルゴの協力依頼を受けたのであった。チュルゴ改革期の穀物取引論争を、そのコンドルセの議論に即してみると、そこに、デュポン・ド・ヌムールの「啓蒙された公衆」とは別の、「公論」の思想の誕生を取り出すことができるように思う。

三　コンドルセと「公論」の思想

コンドルセは、積分論の研究でダランベールの激賞を受け、一七六二年パリに移住し、科学者集団に迎えられ、一七六九年には「王立科学アカデミー」への入会を認められた。ダランベールの弟子として、フォントネル派とこれに繋がる大貴族イデオローグと戦い、アカデミーを改革しようとした。一七七〇年、ダランベールはコンドルセをフェルネのヴォルテールに引き合わせた。コンドルセは、戦闘的啓蒙思想家（フィロゾーフ）となり、一七七四年『三世紀事典の著者への一神学者の手紙』によって、カトリックの狂信に対する戦いを始めた。『百科全書』との関係をもつチュルゴは、アカデミー改革の旗手コンドルセを評価し、王政改革に引き込む。コンドルセは造幣局総監としてチュルゴの期待に応え、デュポン・ド・ヌムールと並ぶチュルゴの片腕として奮闘した(44)。

穀物取引問題でも、コンドルセはデュポン・ド・ヌムール以上に、改革を擁護する論戦の最前線に立った。フィジオクラート、エコノミスト、チュルゴの経済学を急速に吸収し、一七七五年に『禁止主義の著作者N氏へのピカルディの一農民の手紙』『独占と独占者』『賦役についての考察』を、一七七六年に『賦役の廃止について』『小麦取引についての考察』を書くのである。

コンドルセの理論の枠組みは、チュルゴをなぞったものと言うことができる。民衆に食料を恒常的に確保するためには、コルベールの敷いた規制体系を解体し、自由な農業と工業と商業からなる国民的経済システムを生み出さねばならない。零細な小作や賦役を廃止し、自由な企業家の活動を保証しなければならない。農村における自由な産業体制の成立のためにコンドルセは土地制度の改革を提案する。それは、フランス革命期にジロンド派が実施しようとした有償形式による封建的諸権利の解体であった。コンドルセは、封建的諸権利のうち、「賃租」「シャンパール」「十分の一税」などの経済的諸権利を自然権として承認し、「いま一つの種類の封建的諸権利、すなわち実際には租税を代表する、すべての恣意的諸権利、独占的諸特権、市場特権、奉仕労働のようなもの」は最高権力が与えたものなのでこれを行政権力に買い戻し統合すべきだと論じた(45)。

コンドルセもチュルゴも、チュルゴの原理がフィジオクラートと政策的に矛盾するとは考えていなかっただろう。フィジオクラートの理論を修正するものと認識していたにすぎないと思われる。しかし、穀物取引論争の中で、しだいにそのずれがはっきりとし、チュルゴからコンドルセへと発展する独自の公共表象が姿を現していくのである。

コンドルセの前には、二人の強力な敵対者がいた。一人は、高等法院側の論客、パリ高等法院次席検事A・L・セギエであった。セギエは、一七六八年にもルイ一五世に穀物取引の規制を建白していたが、チュルゴの穀物取引自由化勅令の発布に際しても、ヴェルサイユでのリ・ド・ジュスティスで、これを激しく告発した。このときのセギエの論述が、高等法院派のチュルゴ告発のクライマックスをなす。

セギエの議論は、取引の自由が、アンシャン・レジームの住民組織を解体するという危機感に集約される。セギエは、民衆が「構成員すべての一般的利益によってのみ満たされる小共和国のような」それぞれ分散した共同体に組織されていると考え、穀物取引の自由化がこの住民組織を破壊するという。「独立は政治体制において害悪である」。「人間は常に自由を乱用しがちなのだ」(46)。セギエは、伝統的コルベール主義と利害を同じくしていたのである。セギエにとって、穀物取引自由化は、コルベール主義がまとめていた王政体制を根本から解体するという意味で、政治問題であった。セギエがいくら民意を強調しても、それは、高等法院という古い代表観念を保守するためであって、新しい政治秩序の枠組みに向かって「公論」を押し出す意味はまったくもたなかった。高等法院は「公論の政治的創出」に大きく介入したが、「公論」に内実を与える方向には無自覚であり、セギエにみられるように、「公論」の観念には後ろ向きの対応しかできなかったのである。

反チュルゴ勢力のうち、政治的には高等法院の力が強かったが、理論上の難敵は、重商主義者J・ネッケルであった。ジュネーヴ生まれのネッケルは、長いパリの銀行勤務（一七四七―六二年）を経て銀行家として巨額の富を築いたが、一七七三年のフランス・アカデミー懸賞論文『コルベール賞讃』によって、フランスの政論家としても頭角を現した。ネッケルの前では、フィジオクラートの「自由放任」の主張が、グルネの系譜とともに連携し、あるいは混同し、コルベール主義批判を、穀物取引だけでなくシステム全般に広げ、インド会社を激しく告発していたのだった。一七六九年に、モルレが、インド会社の存在を理論的に否定する書物を予定して、『趣意書』を出した。これに実務家として反発し、ネッケルは、フランスの知的世界に登場する。モルレもネッケルの議論を受けとめ、反撃し、両者の議論は、デュポン・ド・ヌムール『商業とインド会社について』（一七六九年）に反響した。

このようななかで、ネッケルは、コルベール主義の理論的見直しをはかって、『コルベール賞讃』を書いたのである。(47)

ネッケルは、コルベール主義の現実を激しく批判しはしたが、金融・商業資本の優位のもとに、自由のシステムとしてコルベール主義を再編しようと考えた。硬直化したコルベール的規制体制と複雑な租税制度を改革し、資本の流通機構を合理化すべきであると考えた。ネッケルには、フィジオクラートの農業生産力の理論はきわめて一面的であり、「レッセ・パセ（自由放任）」による「自然的秩序」の実現も幻想に過ぎないと映った。ネッケルは、「レッセ・パセ」はむしろ所有者と無産者との賃金をめぐる非和解的対立を引き起こし、その結果、所有者の勝利によって大多数の国民を貧困に突き落とし、さらに悲惨な階級対立をもたらすと言う。(48)

したがって、ネッケルは、コルベール的規制主義を改革した上で、依然として経済への国家の統制と干渉が必要であると考える。しかし、ネッケルは、現状のコルベール主義は有効な国家機能を果たしていないとみた。そこで、規制体系の機能をチェックする仕組みが必要になるが、ネッケルは、それを高等法院に期待せず、新しい政治秩序を模索する。こうして、ネッケルも、公共圏に着目し、「世論」が政治を規制するという考えを深めていくのである。(49)

コルベールを賞讃するネッケルの考えは、従来のコルベール主義に流通の自由を最大限導入し、これをあらためてディリジスムで柔かく包もうというものであった。だから、ネッケルの経済理論はエコノミストに接近していたし、その政府像は、コンディヤックなどの主張した立法者に近いものになっていたと考えられる。国家を所有者の手段とみ、その国家に自由な流通確保の調整機能を求めるのは、コンディヤックの立法者を現実化しようとすることになるだろう。(50)コルベールを賞讃したと言っても、スイスの金融家としてえた現実感覚と経営感覚が、ネッケルにこうした修正を迫ったと推察される。(51)ベイカーはネッケルの国家像をルソーやマブリと同質のものとみているが、そうではなく、コンディヤックの系譜に属するのである。だからこそ、ネッケルが強調するようになる「世論」の概念も、ルソーの「世論」とはまったく異質なものになるのである。[52]こうして、ネッケルの立場は、王政官僚の反フィジオクラート派に近いどころかこれを代表するものとなり、実際ネッケルは、チュルゴ失脚後、財務総監に就任する（一七七六―八一年）。[53]

ネッケルが『立法と穀物取引』（一七七五年）を出版し、穀物取引の規制を主張したのは、穀物自由化反対の大規模な民衆反乱が勃発し、チュルゴの政策を挫折に追い込む直前のことであった。[54]インド会社をめぐるフィジオクラートとの論争の経緯から言えば、ネッケルは、戦線を拡大し、穀物取引論争に介入したのであって、直接のターゲットはデュポン・ド・ヌムールにあった。ネッケルの議論は、旧体制の保守にはなく、ディリジスムに依存しつつ経済システムを改革しようというもので、国民の要求すなわち「世論」の動向にこだわるものであった。高等法院派セギエより、ネッケルの議論は理論的であり、コンドルセにとって強敵であった。

コンドルセは直ちに反論に立ち上がり、『禁止主義の著作家N氏へのピカルディの一農民の手紙』（一七七五年）で直接ネッケルを批判し、『独占と独占者』（一七七五年）や『小麦取引についての考察』（一七七六年）で自説を展開する。[55]ネッケルが、デュポン・ド・ヌムールにかえて、コンドルセを呼び出したことによって、デュポン・ド・ヌムールの近くにいるモルレをさらに飛び越し、これを批判したディドロの文脈もよみがえることを予告しておいて、まず、コンドルセの議論を追いかけていこう。[56]

「ピカルディの一農民」という民衆の立場を設定して、コンドルセが反論をしたのは、ネッケルの議論が、民衆の要求を代弁するという形をとっていたからである。論争ははじめから、政策の合理性だけでなく、民衆の意志あるいは「世論」という政治主体像をめぐって白熱した。コンドルセは、「ピカルディの一農民」という民衆モデルを立て、彼に改革の意義を語らせ、改革の本来の目的が、市場とその社会の自立、さらには新政治秩序の樹立にあることを、それが「世論」自身が目指すものでもあることとともに、明らかにしようとする。ネッケルは、「パンが養い、宗教が慰める」というコルベール主義による食料保証体制こそが民衆の求めるものだと述べていた。コンドルセはこれを取り上げ、「あなたは民衆の愚昧を強調している」という。(57)ネッケルの思想が硬直化したコルベール主義に止まるものでないことはすでにみた。しかし、ネッケルが「世論」というとき、その主体はコルベール主義のみていた伝統的民衆に過ぎないと、コンドルセは噛みつくのである。

穀物取引の規制は、ネッケルのいうように、民意あるいは「世論」の要望なのではない。ネッケルの描く民意というのは、彼のコルベール的民衆像を彼のこれまたコルベール的政治思想が捏造した危険で時代錯誤な幻想だと、コンドルセは言いたいのである。同じ問題を、『小麦取引についての考察』で、今度はネッケルの政治思想に即して、コンドルセは批判している。コンドルセによれば、ネッケルが「世論」を実態のない幻影に仕立てるのは、彼が現実を分析しないからである。コンドルセは、ネッケルにとって政治は、経験を分析することではなく、政治を体系として「一つの思想のもとにすべてを包み込む」ことであるという。(58)わかりにくい表現かもしれないが、ネッケルにおいては、統治者が整理し体系づける対象として「世論」が置かれているだけで、「世論」は政治主体として存在しないと、コンドルセは言いたいのである。

このように、ネッケルによる民衆像のコルベール的歪曲を指摘するだけでなく、ネッケルの政治論の枠組みに立ち入って、コンドルセが批判したことに、注目すべきである。ネッケルは「世論」の根拠や変動要因を分析しない。「世論」を立法者が解釈し利用するだけであるから、ネッケルの体系では、政治主体は登場しない。こうした批判は、おそらくネッケルが共有していたコンディヤック的立法者像に向けられていたとみられ、コンドルセが、啓蒙思想の政治秩序像にもはや満足していないことも、明らかであると思われる。(59)

こうして、コンドルセは、ネッケルに対する論戦を、民意はどこにあるかをめぐって、市場の自由の是非、商業的社会の意義、新政治秩序の模索という問題へと導き、「憲政」の樹立というチュルゴ改革の根幹をクローズアップする形で進めている。もちろん、論争の焦点は、穀物取引の現場、市場における社会動態の把握である。コンドルセは、混乱に陥った市場とその社会について、これをネッケルのように統治の対象とせず、そこに市場の自由を運営しうる主体を探そうとする。「ピカルディの一農民」は、そのような主体の理念型であるとともに、コンドルセは、民衆動乱の深層にそうした存在が誕生直前にあるとみようとする。いまこそ、「民衆を理性的存在よりなる一つの社会と扱おうと」するチュルゴの理念を実践に移さねばならないし、民衆による理性的社会は現実化するというのが、コンドルセの判断であった(60)。

それでは、民衆反乱という状況において、どこにコンドルセの求める主体はいるのか。ここで、コンドルセは、次にみるように、『スペクテイタ』のアディソンを思わせる手法を用いる。すなわち、理念型としての「ピカルディの一農民」の目で「穀物戦争」の現場を観察し、現象の深層を取り出そうとするのである。しかも、コンドルセは、この観察者に、リチャードスンやスターン流の感情移入的要素を加えている(61)。

穀物取引の規制を求め動乱を起こした民衆は、ネッケルのいうような伝統的存在なのか。否である。コンドルセは、こうした民衆の態度は、これまでのコルベール主義の政策のもとでの経験が彼らに植えつけた偏見からでたものに過ぎないという。そして、コンドルセは、現実の民衆を観察し、偏見のもとに隠れている自由な主体像を探り出そうとする。このとき、感情に左右される民衆の心をみるために、観察者にリチャードスン的感情移入の力が要求されたのである。

コンドルセは、リチャードスンの小説を思わせる描写によって、民衆の穀物取引をめぐる諸感情の現実の有り様を再構成する(62)。民衆は飢餓に対する恐怖に追い込まれている。そのため、自由取引を攻撃し、人為的に低い価格を設定することを政府に要求する。所有者と穀物商人に対する憎悪に燃え、穀物倉庫を襲撃する。しかし、これは、コルベール主義のシステムしか民衆が知らないことによる。民衆は自由を嫌悪しているのではなく、コルベール主義のもとにある商人の自由を攻撃しているのだと、コンドルセはいう。民衆も商人も「産業規制の精神」のもとでの長い慣行によって、自由を知らないのである。(63)

そこで、偏見の原因を取り除けば、自由な民衆が出現する。チュルゴの改革は、既存の所有から「すべての恣意的諸権利、独占的諸特権、市場特権、奉仕労働のような」属性を除去し、所有を自然権としての所有権に一元化し、諸個人に「労働権」を保証する。したがって、改革によって、諸個人は所有権と労働という自由の基礎を獲得する。啓蒙による偏見の批判と開始される民衆の自由の経験が結合するとき、ネッケルが描く自由を恐怖するという民衆の幻影は、消滅するであろう。(64)

ここまでくれば、コンドルセが、誕生してくる自由な民衆の意志を、市場の自律の基礎とし、かつこれを政治秩序にも繋げようとするのは、自然であった。『小麦取引についての考察』が、自由化政策に「公論」の支持が必要と訴えるのは、民意を掲げるネッケルや高等法院への対抗として当然であるが、コンドルセは、さらに立ち入って、その「公論」に果たす民衆意識の役割を論じる。

コンドルセによれば、穀物取引の自由化は、王政による政策であるだけでなく、「公論」に発するものでなければならない。「公論」とは「私利私欲がなく偏見のない人の意見」と定義される。(65) これだけでは、この「公論」は、デュポン・ド・ヌムールの地主議会のような「啓蒙された公衆」の意見に相当するようにもみえる。しかし、コンドルセは、「啓蒙された人々」というとき、これを、いわゆる啓蒙的知識人にとどめず、次のように言う。「人々は啓蒙されるにしたがって、自己の利益と権利を知るようになり、所有権と法を尊重するようになる。破壊と略奪の精神はほとんどいつも無知によって引き起こされた」。(66) ここにいう啓蒙は、デュポン・ド・ヌムールの啓蒙的地主どころか、チュルゴの「自由に処分しうる階級」よりも、もっと広範に社会に開かれて考えられている。チュルゴにおいて「自由に処分しうる階級」は、労働と所有の現場を離れ、教養をつむ余力をもつ存在であった。大学やアカデミーに繋がり、少なくとも啓蒙思想家として活動している人々に限定されていた。ところが、ここでコンドルセは、「自己の利益と権利」と啓蒙を結合している。コンドルセは、社会における経験を通じて民衆がおこなう自己啓蒙を視野においていたと考えられる。だからコンドルセは次のように付け加える。「自由に対する偏見は、自由からくるよい結果を経験することで、よりよい立法の習慣によって、少しずつ消滅する(67)」。民衆は、自由の経験によって、自己啓蒙する。民衆、市場あるいは社会の意見は、そのまま「公論」ではないにしても、「公論」に結びつくと、コンドルセはみているのである。

コンドルセは、そもそも、自由をきわめて主体的に捉えていた。コンドルセは、「自由がもたらす善には二種類ある。自由の利益がある。そして自由であることの喜びがある(68)」という。このように、コンドルセは、自由をただ社会や政治の原理として掲げるだけでなく、「自由であることの喜び」という主体の感情に内在し、自由を人間形成の現場として捉えていたのである。穀物取引自由化の現場を、このような主体的自由観によって観察することによって、コンドルセは、民衆と市場の自由が経験を通じて「公論」に結びつく水準の公共的意志を生み出すと摑んだ。啓蒙は知識人の力であるだけでなく、民衆の自己啓蒙とみられていた。

こうして、コンドルセは、「公論」を「啓蒙された公衆」の意見という狭い範囲から解放し、生み出されてくる力として運動において捉えた。「啓蒙された公衆」はむしろ「公論」の介助者であり、「公論」を生み出す本来の力は、諸個人の自由の経験と「自由であることの喜び」に求められたとさえいってよいだろう。ネッケルが「世論」を統治対象として、したがって政治の手段として扱っていると批判し、コンドルセは、個人の自由の経験と自由の充実感、市場と社会の自立、「公論」と公共圏とをそれぞれ把握し、これらを結んで、「憲政」の主体的基礎確立への展望を開いた。「公論」と「世論」を政治的主体とする方向へ、視界を開いたのである。

穀物取引自由化をめぐるコンドルセの議論は、モルレを批判したディドロを思い起こさせるだろう。議論の組み立て方が、「民衆の本能」と「長い経験」を基礎においた『ガリアニ擁護』の手法を、踏襲しているようにみえる。その民衆の経験の現場を考察する方法も、リチャードスンを加味したアディソン的観察者を導入し、ディドロのリチャードスン論や『百科全書』の公論的企画が意識されていることは間違いない。取り出される「公論」の観念も、フィジオクラートの系譜にではなく、ディドロと『百科全書』が創造しようとしていた公共性に繋がるとみることができよう。

コンドルセも、「公論」が拡大しかつ力をもつ条件として、印刷術による知識の流通圏拡大に着目していた。この流通圏で、意見が交流し、「啓蒙された人々の意見、公衆の意見、仕事についている人々の意見のあいだにある差異」が調整される。幅広い民衆が、著作や情報を手に入れ、自己判断力を高めることができるようになる。チュルゴ改革期のコンドルセは、出版の自由のための論陣をはり、こうした知識の普及がもたらす力について、繰り返し訴えていた。(69)

『小麦取引についての考察』でコンドルセがたどり着いた「公論」と公共圏の表象は、モルレやデュポン・ド・ヌムールすなわちフィジオクラートの近くにはなく、むしろ彼らの論敵ディドロとアンシクロペディストの発展上に位置するものであった。しかも、コンドルセはディドロと『百科全書』にみられない前進を果たしている。第一に、ディドロが公共性の創出を都市中心にみていたのに比べ、コンドルセのみている穀物取引の圏域をなす社会は、広大である。第二に、自由の経験についての把握が、「自由の利益」だけでなく、「自由であることの喜び」という主体性把握に繋がり、公共圏の起動因としての自由の意義がコンドルセにおいて増大している。第三に、「公論」と公共性が「憲政」と政治秩序に結びつき、政治社会あるいは市民社会の構想を準備しつつある。

コンドルセの「公論」の最終形態を批評して、シャルチエは、それが、結局は、言語能力という障壁によって、民衆を排除したという。[70] しかし、コンドルセ自身は、民衆を固定的に捉えず、自由の経験による民衆の成長と「公論」との結合を展望していたのである。そうして、たとえば、ディドロの「サロン」で理性と言語により美術判断する人、あるいは、『百科全書』の編集者に比べて、コンドルセのみる「公論」の担い手の資質が、民衆の感情を含む判断力を併せ持つことは、見逃されてはならないだろう。

ネッケルとの論争は、コンドルセの公共表象を、アンシクロペディストを継ぎ、これを超える地点まで導いた。王権と高等法院の政治的対立が、いわば生まれつつある公共圏での論争に拡大したとき、その公共圏での論争という形態が、コンドルセの思想的前進を支えたという側面もあろう。同様の事情は、ネッケルにも作用しただろう。ネッケルによる政治への「世論」導入も、アンシクロペディスト、たとえばコンディヤック『商業と政府』の啓蒙的立法者すなわち政府に「世論」を結合したという性格を持つ。ネッケルもアンシクロペディストの公共表象に接近したのである。しかし、ネッケルは「世論」の概念を用いながら、啓蒙的立法者を主体とし社会の「世論」を受動的にみるコンディヤック的枠組みにとどまった。[71] コンドルセはコンディヤックだけでなく、ディドロによってディドロをも超えていくのである。

こうして、「公論の政治的創出」のクライマックスを、思想的諸対立において観察すると、ディドロ的公共表象のコンドルセによる「憲政論」への発展というコンテクストが、浮かび上がってくる。王権と高等法院の政治抗争という視点でみれば、王政官僚の改革と貴族の「自由主義的革命」（エグレ）とが交錯し「公論の政治的創出」を実現したということになるが、その生まれつつある「公論」をめぐる論争は、より広い諸勢力の思想的対立を激化し、アンシクロペディストの公共表象を発展的に具体化する舞台となったのである。政治抗争の次元において、貴族の「自由主義的革命」とは違う「自由主義」的潮流の出現が始まったといえるのではないだろうか。[72]

おわりに

「公論の政治的創出」を中心に、チュルゴ改革の時代の思想の諸対立を検証し、政治の担い手の主役交代をたどってきたが、この時期、「公論」の観念を磁場として、新しい思想の諸潮流・配置が出現してきたことが明らかとなったであろう。チュルゴ改革以前においては、王権内部にフィジオクラートと重商主義の対抗があったが、基本的には王権と高等法院の対立を軸に政治過程は進行した。公共圏の政治化は、ベイカーのみるように、一七七〇年から一七七四年にかけてのモープーらの「三頭政治」の時代に、この王権と高等法院の対立を軸に、決定的なものとなっていた。ところが、チュルゴの改革は、この王権と高等法院の抗争の主題を穀物取引の自由化という民衆生活に直結する問題とすることによって、公共圏の政治化をより広い社会と諸階層に拡大した。そうして、公共圏での論争を、王権対高等法院の対決だけでなく、フィジオクラートと重商主義さらにはアンシクロペディストの諸対立に展開し、政治過程の公開性と公共圏の政治化に拍車をかけたのである。こうしたチュルゴ改革の政治対立を経て、その後ネッケルが「公論」を掲げるように、「公論」と公共圏は、政治秩序設計の基礎的台座として不動の位置を獲得する。そうして「公論」と公共圏の位置が、一八世紀思想の配置の構図を、大きく変えたと思うのである。

まず、ネッケルが、統治者が「公論」の機能を組み込むことを決定づけた。チュルゴの後を襲い財務総監となったのは、ネッケルであった。ネッケルは、もはや動かしがたくなった「公論」の存在に配慮し、「公論」に基づく王政運営を志す。王室財政の公開を主張し（『王への報告書』一七八一年、『ネッケル財政論』一七八四年）、「公論」を王政の羅針盤としようとする。ネッケルは、「公論」を、人間の交流の果実である「社会の精神」とよんで、立法の正当性の根拠とした(73)。

ネッケルがコンディヤックに近い立法者像をもっていたことは、すでにみた。しかし、アンシクロペディストとの形式的同一性をもち、「公論」の観念も組み込んだといっても、コンドルセの批判からわかるように、ネッケルの「公論」は、社会的基礎を確保する展望にかけていた。ネッケルのみていた民衆は、「パンが養い、宗教が慰める」といわれ、セギエのみる小共同体に包まれた存在に近い。それは、ディドロのいう経験を導き手とする「民衆の本能」をもたず、コンドルセのいう「自由の経験」を奪われている。したがって、ネッケルは、「公論」のもつ政治的力を知っていても、その力を構成する公共性の実質把握を欠いていた。ネッケルの「公論」は、コンドルセがその生命力とした自由という内実を保持し得なかったのである。ネッケルの「公論」からは、政治主体を具体的に引き出すことはできない。

ただし、財務総監としてのネッケルは、その「公論」の観念において、貴族の改革派の結集を可能にしただろう。王権内貴族の自由主義的改革派の結集を可能としただけでなく、高等法院派との連携にも有利な地点にたったと思われる。高等法院派は、モンテスキューの理論を通俗化しただけで、「公論」の観念から政治秩序を生み出すという展望は開けなかった。高等法院の司法の権限を拡大しようとしたに過ぎない。高等法院派は「公論の政治的創出」に対応する思想を準備し得なかったので、ネッケルが彼らを引き寄せる余地は、十分にあったのである。こうして、ネッケルの「公論」による政治の観念は貴族の「自由主義的革命」を総括する中心思想に位置していくと考えられる。[74] ネッケルの「世論」の観念が政治力学的なものにとどまり、社会への通路をもたなかったことが、このようなネッケルの立場を規定した。フランス革命の初期に、ネッケルは「公論」を掲げ大きな発言力をもつが、まもなく革命に追い越されてしまうだろう。

ハーバマスやベイカーが注目するフィジオクラート的「啓蒙された公衆」の観念も、チュルゴ改革期に確立した。デュポン・ド・ヌムール『自治体に関する覚書』に明示され、啓蒙的地主による国民議会の構想を発展させる。ハーバマスはここに、フランス革命の自由主義的潮流の直前の形態をみる。この「啓蒙された公衆」は討議的性格をもたないとベイカーはハーバマスを批判した。確かに、フィジオクラートの「啓蒙された公衆」が、公共空間としての広がりを欠き、しかも、経験や討議による発展という契機も欠くことは否めないであろう。(75) しかし、ハーバマスもベイカーも、この潮流と公共表象を、革命期の自由主義的思想の源泉に置くことにかわりはない。(76)

この章では、「公論」をめぐって、チュルゴからコンドルセへの系譜という新しい潮流が出現したことを、発掘し得たと思う。コンドルセは、「公論」を成長のダイナミズムにおいて捉え、民衆の「自由の経験」に結合した。ここでは、「自由の利益」および「自由であることの喜び」という形で、諸個人の私的活動が、「公論」と公共性の源泉に求められていた。市場を中心とする諸個人の社会関係が公共性出現の場とされ、その公共圏の意志の結集池を「公論」とする見方が成立している。コンドルセの「公論」は、諸個人の自由の経験が、政治的意志を生み、これを表現する運動および制度として捉えられている。そこにいるのは、まさしく、対立し交流し討議する「公衆」である。

コンドルセにおいて、ヴォルテールが持ち込んだロックの公共表象が、フランスの体制変革に結びつけられたと言ってよい。より直接的には、コンドルセは、『百科全書』の公共戦略を体制変革にまで広げた。それは、フランス革命以前に、フランス思想の自由主義的諸モメントが、体制変革の論理への回路をもち始めたことを意味する。アンシクロペディストからチュルゴを経てコンドルセに至る系譜に、「公論」と公共性が自由の原理により運動するとみる思想の発展を確認し、そこに、フランス革命以前の「自由主義」の胎動をみることができるのではないだろうか。(77)

チュルゴ改革期の政治の舞台に、ルソーの思想は直接介入しなかった。しかし、この時期、サロンや読書協会など公共圏が力を増大する中に、ルソーの思想も浸透しはじめていた。マブリ『哲学者・経済学者への疑問』(一七六八年）やこれに続くモレリやランゲなどのフィジオクラート批判は、ルソー的傾向においてなされたのであって、チュルゴやコンドルセもルソーを強く意識していたのである。[78]

ルソーは、「世論」の批判を、現実公共圏の否定に結びつけていった。コンドルセの「公論」が諸個人の社会での自由な経験がつむぎだす表現形式であったのに対し、ルソーは「世論」の道徳的覚醒と政治的統制という主張をより鮮明にしていた。「公論」が討議を命とするのに対し、ルソーの政治革命は討議を嫌い、無言の良心に訴える。[79]

こうして、ルソーの思想は、公共性の政治的創出を展望し、革命期の「公共精神」の観念に力を与えることになる。チュルゴとコンドルセの潮流は、チュルゴ改革の段階では、新しい「自由主義的」政治集団を構成できなかった。しかし、改革の挫折により一旦政治の舞台をおりた後、フィジオクラートと混同を続けながら、しだいにまとまった政治集団を生み出し、自立していく。そこから、コンドルセだけでなく、シエースやレドレルなどが革命家として育つことになるだろう。

今一度言えば、チュルゴとコンドルセが、「公論」と公共圏を自由の政治秩序を引き出す基礎に置いたとき、それは、革命以前にフランス自由主義が政治思想として出現したことを意味する。それは、貴族の「自由主義的革命」とも、フィジオクラートの「自由放任」とも区別される、新しい自由の政治思想であった。ヴォルテールとアンシクロペディストの系譜から誕生し、フィジオクラートの啓蒙的地主がもつ閉鎖性を突き抜け、社会と市場の力を「公論」に結集して戦う自由主義の胎動であったのである。[80]

第3章　フランス自由主義の胎動
——コンドルセと自由の公共空間

はじめに

一七七六年五月一二日チュルゴは財務総監を解任された。同年三月に、イギリスでは、スミス『国富論』が出版され、一〇月には、アメリカの独立宣言が発せられた。イギリス本国で「経済的自由」が定着し、植民地アメリカで、「政治的自由」と共和政の叫びがあがったとき、フランスの王政近代化は挫折を味わったのである(1)。しかし、王権と王の行政が混迷を深めるなか、フランス社会が政治的に後退したわりではない。「公論の政治的創出」は実現した。新財務総監ネッケルが、王室財政を公開したように(『王への報告書』〔*Compte rendu au roi*〕、一七八一年)、「公論」と公共性の政治介入は、もはや避けられなかった。リ・ドジュスティスのスペクタクルや高等法院よりも、「公論」が、民意の解釈や公的決定の主導権を担うようになった。文明史は、イギリスで「商業社会」を、アメリカで「共和政」をクローズアップしたとすれば、フランスでは「公論」と公共圏を確立したのである。

チュルゴ改革は、挫折したとはいえ、公共圏の時代のために、多くの基礎を築いた。行財政の公開、郵便、駅馬車など交通とコミュニケーションの諸制度の整備、アカデミーの改革、陪審制による司法への「公論」の介入(2)、表現の自由確立の努力、これらは、すべてがすぐに実現したわけではないが、チュルゴがシステムとして布石を置いたのである。

読書協会など公共圏の主体となる組織が活気づき、フランス革命に直接繋がる公共圏が準備されたのは、チュルゴの挫折以降のこの時期であった。D・モルネは、この時期、啓蒙思想の普及によって、新世代の思想家が育つのをみているし、(3) R・ダーントンのいう「三文文士」の大量出現も、この時期の公共圏の広がりを示すものである。(4) マブリ、レナル、さらにはより若いシエース、ミラボー、ブリッソ、マラーなどフランス革命の闘士が、思想活動を始める。このフランスの公共圏は、『百科全書』的な実務的知識に加えて、政治を中心主題とするだろう。サロンも出版の世界も、イギリスやアメリカの知識人の動向に機敏に反応しながら、文明の体制として、フランスの政治秩序を検討する。チュルゴやコンドルセは、とくにアメリカの動向を取材しながら、王政の文明体制としての意義を再検討するし、アメリカの共和主義運動に介入しもする。植民地問題も財政問題としてだけでなく、政治問題として取り上げられる。たとえば、レナルとディドロは『両インド史』(第三版、一七八〇年)にアメリカの奴隷がヨーロッパに攻め込む「黒いスパルタクス」の物語を付け加える。(5) アメリカにおける共和政の問題は、ルソーの思想が公共圏へ浸透するのにも、大きな力を与えた。文字通り「政治的に論議する公衆」が、利用されるのではなく、自ら政治を左右し始めた兆候が、多分野にわたって現れている。

したがって、チュルゴ改革の挫折は、必ずしも政治的敗北ではなかった。チュルゴやコンドルセは王権の内部を出て、公共圏に政治活動の舞台を求めたとさえいいうるだろう。それに、「公論」の力によって、王権の行政担当者と公共圏の活動家との距離は、いっそう接近していた。チュルゴ改革の遺産をどう活かすかという点では、思想的には、こうして活気づく公共圏にどう対応するかが、試金石であった。

デュポン・ド・ヌムールは、公共圏よりも、王政の権力抗争にこだわったようにみえる。彼は、チュルゴ挫折後も、外相ヴェルジェンヌ(一七七四―八七年在任)に繋がり、アメリカ独立について対イギリス交渉に努め(一七八三年）、外交官としてアメリカに駐在し、一七八六年のイギリスとの通商条約（イーデン条約）締結実現につくした。この自由通商条約によってフランスの商業は壊滅的打撃を受ける。[6]条約の失敗は、ケネーの理論の終焉をもたらしたのである。デュポン・ド・ヌムールは、どこまでも、行動様式も理論もフィジオクラートであった。「啓蒙された地主」という公衆表象の狭さが、公共圏の動向や政治経済論争からデュポン・ド・ヌムールを遠ざけ、政策判断を誤らせた面があったのではないだろうか。

コンドルセは造幣長官の地位にとどまったが、彼の活動は、造幣局でのサロンを基地とした公共圏での思想活動に、重心を移していく。とくにシュアール夫妻のサロンと結んで、ヨーロッパ知識人のフランスでの集合の中心地点を経営し、新しい思想のための牙を磨いだ。「理論研究の多産の時期」といわれるこのときを、[7]コンドルセは、内面への沈潜ではなく、公共圏での活動により生きたのである。

この時期のコンドルセの活動は、常任幹事としての「王立科学アカデミー」改革、一七八五年のいわゆる「ボルドー車刑囚事件」に象徴される司法改革、アメリカの独立と共和主義運動への支援など、多方面にわたる。彼自身の思想としては、「社会数学」の構想が固まり、政治の科学が思想の核心を形成することが特徴である。チュルゴの挫折は、コンドルセにおいて、かえって、政治的にも思想的にも、活躍の舞台を広げたのではないだろうか。

穀物取引論争で、コンドルセは、論争の形においても内容においても、デュポン・ド・ヌムールの「憲政」論の枠を超えた。改革後の活動でも、コンドルセは、フィジオクラートのデュポン・ド・ヌムールと対照的な道を歩み、チュルゴにもみられた重農主義の影を消し去り、自由主義的諸モメントを充実させる方向で、新地平を開拓していくものと思われる。

ここでは、チュルゴ改革後のコンドルセの活動を取り上げ、チュルゴ改革の理念の発展を追う。[8]コンドルセの思想を窓口として、チュルゴ改革後における、「公論」の観念の発展を軸に、政治思想としての自由主義的諸モメントが、鮮明に姿を現してくることを、探っていきたい。

一 「社会的技術」と「世論」――「公論」の政治秩序と自由

コンドルセが「王立科学アカデミー」の終身書記官となったのは一七七三年のことであり、ダランベールの熱心な後押しによった。ダランベールが、『百科全書』の編集から退いた後、「王立科学アカデミー」の組織再編に全力を注ごうとしていたことは、前に指摘した。アカデミーは一七世紀の設立以来、「財政軍事国家」の戦略機関として学問を組織し、「文芸共和国」の主導権を奪ってきていたのであった。国家の中に「公衆」を生み出す機関としても、大きな役割を果たした。ダランベールは、『百科全書』などによって拡大する公共性の総括形態となるように、「王立科学アカデミー」を改革しようと考えたのである。

サロンでの議論が人間と社会についての哲学的文学的主題を中心としていたのに対し、アカデミーは科学技術に力をいれ、また国家の政策に直接結びついている点で、サロンの対抗者とされていた。しかし、その科学技術は、ヴォルテールと『百科全書』が目指すニュートンの受容や経験科学の発展とは、相容れないものであった。(9) 神の摂理と自然との調和を信じるビュフォンの博物誌派が自然科学を支配し、アカデミーの実権もそのビュフォンを支える大貴族パトロネージの手にあった。身分を超えた対話は困難で、給与規定もなく、大貴族以外の会員の活躍は困難であった。アカデミーは国家の強い支配を受け、事実上は、こうして、大貴族主催のサロンの影響下に運営されていた。(10)

ダランベールのアカデミー改革は、学問改革と組織改革の双方で、果敢に挑戦され実行された。フランス啓蒙の経験科学の中心には数学が置かれていた。形而上学に対する経験論の戦いは、ニュートンの科学の受容によって勢いづいたが、その経験論に哲学的確信を与えるものとして、一八世紀中葉以降、フランスでは、解析論の分野が最先端に位置づけられていた。(11)啓蒙思想は、数学を中心に学問の体系図を描き、ダランベールはそうした学問を科学アカデミーに持ち込もうとした。したがって、アカデミーの争いは、学問的には、ダランベールの解析派によるビュフォン派（博物誌派）の形而上学への挑戦という形をとる。

アカデミー組織の問題としては、国家からの会員の自律を図り、国家と大貴族のサロンとに独占された学問空間を、幅広いサロンおよび公共圏に解放する戦いであった。ダランベールは、給与制度確立による身分保障によって、会員の自由と対等性を可能にする組織づくりに、努力する。(12)コンドルセは、前述のようにダランベールに見出され、パリにでて解析論の俊英として頭角を現し、ジュリ・ド・レスピナスのサロンで啓蒙思想家として成長していた。ダランベールにとって、学問的にも思想家としても、アカデミー改革の闘士としても、コンドルセは得がたい人材であった。

ダランベールとコンドルセの改革は進み、一七七五年に会員給与制度が成立する頃には、軌道設定に成功していたとみることができる。解析派の勝利と形而上学あるいは目的論の分野衰退は明らかとなり、会員の「ブルジョワ」化が進んだといわれる。チュルゴの改革が各方面で苦戦する中で、アカデミー改革の分野は、コンドルセに暖かい陽光をもたらしていた。(13)

ダランベールとコンドルセの勝利は、『百科全書』の公論的企画が、アカデミーに浸透したことを意味するだろう。アカデミーの変革は、アカデミーと公共圏との関係を変え、社会と国家との関係における学問の位置をも変えるのである。この時期、科学の専門化が進み、その総合化機関としてのアカデミーの地位が上がる一方、科学の推進者としてのサロンは衰退していく。科学や技術推進の主導権を各地方のアカデミーが握ったのである。そうして、このような科学技術の組織者となったアカデミーは、王政国家に対し、学問の自立を主張し始める。ビュフォン派にかわる経験科学の勝利は、具体的には、人口政策、食糧問題、公共事業、衛生管理などの分野拡充となって現れる。それは、国家を正当化するアカデミーから、国家に合理的政策を要求するアカデミーへの転換であり、アカデミーとその学問が、国家への従属を断ち切り、公共圏に結合したことを意味したのである。[14]

公共圏の歩みの方からみると、アカデミーにおける大貴族パトロネージ崩壊によって、それまで国家の外にあった公共圏が、国家に介入する具体的糸口を構築したということになる。以前は、文芸的政治的議論がサロンでどれだけ深められても、それは、大貴族の選択を通してアカデミーに持ち込まれるだけであった。いまや、国家からのアカデミーの自立が進み、アカデミーは、公共圏の集約機関となる。社会と公共圏とアカデミーが、新しい政治空間の基礎に置かれたのである。

コンドルセが、一七七三年「王立科学アカデミー終身書記官」に就任し、一七八二年に「フランス・アカデミー」入会をはたすのは、ダランベールによる王国の学問組織変革が進んでいた証拠である。そうして、一七七五年、マルゼルブがアカデミー入会演説で述べた次の言葉は、「公論」の誕生に結びつけてよく引かれるが、アカデミーが、国家のための組織ではなく、公共圏の殿堂となることへの宣言でもあったのである。「あらゆる権力から独立し、あらゆる権力が尊重し、あらゆる才能を正当に評価し、あらゆる有能な人々について判断をくだす法廷が樹立された。そして啓蒙の世紀においては、つまり、各市民が印刷という手段によって全国民に語りかけることができる世紀においては、人々を教化する才能や人々を感動させる天性をもつ人々、つまり文人たちは、分散した公衆のなかにあって、ローマやアテネの弁論家たちが集合した公衆のなかで占めていた位置を占めているのである[15]」。

コンドルセは、ダランベールの期待によく応えた。そしてダランベールに従うだけでなく、コンドルセ自身の改革の思想を生み出そうとしていた。コンドルセ独特の構想として知られる「社会数学」の観念が生まれ出るのは、アカデミー改革を進め、チュルゴ改革を戦う中であった。

コンドルセは、一七八二年のアカデミー入会演説で、アカデミーが社会の学問の推進者であるべきことだけでなく、学問そのものが社会の科学としての性格をもたねばならないという趣旨を力説した。すなわち、コンドルセの主題は、「道徳が物理学と結合することによって社会にどのような利益をもたらすことができるか」であった。道徳と政治、公共経済などの社会に関する専門諸科学の充実をはかるべきことを主張し、ダランベールの学問の系統樹を簡潔に作り直し、中心に道徳の科学（社会の科学）を置く学問の配置構想を語ったのである。(16)

このころより、コンドルセは、「道徳科学」「道徳政治科学」「政治科学」などの用語を多用し、それが「社会科学」「道徳社会科学」となり、フランス革命期に「社会数学」と呼ばれることになる。(17)さまざまな用語を使いながら、コンドルセは、どのような科学を構想していたのだろうか。コンドルセが終身書記官として書いた「ブケ賞讃」には、「人間の精神と人間関係を扱う」と規定されている。(18)少なくとも、社会における人間とその諸関係を、単なる対象としてでなく、行動の動機分析を含む主体的把握において扱おうとしていることが、窺われる。

「社会数学」の具体的適用として知られるのは、『多数決に基づく決定に蓋然性分析を適用する試み』（一七八五年）である。この文章は、死刑制度の是非についてプロイセンのフレデリック二世からの問いに答えたもので、コンドルセの死刑反対論としてもよく引かれる。(19)ここでコンドルセは、裁判や政治における評決行動分析に数学を導入した。コンドルセは、二人の間の決選投票でなく三人の候補者がいるとき、相対的多数をえた候補者が当選するとは限らないことを示し、死刑判決の不確実性と不正を論じたのである。(20)死刑制度の是非について、その合理性を直接論じるのではなく、評決制度、評決における個々人の行動分析を行い、制度の経験的運用の是非を考えるコンドルセのやり方は、経験科学が公共的諸制度の設計にどう活かされるかを示しているだろう。また、コンドルセの経験科学が、フランス啓蒙の合理主義の中で、例外的に社会の主体として経験的個人を視野においていることも、注意に値する。コンドルセは、合理的基準によって社会現象を整理するのでなく、諸個人の経験的活動から出発し、可能な限り合理的な社会諸制度を引き出そうとしている。だから、合理的基準ではなく、社会科学は、「蓋然性」に基づく科学として構想されねばならなかったのである。

コンドルセが「社会数学」の着想を得た時期は、啓蒙思想全体も、同じく社会諸制度の現実的変革に、関心を強めていた。とくに、フィジオクラートは、「社会的技術」の名称を用い、ケネーの形而上学に換えて、統治のための経験的学問を構想しようとしていた。フィジオクラートの中心人物の一人、ボードーは一七六七年に、コンドルセよりはやく「道徳政治科学」の用語を使っていたし、チュルゴ改革の時期には、フィジオクラートは「合法的専制」よりも「社会的技術」による統治という表現を用いていた。(21) だから、コンドルセの「社会数学」は、チュルゴ改革でコンドルセがフィジオクラートから借用したという見方もできる。事実、コンドルセ自身、「社会的技術」の言葉を好んで使い、「社会数学」を主張した後も、これをやめなかった。

しかし、「蓋然性」の導入を核心とするコンドルセの「社会数学」は、チュルゴ改革でフィジオクラートとのずれを示したように、フィジオクラートの「社会的技術」とは異なる社会表象を伴う。社会制度の合理的判断を目的とするだけでなく、諸個人を主体と捉え、その経験的行動からどのような秩序と諸制度が引き出されるかをみようとしている。そういう意味で、コンドルセの科学は、社会を統治の対象とするのではなく、諸個人によって自立的に運動しうる領域として、捉えている。コンドルセの科学は、諸個人の社会の「自由放任」さらには公共圏の出現を、前提としたものなのである。(22)

こうして、チュルゴ改革の挫折にもかかわらず、コンドルセの前に、新しい政治空間として、公共圏が力強く出現していた。「社会数学」の構想は、コンドルセにおいて、チュルゴの構想を超える「憲政」と政治秩序の洞察へと結びついていくはずである。

二　文明の政治空間

チュルゴ改革敗北後もコンドルセのアカデミーの改革活動は精力的に続くが、思想活動の拠点はサロンに戻った。一七七六年ジュリ・ド・レスピナスが死に、コンドルセは思想のふるさとであったサロンを失った。しかし、エルヴェシウス夫人のサロンは健在であり、さらに、シュアール夫妻のサロンが成長し内外の啓蒙思想家を集めていた。コンドルセは、シュアールのサロンの指導的存在となった。シュアールとリセを企画し、啓蒙活動にも力を入れる。(23) 一七八七年、ソフィー・ド・グルーシーと結婚後は、造幣局にソフィー主催のサロンも始まり、英米からも思想家と革命家を受け入れ、コンドルセの活動はさらに活発となった。

サロンの政治的主題は、フランスの「憲政」問題とアメリカの独立問題であった。一つは文明の政治秩序をめぐる同じ問題であったし、どちらの問題に関しても、コンドルセはサロンの中心的存在であった。一七七五年アメリカの戦いが始まったときから、チュルゴもコンドルセも、フランクリンからアメリカ情報を受け取った。フランクリンは初代駐仏大使であり、コンドルセは、後任のジェファーソンとも交流し、さらにトマス・ペインと緊密に連絡を取ることになる。(24) コンドルセ自身、フランクリンやペインを窓口にアメリカでの政治論争に参加し、ペインの共和主義運動を支援した。後には、ニュー・ヘイヴンの名誉市民とされ、アメリカの雑誌に、「ニュー・ヘイヴンの一ブルジョワからヴァージニア市民への複数の団体に立法権力を分割する有効性についての手紙」（一七八七年）などを発表し、共和主義者として論陣を張り、アメリカからのフランスへのメッセージとして、「地方議会と立法議会に関する共和主義者の感情、現在の状況についてフランス人へのアメリカの一市民の手紙から」（一七八九年）を書いている。(25)

こうして、アメリカの問題は、チュルゴ改革以降のコンドルセにとって、避けては通れぬ政治的関心となった。コンドルセの本格的なアメリカ論は、一七八六年に『ヨーロッパへのアメリカ革命の影響』としてまとめられる。そこでコンドルセが、共和政を可能にするアメリカの社会に、「産業」と「コミュニケーション」という自由な公共圏を発見することは後で述べるが、この論考に先行して、アメリカから受けた刺戟を反映させた論考をコンドルセは書いていた。それは、匿名による『黒人奴隷に関する考察』（一七八一年）である。

これを、コンドルセは、レナルの勧めで書いた。黒人奴隷問題は、一六八五年のいわゆる『黒人法』制定以来、フランスの関心事であったが、アメリカの独立革命の衝撃によって、奴隷廃棄論が登場し、ディドロとレナルがこれをリードしていた。レナルはコンドルセに、リヨン・アカデミーが一七八一年に開始し一七八九年まで続けることになる「新世界発見の功罪」を論じる懸賞論文応募を勧め、コンドルセは黒人奴隷論を執筆する(26)。同時にコンドルセが、ヨアヒム・シュワルツの名で出版したのが、『黒人奴隷に関する考察』であった。この論考は、アメリカの共和政という政治秩序を念頭において黒人奴隷問題を扱う点において、黒人奴隷論としても、政治思想としても、コンドルセの新地平を物語っていると思われる。

黒人奴隷をめぐる議論について、思い切って単純化していえば、一八世紀フランスでは、自然権論による奴隷廃止論と経済論による奴隷境遇改善論とが並存し、この両者の間にさまざまな議論が位置していた(27)。

モンテスキューが『法の精神』第一九章で奴隷制を問題としたことは、あまりにもよく知られている。モンテスキューは、奴隷制が自然法だけでなく実定法にも反するものであり、黒人のキリスト教への改宗も人間奴隷化の口実に過ぎないと述べた(28)。しかし、モンテスキューが奴隷制改革の提言はおこなわないように、一八世紀の黒人奴隷論は、長らく文明批評の中にとどまった。旅行記の中で登場する場合が多く、文明の奢侈が植民地＝黒人奴隷の悲惨な状況に依存していることに気づくが、奴隷制度の廃止を主張しはしなかった。事例として、ヴォルテール『カンディード』(一七五九年)第一九章、コルネリウス・ド・パウ『アメリカ人に関する哲学的考察』(一七六七年)、ベルナルダン・ド・サン゠ピエール『フランス島紀行』(一七七三年)第一二信「黒人について」(一七六九年)からメルシエ『二四四〇年』(一七七一年)などをあげることができる。(29)

さすがにヴォルテールは、黒人奴隷問題を、文明の経済、社会、道徳に結びつける。『カンディード』では、南米の黒人奴隷が、ヨーロッパ支配下の工場でおこなわれる奴隷労役の非人間的状況を語る。さらにヴォルテールは、『習俗論』(一七五六年)に補遺を付け(一七六五年)、奴隷を売る黒人世界を非難した。ところが、それでも、ヴォルテールは、奴隷貿易をヨーロッパの優位性の証しとし、奴隷を買う文明のシステムは非難しない。文明産業の擁護が奴隷制批判を鈍らせるのである。こういうヴォルテールの傾向は、フィジオクラートやエコノミストではもっと強くなり、彼らは、黒人奴隷を賃金労働者に引き上げていけばよいという論理を共有していた。『百科全書』第一一巻(一七六五年)の「黒人」の項目は、奴隷の生活境遇が文明化によって改善されると述べ、フィジオクラートとエコノミストの議論を反映している。(30)

それでも、アンシクロペディストの多くは、経済的利害より人権擁護を優先し、奴隷取引を否定した。ジョクールは、『百科全書』第一六巻の項目「交易」で、「人間に固有な自由は商取引の対象にならない」と述べ、奴隷取引を「宗教、道徳、自然法、人間性の全権利に抵触する取引」として告発する。(31)これはディドロの主張でもあり、ディドロとレナルが、後に『両インド史』とその補遺にいたって、アメリカの奴隷がヨーロッパ文明を攻撃する「黒いスパルタクス」の物語をつけたことはすでに述べた。メルシエ『二四四〇年』(一七七一年)第二二章も黒人による革命を論じ、オランプ・ド・グージュの奴隷解放論がこれに続いた。サン゠ランベール『ズィメオ』(一七七一年)は自然権によって奴隷制を否定したし、アンシクロペディストと袂をわかったルソーもまた『社会契約論』その他で、自由な意志を基本権とする立場から奴隷制を告発した。(32)

アメリカの独立は、人権論に力を与えかつ重商主義批判を強めることによって、ディドロやレナルの奴隷廃棄論を大きく浮上させる。しかし、それでも、「黒いスパルタクス」が文明を打倒するように、奴隷廃棄と文明システムとの接続点は見出されなかった。その意味で、人権論による奴隷制度告発と経済論的奴隷境遇改善論の併存という論調は、続いていたのである。コンドルセの『黒人奴隷に関する考察』は、こうした状況において書かれた。

じつは、コンドルセは一七七四年に『パスカルのパンセに関する註解』を書いたとき（公表は一七七六年）、黒人奴隷問題に言及していた。そこでは、コンドルセは、砂糖が値上がりしても「兄弟の血で穢れた食料品」は廃棄すべきであると言い、「黒人に人間の諸権利を与えたなら、彼らはいま奴隷として耕しているその同じ土地を、賃金労働者や借地農業者のように耕作できないだろうか」と問いかけている。(33) この年はコンドルセが『三世紀事典の著者への一神学者の手紙』を書き啓蒙思想家として活動開始したときであり、コンドルセの基本的立場は、ディドロと同じく人権論による奴隷廃棄論にあるとみられるが、エコノミストやフィジオクラートの論調にある労働力として奴隷をどうみるかという問題に踏み込んでいた。『黒人奴隷に関する考察』は、どう論理を展開するのだろうか。

ここでの黒人奴隷解放の提案について、結論を先に述べれば、コンドルセは、奴隷を賃金労働者として文明の一員に加えることを主張し、奴隷の労働能力の向上と所有者の意識改革に時間をかけ、解放を段階的に実現せよと述べている。したがって、コンドルセの議論は、『パスカルのパンセに関する註解』の延長上で、啓蒙思想の人権論により配慮しながら、エコノミストの議論を展開したものと映るかもしれない。(34)

しかし、ここでのコンドルセは、エコノミストやフィジオクラートに決してみられない激しさで、奴隷貿易を含む外国貿易を否定する。それどころか、コンドルセは、黒人奴隷の問題が、「商業システムの原理」が生み出した政治問題であるといい、七年戦争にいたる重商主義的国家対抗が、文明を堕落させ、植民地と奴隷制という悲惨なシステムをもたらしたという。コンドルセの重商主義批判は、ほとんどスミス『国富論』の植民地論をなぞる形で展開される。次のような議論は、スミスの論理を十分に理解しているとは必ずしもいえないが、フランスで『国富論』が重商主義批判に使われた最初の事例の一つであろう(35)。

奴隷制度の問題は、文明の政治経済システム全体の問題であり、いまその文明システムは大転換期を迎えている。それは、「商業システム」の崩壊と、特徴づけられる。「商業システム」とは商業独占であって、これまで、このシステムから生まれた重商主義の諸政策が、国家対立を激化させ、植民地と奴隷制度を築きあげてきた。アメリカの独立と黒人奴隷の解放は、こうした文明の誤ったシステムに対する戦いの開始を、それぞれ告げているのであって、それは文明を新しいシステムに移行させるものである(36)。

繰り返し言えば、コンドルセは、やや唐突にスミスをなぞっているだけで、スミスのいう新しいシステムとしての「自然的自由のシステム」の内容や、その実現への展望を、具体的に論じていない。後にコンドルセは、『国富論』の長い解説を書き、スミスの重商主義批判と「自然的自由のシステム」の意義について、詳しく論じることになるが(37)、この時点では、まだ未展開であった。しかし、ここでも、フィジオクラートへの対抗意識が強いこともあって、「商業システム」の解体と黒人奴隷解放の経済的保証とは、「純生産物」の理論すなわち重農主義によっては捉えられないことを力説する(38)。したがって、コンドルセが黒人奴隷を賃金労働者とするというとき、それは、フィジオクラートの経済体制に向かってではなく、別の文明秩序に向かってであって、そこに、抽象的にスミスの「自然的自由のシステム」が思い浮かべられていたのである。

チュルゴ改革でフィジオクラート的公共表象を離れたコンドルセは、経済認識においても、スミスを手がかりに、重農主義にかわる選択肢を求めていた。公共表象と社会表象すべてにおいて、コンドルセが、フィジオクラートと違う地平に立とうとしていることを確認し、そうした思想の枠組みの発展に注意してその奴隷解放論を再構成してみたい。

コンドルセが、黒人奴隷問題を、文明秩序の変革という次元で、チュルゴ改革で手に入れ始めた「公論」の政治空間を視野において論じていることは、じつは、ヨアヒム・シュワルツの名を使ったことに、すでに示されていた。冒頭に置かれるシュワルツの手紙で、彼は、自分が「フランス・アカデミーの会員でもパンフレットを出すイギリスの政治家でもなく」、普通の「良識ある人間」に過ぎないという。また、同じく冒頭の「黒人奴隷に向けての献呈文」では、黒人が「白人と同じ精神と理性と徳をもつ」ことを知っているものとして、「私たちの兄弟」として黒人に呼びかけ、「私は商業の利害からではなく、正義の法に基づいて語るだろう」と書いてある。そうして、ここで「法に基づく」というのは、本文に入るとすぐわかるが、「法」と「世論」に即するという意味である。(39)

シュワルツは、穀物取引論争における「ピカルディの一農民」に相当する役割を演じているのであって、彼が語りかけるのは、黒人と「世論」にである。黒人奴隷解放の主体は、黒人自身と「世論」である。したがって、コンドルセは、ここで、エコノミストのように政策論を展開しているのではないし、アンシクロペディストのように人権論によって奴隷制を告発しているのでもない。コンドルセは、重商主義システムの廃棄を「黒人奴隷」と「世論」を主体として構想しているのだ。奴隷制度の廃棄が段階的に展望されるのも、それが奴隷主＝所有者の「世論」の変革を含む、体制変革の次元で捉えられていたからにほかならない。黒人奴隷の解放は、単に賃金労働者となることによってではなく、文明体制に参加し自由で対等な「兄弟」となることにあるのである。

それでは、黒人奴隷が解放され、文明体制の自由な一員となるとは、コンドルセにとって、どういうことなのか。次の一節は、それまで啓蒙思想が表現し得なかったものであると思う。

「一つの国が真実の自由を享受するためには、各人が市民の一般的意志に由来する法にのみ従うことが必要である。すなわち、いかなる個人も法を免れこれを罰なく侵害する権力をもたず、したがって、各市民がその諸権利を享受し、どんな力も、公的な力を差し向ける以外には、彼からその諸権利を奪うことはできないということだ。この種の自由への愛はすべての人間の心に存在するというわけではない。そして、いくつかの国々でのやり方をみれば、この自由を享受するものたちが、彼ら自身そのすべての値打ちを感じ取っているとはいえないのだ。しかしいま一つの自由があるのであって、それは、その人格を自由に扱うことであり、生活の資、感情、趣味（意見）のせいで、気まぐれにとらわれてしまわない自由である。この自由の喪失を感じ取らず、この種の従属の恐怖をもたない人間などいない」[40]。

黒人奴隷が自由となるというとき、その自由とは何かを確認して、コンドルセは、後に彼自身とコンスタンが主張することになる、近代における「個人的自由」の独立およびそれと「政治的自由」の機能とについて、事実上、ここで表明している。「政治的自由」については、「一般意志」という用語にもみられるようにルソーを思わせる把握が示されているが、ここでコンドルセが強調するのは「人格を自由に扱うこと」つまりは「個人的自由」の意義である。黒人奴隷を賃金労働者としその生活改善をはかることでは問題は解決できない。彼らが「個人的自由」を確保しなければならないのであって、経済上の独立に加え、人格を自由に扱い、モラルをもつ存在となる必要がある。それが、「自然的自由のシステム」に白人と対等な一員として、参加することなのである。

ヨアヒム・シュワルツとは、黒人奴隷を迎え入れる「自然的自由のシステム」の普通の「世論」を代表する存在であるとみることができる。それは公共圏の中にいる人である。その彼が、黒人奴隷に「友人」として、いわば変革への参加を呼びかけているのである。ここにみられる黒人奴隷自立の主張は、レナルの「黒いスパルタクス」の革命とは違う。「黒いスパルタクス」がヨーロッパ文明への復讐を果たすのに対し、ここでは、黒人奴隷はシュワルツの友人として文明の自由な一員となる。シュワルツすなわち「世論」の促しに黒人奴隷が立ち上がり、「個人的自由」への自己解放を実現していくこと、それが、コンドルセの提示する奴隷制度廃止論であった。

コンドルセは、一方で黒人奴隷の道徳的成長が、他方で奴隷所有者の啓蒙が必要なので、解放は平和的段階的に進行すべきであるとしていた。しかし、それが、平等な市民からなる政治秩序の樹立と結びついていたことを、見落としてはならない。奴隷の解放を文明の政治秩序の革命に繋げていたのである。

このようにみてくると、黒人解放の構想のなかに、チュルゴ改革期に摑み始めたコンドルセの新しい社会表象と公共表象が、いっそう具体化されつつあることを認めることができよう。コンドルセは、構想する政治空間と公共空間の起点に、自由で独立した個人を明確に位置づけている。自由な個人は、「人格を自由に扱う」個人であり、これは、穀物取引論争で、「自由の利益」とともに「自由であることの喜び」を知る個人と述べたものを再規定したものといえる。一方で、黒人奴隷は賃金労働者となるだけでなく人格の自由を獲得しなければならず、奴隷経営者もまた自由にふさわしい所有者とならねばならなかった。こういう意味で、コンドルセの求める政治空間は、自由な所有者による市民の社会という形を、ほぼ描き得ていたということができる。(41)

確かに、黒人奴隷解放論は、いまだ断片的なアジテーションの域を出ないかもしれないし、コンドルセは、明示的には、政治秩序を構想するにいたっていない。しかし、文明の秩序の基礎を「自然的自由」の体系として、スミス的「商業社会」に近づけて捉えながら、「所有者市民」の政治社会実現を、独立後のアメリカ共和政に重ねつつ模索していたことは、間違いないといえよう。

「所有者市民」の社会を視野に入れることができたからこそ、コンドルセは、「政治的自由」の固有の意義についても、ルソーを引き合いに出して、論じたと思われる。ルソーのいう「政治的自由」が「人格を自由に扱う」という個人の私的自治を無視する点について批判したのである。そうして、諸個人の私的自治に基づく市民の社会は、ルソーが否定した「世論」に基づき構成され運営されるのだという確信を、コンドルセが強めていたことも、明らかだろう。『黒人奴隷に関する考察』の段階で、コンドルセは、自由主義の政治思想と呼びうる枠組みを、誕生直前の状態で形作っていたといえるのではないだろうか。

三　公共空間と自由の政治秩序

アメリカの動向は、チュルゴ改革の敗北後、「憲政」構想を進めるうえで、決定的に重要な教材であった。チュルゴとコンドルセは、情報の入手についても、革命アメリカの知識人との交流においても、きわめて有利な立場にあった。両者とも、アメリカの革命とフランスの改革とを比較しながら、文明の秩序の将来を模索する。チュルゴとコンドルセのアメリカ憲法に対する態度は、両義的であったといわれる。チュルゴがプライスに宛てた一七七八年三月の手紙がよく引かれるが、チュルゴもコンドルセも、アメリカの憲法体制を理性の勝利としながら、二院制の採用をイギリスの国政が貴族的権力を温存したことを引き継ぐものとして、激しく批判したのである[42]。両者にとって、フランスの「公論」の実力は貴族的遺産を認めないほどなのであって、イギリス的な『抑制と均衡』の諸制度は必要ないし、有害でさえあるとみられていた。両者とも、君主政という形式は、文明の理性的体制に適合的であり、アメリカの共和政を受容する必要はないとしていたのである。

確かに、チュルゴの君主政維持の立場は変わらなかったし、コンドルセも、後にフランス革命が進むなかでも、できるかぎり立憲君主政の可能性を探っている。しかし、君主政維持という概観をもって、コンドルセが、アメリカ革命の衝撃にもかかわらず、君主政論者にとどまったとみなしてよいのだろうか。『黒人奴隷に関する考察』にみられる公共表象も、コンドルセのペインの共和主義への連帯も、コンドルセのアメリカ認識が、共和主義的であることを示さないだろうか。

コンドルセは、一七八六年に、『チュルゴ氏の生涯』と『ヨーロッパへのアメリカ革命の影響』とを書いた。前者はチュルゴの君主政論を反省し、後者はアメリカの共和主義の社会を検討している。この年はイーデン条約が結ばれ、フィジオクラート的政策がフランスの産業と政治体制とを壊滅に陥れたときである。[43] コンドルセは、チュルゴの思想とアメリカの革命とを再検証し、フランス「憲政」の構想を急いでいたと思われる。そこには、チュルゴの君主政論を超えていくコンドルセが、姿をみせているように思う。

『チュルゴ氏の生涯』は、一七八二年のデュポン・ド・ヌムールによる『財務総監チュルゴ氏の生涯と著作に関する覚書』に対抗して書かれた。デュポン・ド・ヌムールのチュルゴ像はフィジオクラートに偏し、哲学者チュルゴを忘れていると、コンドルセは言う。[44] フィジオクラートとコンドルセの亀裂は、深まっていた。『チュルゴ氏の生涯』の大きな主題は、チュルゴの理論によって君主政における「憲政」の意義を確認し、モンテスキューの権力分割論を批判し、高等法院的モメントを否定することにある。しかし、今一つ、フィジオクラート批判という主題が隠されているのであって、それをコンドルセは哲学者チュルゴの復権と呼んだのである。[45]

それでは、哲学者チュルゴの「憲政」構想は、どのようなものであったか。チュルゴの「理性」の王国は、「啓蒙された市民」の存在と「宗教的見解からまったく切り離された」、「民衆の道徳教育」によって維持される。[46] すなわち、コンドルセは、「公論」による「憲政」の樹立を、チュルゴの君主政論の実態として引き出している。これは、デュポン・ド・ヌムールの地主国家と同じにみえるかもしれない。しかし、哲学者チュルゴをみよとコンドルセがいうように、チュルゴの「憲政」は、「啓蒙された市民」を拡大し、非宗教的教育による市民の創出を民衆全体に求める可能性をもつ。コンドルセが「共和政体がすべてのなかでもっともよいものである」というのをみると き、コンドルセ自身は、チュルゴの「憲政」を王政から共和政の方へ移動させようとしていたと思われる。[47]

『アメリカ革命のヨーロッパへの影響』では、コンドルセは、アメリカの共和政の仕組みよりも、その原理と力を確認している。共和政は「人権」を保証する政体であって、その「人権」は、「人身の安全」、「所有の自由な享受」、「共通の規則」のもとでの平等、「参加の権利」などからなる。[48] このような政体の基礎は「われわれの力と産業を増大する」ことにあり、アメリカの社会は、次のようになっている。「民衆の幸福は、隣人の不幸や弱体化によって増大することはないが、逆に、他の人々の繁栄によって、必然的に増進される。というのは、人は、そこから、よき規則の規範や悪習解体の範例、新しい産業の手段などの、あらゆる利益を受け取るのであり、やがてそこから、知識の交流が生まれるからである」(49)。

このようなコンドルセのアメリカ認識をみれば、彼が、アメリカの共和主義に、チュルゴの「憲政」構想の発展的形態をみていたことが、明らかになるだろう。アメリカでは、「人権」のカタログが具体化され、「公論」は、民衆の社会において、産業と知識の「交流」によって、支えられているからである。『小麦取引についての考察』で、チュルゴの「憲政」構想実現の力として求めた、「公論」と「自由の経験」の結合を、コンドルセは、アメリカの現実に発見していたのである。

一七八六年以降、啓蒙君主政擁護者コンドルセの内部には、自由主義者にして共和主義者という新しいコンドルセが、登場を待つばかりになっていた。『黒人奴隷に関する考察』で語られた「自由に人格を扱う」諸個人は、アメリカ革命の「人権」カタログをもつ「所有者市民」として具体化され、『小麦取引についての考察』で構想された「商業社会」と「公論」の結合は、これもアメリカに現実化の実例が見出された。そうして、アメリカの人権カタログに加えられた「参加の権利」は、「公論」と公共圏から共和政的政治空間を立ち上げることが可能なことを示している。コンドルセは、この時期から刊行が始まるケール版『ヴォルテール全集』（一七八五—八九年）を編集し、序文と膨大な編者註釈を付したが、そこで、次のように書いた。

「もし民主主義を、その政体のもとでは市民の全体会議が法を直接制定するものと理解するならば、民主主義が小さな国にしか適さないのは明白である。しかし、もしも、いくつかの議会に配分された市民が、そのとき国民を代表する全体議会に委任者の意志の一般的表現を示し伝えることを義務づけられる代表者を、選出するような政体を考えれば、この政体が大きな国家に適していることを理解することはたやすい[50]」。

コンドルセには、「公論」と公共圏に繋げて、君主政の「憲政」だけでなく、「政治的自由」の具体化としての共和政的空間が、はっきりとみえていた。『黒人奴隷に関する考察』で語られていた、重商主義的「商業システムの原理」の「自然的自由」のシステムへの転換を、具体的に構想するために、コンドルセの機は熟していたのである。

後になってコンドルセは、「自然的自由」のシステムの具体化構想を、スミス『国富論』に学んだと告白している[51]。一方で、重農主義は「商業の自由への関心のために、政治的自由への関心をまったく忘れている[52]」。他方で、「モンテスキューは富や製造業や国家財政や商業に関する政治的原理をまったく知らなかった[53]」。重農主義とモンテスキューを同時に斥けるこうしたコンドルセの態度が最終的に固まったのは、チュルゴ論とアメリカ論を書いた一七八六年のことであったように思われる。チュルゴ改革において、高等法院のモンテスキューの思想と対決した後で、今度は、イーデン条約のもたらす混乱によって、重農主義に死亡診断をくだしたのではないだろうか。そのとき、コンドルセが目指したのは、チュルゴの理論をスミスによって発展させる方向であった。

事実、この時期から、コンドルセのスミスへの関心は、急激に高まる。それまでは、『黒人奴隷に関する考察』にみられたように、『国富論』の重商主義批判と植民地論に限定されていたのが、『国富論』全体への関心に加えて、『道徳感情論』とスミス道徳哲学を視野に入れた、スミス研究が始まる。コンドルセが、『国富論』の資本の理論はほとんど理解できず、そのかわり、分業論と商業社会と道徳哲学を結びつける独特な読みとりを行い、『国富論』第五編の財政論をフランス向きに再編しようとしたことについて、また、まもなくレドレルとシエースが同じ形でスミスに接近することについては、後で述べる[54]。コンドルセは、この時期に始まるスミスのフランスへの導入の中心にいたのであって、『国富論』を共和政的政治空間の構想に用いたのである。

こうして、コンドルセにおいて、チュルゴ的「憲政」構想は、共和主義的政治空間に向かって大きく傾斜していった。君主政という形式あるいは立憲君主政と対立しないように注意を払われているとはいえ、内容的には、コンドルセの見通す「自由に人格を扱う」諸個人も「政治的自由」も、もはやチュルゴの枠にさえ収まらないものであった。

コンドルセは、革命直前の一七八八年に、ついに、新しい「憲政」構想を公表する。それが、『地方議会の構成と機能についての試論』（一七八八年）である[55]。これはフィジオクラートの自治体改革論およびその運動に繋がる議論ではあるが、明らかに、先ほど引いた『ヴォルテール全集』につけた註釈での、大きな国家における民主主義の実現可能性という発言を念頭に議論を組み立てている。しかも、『チュルゴ氏の生涯』で語ったチュルゴ「憲政」構想に沿う論旨の運び方をしながら、共和主義的要素を組み込んでいき、中心の公共的活動については、『国富論』を使うのである。

論考は二部からなり、第一部で、国民議会の基礎として、地方議会を設立する方法について論じ[56]、第二部で、必要となる公共的諸活動について論じる。第一部でみる限り、議会の構成員は基本的に地主であって、チュルゴの「自由に処分しうる階級」とその「公論」の力を具体化する組織であるといえよう。しかし、それは、現実の地主身分を前提にしたものではない。コンドルセは、モンテスキューの身分間均衡の諸制度を告発し、「差別、団体、貴族諸制度」からなる政体が、「民衆にとって、巨額で永続的租税となり、富の不平等を拡大し、永久化する」という[57]。この批判は、フランス政体をモンテスキュー的に改変する方向に対してだけでなく、イギリスの憲政、さらにはアメリカ政体の「均衡と分立」制度にも向けられていることも、明らかだろう。コンドルセは、貴族的伝統の維持を許すいかなる要因も認めない。ここでいわれる地主は、チュルゴの「自由に処分しうる階級」をさらに「所有者市民」の成立に向かって拡大する方向でのみ、議会の主体として認められているにすぎない。

第二部は、編別構成も基本的に『国富論』を踏襲していて、第一章「租税について」、第二章「公共事業について」、第三章「公共の財産について」、第四章「公共施設について」、第五章「民兵」、第六章「司法と警察」、第七章「公債について」となっている。(58) コンドルセ財政論の成立を物語るが、ここでは、その細部には立ち入らない。問題は基本的枠組みであって、コンドルセは、公共的諸活動を、「規制体系の必然的帰結」すなわちアンシャン・レジーム諸制度の弊害から社会と人間を回復する活動とみる。そこには、「産業の完成の結果であるような」弊害、技術的分業による人間の奇形化というスミスが問題とした弊害を教育によって防ぎ是正する機能も含まれる。明らかにコンドルセは、「自然的自由」のシステムに対応し、「所有者市民」の社会を保証する機能として、公共的諸制度を位置づけているのである。

チュルゴ改革の挫折によって、王政の担当者から外れ、かえって、コンドルセの政治思想は発展した。それは、モンテスキュー的貴族改革、フィジオクラート的地主国家、これらいずれをも明確に拒否し、チュルゴの「憲政」構想を共和主義の方向に発展させるものであった。一八世紀啓蒙思想を、チュルゴからコンドルセへと繋ぐこの思想の系譜は、唯一私的個人の自由と自治を明確に捉え原理とした政治思想であった。「自由に人格を扱う」諸個人、商業社会、公共圏と「公論」、共和政的議会と国家諸制度、これらを組み合わせ、文明の社会と国家の秩序を、コンドルセは描き始めていた。そうして、理論上の構想にとどまらず、「公論の政治的創出」を踏まえ、アカデミーを結集池とする公共圏を主体として、現実的変革を展望していた。「社会数学」の観念は、コンドルセの政治思想が、思想にとどまらず、現実的変革運動に結びついていることを示している。

こうして、チュルゴからコンドルセへの系譜に、貴族の「自由主義革命」ともフィジオクラート運動とも区別される、自由主義的政治思想を発見できる。しかも、それは、アカデミー改革の動向をみるだけでも、相当に広い範囲にわたって共有されつつあった政治思想であったと思われる。

四　自由主義の胎動

コンドルセが政治思想の飛躍を示す著作を書いた一七八〇年代半ばは、イーデン条約によって、フランス産業が壊滅的打撃を受け、王国の疲弊と混乱が革命を予感させる中で、コンドルセが思想活動の拠点としたサロンでも世代交代が進み、若い思想家が、王政の革命を視野に置く政治思想集団として出現してくるように思われる。

一七七八年にヴォルテールとルソーが、一七八一年にチュルゴが死に、いまやコンドルセが先達的存在であった。コンドルセは、シュアール夫妻のサロンを中心に活動したが、そこにも、カバニスやJ・ガラのような新しい啓蒙思想家に、フランクリンやラ・ファイエットに続いてペインといったアメリカ革命の活動家が来訪し、ヴォルネ、ドヌー、デスチュット・ド・トラッシのようなフランス革命期の中心となる人々が育ち、イギリスの思想家とも頻繁に交流し、若いバンジャマン・コンスタンもやってくる。エルヴェシウス夫人のサロンなども動向は同じであって、革命前夜には、そうしたサロンやクラブの交流はより密になり、いっそう政治活動に乗り出す。政治化した集団の有力な例に、上層階層を集めた、オルレアン公の「ヴァロワ・クラブ」があり、コンドルセも常連であって、そこでシエースが頭角を現す(59)。

こうして、啓蒙思想は、世代交代を進めながら、革命集団に成長していく。ネッケルを中心に進められる財政改革が行き詰まり、絶対王政が解体に向かう中で、さまざまな分野で、啓蒙思想の若い世代の政治活動は、展開されていく。

こうした革命に先行する、政治的戦闘の中で、コンドルセが行ったものの一つに、一七八五年に発生したいわゆる「三人の車刑囚事件」をめぐる裁判闘争がある。一七八三年シャンパーニュ地方ショーモンで起きた強盗事件に対し、一七八五年、パリの高等法院は、三名に車刑による死刑の判決を下した。ボルドー高等法院のデュパチはこの判決に抗議し、一七八六年に、裁判記録を編纂し、『車刑を言い渡された三名の人間に対する弁明趣意書』として公刊する。これにコンドルセはすばやく反応し、一七八六年八月二〇日に「パリ高等法院において起こったことについて」を発表するなどし、デュパチと共同戦線をはった。[60] 戦いは文字通り公共圏で行われた。デュパチのやり方にみられるように、裁判の過程と記録を出版し、公共圏での議論を刺戟し、公共圏の判断を裁判に突きつけたのである。コンドルセも、サロンを組織し、公共圏を政治力とした。コンドルセにとっては、陪審制度論で展開していた、裁判の公開性を拡大する方向を具体化する戦いでもあった。一七八七年七月に、原判決は、国王ルイの名で最終的に破棄される。

デュパチとコンドルセの勝利は公共圏の力によって決した。こうした戦い方は、ヴォルテールが有名なカラス事件の再審請求において、始めたものであった。カラス事件が起きたのは一七六一年、カラスが車刑となりヴォルテールがフェルネーにカラス擁護の組織をつくったのが翌年一七六二年であった。ヴォルテールは主として手紙により知識人を組織し、一七六三年『寛容論』を発表するなど、公共圏に働きかけ、カラスの無罪を訴えた。一七六四年にはトゥールーズ高等法院がカラス事件の判決を破棄し、一七六五年にはカラスの名誉回復が実現した。[61] 一七六二年のシルヴァン事件、一七六六年のラ・バール事件など冤罪判決が続出する中で、ヴォルテールは、公共圏に裁判の誤りを訴える戦いを定着させていった。一七七〇年代、チュルゴ改革期の頃になると、裁判記録および弁論記録などが印刷され幅広く流通し、裁判の公開が進んでいく。デュパチとコンドルセの戦いも法的政治的空間としての公共圏の力をみせつけ確認するものとなったのである。

コンドルセは、公共圏の意義を、常に意識して戦った。たとえば、コンドルセは、『ヴォルテール全集』への脚註のひとつで、次のように論じている。

一七六七年、カラスの無罪が確定した後で、かつてのカラス家の家政婦が死に臨みカラスの有罪を告白したという噂がトゥールーズに広まった。カラス無罪判決への反動が公共圏で始まろうとしたのだ。コンドルセは、これを、フレロンとその雑誌の扇動によるものだとみた。「この逸話が示すのは、誤った熱狂は、下劣な文筆業によってその恥ずべき諸策動が支援されるならば、野放しにされるのであって、ついには、私たちの時代においてさえ、人類の友を動かしている啓蒙的情熱も、狂信と偽善による策動とによってもたらされる犯罪に対する監視を止めてしまう恐れがあるということである」[62]。

ここで、コンドルセは、公共圏が政治化し、思想家の政治活動が、政権をめぐるものから、いっそう公共圏の政治闘争に移行したことを示している。その戦いは、言論の諸制度を動員した、社会でのコミュニケーションへの思想家の介入の戦いである。啓蒙思想家の役割は民衆啓蒙なのではない。民衆のコミュニケーションに参加し、反動的意見と戦うことにある。

こうして、公共圏は政治化し、コンドルセの自由主義的思想は、政治活動の舞台をその公共圏に確保しつつあったのである。事実、公共圏において、コンドルセにみられる自由主義的思想こそが、最も有力な改革集団として、大きく姿を現し始めるのがみられる。コンドルセの歩みでみると、一七八六年からはシュアールとともにリセの活動に熱心であり、これは、新しい市民を育てる活動ということができる。とくに、同じ年、ソフィー・ド・グルーシーと結婚し[63]、彼女が造幣局にサロンを開いた後では、ジェファーソン、ベッカリア、ペイン、E・デュモン、コンスタンなどが訪れ、カバニスやデスチュット・ド・トラッシなど後のイデオローグの主力が育ったことは、すでに述べた。こうした新しい知力を結集して、リセ活動が展開したのである。政治集団における活動では、革命直前のクラブ「三十人会」、革命が始まったときの「憲法友の会」(いわゆる「ジャコバン・クラブ」)、「黒人友の会」などのすべてでコンドルセは主導権を発揮し、一七九〇年の「一七八九年協会」の設立で、自由主義的傾向の大同団

結をはかることになる。(64)

このような政治集団活動から、「三十人会」がシエースを育てたといわれるように、レドレルやブリッソなどの革命政治家が輩出された。彼らフランス自由主義の波頭に立つ思想家は、コンドルセにみられた革命以前の自由主義的政治思想と運動とが、育てたのである。彼らの政治思想形成も、コンドルセの思想と同方向の軌道に沿って行われたと思われる。シエースは、フィジオクラートに学びながら、しかし、これを批判し、『国富論』を読み、スミスの分業論に基づいて、『第三身分とは何か』（一七八九年）に示される、代議政体論を生み出す。レドレルも、同じくスミスの影響で、「土地財産」に対する「産業財産」の戦いを準備する。(65) コンドルセが、「自然的自由」のシステムの政治空間への具体化を、スミス『国富論』を使って構想したのと、ほぼ同じ思想の軌跡を描いているのである。

後のイデオローグも含め、フランス自由主義の幼年期の学校は、チュルゴからコンドルセへの系譜としてまとめられる思想と運動のなかにあった。フランス革命以前に、貴族の「自由主義的革命」ともフィジオクラート運動とも区別される、自由主義的思想と運動を見出すことができるし、それこそが、じつは、フランス革命の自由主義的傾向の主力を準備したと思われる。

第4章　フランス革命と公共圏の思想

はじめに――フランス革命と公共性

フランス革命は革命前夜に成立した政治文化を前提にこれを発展させるかたちで進展したと言われる。とくに「公論」の観念、運動、諸制度は、革命の軌道設定を決定的に規定した。思想、政治活動、諸権利の宣言、憲法と政治諸制度の設計、これらすべてが、「公論」を基礎に「公論」の名によって表現された[1]。それは、『人間と市民の諸権利の宣言』の冒頭に、示されている。

「国民議会を構成するフランスの人民の代表者たちは、人権についての無知、忘却あるいは軽視のみが、公衆の不幸および政府の腐敗の原因であることに鑑み、人間のもつ譲渡不可能かつ神聖な自然権を荘重な宣言によって提示することを決意した。それは、この宣言が社会体の全構成員の心にいつも残ることによって、彼らがその権利および義務をたえず想起するようにするためであり、立法権の行為および執行権の行為がたえずあらゆる政治制度の目的と対比されることを通じていっそう尊重されるためであり、今後、簡潔にしてかつ誰の日にも明らかな原理に基礎をおく市民の要求が常に憲法の維持と万人の幸福とに向かうようにするためである[2]」。

「人権についての無知、忘却あるいは軽視」を反省し、自然権の尊重を「社会体の全構成員の心」に刻み、立法と執行がたえず原理によって検証されることを確認するという表現をみれば、革命が常に「公論」に立ち戻り「公論」によって進められようとしていることは、明らかだろう。

この宣言は、思想的にみれば、「自由、所有権、安全、抵抗」の実質的保証を法的形式的平等によって実現する方向をもち、経済活動の自由を基調とした自由主義に立つと言ってもよい。しかし、この宣言は、アメリカの独立宣言と諸州の権利宣言を範例とし、啓蒙思想からルソーまで多様な人権論を複雑に取り入れたものといわれる。やがて革命の進展の中で激化する思想対立が、この宣言では必ずしも顕在化していないのは、それが依拠している「公論」が、この段階では思想の差異を争点にしないほど、抽象的だが柔軟かつ活発であったことによるのではないだろうか。(3)

フランス革命の政治過程は、「貴族・特権層（反革命派）、議会派ブルジョワ、民衆」の対抗の中で進行した。主導権は議会派ブルジョワが握り、一七八九年の『人間と市民の諸権利の宣言』を共同原理として、一七九一年憲法、一七九三年憲法、一七九五年憲法のいずれにおいても、所有の自由のもとに近代的ブルジョワ的秩序の政治的枠組みを設計した。モンタニャール独裁時は民衆との連動が強化されるが、モンターニュ派も議会派ブルジョワの枠を飛び出したわけではない。(4) 議会派は、民衆の直接行動によってではなく、国民あるいは民衆の代表という代表観念に「公論」あるいは「公共精神」を結合し、議会さらにはこれが制定する憲法に基づいて、革命を遂行しようとした。

このように、革命において、思想の諸潮流は、公共性への対応をめぐって争い勝負を決していったのだ。フランス革命の思想としては、モンテスキューの系譜、フィジオクラート・アンシクロペディストの系譜、ルソーの系譜の三つに分けるのが一般的であり、このうち、モンテスキューの系譜は貴族層に、フィジオクラート・アンシクロペディストの系譜とルソーの系譜は議会派に浸透した。(5) これら諸系譜の思想のすべてが、「公論」と「公共精神」

という公共性の意志として表現され、革命実践にうつされたのだった。

革命の開始とともに、まず、「公論」が主役の座を占めた。革命の中で、公共性を代表する表象は瞬く間に身分制議会の枠を超えてしまった。革命家は「公論」を制度化し「公論」によって革命を推進しようとした。ミラボー、ブリッソ、コンドルセたち革命家のほとんどが同時にジャーナリストだったのは、偶然ではない。協会やクラブという組織が、「公論」のペースメーカーとして、活発に働いた。「公論」が尊重されるだけ、もっと粗野な形態である「世論」への信頼も強まった。(6)

「公論」による革命をリードしたのは、一七八八年に全国身分会議の選挙準備を直接の目的とし、自由主義貴族を中心にアドリアン・デュポールの館に設立された「三十人会」のメンバーであり、コンドルセ、ミラボー、ラクルテル、レドレル、デュポン・ド・ヌムール、タレイラン、ラ・ファイエット、ラ・ロシュファーコーなどがいた。思想の系譜としてはフィジオクラートとアンシクロペディストが中心で、アメリカとフランスでの革命情勢によって政治活動を始めたものを含んでおり、一枚岩とはいえなかった。しかし、ミラボーが「わが憲政クラブ」と呼んだように、「三十人会」は、思想的対立ももちながら、連合を形成し、フランス革命の政治勢力を結集した。(7)さらに、この組織が発展し、より広範に活動的なメンバーを加えたのが、一七八九年設立の「憲法友の会（ジャコバン・クラブ）」であり、コンドルセはさらに一七九〇年春に「一七八九年協会」の組織を提案する。ここには、コンドルセ、ラ・ファイエット、ミラボー、デュポン・ド・ヌムール、タレイランなどに、シエース、ル・シャプリエ、ラヴワジェ、カバニス、シュアールなどが名を連ねる。(8)コンドルセとシエースが中心であって、「自由憲政の原理」を発展させるという思想集団でもあった。

「三十人会」「憲法友の会」「一七八九年協会」を政治集団としてだけでなく、思想集団とみるとき、その思想の内部対立よりも、「自由憲政の原理」に基づく連合という枠組みが注目され、さらに、メンバーの中心が、革命前夜に、「公論」に基づく政治空間の設計図を構想した人々であることに気づく。[9]「一七八九年協会」は、革命の進展で対立を繰り返すことになる多様な革命家を結集していたのである。確かに、「一七八九年協会」の活発な活動は数カ月で終わった。しかし、その活動は、政治路線の対立を超えた思想集団としての連合を可能にした条件を、革命開始時には革命家が保持していたことを意味するのであって、それが公共性と「公論」を政治諸制度の原理とするという認識であったと推察される。したがって、自由と公共の結合という啓蒙思想の理想を「公論」を軸に現実的政治空間に具体化しようという革命前夜にコンドルセが到達していた理想が、革命において「自由憲政の原理」と表現され、革命をリードしたということができるのではないだろうか。チュルゴの改革が提起し、その後コンドルセを中心とした活動にみられた「憲政」の構想が、革命を大きく規定した政治思想として機能した。啓蒙思想の自由の理念が、革命において、自由の公共空間をどう設計するかを現実課題としたと言ってもよい。

「一七八九年協会」を組織した中心人物はコンドルセであった。彼は、このとき、「憲法友の会」などのクラブが、極端に政治化する傾向をみて、公共圏の広さと多様性を確保し活動する思想集団を必要としたと思われる。[10]「一七八九年協会」は、直接の政治的課題を追求するよりも、『人間と市民の諸権利の宣言』の原理の確認と普及とに力を入れようとしていた。コンドルセは、現実政治家としてよりも、啓蒙思想家の世代を自覚し、自由の空間としての公共圏構想をいかに具体化するかという視点で、革命に臨んだと思われる。

コンドルセは、三部会に第三身分代表として立候補しようとしてかなわず、貴族身分での選挙に落選した。[11]コンドルセの政治的野心は、挫折に始まったとみることもできようが、それが、公共圏の設計者としてのコンドルセには、かえって好機会をもたらすことになった。コンドルセは、チュルゴ改革の挫折以降発展させた自由主義的思想と活動の継続上に、公共圏を主体とする革命の進展を展望していた。コンドルセの革命活動が、ジャーナリストとしてのコンドルセの活動強化という形をとるのが、これを表すだろう。

コンドルセは、一七八八年から、『ガゼット・ナシオナル』などでジャーナリスト活動を強化し、『ル・モニトゥール』による意見公刊を経て、一七九〇年には『公人叢書』を創刊した。この叢書では、アリストテレス、ボーダン、マキァベッリ、ヒューム、ロック、スミス、トマス・モア、モンテスキュー、プラトン、ドルバック、ランゲ、マブリなどの著作解説、ミラボー（父）『人間の友』の要約などが刊行された。[12] コンドルセの意図は、明らかに、アカデミーの大衆化にある。コンドルセが、アカデミーを公共圏の総括的地位に置いたことは、すでにみた。『公人叢書』の企画は、社会と政治の諸科学の最重要著作を紹介するものであり、公共圏に叢書を通じて「公人」のネットワークを実現することを狙いにしている。[13]「一七八九年協会」は、そのような「公人」のネットワークの中核的機関として組織され、『一七八九年協会誌』を発行した。「一七八九年協会」は、政治クラブというより、いわば民間のアカデミーを目指していたのである。『一七八九年協会誌』の企画は一七九三年からは『社会教育誌』に引き継がれ、コンドルセの民間アカデミー構想は彼の死まで失われることはなかった。

ジャーナリストとしてのコンドルセは、革命家としての活動よりも終始活発であった。『ブッシュ・ド・フェール』『パトリオット・フランセーズ』『レピュビュリカン』『ジュルナル・ド・パリ』『クロニック・ド・パリ』というように、いつも必ず、新聞に主筆級の地位を確保していた。そこでの議論には、想定されている公共圏が、独自の広がりをもつことも、見て取れるだろう。[14] 先取りしていっておけば、女性の権利、ユダヤ人の市民参加、プロテスタントと信教の自由の承認、黒人奴隷の市民としての解放、これらを挙げるだけでも、コンドルセの構想した公共圏が、自由の公共圏として多様性をもちかつ広大なものであったことが推察される。

「一七八九年協会」とコンドルセのジャーナリスト活動を、このように公共圏を主体とする政治空間設計を狙いとしたものとみることができるとすれば、コンドルセに結集した先にみた多彩な人材からも、革命以前に始まっていた自由主義的政治活動は、「公論」の意義をいっそう大きく掲げながら、フランス革命を導こうとしていたということが、明らかだろう。彼らは、公共圏の活性化と制度化を構想しながら、これと連動させ、近代国家諸制度を設計していったのである。コンドルセは、国家諸制度の樹立については、憲法（一七九三年、ジロンド憲法創案）や教育制度（一七九二年、立法議会報告）など、原理的かつ人間の自立に関する領域を中心に活動しており、政治活動より、公共圏でのジャーナリスト活動により意義を見出していたように思う(15)。これに対し、若い世代の活動家は、シエースのように、政治活動と国家諸制度の設計により力を注いだ。このように、思想家あるいは革命家の活動分野に差異があり、そこに思想的亀裂も生まれることになるが、政治革命としてのフランス革命とともに、「公論」による社会革命が進行し、これをコンドルセなどの革命以前に胎動した自由主義的思想が主導権をとっていたことは、疑いをいれない。

しかしながら、「公論」はフランス革命における公共性の唯一の表現形態であったわけではない。「フランス革命のなかで、『公共』を理解する二つの仕方が相次いで明らかになる」とモナ・オズーフはいう。「公論の多様で異質な形態への自発的な信頼」が表明され、革命は「公論」を通して「公論」によって進行した。しかし、このときも、「ジャコバン派の文献では、主観性と自由があまりにも強く刻印されている『公論』という語を用いるのをやめて、公共精神（あるいはさらに、サン＝ジュストが主張したように、公共の良心という概念）というもっと等質的でもっと凝集力の強い語を用いることが好まれた(16)」。

オズーフの追跡によれば、モンターニュ派の支配とともに、「公論」に変わって、「公共精神」の時代がきた。それは、モンターニュ派の没落によっても終わらなかった。テルミドールになり、「公論」は復活するが、以前のような輝きをもたなかった。総裁政府からブリュメールのクーデタを通じて、「公共精神」の勝利が確定し、他方で、「公論」は、多様で制御不能なものとして、政治の執行者としての位置を外される(17)。

オズーフの議論は、公共空間設計の思想が、革命の中で主役を交替し、「公論の多様で異質な形態への自発的な信頼」が拒否される方向で、政治空間と近代国家が樹立されたとするものである。「公共精神」の支配は、コンドルセが強調していた「個人的自由」の自立性を認めず、自由を政治に吸収するものである。モンターニュ派の支配は、その意味で、自由と公共の結合という啓蒙思想のプロジェクトを拒むものであった。しかも、「公共精神」の支配は、モンターニュ派の敗北後も強化されたのであるから、フランスの近代国家は、ルソーとモンターニュ派型の公共性を独占する権力としての性格を保持し続けたということになる。

オズーフの研究は、啓蒙思想の自由と公共の結合というプロジェクトの革命における挫折を、示唆しているようにみえる。革命前夜に「公論」という政治文化が出現したとき、コンドルセはこの「公論」を軸に政治空間を構想することによって、啓蒙思想の理想である自由と公共の結合を実現しようとした。革命期の「公論」の思想はこのコンドルセの構想の路線上にある。しかし、「公共精神」の勝利は、自由と公共の結合を政治体制としてのみ認め、事実上、「世論」や「公論」の自由を否定する。

自由と公共の結合という理想は挫折し、自由と公共の分離に道を譲るのだろうか。しかし、「公論」が革命の経過とともに政治的機能を喪失していったとしても、それは、自由と公共の結合という理想が消滅したことを、必ずしも意味しないだろう。フランス革命をみる目を、政治過程だけでなく社会変革過程に広げ、「公論」を政治的機能だけでなく諸個人の社会生活上での役割にまで拡大して把握すると、オズーフが政治的敗者としてみた「公論」の思想が、革命と革命以後において粘り強くかつ逞しく展開していったのを確認できるのではないだろうか。革命前夜に成立し革命前期をリードした「公論」の思想を検証するという作業は、いまだ必要でありかつ重要であると思われる。

革命開始時点での「公論」の思想の典型は、「三十人会」から「一七八九年協会」にいたる思想集団の革命理念のうちに見出すことができた。「三十人会」、「憲法友の会」は政治クラブであり、「一七八九年協会」が思想集団としての性格を強くもつので、革命期の「公論」の思想は、「一七八九年協会」の思想と活動に集約されたと言ってよいだろう。個人として、「公論」を強調したのはネッケルであった。しかし、ネッケルは、その言葉を多用するほどには、「公論」に思想的実質を与えていなかったし、革命の舞台からも早くに去っている。[18] したがって、ここでは、「一七八九年協会」の「公論」の思想を再構成し、「公論」による革命の推進過程を追い、自由と公共の結合という理想の運命を、検証していきたい。

「一七八九年協会」の中心がコンドルセであることを考えれば、この協会の思想は、チュルゴ改革以後に成立した「公論」とその思想が、革命においてどう対応していったのかを示すことになる。革命期におけるコンドルセの思想の発展とともにシエースたち若い世代の活動が加わり、「公論」の思想の新展開がみられるだろう。ここでは、さらに、テルミドール後、レドレルやコンスタンにおいて、「公論」の思想が再生するという点も視野において、革命期の「公論」の思想の意義を明らかにしてみたい。

オズーフはフランス革命期における公共性を、「公共精神」の勝利という過程に即して把握した。「公論」の思想の展開をめぐるここでの考察では、オズーフが光をあてなかった側面を明らかにしたいと思う。

一 「公論」と革命

「公論」による革命を進め、公共圏の設計を革命の基礎的課題としたのは、議会派のなかでは、フィジオクラートとアンシクロペディストの系譜の連合であり、彼らは、「三十人会」「憲法友の会」「一七八九年協会」というような集団に結集していたのであった。彼らは、革命当初、立憲王政の樹立を目指していたが、[19] それは、「自由憲政の原理」を具体化する形式であり、構想の直接的源泉はチュルゴ改革にあった。それ故、この潮流の掲げる「公にみえる。

論」の観念には、フィジオクラート的な「啓蒙された公衆」とチュルゴとコンドルセに近い自由主義的「公論」の観念とが、とくに革命初期の段階では、混同されているように思う[20]。しかし、しだいに、フィジオクラート的観念は衰退したし、その観念の狭隘性を打破することは、「公論」を掲げたこの潮流自身の思想的主題でもあったようにみえる。

「一七八九年協会」の設立に先立って、この潮流の「公論」の思想を政治的によく表現したのは、コンドルセよりも、シエースであった。シエースの有名なパンフレット『第三身分とは何か』は、一七八八年末に書かれ、八九年一月に出版された。身分制議会から国民議会の樹立までこの文書ほど影響力の大きかったものはない[21]。その主張は、シエース独自のものであるだけでなく、「三十人会」から「一七八九年協会」へと組織を発展させながら、「自由憲政の原理」を掲げた思想集団のマニュフェストでもあったとみることができる。シエースは「三十人会」と活動を共有したと言われ、「一七八九年協会」の有力メンバーとなった。「三十人会」が、一七八八年七月に王が同意した全国三部会を視野においた組織であり、「一七八九年協会」が国民議会を前提にした新組織であるとすれば、『第三身分とは何か』は国民議会設立を論じ、あらかじめ「一七八九年協会」の改革構想を公表する政治宣言文書の一つであったとみることができる。「一七八九年協会」は、各協会やクラブが先鋭な政治集団化していくなかで、非政治的課題を含むより幅広い知的交流を維持することを目的として、コンドルセが中心になって組織したのであって、コンドルセもシエースも、政治活動だけでなく、より社会的公共的活動を重視していた。シエースのパンフレットは、政治のコンテクストで読まれることになるが、思想集団としての「一七八九年協会」の活動の次元でもその原理を宣言したという位置に立つのである[22]。

シエースは言う。「一国民が存続し繁栄するために何が必要か。個人的諸労働と公職である[23]」。個人的労働は、農業、工業、商業の生産と消費分野と学問や自由業などその他の分野からなるものと、簡潔だが具体的に示されている。シエースの主張は、個人的労働が「社会を維持する」のであるから、これに従事する「第三身分」が「公職」から排除され、「公職」が「帯剣貴族、法服貴族、教会、行政」という特権身分に独占されているのは不正だということであった。(24)

シエースは、こうして、貴族(司法)、教会(宗教)、行政(立法)という古い代表の表象を解体した。しかし、そこから、かつてチュルゴの改革時の政治手法であったフィジオクラート的な「公衆」をもち出すことはしない。次のようなシエースの議論は、チュルゴ改革以降発展しコンドルセにおいて典型をみたような「公論」の思想を前提としていることは、明らかだろう。

シエースは、社会を個人的労働からなり、孤立した個人が自由に活動するものであると捉え、そこから政治社会の形成を引き出し、国民的代表表象を示そうとする。政治社会は、三段階によって成立するとみられている。第一段階は、「結合しようとするかなりの数の孤立した個人」の存在である。「第二段階は、共同意志による行為をもって特徴づけられる。集合した人々はその団体に永続性を与え、集合の目的を達成しようとする。そこで、彼らは協議し、相互の間で公共の利益とこれを実現する方法とについて取り決める」。しかし、集合する人数と地域が拡大したとき、「共同の意志を自ら行使するのは容易でない」ので、「公共的な配慮」を代表者に委ねる必要が生じる。こうして、第三段階として、「実質的な共同意志」によってではなく、「代表的な共同意志」によって活動する機関が樹立されるのである。(25)

シエースにおいて、このように、代表の表象が身分制議会の枠を超え、代表の源泉が、政治社会さらにはこれを創出する個人の意志に求められた。(26) シエースの場合、それは具体的には、「所有者の市民」であった。シエースが、財産によって能動市民と受動市民とに分割したことはあまりにも有名である。その「所有者の市民」が、個人的労働=社会的分業の中に位置づけられた所有者であって、フィジオクラートの主張した土地所有者に限定されるものでないことも、明白であろう。[27]

シエースは、このような社会的分業を基礎とする社会像を、経済学の研究を通じて確立していた。シエースは、ちょうどチュルゴの改革が最盛期を迎えていた一七七五年に、「エコノミストへのその政治と道徳体系に関しての手紙」という一文を書いていた。そこで、彼は、「富を形成するのは労働である」と言い[28]、ケネーと重農主義の土地偏重を批判し[29]、労働の産物であって「交換可能」なことを富の一般的条件と定義しようとしていた。[30]チュルゴの労働の原理とコンドルセのスミス受容という流れにあわせ、シエースは経済学の理解と社会認識を深めていたのだ。事実、シエースもコンドルセと同じく、一七八〇年頃には『国富論』に註解を付しながら、新しい経済学を構想する。そこで、富の原理としての労働を社会的分業として把握し、それが「商業すなわち交換能力」を通じて社会的に交流するとみている。[31]こうして、重農主義の土地偏重が退けられ、農業も工業も商業も対等な産業とされ、産業の自由競争による均衡を担う所有者が、政治の主体と位置づけられていた。

シエースは、社会が分業を担う主体的諸個人の集合であると捉え、これを「所有者市民」による政治空間に繋げようとしていたと言ってよい。交換を導入し土地所有の支配を外し所有の形式的対等性を主張することによって、シエースはこうした政治空間の設計を可能とした。[32]ということは、シエースが、所有の実質的不平等を擁護したことでもある。さらに、「市民と市民の関係はすべて自由なものである。一方は時間と商品を提供し、他方は金銭と交換する。ここには隷属関係はまったくなく、不断の交換がある」というように、シエースは労働の商品化を肯定した。[33]シエースの所有には、他人労働の支配が含まれていた。「所有者市民」の世界を理想とするとき通例みられる労働に基づく所有の主張をシエースはとらず、資本制的所有に好意的であったということができる。

じつは、スミスの「商業社会」と分業の概念を用いて近代社会像を組み立てているにしても、シエースは、スミスとは、さらにはコンドルセとも、異なる方向を求めていた。シエースが、「富を形成するのは労働である」といい、かつ、分業労働あるいは労働の社会的分割を生産力と捉えたのは、フィジオクラートの農業の特権化を否定し、「純生産」すなわち剰余を地代に限定せず、「自由に処分しうる生産物」の源泉を広く社会的分業とあらゆる産業に求めるためであった。こうして、シエースは、チュルゴのいわゆる「自由に処分しうる階級」をさらに拡大しようとした。(34) シエースはスミス的「商業社会」を語るようにみえて、事実は、そこに「自由に処分しうる階級」の幅広い成立を求めているに過ぎない。スミスやコンドルセが、「商業社会」における諸個人の諸関係形成のダイナミズムを評価したのと違い、シエースはあくまで、「自由に処分しうる階級」としての所有者の出現に限定して、社会的分業を把握している。シエースは「商業社会」の発展によって、土地所有者に限定されない、幅広い所有者が出現することを確認すればよく、その所有者を公共の担い手として指名すればよかったのである。コンドルセがスミスの経済学とともに道徳哲学を受容しようとしたような問題意識は、シエースには希薄であり、「商業社会」における近代的個人の運命にこだわるコンドルセと、「所有者市民」の足場として「商業社会」をみるシエースとの違いが、表面化せずとも存在していたことを、あらかじめ注意しておきたい。

シエースが能動市民と受動市民とに市民を分割したとき、それは、所有が社会的差異を構成する支配力をもつというシエースの認識によったのであった。「所有者市民」と社会との間には分裂が存在するのだ。したがって、シエースの構想する国民国家の諸制度は、社会的支配者としての所有者から立ち上げられることになる。

所有がこのような社会的支配力をもつというシエースの認識は、所有の対等性をより強調していたコンドルセとのずれを現し、それは、公共圏の把握の違いとなって、革命の進展のなかで顕在化するが、革命初期段階で「所有者市民」の政治制度を設計することでは、対立に至らなかった。その限りで、シエースの思考もその政治構想も、コンドルセにきわめて似通っていたのであり、シエース自身は、チュルゴ改革の挫折以降コンドルセが進めた政治空間の設計への道を共有し、革命に臨んでいると考えていただろう。

『第三身分とは何か』は、こうして蓄積された思想に基づき、伝統的で身分制的な代表の表象をすべて解体し、「所有者市民」による政治社会の樹立を訴えた。その市民の意志について、シエースは、「多大の困難の真っ只中にあって、国民はその意志を表明する方法をどれだけもつとしてももちすぎることはない。繰り返そう。国民はあらゆる形式から独立しており、どのような方法であれ、その意志が表明されれば十分である」という。[35]したがって、シエースが、国民代表を構成する過程に「公論」を導入しようとしているのは明らかであるし、『第三身分とは何か』が一般向けのパンフレットであったように、シエースはその「公論」を生み出そうともしていたのである。

フィジオクラートとアンシクロペディストの合流とみられる「一七八九年協会」は、シエースのパンフレットからみても、すでにフィジオクラートの啓蒙的「公衆」の観念をはるかに踏み越える公共表象と「公論」の観念とを保持していたと推察できる。[36]主導権は、すでに、コンドルセに典型的な「公論」の思想にあったのである。シエースの『第三身分とは何か』は、そうした進化する「公論」の思想の政治空間設計への代表的適用例と位置づけることができる。それでは、華々しい政治舞台の背景で、静かな革命として進んでいたと思われる公共圏そのものの創出について、その「公論」の思想は、どんな構図を描こうとしていたのか。

「一七八九年協会」は革命前にマルゼルブが述べた「公論」の総括者としてのアカデミーの大衆版設立を目指し、協会誌を編集・発行し、会員の思想の共有と発展、公共圏への対応に力を入れたことは、すでに述べた。『一七八九年協会誌』の編集と執筆の主要人物は、コンドルセ、シエース、デュアメルであり、三者は続いて『社会教育誌』を編集するし、コンドルセは『公人叢書』を編集し、政治学の古典の解説をしていたのであった。

『一七八九年協会誌』の「趣意書」（一七九〇年）はコンドルセが執筆したが、そこには、次のように書かれている。「諸個人のためには、その幸福を保証し増加する技術があり、それは、古代人たちがある種の完成にまでもたらした道徳哲学にある。諸国民のためにもまた、その至福を維持拡大する技術が存在するはずであって、それが社会的技術と呼ばれるものである」[37]。すなわち、人間の活動領域を、諸個人の活動と諸国民の活動とに分け、前者を道徳哲学に、後者を社会的技術に担わせようとしている。『一七八九年協会誌』は、このうち、「社会的技術」についての議論の欄を中心に、「コミュニケーションの道具」として、編集された。

このような「コミュニケーションの道具は、これによってわれわれは古代人にはるかに勝ることができるのだが、思想の交易を地球上のその他すべての富交易のように広げるに違いない」[38]。「一七八九年協会は、個別的意見のための同盟集会所としてではなく、すべての一般的諸原理のための通信センターとしてみられなければならない。それは、セクトでも党派でもなく、人間の友の会社であり、すなわち社会的真理の事務所である」[39]。明らかに、「一七八九年協会」は、「公論」の制度化を目指し、そのセンター造りを進めていたのである。

「社会的技術」や「人間の友」といったフィジオクラートを思わせる用語が散見するが、政治的行政的意志を「通信センター」によって収集組織しようという構想は、フィジオクラートの「公衆」の観念には収まりきらない。「一七八九年協会」の主力は、もはやフィジオクラートではなく、シエースやコンドルセであったことを、繰り返し確認できるだろう。シエースは、『第三身分とは何か』にみたように、個人的労働＝社会的分業を国民代表の基礎に置くことによって、フィジオクラート的「公衆」の観念の狭隘性をすでに突破していたのだった。コンドルセの「公論」の思想も、「公論」と社会の「意見」との結合を課題としていた。そのためにコンドルセは、ジャーナリズムを組織し、その力を最大限活用することを構想していたのである。コンドルセが、『一七八九年協会誌』だけでなく、『クロニック・ド・パリ』などを編集し常時執筆し、時局について原理的考察を加えていたことは、すでにみた。政治や行政に拮抗する変革の力としてジャーナリズムを位置づけるのは、同時期の穏健な保守系ジャーナリストであったリヴァロルにもみられ、改革家に共通の傾向であった。リヴァロルは、「不明瞭というものが法よりももっと我々を保護し無垢よりももっと安心をもたらす時代に我々はいる」と述べ、不明瞭を改革の力とする装置としてジャーナリズムを捉えていたのである。[40]

革命が進展し、貴族（司法）、教会、行政（王政）が代表表象の座から取り払われ、国民議会のもとに政治が集約されるようになると、「一七八九年協会」の路線では、「公論」は、ますます国民的意志の創造装置として重視された。確かに、「一七八九年協会」は組織としての活動を停止し、思想家間の政治対立が顕在化した。とくに一七九一年に国王がヴァレンヌ逃亡事件を起こした折には、王権の存続をめぐり、シエースとコンドルセの間にさえ亀裂が深まっていった。しかし、一七九三年、革命の急進化の中でも、「一七八九年協会」が敷いた公共圏戦略での連合は維持されていたのであって、コンドルセ、シエース、デュアメルは共同で『社会教育誌』を編集する。その「趣意書」では、「公論」は、さらに社会に向かって開かれ、包括的能動的な役割を与えられていくのである。[41]

『社会教育誌』では、フランス革命を、「すべての市民がその利益についての議論とその権利の弁護とに招かれる時代」と規定し、そのために市民が身につけねばならない学問を、「自然権、政治的権利、公共経済」の三つの分野に分けている。「自然権からは道徳あるいは品行の技術が、政治的権利からは社会的技術が生まれ、行政の技術はその基礎に公共経済の科学をもつ[42]」。そして、すべての市民が、これらの技術を正確に把握することができるように、やはりセンター機能を果たす出版という事業が必要だと捉えている。

「道徳哲学」と「社会的技術」の二分割に代わって、「道徳」「社会的技術」「公共経済」の三分割が現れるのは、シエースが『第三身分とは何か』を書いた状況と異なり、革命が進み、特権階級が倒され、「公務」を含むすべての機能を、市民が握ったからである。『社会教育誌』の「趣意書」は、革命によって生じた諸個人の諸関係について、次のように把握している。「諸個人は、人間として、政治的社会の構成員として、相互の間に諸関係をもつのであって、そこから彼らの権利と義務が生じる。諸個人と彼らが所属する社会との間にもう一つの諸関係が存在する[43]」。すなわち、いまや諸個人は、人間、政治、社会という全活動領域を生きるのであり、それらから生じる諸関係のすべてを意志として集約する「公論」は、「道徳」「社会的技術」「公共経済」という全分野にわたる技術を必要とするのである。「公論」は、文字通り公共性の意識の結集として、さらに大きく社会に開かれていったのである。

「公論」の観念のこうした広がりを示すように、コンドルセは『社会教育誌』で、社会を理解するためには「道徳あるいは政治という言葉」を使わないのが良いという[44]。コンドルセは、道徳や政治に対する社会の独自性を重視しようとしていた。コンドルセによれば、社会は次のようになっている。「われわれを導くほとんどすべての意見、ほとんどすべての判断は、多かれ少なかれ蓋然性に依存しているのであって、その蓋然性は常に空虚でほとんど機械的な感情あるいは不確実で粗野な判断に基づいて測定されるのである[45]」。コンドルセはこのように政治とも道徳とも違う社会という領域の特質を示したうえで、この社会を理解する方法を、トランプゲームの競技者の方法にたとえる。トランプの競技者がゲームをコントロールできないように、社会の真理を完全に把握することはできない。社会に対しては、「あらゆる測定や計算から独立した真理は、しばしば応用不能で空虚である[46]」。したがって、社会の真理を知るためには、観察と計算を駆使しかつ社会の中で真理が構成されるのを待たねばならない。「精神が議論のゆっくりした静かな歩みの中で慣行化する必要があるのだ[47]」。このように、社会を政治や道徳から独立させ、そこにおける「意見」を独自に捉え、しかも、これがまとまるのは、抽象的な真理の指導によるのではなく、ゆっくりとした議論によるのだと、コンドルセは力説している。

「通信センター」で国民の意志が組織されるというとき、コンドルセは、あくまでも社会の「意見」の自由を尊重し、これに知識人が介入すべきではないとしていたのである。このような見方は、チュルゴ改革期にコンドルセが「公論」の基盤に「自由の経験」を据えていたことの当然の結果であったとはいえ、そうした「公論」のいわば民主化の極限形態が、『社会教育誌』に結集する一七九三年ジロンド憲法派の革命論の基礎に置かれていたということが、確認できよう。[48] この「公論」の観念は、もはやフィジオクラートの「公衆」と違って、社会の不確実な「意見」を自由として尊重するものである。したがって、革命が目指す憲法の設計は、諸個人の自由のためのものであるだけでなく、諸個人の「意見」の自由を保証し、これに基づく政治意志を構成するということでもあった。

このようにみてくると、『一七八九年協会誌』の「趣意書」から『社会教育誌』の「趣意書」へと繋がるコンドルセ執筆の部分で語られる公共圏は、シエースの『第三身分とは何か』が前提するものよりも、いっそう民衆の「自由の経験」の圏域に接合するものであったということができる。少なくとも、シエースが能動市民を中心に所有の原理によって限定しようとした公共圏よりも、「自由の経験」すなわち自由活動を軸とした、より民衆的な公共圏を、コンドルセは構想している。「一七八九年協会」は組織としては短命に終わったが、政治路線として対立した革命家も、共通にみつめていた公共空間について、ここで掘り下げて議論したのであって、革命の政治史には隠れがちな公共圏の設計という次元において、決定的な役割を果たしたと思われる。そうだとすれば、コンドルセの公共性像は、革命の底流で、自由主義的で民衆的な公共圏の夢とその具体化の試みが、幅広い範囲の思想家の活動として展開していたことを証明するといえるのではないだろうか。

一七九三年の『社会教育誌』の時点で、こうして、コンドルセのイニシアティヴのもと、多くの革命思想家の間で、「公論」に基づく政治空間の創出という共通の前提は維持されていた。しかし、革命の急進化は、立憲君主政か共和政か、民衆の参加範囲をどこまで認めるかなど、さまざまな対立を生み出し、「公論」の観念について、形式的統一の背後で、内容的亀裂を生み出すと思われる。同じような「公論」像をもつようにみえながら、現実の政体設計をめぐって対立が生じ、それが、逆に、「公論」像の分裂を自覚させていくのである。

とくに、一七九一年六月の「ヴァレンヌ逃亡事件」以降、多くが立憲君主政論にとどまる中で、コンドルセは強烈な共和主義を打ち出す。コンドルセはトマス・ペインと「共和政協会」を立ち上げ、共和主義運動を開始し、新聞『共和派』を発行した。一七九一年七月一一日のシャン・ド・マルス銃撃事件以後、共和主義が高揚するなか、コンドルセもさらに急進化し、ブリッソ派として、教育改革と一七九三年ジロンド憲法の作成などにおいて指導的立場につき、モンターニュ派の独裁路線に対抗していく。[49] これに対して、シエースは、ジロンド憲法作成に加わるけれども、必ずしも第一線には立たず、テルミドールで復帰するのである。

このように、『社会教育誌』の「公論」の思想は、政治活動での統一に、必ずしも結びつかなかった。むしろ、革命の急進化は、『社会教育誌』にあった「公論」像の共有を困難にしたと考えられる。その中で、コンドルセは、「公論」の観念を最後まで維持し、その公共表象を共和主義に繋ごうとした。『一七八九年協会誌』や『社会教育誌』においても、コンドルセ執筆部分の公共性像は、シエースなどに比べて、特別に社会の「意見」や「個人的自由」のもつダイナミズムをビルトインする傾向の強いものであった。シエースよりもコンドルセが政治活動において前面にでたとき、共同宣言的に穏やかに表現されていたコンドルセの公共性像も固有の性格を鮮明にしただろう。

したがって、革命期における自由主義の胎動と自由主義的公共性論の可能性を再認識するために、「一七八九年協会」において表現されたものに限らず、革命開始時のコンドルセ個人の「公論」の思想にさらに踏み込み、これを再構成してみよう。コンドルセは、「公論」の観念を、『社会教育誌』に表現された以上に内容豊かにし、ジロンド憲法にその原理を盛り込んで、その前に立ちはだかったロベスピエールと対決するだろう。[50]

二　「公論」の思想と「公共精神」

チュルゴ改革期の論戦の中で、コンドルセは「公論」の空間をフィジオクラート的「公衆」という狭い枠から解放し、「公論」をそれが生まれるダイナミズムにおいて捉え、民衆の「自由の経験」をもその契機として組み込んだのであった。さらに、コンドルセは、一七八一年の『黒人奴隷に関する考察』で、ルソーの共和政体（「政治的自由」）論に対抗し、「人格を自由に用いる」ことすなわち「個人的自由」を原理とする政治体制論の方向を確立した。[51] 政治的解放に「世論」の介入を排除するルソーに対し、「世論」こそが政治空間設計の力であるという考えを示した。「個人的自由」を原理として確立することによって、コンドルセは、政治社会および国家を、諸個人の生活すなわち「個人的自由」の活動を支える手段とみなし、民衆の「自由の経験」から「公論」を通過して政治的自由の体制が組織される方向を明示したのだった。その延長上で、一七八八年の『地方議会の構成と機能についての試論』は、アダム・スミスの『国富論』（一七七六年）に依拠して、文明社会を分業に基づく諸関係として把握し、これに対応する「公共事業」「公共施設」「司法と警察」などの公共的諸活動と諸制度の構図を描いた。また、民衆の「自由の経験」の重視は、コンドルセにスミスの『道徳感情論』（一七五九年）に依拠した道徳哲学の構想も懐胎させていた。[52]

以上、簡潔に振り返ったのは、コンドルセの公共性と「公論」の把握に、民衆の「自由な経験」へのまなざしが常に存在していたことを、あらためて確認するためである。

「一七八九年協会」の思想について、シエースを中心にみると、政治原理としての所有の位置が大きい。社会と公共空間の統合機能は所有がもち、したがって、所有者が形式的対等性のもとに代表制によって政治空間と諸制度を構成すると、考えられている。これまでみてきた『一七八九年協会誌』のコンドルセも、ほぼ同じ枠組みで議論していた。しかし、コンドルセが、「公論」以前に、民衆の「自由な経験」とそれが生み出す「意見（世論）」を重視していた限りにおいて、彼は、「一七八九年協会」でも独自の公共性把握を進めていたはずである。革命の急進化の中で、コンドルセのその独自性が、明瞭になっていったのではないだろうか。

それでは、革命期において、コンドルセ個人は、民衆の「自由の経験」が生み出す多様な「意見」（社会の「意見」）と「公論」との結合を、どのように展望したのだろうか。シエースなど「一七八九年協会」の大多数が、「公論」の空間を「所有者市民」に限定し、社会の「意見」を財産の秩序の許容する範囲に限定する傾向をもつ中で、コンドルセについては、むしろ例外的に、社会の「意見」の多様性を尊重したことが注目される。[53]

先にみたように、コンドルセは、『社会教育誌』で、社会に存在する多様な「意見」を「空虚でほとんど機械的な感情あるいは不確実で粗野な判断」から生じるものと捉え、これが議論によってゆっくり成熟するのを待たねばならないと述べていた。しかし、革命は、そのような時間的余裕を許さないだろう。しかも、コンドルセは、一七八八年の『地方議会の構成と機能についての試論』でスミスを援用した際に、分業が人間の活動を単調にし人間の奇形化をもたらすという『国富論』の議論を認めかつ重視していた。コンドルセのみる限り、現実社会における素朴な「意見」は、容易には「公論」に結びつかなかったであろう。

それでは、どうしたらよいのか。結論を先取りしていえば、コンドルセは、社会の多様な「意見」と「公論」との結合という理想を最後まで捨てず、これを可能にする活路を独自の公教育の構想に求めていたのである。そこでも、コンドルセはスミス『国富論』の教育論を転用し、その展望を開いていく。『国富論』はコンドルセに、旧体制による人間の抑圧だけでなく文明自体による人間の愚昧化を指摘し、その治療薬として教育を示していた。スミスの述べたのは、教育による民衆の日常生活能力の回復であり、『地方議会の構成と機能についての試論』の段階では、このスミスの議論を援用したに過ぎなかった。[54] ところが、この後すぐ検討するように、革命期のコンドルセにおいては、公共意識の衰弱と腐敗の議論のなかに分業の弊害が持ち込まれ、教育も公共性の回復という次元で再構成される。すなわち、コンドルセは、教育を、スミスよりもはるかに広く、自由社会の分裂を防ぐ主体的な力をつくるために、用いようとするのである。

こうして革命期のコンドルセにおいて、公共性問題は、教育構想に集約されて問われることになったと思われる。[55]

革命期のコンドルセの思想が、教育思想に傾斜していったのは、偶然ではない。シエースが『第三身分とは何か』で、「個人的労働と公職」という簡潔な表現で、自由な社会の制度を示したとすれば、コンドルセの課題は、公人と市民と人間をいかに生み出すかに絞られていたのである。

新しい政治社会の樹立には、新しい「公人」が必要である。公職の担い手は、専門的技術者である前に、「公人」としての素養をもたねばならない。コンドルセは、「公人」を育てるため、一七九〇年より『公人叢書』を刊行したのであった。まさにこの叢書に、コンドルセは、『公教育に関する五つの覚書』（一七九一年）を掲載し、その教育思想を要約し、独自の公教育の構想を示した[56]。コンドルセによる公共性主体化の構想がどのように展望されているかを、社会表象と公共表象を再構成し、探ってみよう。

コンドルセは、教育の目的として、第一に、「権利の平等を実質的なものとする」こと、すなわち、有用な知識を普遍化し、算術だけでなく、民法の初歩なども身につけ、諸個人の自立する力を養成すること、第二に、職業教育による専門的技術の習得をはかること、第三に、人類と文化の発展と完成に寄与する人材を育成すること、以上の三点を挙げている[57]。すなわち、コンドルセにおいて、教育の目的は、シエースが『第三身分とは何か』で述べた「個人的労働」と「公務」とのすべてにわたって、その主体を創り出すことであった。自由と公共性の主体的結合を可能にする基礎力を国民に養成することに、普通教育の課題を置いているのである。

ここでコンドルセが、「権利の平等を実質的なものにする」というとき、それは、社会における実質的平等を確立することではない。コンドルセは、社会的不平等を、是認している。「自然的才能に恵まれた人や、自由財産の恩恵で学習に多くの年月をつぎ込むことのできる自由な人々にとって有利な、比較的大きな差別が生まれることは当然である。しかし、こうした不平等も、ある人間を他人に従属させず、ある人を他者の支配者にせず、むしろ弱者の支えとするものであれば、悪でも不正でもない[58]」。なぜなら、たとえば、「民法の初歩について教育を受けた人は、高度の教育を受けた法律家に従属しはしない」のであって[59]、こうした差別は、人々の自由を侵さないからである。コンドルセの描く社会は、自由とりわけ所有の自由を原理とする社会であって、権利の平等、とくに普通教育の権利の平等は、社会的平等にではなく、自由の保障に結びつけられている。

個人的労働の担い手が分業により愚昧化するという問題も、「民法の初歩」などを身に付ける程度の普通教育が普及すれば、社会的不正には結びつかないとみられている。コンドルセは、普通教育の普及を前提に、「営利の追求を主目的とする特殊職業と人間関係が常に個人的である職業」については、「社会の共同利益からみて、これらの職業がより細分化することが望ましい」といい、自由な社会の活性化を歓迎している[60]。

しかし、その自由な社会を保持する「公職」について、コンドルセは、分業による弊害を重大問題として提起する。「法律の制定、行政事務、司法などの職務が、それぞれ特殊な学習により供給される人々しか従事しえない特殊な職業となるならば、そのときは、もはや真の自由が支配しているとはいえない。必然的に、一国民の中に、才能や知識による貴族ではなく、職業による貴族が生み出される。イギリスで、法律家貴族が実質的な全権力をほとんどその手に集中するようになったのは、このようにしてであった[61]」。このようにコンドルセは、スミスの分業が生み出す人間の愚昧化という議論を、「公職」が特定の人々に独占されるという問題に発展させている。モンテスキューが讃美したイギリス憲政は、こうした近代的弊害に犯されたいびつな体制として、コンドルセにはみえていた。したがって、この「公職」の特権化を防ぐ方策が必要であり、コンドルセは、ここで、いっそう公教育の力を強調する。

まず普通教育と「公人」を育てる教育を結合する必要がある。「もっとも自由な国とは、多くの公職が普通教育しか受けなかった人によって履行されることが可能な国のことをいう[62]」。コンドルセの提案は、「公職」の機能をできるだけ簡略かつ分散化し、社会に身近なものにすることであった。そうすれば、一方で、「普通教育しか受けなかった人」も「公人」となりうるし、他方で、「民法の初歩について教育を受けた人」も「公人」の活動を把握しうるからである。

しかし、そのうえでも、やはり残るのは、公共的意志形成の問題であった。コンドルセは、さらに立ち入って、自由な社会において、公共的意志の腐敗をいかにして防ぎうるかを問題としている。コンドルセは権力と「公職」は常に腐敗への傾向をもつと考えている。権力の座にある人間は、「生半可な知識を得るとすぐに、彼の町を支配したり啓蒙しようとしたりする」(63)。こういう権力に対抗するためには、どうしたらよいのだろうか。

コンドルセが示す方策は、「その公平さと無私と知識がついには世論を導くことになるような人々」を国民の中に増やしていくということであった(64)。ここでいわれる「世論を導くことになるような人々」は、シエースのいう能動市民のように限定された人々ではなかった。それは、「自己の仕事に専念し、家族の中に静かにとどまり、子供の幸福を準備し、友情を育み、慈善を行い、新しい知識で理性を強化し、新しい徳で魂を強くしている市民」のことであった(65)。この市民は、権力や「公職」につかず、個人的労働の担い手として、常に社会にとどまる市民である。

こうしてコンドルセは、公共的意志の決定権を、シエースの能動市民よりもっと平凡な、常に社会にとどまる幅広い市民が導く「世論」に委ねようとした。コンドルセは、権力の腐敗を防ぐために、権力の啓蒙を選択しなかった。公共的意志を「啓蒙された公衆」や能動市民の手に委ねなかった。公共的意志を自由な社会の中で個人的労働を担う人々の「世論」に委ねようとしたのである(66)。

『一七八九年協会誌』などでは、社会の中の多様な「意見」については、必ずしも積極的に語られていなかった。ここでコンドルセが、公共的意志が「世論」という形で社会の中で結晶化すると捉えるのは、なぜだろうか。それは、コンドルセが、普通教育の力によって、社会の中にある多様で愚昧な「意見」が、自律的に能動的な「世論」を生み出すようになると考えているからであった。普通教育によって蒔かれた種は、技術の面でだけでなく、モラルや政治的意思形成の面でも、社会の中で花開くのだと、コンドルセはいうのである。

有名なコンドルセの教育論は、公教育を知育に限定し、訓育を否定していたのではないだろうか。公教育に訓育を持ち込むことをコンドルセは断固拒否したはずである。コンドルセは訓育に公教育を用いるのは古代共和政に限られ、「近代の諸国民にこの諸原理を適応することはできない」といっていた。[67] 古代共和政は、「奴隷と主人という醜悪な不平等を基礎に」、限られた特権市民によって構成されていた。「社会の仕事は奴隷によって行われ」、市民は労働を免れていた。古代の公教育における訓育は、このような特権市民にのみ可能な「共通訓育」として実施された。[68] しかし、近代の公教育の中心は「社会の仕事」を担う人々の子供たちである。「われわれにおいては社会のつらい仕事は自由人に委ねられ、彼らは、自己の必要を満たすために働かねばならないが、富があり労働を免れている人と同じ権利をもち、かつ対等である」。[69] この自由人は、多様な「意見」に分散しており、その子弟たちを「共通訓育」で統合するなど不可能である。後にコンスタンで有名になる近代的自由の政治的自由と個人的自由への分化という問題を、コンドルセは教育論において先取りしていたのであった。[70]

しかし、こうした近代の自由の特質に基づいて、自由人の公教育から訓育を排除したことは、公教育と社会のモラルとがまったく無関係とされたことを意味しない。それどころか、コンドルセは、公教育を知育に限定することが、近代のモラル教育に他ならないと考えていたのである。「教育は、これを最大限広義に解すれば、実証的教育、事実についての真理、計算にのみ限られず、政治的、道徳的、宗教的全意見を含むものである。もしも社会が後続世代に信じねばならないことを強制しようとするなら、これらの意見の自由は幻想にしか過ぎなくなるだろう。社会に入ってからも教育から受けた意見をもち続ける者は、もはや自由人ではない。それは主人の奴隷である」。[71] このように、公教育が「共通訓育」を廃するのは、共通の偏見を植えつけないためであって、むしろ、知育による公教育は「政治的、道徳的、宗教的全意見」について、判断力を養成するのである。

それでは、「政治的、道徳的、宗教的全意見」について、コンドルセの公教育はどう扱うのか。コンドルセは、逆説的だが、あらゆる権威の影響力と指導の排除、この問題についてのレッセ・フェールを主張した。知識の習得（知育）による判断力の強化以外に、政治的、道徳的、宗教的意見を育てる方法はなく、あらゆる指導的介入は弊害となるとコンドルセはいう。確かに、子供は家庭で卑小な社会の「意見」を植えつけられて、公教育の世界に入ってくる。しかし、知識の習得（知育）および教育現場での知識を適用する議論は、この原初的「意見」を相対化することを各人に教える。「各人はまもなく自己の信念が普遍的でないことを認める。……最初の諸観念の力が、異議に接すや否や、弱体化することは経験が示している。……たとえこれらの意見があらゆる家族にあってほとんど同じものから始まっていたとしても、公権力が誤ってこれらの意見に結合点を提供することがない限り、これらの意見が分化するのがみられるだろう[72]」。このように、コンドルセは、公権力の介入を排し、各人の知識による成長を尊重し、「意見」の独立と多様性を確保することを、主張している。「家庭教育から受け取る偏見は社会の自然的秩序の一結果であり、賢明な教育は、知識を広め、その治療薬となるのだ[73]」。

「政治的、道徳的、宗教的全意見」については、公教育は、知識という「治療薬」を提供するにとどめ、後は、教育の現場あるいは社会での経験的成長に任せねばならない。あらゆる権力や団体の、この自由への介入を排除しなくてはならない。最高の哲学的真理についても例外ではない。なぜなら、「もっとも普遍的に受け入れられているると思われる真理」についても、「これを討議に委ねてみれば、すぐに不確かさが生じるのがわかるだろう」からである[74]。要するに、「意見」を成長させるのは討議であって啓蒙ではないのだ。憲法のように国民の根本原理を表現するものについても、それを教材として討議に委ねるべきであって、これを真理として示してはならない。「意見を真理として教えてはならないのだ[75]」。「教育の目的は、既存の意見を神聖化することではなく、反対に、これをしだいに啓蒙される継続世代の自由な検証に任せることにある[76]」。

コンドルセは、こうして、政治、道徳、宗教を公教育から排除してはいなかった。むしろ、これらの問題を公教育が積極的に取り入れ、それを自由な討議に委ねることを求めていたのである。重要なことは、教育からあらゆる訓育上の権力を排除することにあった。こういう意味で、コンドルセは、宗教団体、国家権力、さらには哲学的権威のあらゆる公教育への干渉を排除せよと主張したのであった。国家は財政的保証の義務をもつのみで、教育は徹底した自治によって実行される。これが、近代において、政治、道徳、宗教に教育が対応しうる、唯一の形態であった。

『社会教育誌』では、社会に存在する多様な「意見」について、これを操作することはできず、ゆっくりとした討議に委ねなければならないとされていた。コンドルセの公教育構想は、そうした「世論」の自由主義に主体的根拠を与えるものであった。社会における「意見」は、たとえ腐敗していても、あくまで自由を保障され、知識と経験によって成長する。教育の機会均等が、知識という治療薬を提供し、この成長に力を与えるのである(77)。

普通教育が普及するとき、「公論」の主役は、能動市民よりも、社会の中にとどまり労働を担う市民の手に渡ると、コンドルセはみていた。これらの市民が中心となって社会における多様な「意見」を集約したものが「世論」であると考えられる。革命期のコンドルセは「公論」についてあまり語らず、「世論」を掲げる。コンドルセは、公共性の意志を議会や「公論」にさえ解消せずに、公共性は「公論」よりももっと社会に密着する「世論」において意志として集約されると捉えていたのである。「この世論という力は、民主的な政体のもとでは、世論がその力を法に付け加えないならば、いかなる機関も存続しえないのであるから、ますます重要なのである(78)」。

こうしてコンドルセは、教育を組み込むことによって、自由と公共性の主体的結合を、社会の中で実現する展望を見出した。コンドルセにおいて教育が、国家による国民の生産のためにではなく、公共圏とその力の発展の手段と位置づけられていたことを、シエースや後のテルミドール派との違いとして、注意しておきたい。コンドルセは、革命を人間と市民の再生運動と考えていて、国家の樹立と国民の生産を中心にしてはいなかった。全体が政治革命と国民の創出へと傾く中で、コンドルセは常に、国家を超える公共圏の成長を見据え、文明における自由と公共の結合という啓蒙のプロジェクトを追求していた。そのための主体的条件として教育が構想されたのであって、革命における主権の諸制度とともに教育の自治の確立が、不可欠の課題となった。コンドルセのこうした教育観は、彼が権利としての教育を徹底して追求し、教育の理想を民衆自治による国家教育の消滅においていたことからも、明らかである。コンドルセは、議会報告で、次のように教育の未来を語っていた。「権力が設置する国立学術院が余計なものとなり、それ以後は危険なものとされる時代がくることは疑いない。さらに教育の公的施設のすべては無用となるだろう。その時代とは、どんな大きな誤謬ももはや恐れる必要がなく、偏見を助長する利害と情念を引き起こす原因のすべてが影響力を失うときである(79)」。

こうしてコンドルセは、独自の教育論によって、「公論」の観念を民主化して「世論」へと展開した。これほど徹底した「世論」の自由の主張は、「一七八九年協会」周辺だけでなく、「公論」による革命を目指していたすべての議会派の中で、例外的であったとさえいえよう。議会派が基本的には、「世論」を「公論」にさらには議会の意志へと吸収したのに対し、コンドルセは、最後まで、「世論」を国民の最終法廷とすることを貫いたのである。

このような「世論」把握のずれは、政治哲学の違いとしてもみることができる。議会派は、自由の実質を所有一般の自由に置き、政治哲学としてもフィジオクラート的自由主義を脱しつつあった。その中で、C・B・ウェルチがいうように、功利主義の傾向が強まっていた(80)。こうした議会派の中で、コンドルセは功利主義に批判的であった。コンドルセの政治原理は、個人の幸福や利益の最大化にではなく、諸個人の合意に求められた。それは、コンドルセが、自由の実質を、自由の経験、幸福の感情、自由の喜びといったより個人主義的な点に置いていたからである。コンドルセの自由主義は、所有の自由だけでなく「意見」の自由に固執するものであった。「意見」の自由が「世論」に統合されるとき、それは、所有の自由を逸脱することもありうる。この場合も、コンドルセは幸福計算をする立法者の介入を拒み、「世論」の民主主義をとった。コンドルセは、一般的利益ではなく、一般的福祉を革命の目的に掲げ、ときとして自由主義を外れるような社会権的政策を提出したといわれる。それは、自由主義に反してではなく、コンドルセ独自の自由主義によるものであったのである。(81)

自由を「人格を自由に扱う」という点で捉え、利益追求や所有の自由に解消しなかったコンドルセは、政治哲学的にみて、革命期の自由派の中で独自の位置を占め、公共圏の把握においても、富や所有の支配ではなく「意見」の自由を強調した。このようなコンドルセの公共圏把握とそれに対する信頼が、モンタニャール独裁へと向かう嵐のなかで、コンドルセに独自の活動を迫ることになる。

モンタニャール独裁成立期、革命家は、公共圏を政治的に凝集する方向で、その支持獲得を争った。公共圏の政治文化としての色彩が強くなり、モンターニュ派は独裁権力によって公共圏を統合しようとし、これに対抗し得ないシエースは政治から離脱する。コンドルセは、一七九三年憲法論争からモンタニャール独裁への道の中で、シエースと対照的に、自由を掲げ、モンターニュ派と真正面から対決した。その戦いの中で、コンドルセの自由と公共の結合という公共圏把握の独自性が、いっそう輝きを増しているように思われる。シエースが政治を離脱したのは、彼がロベスピエールと同じく、公共圏の政治化をはかり、ロベスピエールの方法に敗れたからであった。コンドルセは、シエースとは違い、公共圏の政治化そのものの危険を訴え、これと戦ったように思われるのである。

三　自由の公共圏への模索

革命の初期においては、議会派の「公論」による革命にとって、それぞれの「公論」の観念にずれがあるとしても、それは大きな問題ではなかった。彼らは、自由憲法と議会を合言葉に、革命を進める。その過程で、革命思想のルソー的系譜と非和解的な闘争に突入したのである。その中で、「公論」の観念の弱さが露呈された。公共性の組織力において、ロベスピエール派に及ばなかったのである。議会派の多くが公共圏との通路を見失う中で、コンドルセは、死に至るまで、自由な公共圏の保持とそのための基本綱領であるジロンド憲法に政治生命をかけ活動を続ける。それは、「公論」の思想の最後の戦いでもあった[82]。

ロベスピエールがルソー的「徳の共和国」の樹立によって革命を完結しようとしたことは、よく知られている。「社会の制作者は、人間が理性という動きの弱い支援者なしに悪を避け善に向かうことになるような俊敏な本能を、人間の内面において創造すべきであろう[83]」。これがロベスピエールのいう徳であった。彼によれば、人間は利己心によって脅かされているのであって、これに対して、徳は「あらゆる個別的利益に公共的利益を優先させる[84]」。ロベスピエールは、教育と革命祭典によって「熱狂」と「恐怖」を動員し、こうした徳をフランス共和国に産出しようとしたのである[85]。これは、明らかに、「世論」の監察による徳への併合という、ルソー『社会契約論』にあった考えの再現であった。

ロベスピエールの革命は、要するに社会を「公共精神」一色に染めるもので、社会に存在する多様な「意見」の自由を踏み潰し、「公論」の息の根をとめるものに他ならなかった。コンドルセは、ロベスピエール派のジャコバン憲法に、自由への侵害を見出し、『フランス市民へ、新憲法について』（一七九三年六月）などによって、これを批判した。一七九三年一〇月三日、コンドルセは、欠席裁判で死刑判決を受け、数カ月の逃亡生活の後、逮捕され、獄中に死ぬ。

コンドルセは、ロベスピエール的な「公共精神」の支配を、近代の自由に対する無知からこれを絶滅させることになると、警戒していた。権力による教育への介入を批判する場合にも、コンドルセが、教会権力以上に危険だとしたのは、ロベスピエール的「共通訓育」の実施であった。それは古代の政治的徳性の強制的注入というアナクロニズムに他ならない。「古代人たちは、立法者の体制にあてはまる概念や感情のみを、人間に残しておこうと望んだのであろう。彼らにとっては、自然が創造したのは、法だけが活動力を規制し行為を指揮しなければならない機械にすぎなかったのである」(86)。個人的自由を抹殺するとき、もはや公共性は存在しない。コンドルセにとって、公共性の本来の生命力は、曖昧で不安定だが無限の可能性を秘めた社会の中の多様な「意見」にこそ存在する。公共性は国家に包括しえないというのが、コンドルセの譲れない一線であった。

公共性の生命力の源泉は自由と公開性にあるとコンドルセはみていた。コンドルセのいう「世論」は、「各地に散在している諸国民に話しかけ」、参加する人々の「数が多いほど有力」であり、「世論を決定する動機がすべての人々に同時に、しかもきわめて離れた地方にさえ働くからこそ強力」なものであった(87)。奴隷解放に立ち上がった黒人、隷従している女性、これらを公共性の担い手としてコンドルセが視野に入れていたことは、よく知られている(88)。このように自由と多様性によって国家を超える公共性に対する、高揚する政治主義と国家意志と偏狭なナショナリズムの侵略を、コンドルセはロベスピエールの革命にみていたのである。

繰り返しいえば、コンドルセは、公共圏の原理を自由に求め、自由が可能にする公共圏の多様性と重層性を力にして、革命を進めようとした。事実、革命初期には、公共圏はそのような柔軟な可能性を示していた。たとえば、『人間と市民の諸権利の宣言』で人間も市民も男性を意味しており、コンドルセの公共圏把握も、こうしたジェンダー的枠組みを共有していたことは否定できない。しかし、公共圏では、オランプ・ド・グージュが一七九一年『女性と女性市民の諸権利の宣言』を発表したし、このとき、コンドルセは、男性革命家の中で例外的にこれを理解し、男性と女性との差異は教育によって後天的に作られることを強調した(89)。革命の中では、ルソーの思想によって近代家族の中に妻および母として女性を追い込む傾向が強化されたが、女性を公共圏から締め出すという主張を、コンドルセは決してしなかった。また、グージュが女性と同じく人間から排除されていることを告発した黒人奴隷について、コンドルセが『黒人奴隷に関する考察』でのように、はやくから黒人奴隷を公共圏のメンバーとして解放せよと主張していたことはすでにみた。一七八九年にブリッソがイギリスから持ち込んだ黒人解放運動組織を「黒人友の会」としてパリに設立したとき、会長としてこれをリードしたのも、コンドルセであった。フランス革命と黒人解放の問題に立ち入る余裕はないが、革命期の黒人解放論を代表するグレゴアールの議論と比べても、コンドルセは先駆的主張を展開した。グレゴアールの黒人解放論は、フランス語を共通語とする国民国家を前提に、黒人に市民権を付与することを目標とする、いわゆる政治的解放論であった。そのため、グレゴアールは、黒人解放の前提として、黒人の教育による国民化を主張した。これに対し、コンドルセは、人間としての解放と国民化とを区別し、黒人が人権を実質的に行使しうる能力を持つための社会的諸条件の改善と実現を重視した。コンドルセは『黒人奴隷に関する考察』の時点（一七八一年）でも、公共圏という支えによる黒人の社会的解放を展望していたのだったし、革命期にも、人格的自由の実現を基調に据えた解放論を展開した。[90] さらに、コンドルセ的公共圏の広がりについては、戦争問題への対応が、示唆的である。一七九一年末反革命との戦争問題で激論が展開されたとき、コンドルセはブリッソとともに、自由のための戦争を支持した。しかし、それは、自由な国家フランスの戦いであるだけでなく、自由に敵対する専制君主に対する戦いであり、イギリスやプロイヤンの公共圏がこの自由の戦いを支持するだろうという理由によってであった。[91] コンドルセは、ここでも、革命を政治革命としてよりも、文明における自由と公共の結合の発展という次元で、公共圏を基礎に捉えていたのだ。

ロベスピエール派の攻勢は、コンドルセにとって、公共圏の政治的略取による自由の窒息への道と映っていた。革命が高揚するとき、公共性の政治性が強まり、公共性の意識が分裂し、公共性の集約性を目的としてこれが制限されようとすることがありうる。コンドルセは、ロベスピエールの脅威が押し寄せていた、一七九三年四月に、次のように述べていた。革命においては、「公的問題に活動的に専心する人々」の集団と「労働に従事し、個人的な仕事にとどまらざるをえないが、祖国を統治しようとせず愛し、祖国に自己の主張や自己の党派の支配をもたらそうとせずに奉仕する別の人々」の集団が出現する。このとき前者を「国民の全体」とみなしてはならない。後者は「憲法が彼らの利益と義務を正しく示すことを求めている。ひとたび彼らおびただしい大衆が、そういう共通の目的に向かって前進し始めるならば、市民の活動的部分が人民全体だと映ることはなくなり、そのときからもはや個人は存在せず、国民のみが存在することになる」(92)。コンドルセはこのように、革命高揚時においても、市民の活動的部分が政治を統合することを拒否した。

コンドルセにとって、革命は、個人的自由の確立にあり、自由な個人の社会的解放を目的とする。ロベスピエールの方向は、政治的精鋭による国民国家の手に社会を統合する道であると、コンドルセはみた。コンドルセの目には、公共圏は、国家と国民に吸収されるものではなく、個人的自由を防衛する圏域として映っていたことは、明らかだろう。

政治的急進部分が本来の国民の姿を現すのではない。仕事によって社会にとどまる人々が、憲法によって共通の目的を見出し、自己の意志によってその目的の実現を目指すとき、国民は出現する。コンドルセにとって、公共性の意志は、いかなる場合においても、社会の多様な「意見」の自由が生み出す「世論」に求められていた。ロベスピエールの求める公共精神の高揚は、その自由と公共性の命としての「世論」を窒息させるものに他ならなかった。

コンドルセは遺著となった『人間精神進歩の歴史的展望の素描』(一七九三―九四年)に、はっきりとこの「世論」の思想を書き記している。アメリカの独立とフランス革命という二つの革命について、コンドルセは、次のように言う。「革命が二つの方法によって引き起こされうるということを判断することは困難ではないだろう。人民自身が哲学の貴重だと教えた理性と自然の諸原理を樹立せねばならぬか、あるいは政府がすばやくこれを予測し、政府の歩みを世論の歩みに合わせねばならぬかの、いずれかであった」[93]。前者がフランス革命であり、後者がアメリカの独立であった。「フランスにおいては、革命は、社会の経済全体を包み込まねばならなかったし、社会的諸関係のすべてを変えねばならなかった。革命は、政治的連鎖の最終の環にまで達しなければならなかったし、自己の財産ないし勤労によって平和に生活し、思想のうえからも、職業のうえからも、財産や野心や栄誉のための利害からも、公的な運動に執着しないような諸個人のところまで、浸透しなければならなかった」[94]。

「世論」が何者にも勝る政治的意志の源泉であり、したがって、「世論」の自由は何者も侵し得ない。フランス革命は「世論」が遂行する。「この革命は政府による革命ではなく、世論と意志による革命である」[95]。したがって、革命は、「世論」が議論を経て成熟するのに合わせねばならない。公教育がそうした「世論」の力への信頼を磐石にするはずであった。このようにコンドルセは、「公論」の思想を「世論」の思想として自由主義の極限形態へと導いていたのである。

コンドルセの「世論」の思想は、政治哲学としては致命的な弱点をもつかもしれない。現実の政治的設計はコンドルセにおいても「社会的技術」によって行われるとされる。したがって、実際の政治過程においては、「社会的技術」と「世論」との分裂が起こりうる[96]。その時、「世論」は操作しえず、その熟成を待つのみであるというコンドルセの「世論」の思想は、政治的組織力において、ロベスピエールの「公共精神」の攻勢に耐え得なかった。「公共精神」が政治文化に向かうのに対し、「公論」は社会に向かう。フランス革命の政治文化が、モンタニャール独裁によって頂点に達したとき、「公論」による革命は、一つの終焉を迎えたのである。

四 「公論」の可能性

モンタニャール独裁が覆し得ない事態となり、ジロンド派の活動家が次々とギロチンにかけられる中で、コンドルセは、一七九四年三月二六日、匿われていたヴェルネ夫人のもとを離れて逮捕され、三月二九日に牢獄で死んだ。民衆はジロンド派路線を支持せず、ベイカーはそこにコンドルセの挫折をみる[97]。しかし、革命家としてのコンドルセの挫折は、思想家としての敗北をも意味するのだろうか。

コンドルセは、一七九三年七月から九四年三月の死にいたるまで、ヴェルネ夫人の家に隠れ住み、事実上の亡命状態にあったが、『国民公会への手紙』を命の危険を承知のうえで発表し、最後まで政治論戦をやめなかった。と同時にこの時期、コンドルセが心血を注いだのは、大部の歴史論執筆であり、その趣意書が遺著『人間精神進歩の歴史的展望の素描』となった[98]。そこでは、フランス革命が、政治革命に終わらず社会革命にいたると述べられていた。

今一度、引用しよう。「フランスにおいては、革命は、社会の経済全体を包み込まねばならなかったし、社会的諸関係のすべてを変えねばならなかった。革命は、政治的連鎖の最終の環にまで達しなければならなかったし、自己の財産ないし勤労によって平和に生活し、思想のうえからも、職業のうえからも、財産や野心や栄誉のための利害からも、公的な運動に執着しないような諸個人のところまで、浸透しなければならなかった[99]」。

フランスでは、革命は、「社会的諸関係のすべて」に展開し、これを「世論」が導くとされていた。コンドルセは、「公論」と「世論」を政治革命だけでなく社会革命の主体に指名しており、コンドルセの公共表象の広がりを示している。

コンドルセは、死に臨んで、政治空間としての公共圏と社会空間としての公共圏の双方に、メッセージを送り続けた。政治家として憲法論争を戦い、思想家として、諸個人の「自由の経験」と公共性の解読を志した。コンドルセの死は、「一七八九年協会」の「公論」の思想が政治空間を創出することに挫折し、しかし、その「公論」の観念に諸個人の自由という契機を強く刻み込んだことを象徴するのである。

このように、革命期コンドルセの思想的苦闘を通して、革命以前に確認されたチュルゴからコンドルセへの自由主義的思想が、いっそう明確に姿を整えていく過程が、浮かび上がってくる。チュルゴの改革時に、フィジオクラートと結びながらこれからの自立を図った自由主義的潮流は、フランス革命期に、やはりフィジオクラートと連携しながら、しかし、その公共表象の狭さを克服し、明確に新しい自由主義的思想集団を形成した。それは、政治的対立よりも幅広く連携した集団であって、『一七八九年協会誌』から『社会教育誌』へと公共的機関誌を保持した、いわば社会活動家であった。ここに、フランス革命期における、フランス自由主義の出現をみることができよう。

このフランス自由主義の起源は、チュルゴ改革の「憲政」構想にある。革命の渦中で、この自由主義的潮流は、チュルゴの「憲政」論にあった重農主義的残滓を払拭し、近代国家像を獲得していった。代表的な政治社会の構想は、シエースの『第三身分とは何か』が表現した。シエースは、スミスの分業論を援用し、フィジオクラートの「啓蒙された公衆」から政治社会像を解放した。シエースのみる社会は、私的労働を担う所有者を主体とするものであった。このスミス的「商業社会」の中に、シエースは、チュルゴが「自由に処分しうる階級」と呼んだ市民を持ち込む。シエースの考える「自由に処分しうる階級」は、産業一般の担い手として、社会の中に、富裕な所有者として存在するのである。こうして、シエースは、社会を「所有者市民」の社会とみなすことができた。

ただし、シエースの「所有者市民」の社会は、剰余を取得する富裕な所有者が「自由に処分しうる階級」として特別視されていることに、注意が必要である。このような差別が持ち込まれるとき、諸個人の社会関係や「世論」

のもつ能動的役割は評価されず、社会の主体は、事実上、富裕な所有者に限定されることになる。[100]シエースに「公論」の観念が意外に希薄なのは、そのためと思われる。シエースは、「公論」や「世論」のダイナミズムを引き出そうとせず、かわりに、「所有者市民」を、能動市民と受動市民に分割し、能動市民による政治空間を構想していったのである。

コンドルセは、シエースに先行し政治社会を構想していたが、シエース以上に、政治空間よりも、「所有者市民」の社会空間の把握を進めた。コンドルセには、市民の典型として「自由に処分しうる階級」は登場しない。コンドルセの市民は、「自由に人格を扱う」諸個人に始まる。コンドルセの場合、社会が所有者の集合体となるのは、諸個人が「自由に人格を扱う」主体であるからであった。したがって、コンドルセのみる「所有者市民」の社会は、それ自体、「世論」の交流と対立をはらみ、これを軸に公共圏を産出・展開する。そうして、コンドルセは、この公共圏を足場に政治空間表象を紡ぎ出したのであって、公共圏と社会さらには諸個人との緊張が生み出すダイナミズムを重視し、これによる社会革命を見通そうとしたのである。

コンドルセにとって、諸個人の自由な世界は、政治革命による自由な政治空間の確保だけではなく、諸個人の社会的自立を前提とするものであった。「人類は次のような状態に近づくだろうか。そこではすべての人々が生活の日常の事柄において、自己自身の理性にしたがって行動するために必要な知識をもつだろうし、……すべての人々が、その能力の発達によって、自己の欲求を満たすための確実な手段を手に入れることができるだろう[101]」。

このように、コンドルセにとっては、政治空間に先行して、諸個人の社会的自立が確保され、これに連動して公共圏が展開することが重要であった。コンドルセは、政治革命よりも社会革命を見通していたから、彼の描く公共圏を動かす「世論」は、政治的国家に集約されず、全世界の公共圏に開かれていた。「世論の法廷」はフランス国家に閉じられることなく、文明という共通圏に開かれていた。フランス革命は、このように文明史の過程に起きる社会革命であった。

コンドルセが、政治空間、政治諸制度だけでなく、公共圏、公共の諸制度に目を向けていたことに、繰り返し注目したい。コンドルセは、近代的個人を、単に所有者とみただけでなく、「自由であることの喜び」を知り、「人格を自由に扱う」という主体性において捉えた。こうした個人の「意見」とその相互交流から生まれる公共圏を、政治的諸制度以上に、コンドルセは重視していたのである。だから、コンドルセは、『一七八九年協会誌』の「趣意書」で、「社会的技術」に加えて「道徳哲学」の必要を説いていたのだった。この「道徳哲学」こそ、諸個人のモラルと公共圏の関係を対象とする学問であった。革命の政治化とコンドルセの死は、この「道徳哲学」を全面展開することを許さなかった。しかし、コンドルセは、公共圏を社会空間に展開維持する必要性とともに、その方向を教える「道徳哲学」の重要性を、遺言として残したのである。

こうして、フランス革命とともに、近代国家の設計を視野においた、自由主義が出現した。この潮流において、政治社会の哲学をシエースの『第三身分とは何か』が表現し、公共性の創出と社会革命への展望をコンドルセの遺著が「公論」の思想として表現した。この潮流は、社会的分業よりなる「所有者市民」の社会を共通認識にもち、近代的国家諸制度を設計した。それは、チュルゴの「憲政」構想に発し、これを「所有者市民」の社会に据えることによって、明確な近代政治社会像をもつ自由主義となったのである。

しかし、この自由主義は、モンタニャール独裁とルソー的政治社会に敗れる。このとき、自由主義の内部で微妙だが、決定的な対立が生じていたように思う。それは、シエースとコンドルセの差異である。

シエースもコンドルセも、「所有者市民」の社会を基礎に政治社会を構想した。ところが、シエースが所有者を無条件に前提するのに対し、コンドルセは所有者の自由の資質を問題とした。シエースでは、富裕な所有者が社会を統括し、政治社会を構成する。「公論」は事実上、富裕な所有者間の討議に限られる。コンドルセでは、自由な諸個人の「意見」交換という社会的過程が固有に意義をもつ。政治社会の前提に、公共圏の存在が確保され、それは、社会諸関係の革命の原動力ともされていたのである。(102)

したがって、シエースでは、諸個人が現実の所有者に統治され、公共性が、その所有者による政治社会に収斂する傾向が強く、シエースの自由主義は、国家と体制構築型であったということができる。これに対して、コンドルセは、公共性を国家に回収せず、独自の圏域として確保し、自由と公共の社会的結合を追求していた。コンドルセの自由主義は、政治社会の外部に独自の活動圏を確保していたのである。シエースの体制傾斜の自由主義とは異なる自由主義の可能性を、コンドルセは指し示していたのである。

フランス革命とともに成立した自由主義は、「公論」に基づく自由主義として連合を形成し、近代国家樹立をめぐって戦った。それは、まだ、国家の樹立と国家のなかの自由主義であって、固有の自由主義としての自立を遂げていない。この自由主義は、モンタニャール独裁崩壊後復活しても、しばらくは、共和主義の衣をまとう。しかし、近代国家の制度化が進み、公共性と国家との間の溝が明確となるとき、自由主義の共和主義からの独立がはじまるだろう。その産みの苦しみは公共圏把握の違いによる自由主義の内部対立と困難とをともなうのではないだろうか。それは、コンドルセとシエースの自由主義の相違として、対ロベスピエールの政治闘争において、露出を始めていたのである。

第5章　テルミドール派と公共圏

はじめに

テルミドールの反動（一七九四年七月二七日）によって、穏健な自由派が、再び改革の主導権をとる機会を得た。九五年一〇月テルミドール派憲法が承認され、総裁政府という保守的共和派によるいわゆる九五年体制が成立し、一七八九年人権宣言を自由派の路線で具体化する政治制度の設計が進められた。総裁政府は、開始に先立つ九五年三月のジェルミナール事件と五月のプレリアール事件、九六年春のバブーフの暴動計画など次々起きる民衆暴動への対応に追われ、王党派や帰国貴族の反動攻勢を受け、動揺を繰り返した。しかし、領主制廃止や土地改革は、富裕層に有利な方向とはいえ、実行に移され、所有農民を増加させ、「所有者市民」の基盤を拡大していった。戦争を利用して富を得た製造業者や商人層、ブルジョワと民衆とのあいだに位置する小商人や手工業者たちが「中間層」としての姿を明確に現し、いわゆる「プチ名望家」として政治的存在を主張し始めた。総裁政府は、こうした新しい社会的流動化を背景に、一七八九年の人権宣言への回答を描こうとして、新政治体制を構築していく(1)。

総裁政府の時代は「イデオローグの共和国」と特徴づけられる。いわゆる「イデオローグ」の中心部隊が、この時期の改革を支えた。(2) シエース、レドレル、デスチュット・ド・トラッシ、カバニス、ヴォルネなどが、改革の思想的支柱となり、J・B・セー、バンジャマン・コンスタンなどの若い世代もこれに同調しながら独自の思想活動を開始した。彼らは、一七八九年の革命路線に立ち戻り、これに沿って、立法、司法、行政、教育などの近代的諸制度を設計していった。彼らの改革は、統領政府を経て、ナポレオン体制に吸収される。「イデオローグ」という言葉がナポレオンによる軽蔑を込めた表現であったように、ナポレオンは「イデオローグ」の改革を評価しなかったが、実質的には、総裁政府期の制度設計を継承する。「イデオローグ」も、協力と反発を複雑に入り組ませながら、多くはナポレオン体制に吸収されていくことになる。

このテルミドールおよび総裁政府期において、「公論」もよみがえる。モンタニャール独裁期には、「公共精神」を基準とした検閲体制が敷かれ、ジャーナリズムは事実上窒息していた。独裁の終焉とともに、春の訪れのように、言論活動が復活し華やぐ。フレロン、ボワシー・ダングラスなどが、「公論」の自由を力説した。(3)

したがって、総裁政府による「イデオローグの共和国」において、革命開始時に「一七八九年協会」が構想した「公論」による統治が実現したように思われるかもしれない。事実、「イデオローグの共和国」は個人的自由と財産の自由を基本に据えて共和政という公共的枠組みによって自由の社会秩序を維持するものであった。通例テルミドール派にフランス自由主義の開始をみるが、「イデオローグの共和国」は共和政という政治的枠組みの中で自立を待つ自由主義の体制という性格を、疑いなく保持していたであろう。

しかし、少し注意してみると、テルミドール派あるいは「イデオローグ」の「公論」の思想は、もはや一七八九年版の単純な復活とはいえないものであった。「公論」を重視するといっても、テルミドール派は、「公論」に対する民衆意識の影響を嫌悪していた。シエースたちは、革命の中で、民衆に対する警戒感を強めていた。民衆の直接行動は、ロベスピエールの独裁と結びついて、彼らに恐怖を与えた。テルミドール派は、民衆と自由政体とを切り離そうと試みる。たとえばカバニスはナポレオンのブリュメール・クーデタに臨んでさえ、それがテルミドール派の終焉を告げるると気づかず、繰り返し述べる。「真の代議政体においては、すべては人民の名で、人民のために行われるが、何事も人民によっては行われない[4]」。このように、テルミドール派の「公論」の空間は、民衆に対して警戒的で、閉鎖的なものであった。カバニスが、民衆において「無知な情念と秩序」をみるように、民衆は「公論」の敵でさえあったのである。

テルミドール派の政治制度設計が民衆排除を意図していたのに照応するかのように、「公論」の観念の性格も、革命開始の頃、たとえば「一七八九年協会」が把握していたものとは、大きく変容していた。革命期において、「公論」の意味は、一八世紀のサロンにあった親密な討論という性格を失い、革命期の政治クラブにみられたような情念がぶつかり合う直接的論争という性格も危険視され、理性による言語表現に限られる傾向を強くした[5]。「公論」からサロンやクラブにみられた討論が抜き去られ、身体的感情的表現が閉め出されることは、知識人による「公論」独占に好都合であろう。「イデオローグ」は、このようなテルミドール期の「公論」の傾向に連動しまたそれを強化することで、「公論」に基づく政治体制を設計していったと思われる。

したがって、テルミドール派による革命の主導権奪取は、一七八九年の自由派革命路線の復活ではなく、新しい自由の革命の開始であった。本章は、「公論」の思想のテルミドール派における変質に注目しながら、「イデオローグの共和国」の自由主義的諸動向の特質を探り、フランス自由主義自立直前の思想構造に迫っていきたい。

一　テルミドール派と「公論」——共和政と自由の秩序

テルミドール派が総裁政府期に実現した政治諸制度の多くは、文字通りフランスの近代的諸制度の基礎となったものである。彼らは、近代国家とこれに内容を与える社会的諸制度を作り上げていった。とくに、普通教育から大学にいたる教育制度の政策は、彼らの改革を特徴づける。また、アカデミーの再編強化は、その総括的位置を占めている。一七九五年に、「物理学・数学」、「道徳科学・政治科学」、「文学・美術」の三部門からなる新アカデミーが設立された。このアカデミーを頂点に知的寡頭体制をフランスに組織することが目指されたのであり、「道徳科学・政治科学」は、そうした科学による統治の核心をなすものとされていた(6)。そこには、公共性の知的エリートによる独占、「公論」からの民衆の事実上の排除、したがって、政体からのカバニス的民衆排除を確立するという狙いがあったと考えられるのである(7)。

テルミドール派によるこのような「公論」の限定狭隘化は、国民公会でのコンドルセの復権という儀式の中ではじめから暗示されていたようにみえる。コンドルセは啓蒙思想家の代名詞であり、ロベスピエール的「徳の共和国」に最後まで抵抗した「一七八九年協会」の「公論」の思想の象徴でもあった。したがって、コンドルセの復権は「一七八九年協会」における「公論」の輝きを取り戻すことでもあったはずである。しかし、国民公会のコンドルセ賞讃には、同時に、コンドルセの公共性観の限定化という傾向が明瞭に示されていると思われる。その跡を、簡略にたどってみよう。

テルミドール九日すなわち一七九四年七月二七日のクーデタによってロベスピエール派路線の革命を終焉させ、新しい改革路線をとるべく国民公会が成立した。国民公会は改革の原理を確認するため、革命暦三年ジェルミナール一三日すなわち一七九五年四月二日、ドヌーにより、公教育委員会の名において、コンドルセの復権と遺著『人間精神進歩の歴史的展望の素描』を印刷配布することを宣言した(8)。

その理由は次のように表明されている。「この書は、不幸な一哲学者が諸君の共和国の学校に提供した古典的な書である。この書のなかには、いたるところに、社会状態の完成が人間精神の活動のうちで最も価値ある目的であるということを表明してある。そこで諸君の生徒たちは、この書のなかで、科学と技術との歴史を学習することにより、とくに自由を愛好し、すべての暴政を嫌悪し、打倒すべきことを教えられる(9)」。「すべての暴政」とりわけアンシャン・レジームとモンタニャール独裁を嫌悪し、自由を原理とする共和国を建設することが謳われ、「社会状態の完成」が科学と技術によってもたらされることが暗示されている。これは『人間精神進歩の歴史的展望の素描』の極端に主知主義的な読み方であり、後に進歩の理念の単純な信奉者とするコンドルセ像の形成に大きく影響を及ぼすことにもなった(10)。

「社会状態の完成」についてのコンドルセの考え方は、社会的技術と道徳哲学が両輪とされていたように、科学と技術だけでなく諸個人のモラルの力を決定的要因とするものであった。その意味で、フランス革命は、政治革命に限定されず、社会革命を伴わねばならなかった。コンドルセは、諸個人における知識とモラルの力との結合によって、受動市民を基本とするような幅広い公共性の成立と促進が可能となり、これに依存して自由な共和政が設計可能となるとみていたのであった。ところが、国民公会のコンドルセ評は、「社会状態の完成」を科学と技術のみに結びつけ、道徳哲学的課題を事実上隠してしまっている。ここからは、コンドルセに展望されていた公共圏の発展を無視し、知識人主導の合理的制度設計が公共圏の樹立に混同されてしまう傾向が生じるだろう。あえていえば、国民公会は、政治社会を能動市民に限定するシエースの『第三身分とは何か』の公共圏像の枠組みに、コンドルセを押し込もうとしているのである。

「イデオローグの共和国」のこうした傾向と狙いが実施に移され、最も成果を上げるのは、教育改革においてである(11)。シエースとラカナルによるテルミドール派の教育改革が、コンドルセ案を参考にしながら、コンドルセ案の中学校部分を排除し、民衆教育と知識人育成との距離と溝を広げたことは、よく知られている(12)。テルミドール派がとりわけ力を入れたのは、専門技術エリートの養成であって、エコル・サントラルの構想と設置によって実行に移された（ラカナル「エコル・サントラルに関する報告と法案」共和国三年フリメール二六日〔一七九四年一二月一六日〕）。これは、コンドルセ案の「学院」を受け継ぐものであって、「イデオローグの理想の実現を目指す百科全書的な高等教育機関」と期待された。「製図、博物誌、古代語、現代語」の第一部門、「数学、物理学、化学」の第二部門、「一般文法、文学、歴史、法律」の第三部門からなるカリキュラムが用意され、生徒の自由選択制をとっていた。専門的技術者と統治の専門家を養成しようとしたのである。(13) しかし、この専門的知識人教育はコンドルセ案にあった普通教育との連携を欠いていた。コンドルセを顕彰したドヌーが構想した公教育法案は、コンドルセの継承を謳うだけで、初等教育を読み書き計算に限定するなど、高等教育との切断を意図し、受動的民衆を知識人が統治する体制の諸条件をみたそうとするものであった（ドヌー「公教育に関する報告」共和国四年ヴァンデミエール二三日〔一七九五年一〇月一五日〕(14)）。

デスチュット・ド・トラッシは、総裁政府期の教育改革が、知識と権力の結合による知的エリート支配体制の樹立を目指していたことを、その改革の終わりに告白している。統領政府期になって、彼は、総裁政府期に実施に移された教育制度と教育の総括を意図して、共和歴九年（一八〇一年）に、「現在の公教育制度についての観察」をまとめた。そこで、彼は、「学識階級と労働者階級という二つの階級の存在はいかなる社会においても不変であり、両者の教育は根本的に異質であること、世論は学識階級の影響のもとで形成されること、国民全体に教育を普及することは現状では不可能であることを主張する」(15)。すなわち、「職人になるべき子供」の教育と「政治家ないし文人になるべき子供」の教育とを区別して混同しないことを公教育の原則としたのである。(16) イデオローグは、革命の非キリスト教化を継ぎ、教育の宗教からの独立を押し進めた。それは、同時に、民衆の教育を哲学からも切り離す。デスチュット・ド・トラッシは、労働者階級には読み書き計算の基礎教育しか必要ないという。労働者階級の子弟は「数年間で与えられる簡潔でそれ自体で完結した教育」だけで、できるだけ早く労働現場へと巣立っていくべきだという。[17] デスチュット・ド・トラッシは、公共圏からの民衆の排除と知的エリートによる「公論」の独占を終始一貫して目指し、教育がこれを現実化すると考えていたのである。

イデオローグは思想集団であったというより、個別の政策課題を多様に実行に移した、公共的活動家としての「ピュビュリシスト」であった。近代的諸制度の現実的設計を優先し、彼らが、目指す社会について哲学的に展望を示すのは、比較的遅れて、改革の実効性が確信される頃になってからである。イデオローグの両輪とされるカバニスもデスチュット・ド・トラッシも、カバニスの主著『人間心身関係論』(一七九九―一八〇二年)、デスチュット・ド・トラッシの主著『イデオロジー原論』(一八〇一―一五年)に表されるように、総裁政府が統領政府となり一つの帰結がみえたときになって、改革の成果を前提にしながら、目指す政治と社会の秩序について、哲学的に体系化しようと著作活動に力を入れている。[18]

『イデオロジー原論』の第一主題は、土地と動産つまりは農業と産業の担い手が所有者として形式的平等のもとに構成する社会の機構を示すことにある。デスチュット・ド・トラッシはスミスを意識しながら、「労働が富そのものであるように、商業が社会そのものなのだから、人間のみが本当の社会をもつ」と言い、[19] 自由な人間の諸権利と諸労働が交換という「慣行的取り決め」を通じて社会を構成するとみる。[20] 社会の本質は、「土地所有者」と「非土地所有者」の区別にではなく、「非所有者のいない」ことにある。すべての人々は、少なくとも賃金の所有者として、社会の対等な一員となるのであって、地主は生産に関与しない「不生産階級」として、むしろ社会の付属物に過ぎない。社会における「より現実的区別」は、「一方における賃金労働者と、他方における消費者あるいは賃金労働者を雇用する人々との間」にあるのだ。[21] フィジオクラート批判という形で、デスチュット・ド・トラッシは、所有者の形式的対等性に基づく商業社会の出現と、そこにおける資本と賃労働関係を基本とする所有の現実的支配の存在を示すことによって、「所有者市民」の社会樹立の現実的諸条件を提出したのである。

この『イデオロジー原論』の議論を先にみた教育論と結びつけてみると、デスチュット・ド・トラッシのみている社会がどのようなものか、いっそうよく理解できるだろう。『イデオロジー原論』の「所有者市民」の社会は、教育論で示されるような知識に基づく寡頭政的体制および民衆排除と結合して、初めて現実化できるとみられていた。『イデオロジー原論』だけ取り上げると、自由と形式的平等に基づくスミス的商業社会が目指されているようにみえるが、事実は民衆を公共圏から排除する国家とイデオロギー諸装置を背景におく、自由と不平等とを組み合わせる社会が目標とされているのである。(22)

このことは、イデオローグが新しい社会の主体と考えたいわゆる「中間層」の未熟を表現するものでもあった。彼らがみた社会的流動化と「中間層」の出現に、彼ら自身必ずしも自信をもてなかった。だから、彼らは、知識人による公共圏の政治的設計を先行させ、「中間層」による社会的主導権の確立を準備しようとした。「中間層」の実力に根ざした改革ではなく、未来の「中間層」のための公共圏の組織を、政治的に準備することに、イデオローグの主眼は置かれていたのである。だからこそ、「イデオローグの共和国」では、学識階級が、「中間層」の代弁者以上に、独自の力を発揮し独自的機能を演じた。シエースがそうであったように、金融ブルジョワジーの支配が進行する中で、彼らと妥協しまたこれを利用し、まだみぬ「中間層」の理想的公共圏を組織していったのである。(23)それは、政治権力への依存と公共圏からの民衆排除とを強化した。この意味で、イデオローグは、自由を国家に対抗させるのではなくこれに結合した。フランス自由主義の波頭をなすとともに、国家による自由というフランス自由主義に顕著な傾向をも準備したのである。

デスチュット・ド・トラッシにみられる特徴は、カバニスにおいても顕著である。先に触れたように、カバニスは、人民の名で人民によってはおこなわれない「真の代議政体」を構想し、知的エリートによる社会の合理的管理システムの設計を主張していた。彼は、社会だけでなく、理性による人間の管理も可能であると考えていた。彼の主著『人間心身関係論』は、人間の精神にその身体的特性がどのような影響を与えるかを検討したものであって、人間行動の動機を合理化するための治療を、身体に対する医療技術によって可能にしようという意図を秘めている。[24] テルミドール派として、とくに総裁政府期の改革の中心にいたカバニスが、その結果たどり着いたのは、人間の理性的管理であったのだ。カバニスの主張はフランスの医学と医学教育に大きく影響し、パリ病院にみられるように医療制度の整備が進められた。パリ病院が精神科をもったように、医療も、広い意味の「イデオロギー諸装置」として、国家制度に組み込まれていったのだ。[25] カバニスは、自由な個人における理性の優位という一八世紀啓蒙の理念を引き継ぐだけでなく、理性による人間と社会の管理にまで突き進んでいたのである。

こうして、「イデオローグの共和国」においては、「一七八九年協会」の「公論」の思想は、復活というみせかけを通して変質した。コンドルセの名によりコンドルセの「公論」の思想が解体されたのである。繰り返し確認すれば、カバニスやデスチュット・ド・トラッシにみられたように、「公論」から民衆を排除し知的エリートの理性に政治空間を限定するという方向で、公共圏を統合する傾向が、イデオローグ集団の特徴となっていた。コンドルセの場合、公共圏と政治を結ぶのは、「世論」と「社会的技術」であったが、イデオローグは「社会的技術」を強調し、「世論」を警戒した。しかも、その「社会的技術」は、「世論」の解読を中心課題としたコンドルセと比べると、社会を管理する性格を強めている。テルミドール派による「公論」の復活は、「公論」を理性の言語の領域に限定し、民衆の「世論」の力をそぐ方向で進んだ。政治的クラブや民衆の直接行動と一線を画す新聞とジャーナリズムが「公論」の源泉とされた。そうしてこのような「公論」は国家のイデオロギー諸装置とエリート知識層による統制のもと組織されたのである。[26]

「公論」組織の鍵としてテルミドール派によって設計された教育諸制度が、かつてないほど社会の諸階層に教育機会を開いたことも、重大な事実である。教育を通じての自立という熱い期待を抱く民衆の子弟が、新教育制度の門をくぐった。新教育制度は、出生と身分から「才能」本位への社会転換を押し進めた。それは、同時に、公共性の知識人による管理体制への回路でもあった。総裁政府期の教育熱は、こうして、民衆の自立への熱意と近代的国家の支配装置とがせめぎ合ったことを表す。とりわけ、エコル・サントラルの経験は、民衆の自立と国家の管理が交錯するそうした過程を表現しているだろう(27)。

しかし、総裁政府の教育制度は、その実施を通じて、全体としては、民衆の自立に寄与する以上に、知識による選別という公共性システムの確立を促した。コンドルセ案を基礎にしながら、コンドルセの民衆自立という構想を知的寡頭制へと巧妙に転換していった。それは、コンドルセの「社会的技術」の概念を変質強化し、シエースの『第三身分とは何か』の方向に、「一七八九年協会」の「公論」の思想を一元化していったといってもよい。

総裁政府期の教育制度では、知識による選別システムとして、用意周到な配慮が施されていた。学識階級と労働者階級の区別、階層的序列的公教育制度など、合理的社会編成に向けての教育プログラムが整備されるとともに、そうした社会を支えるものとして新しい家族制度の確立が視野におかれていた。テルミドール派の教育計画において、男性と女性の自然的差異が強調され、男性を社会へ女性を家庭へという役割分業が導入され、家族制度の確立がはかられたことも、よく知られている。文化史的に「家族ロマンス」が近代家族に具体化されるのを、テルミドール派は政治秩序とイデオロギー諸制度の設計において担ったのだ(28)。

テルミドール派の構想した政府と社会秩序は、ハーバマスのいう市民的公共性に近い。「所有者市民」の世界を国家の基礎に置いたことだけでなく市民の後衛基地として家族を明確に位置づけた点で、家族、市民的公共性、国家というハーバマスの三領域がすべて組み込まれている。しかし、そのような形式的同一性にもかかわらず、公共圏のもつ政治批判機能は、「イデオローグの共和国」ではかえって奪われていた。商業社会は、デスチュット・ド・トラッシがいうように、所有者の利害追求の競技場であって、「意見」と議論の圏域ではない。雑誌、新聞など公論的諸制度は、エリートの知的支配の媒体として機能していた。

一七八九年『人間と市民の諸権利の宣言』が、「人権についての無知、忘却あるいは軽視」を自己批判したとき、公共圏はすべての諸階層に開かれているとみられていた。コンドルセは、この宣言の考えに連動し、社会の「意見」を公共圏の命と位置づけた。テルミドール派は、シエースの『第三身分とは何か』が目指した方向でコンドルセの公共圏の構想を解体再編した。コンドルセの「公論」の思想を「科学による統治」に転換させた。コンドルセが希望をもってみた社会の「意見」は、警戒され、エリートの理性による管理に委ねられる。社会の「意見」は公共圏活性化の動力ではもはやなく、理性による管理は「意見」をさらには人間を管理の対象とする。

こうして、テルミドールにおける「公論」の復活は、「公論」による革命の再生ではなかった。「公論」の思想は、政治の舞台をおり、「科学による統治」に道を譲る。「公論」はもはや社会の「意見」の結集点とはみなされない。モンターニュ派にとって「公論」は無軌道不可解で危険な存在であったが、(29)テルミドール派も「公論」から社会の「意見」のもつ不気味な力を取り去り、これを理性の見通せる合理的な存在へと転換させようとした。

公共圏と「公論」が理性の支配下で徹底して受動化されるとき、テルミドール派においても、「公共精神」の再評価がなされたように思われる。モナ・オズーフは、「公論」の思想は、もはや一七八九年の熱気をもたず、総裁政府期には、「公共精神」の支配に再び、屈するという。(30)その「公共精神」は、たとえば、国旗は立っているかという調査対象であって、国旗に対する意見を述べ論争するという「公論」的性格をもたなかった。

イデオローグの社会観に共通するのが功利主義の傾向であったことは、今や常識とされている。(31)たとえば、デスチュット・ド・トラッシは「労働が富そのものであるように、商業が社会そのものなのだから、人間のみが本来の社会をもつ」といい、社会を「交換の連鎖」とみていた。(32)イデオローグにとっては、諸個人の自由な利益追求活動と競争が社会的行為原理とみられていた。彼らは、アダム・スミスの「商業社会」を理想像としていたのである。

しかし、彼らにとって、「商業社会」は諸個人の利益追求から構成されるだけでモラルの場ではない。彼らは、社会を「利益」を原理とする圏域に限定し、これと分離して公共性を国家の圏域に組織しようとしたのであった。イデオローグによる公共性の組織は、知識と権力の合一をすすめ、公共性の空間を国家に限定する傾向を強めるとともに、「イデオロギーの諸装置」によって、教育だけでなく社会の諸機能の中に権力を分散化し埋め込む方向に道を開いたのである。テルミドール派の功利主義は、公共性を国家に集約し、その国家による自由主義の発展を狙いとしていたということができる。

それでは、コンドルセが展望したような固有の「公論」も公共圏も、テルミドール以降の自由主義的思潮において、もはや、その命脈をたたれたのだろうか。少なくとも、形式的には、「世論」と「公共精神」の尊重が、衰えることなく続いた。テルミドール派は「公論」の死滅をはかったのではない。これを尊重し、事実上の性格転換をはかったのだった。

総裁政府終盤になって、クーデタの続発にみられるような国家の公共的基盤に閉塞状況が露呈したとき[33]、あらためて、「公論」に関心が集まるのがみられる。たとえば、テルミドールにおける「公論」の思想の屈折過程を踏まえて、レドレルは『世論の理論』を書き（一七九七年執筆）、「公論」の思想に新しい息吹を与えようとする。そこには、共和政に包括される国家による自由主義が、固有の自由主義として脱皮しようとする苦闘がみられないだろうか。

二　レドレルと「世論」の構図

テルミドール派が設計した公共圏の知的寡頭政的性格は、政府行政権力のイニシアティヴを強大にした。総裁政府においては、政府の政治経営体としての性格が強められ、政府運営をめぐる政治対立が、社会と国家の秩序の命運を決した[34]。一七八九年宣言の自由の原理を基調とする社会の樹立に向けて、穏健自由派が中心となり、革命の過激化と反動との双方に対して、綱渡りのような権謀術数をも駆使した戦いが続く。不安定な政治状況を、シエースらテルミドール派主流は、再三クーデタに訴え切り抜けた。公共圏の知的寡頭政的支配が、政治過程における行政権力の役割を強め、クーデタを誘発したといえるだろう。

こうして、総裁政府が行政権力を強化し、統領政府への道を開いていったのは、戦争と革命という内外の激動する政治状況によるだけでなく、テルミドール派の公共性戦略がもたらす政治秩序の特質によるものであった。ブリュメール一八日のクーデタ（一七九九年一一月九日）で、強大な軍事力を呼び出したのは、当然の帰結であったのである。

テルミドール派は、自由な社会のためにこそ行政権力が強力な力をもつべきだという考えを捨てることはなかった。テルミドール派の中でも反権力思考が強かったコンスタンやスタール夫人でさえ、民主主義を支える軍隊の力が必要であるといい、統領ナポレオンを「共和政の輝く星」にたとえていた[35]。

しかし、ナポレオンへの過剰とも思える期待は、知識と権力の合一が崩れることへの焦燥感の裏返しでもあったろう。強大な軍事権力を現実に目の前にしたとき、テルミドール派は、あらためて、権力を制御するシステムについて、問い直す必要に迫られる。総裁政府の終焉期とこれに続く統領政府期（一七九九年一一月―一八〇四年五月）において、テルミドール派が、「公論」と公共圏について、再び盛んに議論を始めるのは、そうした事情によるものと思われる。

すでにみたカバニスやデスチュット・ド・トラッシの諸著作も、公共性論の再構築を意図していたし[36]、コンスタンやスタール夫人という若い世代が精力的に「公論」についての議論を再開するのは後でみるだろう。それらのうち、テルミドール派の実績を継承する立場で、ナポレオンの登場を見据えて、真正面から「公論」の政治的意義を総括しようとしたのは、レドレルであった。

レドレルは、コンドルセとともにチュルゴの経済理論の継承者に挙げられるエコノミストとして知られている(37)。コンドルセやシエースと並んでフランス革命以前にスミス『国富論』のフランス導入に努力し、総裁政府期には動産の擁護者として重農主義を批判しG・ガルニエと激しく論争したことが、とりわけ有名である(38)。レドレルは、政治家としても、一七八九年の三部会に選出されることに始まり、国民議会では財政および経済面での諸立法の作成に精力的にかかわるなど、主にシエースと行動をともにした。重農主義的地方議会を退け財産一般を根拠とする国民議会を構想したシエースはレドレルの政治的先行者であったが、経済認識ではレドレルが前を歩いていた。モンタニャール独裁期は、ジャーナリストとして地下にもぐりコンドルセに近い活動を展開したが、亡命を余儀なくされた(一七九二―九四年)。テルミドール後帰国してからは、『公共経済、道徳、政治雑誌』(一七九六―九七年、全五巻)、『公共経済、道徳、政治覚書』(一七九九年)などを刊行した。「公共経済学」が「一七八九年協会」あるいはコンドルセの「社会的技術」の柱の一つであったことを思い起こせば、レドレルが、「公論」を軸とする公共圏および政治秩序の構想を射程においていたことは、容易に推察されるだろう。

レドレルにおける「公共経済学」の成立をたどってみると、デスチュット・ド・トラッシ『イデオロジー原論』における所有者による「交換の連鎖」という経済社会像も学識階級と労働者階級という区分も、じつは、レドレルの方が先行して体系化していたといった方がよいかもしれない。レドレルは、一七八二年の『財政論に関する諸観念』以来、財政論を中心に政策的発言をおこなうが、一七八七年には、「富の科学に関するスミスの優れた著作が公共経済学に関してもつ関係は、『法の精神』が政治学に対してもつ関係に等しい」と述べ(39)、フィジオクラートの学説からの脱却をはかっていた。すなわち、レドレルは革命以前にチュルゴを継承する立場から、労働に基づく動産の取得という所有論を起点に経済学を構想しようとしており、国民公会期にも自由派の立場から、『社会組織論』と題するリセでの講義（一七九三年）などで、土地所有に対する動産の優位を力説した。総裁政府期になると、レドレルは「公共経済学」の構想を体系的に論じる。レドレルの「公共経済学」の構造的提示は、一八〇〇―〇一年の『公共経済論』に詳しいが、内容的には、『公共経済、道徳、政治雑誌』や一七九七年の『所有権と政治的権利の関係について』で、準備を終えていた。それらにおいて、レドレルは、動産の所有者と産業（労働）の所有者が、土地の所有者よりも公共の富を生み出すのであって、動産と産業の自由が経済的富裕の原理となると主張し、先にみたデスチュット・ド・トラッシとほぼ同じ経済社会像を描いていたのである。

レドレルは、「公共経済学」を武器に、総裁政府期に政治家としても、シエースと行動をともにし、シエースの隠れた理論的頭脳ともいうべき役割を演じる。一七九九年憲法は、シエース、ドヌー、レドレルなどが創案し、ナポレオンが手を入れ、執行権中第一統領の権力を最大とし、総裁政府を統領政府に移行させ、ナポレオン帝政を呼び込んだ。この憲法草案も、ブリュメール一八日のクーデタ（一七九九年一一月九日）後にシエースが構想する代議制システムも、そのほとんどはレドレルが描いたものといわれる(40)。

レドレルは一七九九年憲法草案に先行して、一七九七年に『国民の多数者、それが形成される仕方、それを認識する手段、そして世論の理論について』（『世論の理論』）を書いていたのだった。それは、総裁政府期に行った「公共経済」や「世論」についての理論的考察を総括するものであった。この著作で、総裁政府期の公共性の発展を総括したうえで、レドレルは、これに基づいて一七九九年憲法草案を構想したということができる。総裁政府期末期以降復活したようにみえる公共性論議のうち、レドレルの『世論の理論』は、現実の政治過程に介入した最も重要な著作であったのである。

リシュアン・ジョームは、フランス自由主義の開始を告げる思想家の一人にレドレルをおくが、『世論の理論』が、共和政の閉塞状況のなかで公共圏を再考察し、自由主義への視界を開こうとしていたことは、間違いないだろう。[41] その自由主義の枠組みは、どのようなものだったのだろうか。

「経済的、法律的、道徳的な方法で、レドレルの精神は、たゆみなく、同じ問題を繰り返す。それは、九三年においてであれ、総裁政府下であれ、執政政府の間であれ、そして（彼が高位の役職に就いていた）帝政下であれ同じことである」とリシュアン・ジョームはいう。[42] レドレルの変わらぬ課題は代議制による自由な国民国家の樹立であり、その答えを、「自由であるが啓蒙の度合いがまちまちな世論のうちに、代表が信任に基礎を置くような統治のうちに、労働が秩序をつくりだすような市民社会のうちに」見出そうとしていた。[43] 共和主義という形式のもとで、レドレルは革命の早い時期から、常に、国家に対する市民社会の自立を求める自由主義者として活動していたと、ジョームはみているのである。

「労働が秩序をつくりだすような市民社会」について、レドレルは、土地財産に対して動産を擁護し、動産を軸とする経済社会の発展を展望し、『公共経済、道徳、政治雑誌』の発行（一七九六―九七年）などによって啓蒙活動を続けていた。レドレルが、「公共経済」を、土地所有者、動産所有者、産業所有者（技術と学問）の三つの階層が構成する財産と労働の秩序として描いていたこと、また、現実社会においてはいまや動産所有者と産業所有者の実力が、土地所有者をはるかに凌駕しており、自由な商取引によって自由な公共経済秩序が成立するとみていたこと、これらについてはすでにみた。[44] ジョームは、レドレルがこのような「公共経済」像を明確にしていっただけでなく、さらにこの社会像を基礎に代議制を構想することを主要課題としていたことを、強調するのである。

「一七八九年協会」が設定した「自然権、政治的権利、公共経済」という三つの主題のうち、レドレルは、とくに「公共経済」を中心に思想活動を展開した。そうしたエコノミストとしてのレドレル以上に、政治家あるいはピュピュリシストとしてのレドレルに、ジョームは光をあてようとする。そのレドレルが、代議政体設計の基礎として、早くから着目していたのが、コンドルセやシエースの議論にあった「公論」と「世論」であり、『世論の理論』は、エコノミスト・レドレルと政治思想家レドレルとの交錯点で生み出されたのである。

『世論の理論』は、次のように始まる。「国民の多数者というこの言葉により、公的権威の示唆に基づいて、特定の場合において、積極的な意志を表明し、政治的権利を行使する国民の投票者の数的多数者のことを私は言っているのではない。それは法的多数者と称することができる。私が語っているのは、自然的多数者についてであり、それは国民の大衆の総体が、善かれ悪しかれ、生存の変化を経験する場合はいつでも、そしてなんらかの運動が、精神および魂を、それらが同じようにまどろんでいる日常的な状態から抜け出させる場合はいつでも、自発的に形成される。つまり、内省と沈黙のうちに決意し、生存に関係する一切のことに専心する多数者なのであり、それには、女性、未成年者、使用人のような法的多数者には属さない投票者の群集が含まれており、法的多数者に属しても偏狭、放埒、無気力な精神の持ち主は、一切がそこには含まれない。またこの多数者は、ときとしては、法的多数者に荷担した後に、その所産に抗議する(45)」。

このようにレドレルは、テルミドール派たとえばカバニスが民衆の情念を政体から切り離そうとしていたのとは逆に、社会の最底辺をなす民衆の意志にまで降り立ち、それに基づく普遍的な代議制の構想を目指し、「世論」を問題にした。かつてコンドルセが、革命指導層にではなく受動市民層さらには民衆に国民の意志を求めたことを、思い起こそう。レドレルは、総裁政府のコンドルセ神話が隠した、コンドルセの「世論」の理論と道徳哲学とに回帰しているかのようである。レドレルは、総裁政府期の知的エリート偏重が切り捨てた、文字通り社会の底辺をなす民衆の意志を、国民の意志の源泉として再評価しているように思われてくる。

実際、レドレルは、「世論」を理性によるものとせず、それが民衆においてむしろ感情に左右されるという点から出発する。「自然的多数者は、感情ないし意見として、自覚をし、自らをつくる」[46]。しかし、感情の評価は最初だけで、続いてレドレルは、こうした多様な諸感情と「意見」とが、公共経済の財産の秩序によって濾過され理性的なものに成長するという理論を展開する。レドレルの論拠をなすのは、第一に、公共経済が「所有の自由な循環と商取引の信用」を展開しコミュニケーションの統合機能をもつということ、第二に、富裕なものほど教育によって教養をより多くつんでおり、「世論」をリードしうること、第三に、家族組織のもつ「意見」統合機能である。これら三つの力によって、自由な社会においても、下層民衆にみられる情念の暴走が抑えられ、信頼にたる「世論」が成立する。家族というつながりが個人の諸感情を静め、社会において知識人の理性的な「意見」と民衆的諸感情とが相互にぶつかり合い中和され、最後は合理的な「世論」が生まれるというのである。そのために活発なジャーナリズムが存在しなければならないのはもちろんであるし[47]、レドレルは、「世論」形成の主導権を、借地農、職人、小商人、余裕のある所有者の階層がとることを期待している[48]。

レドレルの議論を追っていくと、コンドルセの道徳哲学の世界が、イデオローグに共通する動産を優位とする「所有者市民」の世界に回収され、それが知的エリートの組織する公共性像に矛盾なく結合されようとしているのがみえてくるだろう。レドレルの試みは、総裁政府が生み出した公共圏に、あらためて民衆を組み込む方向を探ることにあった。カバニスが自由政体への関与を拒否した民衆の意志を、レドレルは、「公共経済」の社会的システムを媒介にして、政治的正当性の源泉として組み込む回路を模索していたのである。

レドレルのコンドルセ回帰は、みせかけに過ぎない。レドレルは言う。「政治的結合は、それが包含し、保護し、その保存に間接的な利益を有する一切の個人の間で結ばれるものではない。そうではなく、その結合は、自らの安全と家族の安全のために社会における平等な権利を措定した人々によって、すなわち、社会という企業において行為することを直接的な利益とみなした人々によって構成される。その他の人々は、家庭という社会の構成員に過ぎず、家長の庇護の下にあるのである」[49]。このように、じつは、レドレルのみる社会をなす主体は個人ではなく、あらかじめ家族に組織されているのである。コンドルセの道徳哲学の問題、すなわち、近代的個人の主体形成の問題は、社会から家族へと主要な舞台を移されている。コンドルセの道徳哲学の主題は、レドレルでは、主に家族という制度の問題に解消されていると言ってもよい。先ほど引用したように、レドレルは、「女性、未成年者、使用人のような法的多数者には属さない投票者の群集」を評価するが、「偏狭、放埒、無気力な精神の持ち主」を警戒していた。これらの「群衆」の諸感情は、まず家族という組織の中で穏和にされると、レドレルはみる。それが、レドレルにとって、公共性が機能するための大前提であった。「群衆」の諸感情は、社会に遭遇する以前に家族という組織によって吸収され、公共圏には理性の言語しか反映されないとみられているのである。

コンドルセにおいては、レドレルのみるような家族の機能は、語られていなかった。それどころか、コンドルセの場合は、むしろ、家族は人間感情の健全な発露を妨げるものとみられていた。コンドルセは政治的社会的能力における男女の不平等が自然的でなく教育の結果だと主張した。コンドルセにとって、家族は、旧制度的教育がうえつけた偏見が感情として沈殿している組織であった。だから、コンドルセは、新しい公教育における異なる諸階層の子弟の出会いと交流が、家族的偏見を是正していくことに期待したのであった[50]。コンドルセが公教育に期待したのは、理性の成立だけでなく、家族的偏見からの個人の諸感情の解放であり、再生する健全な感情と理性との調和であった。

レドレルのみている家族は、確かに、コンドルセがみていたほど宗教的偏見の温床ではもはやない。革命による非キリスト教化と総裁政府の公教育が反映した家族である。しかし、家族における家長支配という性格は、コンドルセが展望した対等な個人の成立には障害となるものであった。レドレルは、個人の諸感情を家族に吸収することで、諸個人の感情と理性を社会や政治における公共性に展開しようとするコンドルセの道徳哲学的主題を、むしろ葬り去ったということができる。レドレルは、イデオローグ以上に家族に着目し、社会の主体を個人から家族に転換しようとしていたといってよい。家族組織への配慮は、イデオローグの教育論にすでに存在していたが、これを強化確立するのはナポレオンであって、レドレルは、イデオローグの教育改革をナポレオン民法典に繋ぐ地点で、家族を捉え、これを社会観に反映させていたのである(51)。

フランス革命後における家族制度の確立は、女性の人権からの排除の歴史でもある。一七八九年の『人間と市民の諸権利の宣言』において、女性は人権の主体から排除されていた。それでも、革命の初期は、コンドルセが『女性の市民権の承認について』を発表し（一七九〇年）、オランプ・ド・グージュが『女性と女性市民の諸権利の宣言』（一七九一年）を提出するなど、女性の権利要求の戦いが展開した。しかし、モンタニャール独裁期に、そのグージュやコンドルセをはじめとし、多くの女性解放活動家が、反革命の名で処刑され、女性は近代的個人の住所録から消されてしまった。それは、逆に、家族制度が確立し、女性をその家族のなかに押し込める過程であった。家族制度は、「イデオローグの共和国」で準備され、ナポレオン法典で確立する。レドレルは、このような近代的個人から女性を排除する家族制度の成立を是認し、これを「世論」の社会的機能の主体からの女性排除に用いたのである。さらに、コンドルセやグージュは、黒人奴隷やユダヤ人の解放を主張していた。レドレルは、女性を家族に押し込めたが、黒人奴隷やユダヤ人は、はじめから、「世論」の場として対象とする社会から外していた。家族が強調され、その統合機能に自信がもたれているのは、黒人奴隷やユダヤ人がすでに対象外となっているからでもある(52)。こうして、レドレルは、家族における家長支配を感情に対する理性の支配とみなし、この魔術を前提に、社会における「世論」が財産と知識の調和するいわばピラミッド的公共圏に同化するとみなそうとした。自由な「公共経済」の活動を通じて財産の秩序に照応する「世論」の秩序が生み出される回路が存在すると考えたのである。

レドレルのみるように、「世論」が家族組織さらには「公共経済」という社会的過程で濾過され、そこに国民意志が成立しうるとすれば、自由政体あるいは共和政体は国民の直接参加によらずとも、この「世論」に問うという方法で構成しうるだろう。したがって、レドレルは、この「世論」を基礎として、代表の理論を組み立て、代表制による議会の制度設計を行おうとした。彼は、地方議会による地方自治を構想するとともに、その代表者からなる国民議会案を提示した。国民議会の代表者は、利益代表ではなく、国民的見地から理性による判断をなすべきことが、主張されている[53]。

レドレルの描く自由政体は、一方でコンドルセの道徳哲学の主体となるような近代的個人を否定しているが、他方で、イデオローグの功利主義に新地平を開くものでもある。社会を利益の集合体とみなし、その調整と管理体制として政府を位置づけるだけでなく、「世論」という国民的意志から説き起こす民主主義的政体を、レドレルは構想した。レドレルはイデオローグの功利主義的統治論に新しい生命力を与えたのである。レドレルにおいて、自由政体は、カバニスが目指したような民衆の排除に基づくものではなく、自由な「世論」に支えられる国民政体に他ならなかった[54]。

総裁政府が行政権力を肥大化させ、公共圏の狭隘化と国民意識からの乖離とを露呈した、まさにそのとき、レドレルは、「世論」を再検討する理論によって、総裁政府的行政権力を国民的正当性に結合する構図を、提出してみせたのであった。こうして、レドレルは、「世論」と代表制の理論によって、共和政の中に民主主義の要素を具体的に盛り込んだ。かつてシエースが『第三身分とは何か』で提起した代議制による共和政体の構想は、総裁政府期において国家のイデオロギー諸装置と知識人によって支えられる公共性を支えとするものとして、実施に移された。今、レドレルは、国民全体の自由な活動圏に存在する「世論」の存在を具体的に示し、代議制の主体的根拠とする。レドレルにいたって、公共性は、シエースやイデオローグの知的寡頭政的性格を脱し、いっそう自由で多様性に満ちた国民的意志という基礎を得たようにみえる。レドレルの表象において、公共性は共和政国家に独占されるのではなく、広く社会に展開しているのである。したがって、ジョームのように、フランス自由主義の誕生をレドレルにみることは、十分に根拠をもつといえよう。(55)

しかし、レドレルのみる「世論」は、社会過程によって濾過され、財産と知識の階層的権威的秩序に定着するものとされていたことに、注意したい。「世論は健全である。なぜならそれは所有と自由による検証を経ているのだから」とレドレルはいう。(56) レドレルは、「世論」を政治的正当性の源泉とすると同時に、その「世論」は彼が「公共経済」と呼ぶ利益の諸関係の中にとけ込み受動化すると確信をもっていたのである。そうだとすれば、レドレルにおいて「世論」は、「公共経済」という社会システムによって抽象化され、政治的主体性を奪われ受動化されていたということができる。

ここから、レドレルの「世論」は、統治者が社会学的に調査し確認する対象にすぎないという性格を強く現してくる。レドレルは、一八〇二年六月一〇日付の第一執政に宛てた手紙で、「どこに世論があるかを把握し、それがどのようなものであるかを定期的に示すには、組み合わされた情報システムを確立することです」と述べている。(57) 情報システムにより統合整理された「世論」のみが政治が尊重すべき「世論」であった。しかもそれは、財産と知識の秩序によって濾過されるというレドレルの確信のもとに承認されるものであった。「世論」は民衆の自由に発しながら、社会過程を経て財産と利益の言葉に変容しているのである。

こうして、レドレルは、総裁政府が設計した公共圏の閉鎖性を打ち破ろうとして、理性だけでなく感情を伴う民衆の「世論」という息吹を吹き込み、より民主主義的な政体設計に踏み出したが、結果として知的エリートの合理的理性が支配する公共圏という性格は不変のままにとどめた。イデオローグが国家のイデオロギー諸装置によって構成しようとした公共圏を、財産と利益活動に即して社会化したに過ぎない。イデオローグにおける、知識と権力の結合を、財産と権力の結合という次元におろしたといってもよい。総裁政府期の「中間層」による社会的流動化傾向を組み込み、その限りで、レドレルは、さらに安定した公共圏の社会的広がりを構想しようとしたのである。

レドレルにおいて、自由主義が共和政的形式からの独立への歩みを開始したとみることができるが、それは、国家に対する自由主義ではなく、国家による自由主義という性格を、色濃くもつものであった。このレドレルの自由主義の受動性は、彼の「世論」の概念の政治的受動性によって運命づけられていた。レドレルにおいて、「世論」は社会学的対象であり、政治学的主体の問題とはされなかった。レドレルは「世論」の社会学をもったが、「世論」の政治学をはじめから放棄していたといってもよい。

レドレルにおいて、「世論」は財産の秩序により統合されたうえで政治に参加するに過ぎない。レドレルは、そのように財産の言葉となり活動的となった「世論」を「公共精神」に合致させる。「公共精神は行動しようとする世論にほかならない」[58]。「世論」は社会学的統合を経た上で、「公共精神」として政治過程に参入するとみられているのである。「世論」は財産の濾過作用によって知的エリートの公共性の意志と調和する「公共精神」に昇華する。

この「公共精神」は、モンタニャール独裁期の「公共精神」と内容を異にする。ロベスピエールが強調した「公共精神」は能動的な政治的徳から生じるものであり、「世論」を敵視した。これに対し、レドレルのいう「公共精神」は、「世論」を前提にする。しかし、レドレルの「公共精神」も、国家の公共性に合致し、「世論」のもつ無軌道な不気味さをもたない点で、モンタニャール的「公共精神」に共通する。モナ・オズーフが総裁政府期に復活するという「公共精神」は、このようなレドレル的「公共精神」であった[59]。

確かに、レドレルは、「公共精神」の国民的成立を確信することができた。カバニスは民衆を政治から排除せよといったが、レドレルは「公共経済」の媒介による「世論」の「公共精神」への昇華という過程によって、民衆を公共圏に取り込み管理する回路を発見した。カバニスが排除した民衆をレドレルが政治主体として認知するのは、「中産層」が公共経済を統合しうるという自信の表れでもあるとみることもできる。

しかし、レドレルの『世論の理論』は、カバニスよりも民主主義的にみえながら、結果として、民衆の名によって民衆によらず運営されるというカバニス的自由政体に、民衆が自主的に吸収される回路を、社会学的に究明したものである。「世論」を評価しこれによる公共圏の活性化が主張されていながら、「世論」は所有者の利害調整以上に発展しない。しかも、レドレルにこれを確信させたのは、所有者支配を自然的に支える家族というシステムであった。諸個人の「意見」とこれにつながる感情はすべて家族を通じて所有の合理性に回収される。その所有の秩序は知識の秩序でもあった。カバニスやシエースが恐れた民衆の衝動的行動を、レドレルは家族と所有分析を導入し、知的エリート支配すなわち「科学による統治」という枠組みに収めるシステムを、示したのである。

こうして、総裁政府から統領政府への移行において、レドレルは、「世論」の理論によって、公共性の民衆的基盤を確保し、「イデオローグ」の共和国を強化しようとした。それは、しかし、総裁政府における行政権力の肥大化傾向を押しとどめるものではなく、促進するものでもあった。なぜなら、レドレルにあって、権力を制限するのは「世論」であるが、その「世論」は現実の公共経済における財産の秩序に従うかぎりで評価されるに過ぎないからである。財産による濾過を通過した「世論」が脆弱になるとき、レドレルの自由主義は、政治哲学としての弱さを露呈するだろう。レドレルの「世論」の理論も代議制の理論も、現実にはナポレオン帝政を準備することになる。事実、ナポレオンは、科学技術の専門教育の充実による産業の管理体制と家族関係の法的整備によって、レドレルが見通した「世論」形成の社会的過程そのものを統制していったのである。こうしてナポレオンは、総裁政府期の自由主義的改革の成果をそのイデオローグとともに吸収していった。レドレル自身、ナポレオン体制に積極的に参加し、自由主義をナポレオン体制下に吸収していく先導役を務めたのである。「現実の強さの前に歪み、その真情を犠牲にすることを余儀なくされたフランスの自由主義」[60]の特質を、レドレルの「世論」の概念が準備していたのである。レドレルは、公共性を政治から解放し、自由な社会において「世論」という公共性の結集池を捉えた。しかし、その自由な公共性を、再び財産の中に押し込めた。レドレルは、共和主義から自由主義を自立させるとともに、その自由主義に国家による自由主義という特性を付与して、自由主義のナポレオン体制への抱合をあらかじめ準備していたのであった。

三　共和政と公共圏——ソフィー・コンドルセの道徳哲学

イデオローグとテルミドール派による一七九五年のコンドルセの復権は、コンドルヤの「公論」の思想を「科学による統治」へと傾斜させ、公共圏の知的エリート支配システムを構想する方向付けに使われた。「最後の啓蒙思想家」の遺著顕彰は、一八世紀啓蒙思想と万人の自由の理念に対する訣別でもあったのである。

ところが、同年刊行された『人間精神進歩の歴史的展望の素描』には、「革命暦第三年（西暦一七九五年）版の刊行者の序」が付与され、そこには、遺著の別の読み方が示唆されていた。そこには、コンドルセは「彼の原理と公人としての彼の行為とについての説明書」を書いたのではなく、「誰にとっても有益であり、かつ永遠に有益である著作」を残したと述べられ、さらに、コンドルセの業績について、次のように記してある。「この書を手にしてわれわれは彼にはなお他に多くの著述があることを思い起こす。すなわち、長い間人間のもろもろの権利を論じ、これを確立したもの、迷信に最後の打撃を与えたもの、新しい対象に数学の方法を適用して、政治学および道徳学に新しい通路を開拓したもの、社会的福祉に関する真の原理に、当時まで知られていなかった発達や一種の論証を与えたもの、さらに、およそ自尊心というものが微弱なものまでも斥けているような深遠な道徳性や、宗教的な尊敬を感ぜずしては相ともに生きて行くことのできぬような不変の徳を、いたるところで印象づけるものなどである」(61)。ここでは、コンドルセの思想のうち、道徳哲学的主題と一八世紀的理念とが強調されているのである。

この「刊行者の序」を書いたのは、ソフィー・コンドルセであった。死を覚悟したコンドルセは、ソフィーに遺著を託し、娘の成長と彼女の生きる社会について考えるために、コンドルセの書いた「わが娘への助言」とソフィーが執筆中の「同感についての手紙」を役立ててほしいと遺言していた。それは、道徳哲学的主題を、後世に託すという意味であった。(62) ソフィーは、コンドルセの「社会的技術」を強調するイデオローグとは違い、コンドルセの道徳哲学的主題復権を求め、「刊行者の序」を書いたと思われる。

イデオローグが教育改革を中心に政治活動に邁進したとき、ソフィーは、一八世紀的サロンを復活させ、イデオローグを集め、非政治的活動を続けた。この時代、サロンは、一八世紀のような思想創造力を、すでに失っていた。(63) イデオローグも、知的活動を政治活動と結びつけ、ソフィーのサロンへは休息の意味合いで参加していたかもしれない。しかし、ソフィーのサロン活動は、「イデオローグの共和国」においても、コンドルセの道徳哲学的主題が維持されたことを示している。そこには、「イデオローグの共和国」の表舞台で消えていった、コンドルセ的公共圏像が、破壊されず継承されていたのではないだろうか。

ノルマンディの貴族グルーシー家に一七六四年四月八日に生まれたソフィーは、ボルドー高等法院院長であった叔父のデュパチを通じて、コンドルセに一七八六年の夏に出会い一二月に結婚した。(64) デュパチが『車刑を言い渡された三名の人間に対する弁明趣意書』を書いたのは、その直前のことであり、デュパチとコンドルセがヴォルテールの弟子として寛容の原理に基づく裁判闘争を展開していたことについては、すでに述べた。コンドルセはアメリカの共和政に強い関心をもちまたその運動にも関与していた。文明の共和政的傾向とフランスの啓蒙的王政改革とを組み合わせる道を照らす理論を求めて、スミスを中心としてスコットランド道徳哲学を吸収しようとしていたのであった。コンドルセはシュアール夫妻とともにリセなどによる啓蒙活動を精力的に行っていたが、結婚を機にソフィーが造幣局にサロンをもち、拠点を移動させた。トマス・ペインなどのアメリカ共和主義運動の主要人物、イギリスの思想家と交流をもち、若いコンスタンも訪れた。コンドルセは「思考するヨーロッパの中枢」に立っていた[65]。ソフィーは、カバニス、J・ガラなど後のイデオローグとともに、このコンドルセの学校で、自身思想家として成長したのである[66]。

ソフィーは、コンドルセの学生のように、思想形成を行っている。ソフィーは英語力に優れコンドルセの助手としての役割を果たしたといわれるが、アメリカの共和主義への関心とスコットランドの道徳哲学の受容というコンドルセの課題をめぐって、ソフィー固有の思想活動を展開した。一七九一年七月にトマス・ペインの「共和国のための呼びかけ」を訳し、マッキントッシュの「フランス革命の弁明」を訳した。一七九二年五月には再びペインの「立法および執行権力についての四つの疑問への回答」を訳し、すぐ後に同じペインの『人間の諸権利』の抄訳も試みている。このころソフィーはスミス『道徳感情論』の翻訳にも意欲を燃やしていた。コンドルセが逃亡生活に入ったとき、ソフィーは肖像画描きで生活の資を得ながら、子供を育て、コンドルセを励ます中で、一七九三年には「同感についての手紙」を起草する。コンドルセの補助者としてでなく、独自にスミスの道徳哲学に解釈を与えようとしていたのである[67]。

テルミドールによるコンドルセの復権とともに、ソフィーも財産を回復し、一七九五年にパリにサロンを確保し、コンドルセの思想の普及を中心に知的活動を再開した[68]。彼女の周りには、革命前のサロンの常連で革命を生き延びた、カバニスやJ・ガラなどとともにデスチュット・ド・トラッシなどのいわゆるイデオローグが集まった。イデオローグは政治的に常に結束していたわけではないが、ソフィーのサロンを用いた知的交流は、ナポレオン体制下でも続けられることになる。

ブリュメール一八日のクーデタが起きたとき、デスチュット・ド・トラッシは沈黙を守り、ヴォルネは疑義を表明したが、カバニス、M・ガラ、タルマなど大半のイデオローグはナポレオン体制に参加していった。このとき、ソフィーは、コンドルセの名と自由の名において、クーデタを告発したといわれる。[69] ソフィーは、「イデオローグの共和国」の終焉にあわせるように、社会に向けての知的発信活動を始める。一七九八年「同感についての手紙」をつけた『道徳感情論』のフランス語訳を刊行した。ナポレオン体制が強化されるのに対抗するように、一八〇一年には『コンドルセ著作集』（全二一巻、一八〇四年完結）の刊行を始める。遺著『人間精神進歩の歴史的展望の素描』についても、一七九九年、一八二二年（彼女の死の年）と、繰り返し再版の努力を続け、この最後の版には、『黒人奴隷に関する考察』を付け加えた。[70]

これらの出版は、ソフィーのサロン活動の成果公表という意味ももつが、時局に対する道徳哲学的主題の発信を狙いとしている。ソフィーが『道徳感情論』の翻訳と同感論の完成に没頭し始めるのは一七九六年夏からだといわれ、レドレルをはじめとする「公論」再検討が始まる時期に一致する。レドレルの動向が、「一七八九年協会」の「公論」の思想への政治過程からの回帰であったとすれば、ソフィーの道徳哲学は、「イデオローグの共和国」で非政治的に暖められた「公論」の思想の復活であった。そうだとしたら、ソフィーの道徳哲学には、「イデオローグの共和国」の時代に、水脈として発達した、コンドルセを継承するもう一つの「公論」の思想を確認することができるのではないだろうか。

「同感についての手紙」は、カバニス宛という形をとっている。[71] なぜカバニスへなのかは、冒頭の説明に明らかである。すなわち、ソフィーは、カバニスに対して、「理性と感受性の同時完成」の方向で、「社会における人間の幸福を保証する巨大な諸方法」を問いたいといい、それをアダム・スミス『道徳感情論』の「同感」論を参考に考えていきたいという。[72] カバニスとイデオローグの合理的人間観を否定するわけではない。しかし、ソフィーは、理性一辺倒のイデオローグに対抗して、感情と理性の調和を人間の本来の姿として、取り戻そうとしている。というよりも、むしろ、感情の優位において個人の主体性を捉えようとしている。そうして、人間の社会的行動原理あるいは道徳原理を、個人の諸感情から引き出したいという。ソフィーがコンドルセから継承した近代的個人像は、カバニス的理性の秩序には収まらず、ソフィーは、「イデオローグの共和国」の閉鎖性を破る方向を模索していた。カバニスやイデオローグが、近代的個人を知識人と民衆に分解し、理性的秩序に諸個人を統合することに、ソフィーは対抗し、自由な個人と社会との関係を見出そうとしていたのである。

ソフィーによれば、近代的個人を秩序に導く主体的力は、理性ではなく、「意見」である。そうして、その「意見」は、理性だけでなく「感情」によって運動するのである。

「ルソーは特有の確信で私たちを満たし、そうして瞬時に私たちの心の底にルソーが産み出したいと望む意見の方向に私たちを導くのに十分快活な衝動を呼び起こす。……ルソーは良心について、ヴォルテールは理性について、より多く語った。意見を形づくるためにルソーは感受性と論理の力を使い、ヴォルテールは、精神の機智に富んだ魅力を用いた。ルソーは人間を感動させ教育し、ヴォルテールは人間を同時に啓蒙し楽しませる。……ルソーの道徳は感動的だが厳格であり、心を抑圧さえして訓育する。ヴォルテールの道徳は、より寛大で、おそらく感動はより弱いが、少ない苦労で、私たちが到達しうる力と完成について高度すぎない観念をもたらす。……ルソーは世代を超えて自由と徳の熱狂を更新し、ヴォルテールはいつの時代においても狂信と盲信による致命的諸結果に対する警戒心を喚起するだろう。情念が人間のある限り続くように、ルソー的魂の世界は同じく長く習俗に寄与し、ヴォルテール的精神の世界は社会の幸福に対立する偏見を打ち倒すだろう(73)」。

ソフィーは、カバニスに向かって、理性を否定しているのではないことを、あらためて確認しておこう。ソフィーは、人間と社会の幸福のためにヴォルテール的理性が必要であることを前提としている。しかし、その上で、人間の「意見」の力は、理性以上に感情に依存することを強調するのである。すなわち、諸個人による主体的社会秩序は、理性の力によってのみでは、生まれないと、カバニスにいう。カバニスが目指していたのは、学問という理性の諸制度を確立し、これにより民衆の非合理で感情的な「意見」を合理的に統合することであった。したがって、ソフィーにおける感情の復権は、イデオローグが感情の奴隷として近代的個人から追放した「民衆」を、もう一度近代社会と公共圏の主体として復活させることに繋がる。抽象的な表現において、ソフィーは、イデオローグ的近代社会を狭隘なものとして批判しているのである。

では、ソフィーは、「イデオローグの共和国」を否定して、ルソーの共和国やモンタニャール独裁を再評価しようとするのだろうか。そうではない。ヴォルテールにルソーが対置されたのは、感情の力を印象づけるために過ぎない。ソフィーが向かうのは、ルソーの感情主義にではなく、コンドルセの道徳哲学の意味する感情のもとである。[74]コンドルセによれば、ルソーは道徳が「自由の経験」から生まれることを知らないのであった。ソフィーがここで問題とするのも、ルソー的自然感情ではなく、諸個人の生活と経験における感情である。経験に根ざす感情と「意見」の関係が問題なのである。その意味では、ソフィーは、ルソーとロベスピエールの「徳の共和国」批判をも意図しているということができる。自然的感情から社会過程や「意見」を捨象して直接政治共同体に諸個人を統合する方法とは違い、あくまで、諸個人の日常的経験から社会的自立への道筋を、ソフィーは問題としているからである。

だから、ソフィーは、道徳の源泉を「あわれみ」の感情に求めるルソーを評価したうえで、ルソーの方法よりもっと諸個人の日常に密着して道徳の成立を説明するやり方として、スミスの『道徳感情論』と「同感」の理論に注目する。

「同感」は、各個人が想像力によって他人の感情を自己のうちに再現しこれを共有するという、諸個人の共存感情である。ソフィーは、「同感」が、ルソーの「あわれみ」と違って、苦しみの共有に限定されず、あらゆる感情に関係すること、さらに、「あわれみ」が自然感情であるのに対し、「同感」が経験的感情であることを強調する。[75]

ルソーのいう「あわれみ」は、諸個人が他人との関係や社会から排除され離脱する状況において作用する自然感情であった。「同感」は、社会的経験、教育などの作用を経て、人間に定着強化される感情であり、諸個人の生活経験の中でこそよく働くのである。ソフィーが、「同感」の観念は、個人の感覚の形式的同一性に基づき、すべての個人において、経験の中で具体的に作用し成長すると、繰り返し強調するのは、「あわれみ」にみられるように道徳の源泉が個人の自然的諸感情に依存するというルソーの考えを斥け、社会における道徳の成立を保証する概念として、「同感」を確保するためであった。

こうして、ソフィーは、各人は「同感」によって、理性以前に、感情的相互交流によって、「意見」の共有や道徳的相互承認を行いうるという。カバニスとイデオローグは、理性と理性的「意見」とから公共性を引き出し組織しようとしたのだったが、ソフィーは、そうした理性的秩序以前に感情に基づく道徳的世界が深く広く存在することを主張したのである。「意見」の個人における定着や「意見」の「公論」への上昇が、イデオローグの場合、理性的説得によるのに対し、ソフィーでは、「同感」の作用による諸個人間の相互承認過程とされることに、注目したい(76)。

ソフィーは、「科学による統治」、正義の秩序以前に、道徳感情に支えられる「意見」によって社会秩序が成立することを力説する。正義は「正しい行為に対する理性の同意」であるが、「理性の判断はほとんど常に、それを告知し確認するような感情に先行され、ともなわれる」。人間の諸権利はすべて、「ある個人のために理性によって命じられた優先権」であるが、必ず感情による是認を伴う。たとえば、収穫の権利が害されれば、それが甚大であるほど、「私たちにより大きな嫌悪感を呼び起こす(77)」。

正義も権利も、法的形式以前に、社会的内実をもつ。人間の諸権利のうち、自由の権利が消極的なのに対し、所有の権利は積極的であり、所有こそ正義と法の体系を現実に生み出す力をもつと、ソフィーは考える。「たとえば、収穫の余剰物に対する権利」について、ソフィーはいう。「この権利が労働そのものからきていることは理解できるでしょう。もしこの人［生産者］が、収穫の一部を貧者に分け与えるのを拒否したとしても、そうした慈善を義務づけるために権力者が力を用いるほどには、悪をなしたことにはならないということがお分かりでしょう(78)」。

このように、ソフィーは、カバニスの理性的秩序に先行して、諸個人は「意見」による相互承認によって公共的秩序にいたることを論証しようとする。その「意見」は、理性による統制に服さない、感情を含む主体的判断力とみなされている。レドレルが「イデオローグの共和国」の公共圏の閉塞状況をみて、「世論」に活路を見出そうとしたのと同じ方向で、ソフィーは、やはり、諸個人の「意見」の主体的把握を通して、社会と公共圏の活性化の根拠を発掘しようとしていたのである。

レドレルも、「世論」に占める感情の作用を重視した。しかし、感情に左右される「意見」を同じように出発点に据えながら、レドレルとソフィーは異なる道に進んでいく。レドレルが示したのは、社会過程を通じての理性による感情の支配であり、理性の秩序と人間の知的階層的秩序の成立であり、これを、レドレルは代表制によって政治秩序に繋ごうとした。ソフィーは、理性による感情の支配を否定し、「意見」を主体化する主動因として最後まで感情を重視し、レドレルの理性的秩序とは異なる道徳秩序の成立を社会において見出す。理性と知的階層制に取り込まれない、自由で主体的な社会秩序が、国家から自立して存在しうるとする。レドレルが、社会過程を導入したうえで、やはり理性による「意見」の支配と説得による秩序化とをとりだしたのと違い、ソフィーは、あくまで「意見」による諸個人の主体的相互承認をとりだしたのである。

ソフィーの場合も、社会と国家の関係について、レドレルの代表制と、ほぼ同じ表象をもっていた。ソフィーは言う。「感動しやすい人は、非常にしばしば、個人的動機に引きずられる。深い感受性をもち思慮深い人ほど、普通は、より抽象的でより一般的な感情に従う。……前者が、対等ないしは資質に差異があるに過ぎない大多数の人々に共通し、後者が、承認された権利ないしは暗黙の力によって命令し統治する人々に広く存在することが望ましい[79]」。ここに示される統治者像は、レドレルどころか、カバニスのそれにほぼ等しい。ソフィーは、「意見」による諸個人の主体的社会秩序の成立を主張し、同時に、代表制と政治空間については、レドレル的理性の秩序を矛盾なく受け入れたといってよい。ソフィーは、イデオローグの「科学による統治」を否定しているのではなく、これとの予定調和を見通しながら、社会独自の秩序形成を探っていたのである。

しかし、ソフィーとレドレルの差異は、あまりに大きい。ソフィーは、「イデオローグの共和国」の公共圏から、社会を分離し、あらためて、自由な諸個人の関係としてこれを把握し直そうとしている。それは、カバニスやレドレルには、もはや不可能な幻想に違いなかった。イデオローグは、近代的諸個人の秩序を求めたが、これを理性による知的階層的公共性で包むことによって、近代的個人をエリートと民衆に分解したのであった。レドレルも、いったん公共圏から排除した民衆を、再び呼び込むために「世論」を持ち出したが、その「世論」の理性的統合を論証し、エリートと民衆への分解を維持した。ソフィーは、そのような理性的秩序では把握できない、諸個人の対等な社会的諸関係に基づく秩序が、依然として存在可能であるとする。レドレルが代表理論の枠組みで「世論」を取り上げたとすれば、ソフィーは、政治空間から独立した領域として、社会そのものを問題とする。レドレルが国家による自由主義への道を開いたとすれば、ソフィーは、国家によらないもう一つの自由主義に向けて、近代的諸個人と社会との関係に即して公共性の成立を見通そうとしていたのである。

ただし、このように社会秩序にこだわりながら、ソフィーが、イデオローグのようには「公共経済学」に関心を示さないことも、確認しておきたい[80]。ソフィー「同感についての手紙」は、コンドルセの道徳哲学を、「同感」概念の利用によって発展させたといえるが、コンドルセがスミスから引き継いだ商業的社会の分析は進めていない。これは、ソフィーが現実にみていた社会がサロンを投影するものであったことによると思われる。題材に使われるのが、多くは恋愛の感情であり、主体としての個人が具体的には多く女性を思わせるのも、サロン的世界の反映であろう。[81]そういう意味では、ソフィーの道徳哲学は、総裁政府期の社会変動を組み込む以上に、サロンを舞台に一八世紀的社会像を呼び戻そうとしたに過ぎないとさえ、いえるかもしれない。現実をみていたのはイデオローグであって、ソフィーは、エリートと大衆に分化してもはや回復できない近代的個人のアイデンティティを、一八世紀の理想のなかで読み直しただけともいえるだろう。

それにもかかわらず、ソフィーは、道徳哲学的課題を、新鮮にし再提示した。「イデオローグの共和国」において、国家と社会の分離が進み、個人の国家への依存が強化されたとき、ソフィーは、あらためて、近代的個人の社会的自立を求め、国家に回収される公共圏を社会に取り戻すという課題を明瞭に示してみせたのである。しかも、表象がサロンに引きつけられることによって、女性を含むような多様性と豊かな内容を個人の概念に追加してもいたのである。[82]ソフィーの道徳哲学では、女性が主体となるのに対応し、家族は意味をもたない。[83]ソフィーの個人把握における感情の重視は、感情に迷う存在としてイデオローグが公共圏より排除した、女性、外国人、民衆を、近代的個人に加えることを可能にしたといってもよい。

総裁政府末期から、「イデオローグの共和国」の帰結がみえ始め、イデオローグ自身が、共和政の可能性の母胎として、あらためて公共圏活性化の方法を模索した。レドレルの『世論の理論』とともに、ソフィーの「同感についての手紙」を、こうした文脈で読むことができる。そうして両者は、同じ問題から別の回答を引き出した。レドレルは、「イデオローグの共和国」がその公共圏の外に排除した、社会的諸階級を、家族と利益の社会秩序によって体制に回収しようとした。レドレルの『世論の理論』では、「世論」の起点に感情がおかれ、社会諸階層が幅広く視野に入れられたうえで、理性が感情を支配し財産に基づくピラミッドとして体制が安定に導かれる社会過程が描かれた。ソフィーは、レドレル的理性の秩序への回帰を拒否し、国家の外でも、「社会における人間の幸福を保証する」諸個人の自立が可能であることを示そうとした。レドレルが国家による自由主義を準備し、ソフィーはもう一つの道を示唆したのである。

おわりに——「科学による統治」と「公論」の思想の分裂

テルミドール派は、モンタニャール独裁の解体を踏まえ、一七八九年『宣言』の枠組みに革命を引き戻し、自由の原理を基調に近代的政治制度を設計しようとした。「中間層」の興隆と思われた社会的流動化を前提として、「イデオローグの共和国」が、近代的個人の私的自由を確立するための政治空間を目指すものであったことは、明白である。[84] したがって、テルミドール派にフランス自由主義の開始をみることも、当然といえるだろう。

テルミドール派の政治活動を導いたのは、「一七八九年協会」が表現していた「公論」の思想であった。チュルゴからコンドルセ、シエース、レドレルへと発展した自由主義的思想が、ついに、政治的イニシアティヴを獲得したといってもよい。

ところが、現実に近代国家の諸制度設計が進むにつれ、その自由主義的思想に分裂が生まれたように思う。それは、「公論」の観念の分裂に、自由の現実的担い手としての社会諸階層の未成熟が重なり、しだいに大きくなっていったと思われる。

かつてコンドルセは、諸個人の自由な経験が多様な「意見」すなわち「世論」を生み出し、それが「公論」として集約されると述べた。ロベスピエールとコンドルセが対決し、ルソー的共和政体を批判したとき、コンドルセが展望していたのは、多様な「世論」に支えられる公共圏の成立であった。ところがテルミドール派は、コンドルセの復権を唱えたが、公共圏のコンドルセ的構想はこれを斥けたのである。

テルミドール派が追求したのは、「公論」の復活だけでなく、むしろ、「公論」を「世論」から区別し特権化することであった。テルミドール派のみる社会には、スミスの商業社会やコンドルセの道徳哲学のように、対等な諸個人関係を生み出す方向はない。社会を分割し、「自由に処分する階級」という富裕な所有者の指導力を特別視する、シエースの『第三身分とは何か』が求めた社会が、テルミドール派のみる近代社会であった。

シエースがチュルゴに依存しながらスミスに学び、能動市民の範囲を拡大していたことは、すでにみた。テルミドール派は、産業優位の社会的傾向をさらに活性化しようとし、能動市民の範囲と能力を充実させようとした[85]。しかし、「公論」を特定の社会階級に限定し、結果として、知識と権力を合一させ、知的エリートに政治権力を委ねるという、シエース的政治秩序の枠組みは、維持したのである。

こうして、テルミドール派による自由諸制度の設計は、知的エリートが支配する公共性の創出を先行し、これに依存する方向で進められた。諸個人の個人的自由の享受は、テルミドール派にとって、そうした公共性の諸制度や国家諸制度に対応しうるかぎりで認められる。テルミドール派は、功利主義の思潮を強め、諸個人の利己的活動の自由を認めたが、それは、知識と権力の合一としての公共圏の包括する範囲においてであった。

したがって、テルミドール派のみる自由な個人は、「イデオローグの共和国」の公共諸制度を受け入れる国民に限定される。奴隷身分を脱するために黒人はフランス語を習得しなければならず[86]、民衆は公教育によって理性的能力を高めねばならず、女性は男性に支配されねばならないとされた[87]。民衆は非合理な感情に支配されるもので、政治的に危険な存在とされ、女性や外国人も公共的理性をもたないとされた。したがって、テルミドール派は、感情をきらい、理性の支配を確実にする「イデオロギーの国家諸装置」として教育や医療の諸制度整備に力を入れたのである。

テルミドール派において、「公論」の思想は、公共性の理性的秩序を求める「科学による統治」の思想に転換したといってもよい。これに対応して、テルミドール派の社会表象においても、近代的個人は、エリートと民衆へと分解されていった[88]。そうして、社会における富裕な所有者と知的エリートを同一化することによって、「所有者市民」の社会と国家との近代的関係が実現するとみられていたのである。

こうしたテルミドール派の体制は、権力と知識の合一に基づく社会の理性的管理を目指し、行政権力の力を巨大にし、社会と公共圏の活力を奪っていく。クーデタの続発とナポレオン軍事権力の出現は、その帰結であった[89]。そうして、「イデオローグの共和国」の公共諸制度の外に権力が独立しうるという現実を前にしたとき、すなわち、一七九九年のブリュメール一八日のクーデタに前後する頃、テルミドール派は、今一度『公論』の思想に立ち戻り、公共圏活性化の方法を問い直す。そうした新動向に方向づけを与えたのは、レドレルの『世論の理論』とソフィー・コンドルセの「同感についての手紙」であったと思われる。

レドレルは、「イデオローグの共和国」が組み込めなかった民衆に、近代国家の基盤を拡大しようとした。彼は、現実的人間が感情に左右されることを認め[90]、感情に基づく「世論」を分析し、拡大した公共圏を見出そうとする。ところが、結局レドレルは、家族の道徳的意義と所有の社会的支配力を確認し、民衆の「世論」が知識のピラミッドに包括されるという理性支配の公共圏に立ち戻った。レドレルが求めたのは、個人の社会的自立の論理ではなく、民衆的「世論」を理性の管理に取り込む回路であったのである。レドレルはジャーナリストでもあった。民衆を排除するのではなく、これをジャーナリズムのようなきめ細かい装置によって理性の支配下におく方法と根拠を[91]、レドレルは示したのである。

レドレルの目が、国家の公共圏に限られず、社会の公共圏に向けられるのをみるとき、共和政の衣を着た自由主義が、これを脱ぎ捨て本物の姿を現し始めたことは、間違いない。しかし、それは、依然として、国家とそのイデオロギーの諸装置による社会の管理を前提にしており、国家による自由主義という性格を併せ持つものであった。

国家批判に臆病で権力に妥協的となる傾向を常にもつ自由主義であった。

ソフィー・コンドルセの「同感についての手紙」は、近代的諸個人の社会的自立の根拠を問うものであった。ソフィーによれば、「意見」による相互理解は、理性の説得や財産の支配力によるのではなく、「同感」による相互承認を意味する。(92) ソフィーは、レドレルのように多様な「意見」を理性の秩序に組み込むのではなく、「世論」に近代的諸個人の相互承認による社会的自立の根拠をみたのである。ソフィーはサロンの社交性をモデルに道徳哲学を構想していたかもしれないし、その議論の抽象性と空想性さらには一八世紀的性格を指摘するのもたやすい。しかし、ソフィーは、その抽象性ゆえにかえって拡大し得た近代的個人像に、女性や民衆を組み込みながら、彼らが主体的に社会的諸関係を築きうることを論証しようとした。そこから展望される公共圏は、レドレルと違い、国家や理性の秩序に回収されない。その意味で、ソフィーの道徳哲学は、国家に対峙しうるもう一つの自由主義の可能性を準備するのである。

レドレルとソフィー・コンドルセの対峙は、「一七八九年協会」におけるシエースとコンドルセの対抗が、「イデオローグの共和国」の経験の後で、新しい次元で再度出現したものということができる。シエースの能動市民の政治社会をレドレルが受け継いだとすれば、コンドルセの受動市民の公共圏をソフィーが再提示したのである。まもなく、ソフィーの道徳哲学を継承し、コンスタンとジェルメーヌ・スタールの自由主義が生まれるだろう。(93)

「イデオローグの共和国」は共和主義の形式をとった自由主義の実験であった。ナポレオンを前にして、自由主義は共和主義からの自立を加速する。そのとき、国家による自由主義と権力に批判的な個人主義的自由主義との対抗もまた顕在化するだろう。

第6章　ジェルメーヌ・スタールの自由主義

はじめに

ジェルメーヌ・スタールすなわちスタール夫人とバンジャマン・コンスタンとは、一七九四年の出会い以来、思想的にも政治的にも密接に繋がりながら、革命を戦った。ジェルメーヌは一七八九年にはパリにサロンをもち革命に勃発時から参加したが、父ネッケルとともに亡命を余儀なくされた。ジェルメーヌの積極的な政治活動は、彼女がコンスタンを伴いパリに再入場した一七九五年から始まる。ジェルメーヌはネッケルの影響を強く受け、コンスタンは留学していたスコットランドの思想を吸収していたが、ともに、総裁政府期に革命に参加し、政治的にはシエースに、思想的には「イデオローグ」に接近し活動した。(1)イデオローグの最後の世代に属し、モンタニャール独裁解体以降に革命に参加した思想家である。「イデオローグの共和国」の中に巣立った思想世代だといってもよいだろう。「イデオローグの共和国」において、共和主義者という衣服を着た自由派の若い活動家であったのである。

ブリュメール一八日（一七九九年一一月九日）のクーデタは「イデオローグの共和国」の終焉を意味し、自由主義が共和政という衣服を捨てる画期となるが、同時にその自立段階の当初から自由派に分裂を持ち込んだ。「イデオローグの共和国」において調和を予定されていた権力と自由が対立し、自由派はそれぞれ多様に、ときに相矛盾する自由秩序像を描き始める。

レドレルが「世論」の概念によって自由主義への歩みを始めたことは、すでにみた。レドレルの場合、「世論」とこれに基づく代表制の理論とによって、自由と権力の調和が可能になるとされていた。レドレルの理論は、一七九九年憲法が統領権力を強化することを正当化し、ナポレオンが利用する統領選挙制度の裏付けとなった。レドレルは、このようにナポレオン帝政権力と自由との調和を求める方向で、自由主義を形作っていった。レドレルよりさらに深くナポレオン体制に参入し、自由と産業の発展を促す政策を作成したのは、シャプタルである。[2] 彼は、イデオローグの「公共経済学」を発展的にナポレオン体制に持ち込み、その自由主義的性格を維持しようとしたといってよい。

他方、シャプタルやレドレルのようには、政治への参画にこだわらない自由主義も出現した。代表的には、シャルル・コントとデュノワイエが挙げられ、彼らは一八〇〇年頃にはベンサムの思想をフランスに適用しようと活動を開始し、イデオローグの政治思想を功利主義に純化しようとした。これに繋がり、J・B・セーが『国富論』の特異な解釈に基づき、政治と経済の分離、経済的自由の主張を本格的に開始する。[3]

ただし、政治からの経済の独立というセーの主張は、市場を支える公共的諸制度を前提していたのであって、むしろ、レドレル的権力体制と調和するものであった。この意味で、シャプタルからセーまで相当の開きがあるとみえても、この時期出現してくる自由主義は、レドレルの自由主義の枠組みに収まるものであった。[4] この時期の自由主義は、イデオローグからレドレルへの門を通過し、レドレルの枠組みにおいて、政治や経済それぞれに強調点を特化しながら、さまざまに活動を展開したということができる。

ジェルメーヌ・スタールとコンスタンの自由主義も、レドレルと同時期に成立し、ナポレオン体制とその後の復古王政期に開花し、ときにフランス自由主義の「教義上の母」ともいわれる。[5] しかし、彼らの自由主義は、ここで述べた同時期の自由主義者とひとくくりにできない、独自の性格をもつものであった。その自由主義は、シスモンディなどを含め、ジェルメーヌの亡命先コッペに集まった人々によるもので、コッペの自由主義ともいいうる。シスモンディの市場批判、コンスタンの功利主義批判、ジェルメーヌのロマン主義的傾向など、コッペの自由主義は、フランス自由主義の支配的傾向に根本的に対抗した。(6) 彼らは、イデオローグからレドレルへの系譜に比べるとき、代表制に対しより懐疑的であった。ルソー的「徳の共和国」の再出現を恐怖している点では共通していても、それに対置する国家形態については、モンテスキュー的権力均衡論をも斥け、まず、政治の外に個人的自由すなわち私的自治を確保することに固執した。他方、その個人のモラルについては、ルソーを継承する立場から考察を続けた。政治的社会的活動についても、亡命先からのフランス国家批判活動が中心であり、国内政治に参加した機会の多いコンスタンも、その無原則な活動によって、とりわけナポレオンへの対立と妥協をめぐって、自由主義者から攻撃を受けたのである。

したがって、フランス自由主義の成立についてみるには、レドレルの道とともに、コッペの自由主義を独自に検討する必要がある。レドレルとコッペの自由主義をひとくくりに扱うのでなく、両者の差異を含めて、多様性において、自由主義の成立をみなければならない。より厳密にいえば、コッペの自由主義についても、シスモンディの独自性やアウグスト・シュレーゲルなどドイツ圏の思想との交流を視野におかねばならないが、ここでは、ジェルメーヌ・スタールとコンスタンに対象を限定せざるをえない。

ジェルメーヌ・スタールとコンスタンは、ともに「イデオローグの共和国」をくぐり抜け、自由主義者となっていったが、相互対立も繰り返した。コンスタンは、ジェルメーヌに会う以前に、スコットランド思想を吸収し、シュアールのサロンとコンドルセのリセで革命直前のフランス啓蒙思想にふれていた。(7) ジェルメーヌは、ネッケルの娘として、コンドルセとネッケルの政治的思想的対立を経験していた。(8) そのためか、「イデオローグの共和国」への対応において、両者は必ずしも同一とはいえないし、思想だけでなく私的恋愛関係においても、複雑な関係にあった。しかし、政治思想としての自由主義への歩みにおいて、両者の共同歩調もまた明らかである。

コンスタンもスタール夫人も、総裁政府の行き詰まりを利用してナポレオンが権力を奪取していく時期に、これに対抗して書いた作品の中で、自由主義を確立した。コンスタンは一八〇二年から一八〇六年にかけて書いたと推定される『大国における共和政体の可能性についての放棄された著作の断章』と『あらゆる政府に適用しうる政治の諸原理』において、スタール夫人は『革命を終結させうる現在の状況とフランスで共和国の基礎となるべき諸原理について』(一七九八年執筆)から『ドイツ論』(一八〇八年より執筆)にいたる過程で、自由主義を鮮明にする。これらの自由主義文献において、両者の議論は、同一人物のものと思われるほど、似通っている。[9] 自由主義の成立についての両者の先行関係は明らかにできない。

ここでは、まず、ジェルメーヌ・スタールを取り上げたい。フランス革命への関与は、コンスタンにジェルメーヌ・スタールが先行する。「イデオローグの共和国」通過も、ジェルメーヌのほうがより内在的であったように思う。ジェルメーヌにおける自由主義の成立を、彼女のイデオローグの思想との関係にまで立ち戻り、「イデオローグの共和国」が自由主義の成立を促す過程の中で、思想史的軌跡として再構成してみたい。

一　共和主義への道

ジャック・ネッケルの娘ジェルメーヌ・スタールは、父の王政改革を熱烈に支持し、一七八六年にベック街のスウェーデン大使館にサロンを開き、啓蒙思想家の活動に参加する。一五歳でモンテスキューの『法の精神』を読みそこに示されたイギリス式「憲政」を支持したといわれ、これに調和するものとして父ネッケルの立憲主義を信奉していた。[10]

サロンに彼女が提出した最初の著作は『ジャン＝ジャック・ルソーの作品と性格についての書簡』（一七八八年）であり、彼女はそこで、自身が熱中したリチャードスン『クラリッサ・ハーロー』（一七四七—四八年）の世界を発展させたルソーの文学を讃美した。彼女はすでに、リチャードスン流の感傷小説を意識して、「ソフィーまたは隠された感情」（一七八六年執筆）、「ジェーン・グレイ」（一七八七年執筆）などの戯曲を創作してもいた。「計算や抽象的瞑想からは決して生まれない親密で無意識的な得信」の世界に踏み込むルソー的洞察にジェルメーヌは魅惑された。[11]ジェルメーヌにとって、近代的個人は理性的個人ではなく、情念と感情を深くたたえた内面性に引きつけて捉えられていた。だから、ルソーの感情主義こそ、「個人的自由」を深く理解しうると、ジェルメーヌはみていたのである。

しかし、彼女のこうしたルソー讃美は、政治思想にまで及ぶものではなかったようである。ルソーは啓蒙の異端とされていたし、この時期、シュアールやコンドルセのリセ活動にみられるように、ヴォルテールやディドロの後継者の社会改革運動が盛んとなり、議会開催に向けての組織作りが始まっていたことは、すでにみた。[12]ジェルメーヌの近くで政治活動を行っていたのはフィジオクラートやチュルゴとネッケルに繋がる流れであって、「個人的自由」を確保しようとする意味で、これを「政治的自由」に吸収するルソー的傾向に対抗していた。

こうした状況の中でも、ジェルメーヌはルソーの『新エロイーズ』（一七六一年）や『エミール』（一七六二年）にみられる感情主義に心酔し、ルソーの共和政体論には関心を示していない。この時期のジェルメーヌの思想的関心は「個人的自由」の擁護に集中し、それと政治形態との関係にはいまだ及ばないといった方がよいかもしれない。[13]

ジェルメーヌは、まず母ネッケル夫人の一八世紀的サロンの中で、啓蒙思想を知った。母のサロンには、ダランベール、ディドロ、レナルなどの姿も頻繁にみられ、ジェルメーヌ自身のサロンも母のサロンと思潮傾向を共有した[14]。つまり、リチャードスン的感情主義は、ルソーだけでなく、ディドロさらにはコンドルセの系譜からもジェルメーヌに押し寄せていた。ジェルメーヌはルソーの独自性にむしろ無自覚に、リチャードスンのフランス流入以来の感情主義に心酔する中で、その代表としてルソーを読んでいたと思われる。

だから、ジェルメーヌのルソーへの心酔は、ネッケル的立憲体制への支持と矛盾しなかった。ジェルメーヌは、近代的個人の独立要求をルソーの感情主義によって哲学的に表現しながら、革命に向かう社会変動をみていたのであって、固有の意味での政治は視野に入っていなかった。ルソー的個人とモンテスキュー的「憲政」論との幸福な結合によって、ジェルメーヌには、啓蒙思想の人間解放論が総合されるとみえていたとさえいうことができよう。フランス革命で爆発するルソーとディドロとモンテスキューの思想の亀裂は、ジェルメーヌに自覚されていなかった。啓蒙思想の分裂など想像すらできない幸福な状況の中で、ジェルメーヌは啓蒙の理念のすべてを実現する時代が到来したと情熱を燃やして、サロン活動に乗り出していたのである。

一七八九年、フランス革命はジェルメーヌのサロンを革命思想の出撃基地とし、彼女を政治の季節に巻き込む[15]。政治的活動がジェルメーヌを支配し、ルソー的人間論は退き、革命についての政治的考察が、思考のほとんどを占めるようになる。

ジェルメーヌは父ネッケルを支持する立場で活動した。一七九〇年末、ネッケルは影響力を失ってスイスに去り、翌九一年一月『ネッケル氏の行政論』を出版し、政治の舞台を去る。ジェルメーヌはパリに戻って引き続きサロン活動を展開し、立憲王党派のナルボンヌを支え政治に関与する。この時期、シエース、コンドルセ、ラ・ファイエットと関係を密にし、ジェルメーヌは、「一七八九年協会」系の活動家に接近した。ジャコバン派に対抗し自由派による一七九一年憲法草案の作成に関与したといわれる[16]。

一七九一年四月一六日版の『レザンデパンダン』紙に、「どんな兆候に基づいて多数意見を知ることができるのか」という記事が無署名で掲載されたが、筆者はジェルメーヌであった。ここには自由と平等の改革の継続、ジャコバン派による過激革命批判、立憲王政による秩序の回復、ミラボー路線の支持が、述べられている。[17]『レザンデパンダン』がシュアールとラクルテルによって運営されていたことも含め、この時期のジェルメーヌが、シエースとコンドルセの路線に接近していることが、みてとれるだろう。

一七九二年夏のパリ民衆蜂起は、ジェルメーヌの立憲王政論の枠組みにもシエース派との連携にも動揺をもたらし、ジェルメーヌは、ネッケルのいるコッペに移住し、一七九三年一月にはイギリスに渡る。ジェルメーヌはこの時期イギリス亡命中のナルボンヌ、タレイランなどの王党派との接触を再強化しようとしていたといわれる。[18]一七九三年五月にはコッペに帰り、八月には立憲王政の立場からマリー・アントワネットを擁護して『王妃審判に関する考察』を刊行した。[19]

一七九四年五月にサロン活動の支柱でもあった母ネッケル夫人を失うが、七月二七日のテルミドールの反動を歓迎し、フランス国外にいながら、ジェルメーヌはネッケルの政治思想を離れ、共和主義への傾斜を強めていった。[20]九月にはバンジャマン・コンスタンと知り合い、翌九五年五月にコンスタンとともにパリに戻り、バック街にサロンを再開し、シエースと彼に繋がるイデオローグと密接な関係をもち、コンスタンの後押しをする形で共和政の前進に尽くそうとする。

テルミドール派としての活動に先立ち、ジェルメーヌは、『ピット氏およびフランス人に宛てた平和についての考察』と『国内平和についての考察』を書いていた。前者は九四年末にスイスで出版され翌九五年二月にパリで再刊されたが、直後九五年七月に書かれた後者については出版を見合わされた（出版は後に一八二〇年の『スタール夫人全集』に収録する形で実現）。前者では、フランスが目指すのは「秩序と徳の利益が本来の自由に繋がる」道であり、「啓蒙の光と理性の進歩」の実現であり、イギリスはこれを支援せよと述べられている。[21]後者では、そのような進歩に向かうフランス国民の統一の必要性が説かれ、ジェルメーヌのこの時期の共和主義の枠組みが次のように示されている。「政治における権利の平等は自然状態より恐ろしい」。ところが、モンタニャール独裁期には、「市民的自由を犠牲にして政治的自由が望まれていた」。しかし、「政治的自由は市民的自由があって成り立つ」。モンタニャール独裁における手段と目的の転倒をただし、「市民的自由」に基づく体制を取り戻した点で、ジェルメーヌはテルミドールを支持する。こうして、ジェルメーヌは「市民的自由」の実質と社会秩序の基礎を財産に求め、有産階級を主体とした政治秩序の回復を求める。一七九一年憲法を継承し一七九五年憲法を擁護することを政治的プログラムとし、「自由の友、王党派」の結集による共和制度樹立を展望している。(22)

一七八九年の革命開始以来、立憲王政と共和政のあいだを揺れ動きながら紆余曲折を経て、ジェルメーヌは、このように、共和主義者となるべく自己の思想を整理していたとみられる。それは、一七九一年憲法から九五年憲法への道という形で表現されるものである。自由と所有に基づく社会秩序を旧体制的反動とルソー的「徳の共和国」から防衛するという道である。九一年憲法はジェルメーヌ自身「一七八九年協会」系の思想家とともにその構想に参加したものであった。したがって、ジェルメーヌは、革命家としても思想家としても、自己の足跡をイデオローグに合致してみようとしていたのである。

こうして、九五年パリ入場後のジェルメーヌは、ネッケルの憂慮を無視し、共和主義に突き進み、一七九五年六月には共和主義者宣言を新聞によって公表した。(23) 以後、ジェルメーヌは、総裁政府体制を積極的に支持する。思想的にもイデオローグに最も接近した時期を迎える。そのジェルメーヌの共和主義思想のさらなる発展を物語るのは、一七九六年に出版された『個人と諸国民の幸福に及ぼす情熱の影響について』である。

この作品は、もともと、個人の幸福を論じる第一編と国民の幸福を考察する第二編とによる二編構成を予定されていた。(24) 個人の幸福にとっても国民の幸福にとっても、主要な弊害は諸情念によりもたらされるとジェルメーヌはいう。したがって、第一編で諸個人の情念に規定される行動を分析し、第二編で国民の諸情念と政府の諸形態との関係について比較史的考察を行うというのが、ジェルメーヌの構想であった。しかし彼女は、第二編の政治論の完成を待たず、第一編のみを『個人と諸国民の幸福に及ぼす情熱の影響について』として出版することにした。

このような経緯をみれば、ジェルメーヌが企画したのは、共和主義の政治制度論であり、共和政の枠組みを諸個人の社会的行動から引き出そうとしたことが判る。政治論の前提をなす人間論を情念論によって展開するのは、イデオローグのやり方に合致している。イデオローグの方法を念頭に置き、政治論への方向をもつ人間論という特徴に注意して読むと、『個人と諸国民の幸福に及ぼす情熱の影響について』の議論は、理解しやすいと思う。

この作品は、利己的諸情念を名誉心、野心、虚栄心、恋愛、遊び、妬みの心、党派心、犯罪について個別的に観察する第一部、友情、親子感情、夫婦の愛情、宗教などの、利己心をなだめる諸感情をあつかう第二部、哲学、研究、慈愛の行為を論じる第三部よりなる[25]。ジェルメーヌが描くのは、利己的諸情念によって個人が破滅に遭遇すること、したがって個人の安定のためには、哲学的思索によって情念へのとらわれを脱却する必要があるということである。

諸個人のモラルについて諸情念を起点に考察し、これを理性によって政治秩序に繋げるという議論の枠組みは、イデオローグ的である。しかし、類似は形式だけで、ジェルメーヌのとる方向は、イデオローグと対照的である。

イデオローグの場合は、諸情念の利己的諸活動は、利害計算する理性に統括されて功利主義的モラルに結ばれる。その理性はまた、政治的自由において、公共性と国家を設計するものでもあった。だから、イデオローグは、理性に統御されない諸情念を教育により抑えようとし、政治秩序から、民衆、子供、女性などを理性の弱いものとして排除した。

ジェルメーヌの考察では、情念は理性によって統御されない。だから、諸情念は諸個人を不幸に導くのである[26]。

ここには、明らかに、理性は感情を抑えられないという、ルソー的感情主義が響いている。こうして、ジェルメーヌは、感情と情念を理性が治めるのは至難の業だという見地から、イデオローグの功利主義を読み直している。

ジェルメーヌは、個人の幸福は、理性によって最大の幸福を割り出し追求することによってではなく、「大きな苦痛を避けるためにもっとも確実な方法を学ぶことによってのみ得られる」という。情念に勝てない弱い理性を励まし、何とか「最小限の不幸」を維持すること、幸福とはこれ以外ではないとする。(27) しかも、不幸の原因である情念の過剰を未然に防ぐ力は、唯一「あわれみ」の感情によるその抑制にあるとジェルメーヌはいうのであって、道徳に果たす理性の力は弱いとみられる。(28) ジェルメーヌは、イデオローグの枠組みで情念を扱いながら、最後はルソーの感情主義に復帰していくのである。

こうしたやり方で、ジェルメーヌ自身はイデオローグの道徳論を情念優位の見地で組み替えようと努力していたと思われるが、事実は、イデオローグの枠組みを壊すことにならざるをえない。一方で、情念の理性に対する優位は、ジェルメーヌの把握する近代的個人に、女性、子供、民衆というイデオローグの排除する存在をもち込むことになるだろう。ここでの議論では、子供、民衆よりも、女性の情念が主題となっている。とりわけ、恋愛感情への執拗な言及は、この作品が哲学的考察によるものではなく、ジェルメーヌ自身の自伝に近いものだと受け取られる原因となった。しかし、女性は突破口であり、情念優位の人間論は、ジェルメーヌがイデオローグの捉える範囲を超えて、近代的個人を豊かにイメージしていく武器となっているといえるだろう。他方で、人間行動における理性の位置低下は、イデオローグ的政治秩序への通路を閉ざすだろう。ジェルメーヌは、情念に振り回される諸個人の生活から政治秩序を引き出すことを否定し、哲学的思索により情念へのとらわれを打ち破ることの必要性を説き、学問と哲学から政治秩序への道が開かれると述べるが、情念と哲学は抽象的に対立しているに過ぎない。

ジェルメーヌは予定する政治論の構想を述べ、展望する共和政が、財産と自由を基礎に、「資質に優れた人間を社会の卓越した地位に確実に配する」ものだとしている。[29] これは、「イデオローグの共和国」と大差ない共和政である。しかし、理性によって個人のモラルを公共圏と政治秩序に吸収したイデオローグと違い、ジェルメーヌは、諸個人の生活と政治秩序を繋ぐ結び目を見出していないのである。第二編は、書かれなかったのではなく、書けなかったと思われる。「個人的自由」を公共圏に結ぶという課題について、ジェルメーヌは、いまだ見通しをもっていなかった。

政治制度論への手掛かりを失いながらも、ジェルメーヌが道徳論において、ルソー的感情主義を維持していたことを考えるとき、彼女が『個人と諸国民の幸福に及ぼす情熱の影響について』に先立ち、前年の九五年にローザンヌで文学的作品『断片集』を刊行していたことが、注目される。

この作品『断片集』には、「不幸への書簡詩、アデールとエドゥアール」、「フィクション試論」に続いて、小説「ミルザあるいは旅人の手紙」、「アデライードとテオドール」、「ポリーヌ物語」が付け加えられていた。ジェルメーヌは、その「フィクション試論」において、フィクションのみが感情を喪失した人間を義務に向かわせ、死刑執行人にさえ、あわれみの感情と人間性とを呼び起こすと述べていた。すなわち、理性は情念をモラルに導けないが、フィクションが感情に及ぼす作用は、情念の生活をモラルに繋げるとみているのである。[30] これは、哲学小説が公共圏を創造し活性化するという、リチャードスンのフランス流入以来の道徳哲学に繋がる考えである。ジェルメーヌは、イデオローグに接近しながら、ルソー的感情主義に繋げて道徳哲学の方法を維持し続けていたのである。『断片集』にさらに先立って九四年に刊行された小説『ズュルマ』は、ナルボンヌとの恋愛を綴ったものといわれるが、道徳を主題とする哲学小説でもあった。ジェルメーヌはこの小説に、たとえば、「未開人はあらゆる社会的結合の最初の基礎が財産であるということを知らない」などと、哲学的主題を盛り込んでいる。[31] じつは、この『ズュルマ』は、『個人と諸国民の幸福に及ぼす情熱の影響について』の、恋愛を扱う章に加えられる予定になっていた。[32]

こうしてみると、ジェルメーヌは、情念を理性によってモラルに導くことができないとみて、リチャードスン以来の哲学小説によるモラルと公共圏の産出という方向を、模索していたということができる。『個人と諸国民の幸福に及ぼす情熱の影響について』では、そのような公共圏の構想は具体化されていない。だから、『ズュルマ』を組み込むことができなかったのであろう。しかし、ジェルメーヌのみる近代的個人が、イデオローグの理性的公共圏をはみ出すものであるかぎり、別の公共圏の構想が必要であり、それが『ズュルマ』すなわち哲学小説の位置づけと関係していることは、十分に推察できるのである。

ジェルメーヌは、その公共圏の重要な場として、ジャーナリズムの再活性化を考えていたと思われる。彼女は、『個人と諸国民の幸福に及ぼす情熱の影響について』の出版に際し、これが好評をもって迎えられるために、ジャーナリズムに働きかけ、コメントを求める。一七九六年一一月二二日付ジェルメーヌの手紙の宛先は、『ジュルナル・ド・パリ』のレドレルであった。彼女は書いた。「公論に対して正しい権力をもつ新聞で私に本当に好意を示してください。作家が迫害されないようにこの書物を賞讃してください」[33]。ジェルメーヌはこの作品で、女性としての自己の伝記的要素をふんだんに持ち込み、女性の政治参加の必要を主張し、これを可能にするような共和政像を構想しようとしていた。そうした議論が、「イデオローグの共和国」の公共圏に収まらないのではないかとの危惧を、おそらくジェルメーヌはもっていた。一七九一年のオランプ・ド・グージュによる『女性と女性市民の諸権利の宣言』の衝撃は、テルミドール的秩序において消えようとしていた。それ故、ジェルメーヌは、彼女の議論を受け入れるような公共圏を求めていたのであり、ジャーナリズムと当時ジャーナリズムを活用する公共圏戦略を展開していたレドレルに目を付けたと思われる。

レドレルはジェルメーヌの申し出に答え、ジェルメーヌの情念論にコメントを寄せる。しかし、レドレルのコメントで印象的なのは、「恋愛が女性の唯一の情念である」という強調であった[34]。レドレルの対応は、「イデオローグの共和国」が女性を排除していたことを示すだろう。議論がかみ合わなかったとしても、この事実は、ジェルメーヌのジャーナリズムを利用する公共圏像の存在を示すとともに、同じく公共圏を重視しながらジェルメーヌと異なる自由主義に踏み出すレドレルとの交錯を象徴する。後にレドレルが「世論」を問題とするとき、女性の感情を家族に押し込めるのは、このときのジェルメーヌとの議論が念頭に置かれていた可能性は否定できない[35]。

こうして、ジェルメーヌは、総裁政府の支持を表明した当初から、哲学的にも「イデオローグの共和国」に接近を試みはしたが、主体としての個人についても公共性についても、これに収まらない傾向を強化していた。このジェルメーヌの傾向は、イデオローグ本流よりも、ソフィー・コンドルセに近いと言えるかもしれない。ほぼ同じ頃、ソフィー・コンドルセが、スミスの同感論に依拠して、「個人的自由」に道徳的性格を与えようとしていたのだった。ソフィーの作品はすぐには出版されなかったが、サロン的交流を通じてジェルメーヌが早くから参考にしえた可能性もある[36]。

しかし、ジェルメーヌの議論はソフィーとも対抗的なものとなる。ソフィーは、「イデオローグの共和国」の公共圏を前提に、近代的個人の主体性強化を展望するために、道徳原理を感情に求め、ルソーの感情主義を組み込んだ。ソフィーにおいて、個人の範囲に女性が加わり、また「個人的自由」の世界は道徳的秩序への傾向を強め、代議制的政治秩序を主体的に支えるとみられていた。ジェルメーヌの情念論も、近代的個人に女性を加える点で、ソフィーの同感論と同じ方向を向いている。しかし、ジェルメーヌは、「個人的自由」の破滅傾向を強調した。ここから、ソフィー・コンドルセに対して、二つのずれがでてくる。一つは、人間論において、ジェルメーヌ的個人は不幸であるが故に、情念に翻弄される苦悩の感情を理解する力として、ルソーの感情主義が反社会的方向で残存する[37]。二つは、個人の破滅性が、道徳と政治とのソフィー的調和を許さず、ジェルメーヌは、人間論の政治論への具体的架橋を明確にしえない。独自の公共圏の構想を課題として残すのである。

ジェルメーヌは、『個人と諸国民の幸福に及ぼす情熱の影響について』の段階では、独自の公共圏論も政治制度論ももっていなかった。ただし、ジェルメーヌは、政治思想については、コンスタンに先導役を期待していたようでもある。この時期、コンスタンは『現在の政府の力とそれに協力する必要について』（一七九六年）、『政治的反動について』（一七九七年）、『恐怖政治の諸結果』（一七九七年）で共和政擁護論を精力的に展開した。そのコンスタンは、彼の共和政論の哲学的基礎に関して、「ジェルメーヌ・スタールの『個人と諸国民の幸福に及ぼす情熱の影響について』に関する論評」（一七九六年）、「ジェルメーヌ・スタールの国民性について」（一七九六年）などにおいて、ジェルメーヌの理論を参照せよと述べていた。(38) だから、ジェルメーヌは、政治論に立ち入らず、コンスタンとの分業を考えていたとも思われる。

今はしかし、コンスタンの政治論にはこだわらないでジェルメーヌの歩みを追うと、彼女は一七九八年に『革命を終結させうる現在の状況とフランスで共和国の基礎となるべき諸原理について』を書いている。これは、公表されることはなかったが、一七九七年九月のフリュクチドール一八日のクーデタによって総裁政府が王党派右派を追放したとき、このクーデタを支持しながらも、共和政の政治的枠組みをめぐって革命を全体的に反省するために、書かれたものであった。『個人と諸国民の幸福に及ぼす情熱の影響について』で予告されていた政治論に新しい政治状況を加えた作品であるともいわれる。この一七九八年の作品において、ジェルメーヌの公共圏構想は、具体化されたであろうか。

二　公共圏の政治哲学――自由の公共圏の創出

一七九七年九月のフリュクチドール一八日のクーデタは、共和主義の政治的主体の弱さをあらためて印象づけ、行政権力の強化に加えて軍事力の介入を招いた。レドレルは共和主義の政治的基盤を強化することを求めて『世論の理論』の執筆に取りかかった。当時、ジェルメーヌは「サルム・クラブ」を立ち上げ共和派の政治活動の拠点としていたが、レドレルと同様の危惧をクーデタに感じた[39]。「サルム・クラブ」とジェルメーヌは、指針として、コンスタンが『政治的反動について』など先に挙げた著作で示した、フランス共和政をめぐる政治的状況分析を保持していた。しかし、クーデタは、共和政の平和的確立のための諸条件について、あらためて、全般的な政治動向分析を迫った。こうした状況において、ジェルメーヌが一七九八年にまとめたのが、『革命を終結させうる現在の状況とフランスで共和国の基礎となるべき諸原理について』であった。この作品は後の『フランス革命の主要事件についての考察』の萌芽形態とされるが、歴史的記述の性格はまだ弱く、共和政の維持に向けてフランスのもつ政治的能力について状況分析することに集中している[40]。

ジェルメーヌは、本論での政治的現状分析に先立って長い序文をおき、「共和政の諸原理そのもの」を考察する[41]。そして言う。「革命による罪悪は共和政システムの結果では決してなく、逆にこのシステムにおいてこそ最高にして唯一の救済を見出すことができるのである」。革命の混乱は、共和政システムによってではなく、その誤った適用方法によってもたらされた。だから、共和政原理を適用に先立ってよく理解しなければならないのだ[42]。

ジェルメーヌによれば、共和政すなわち政治制度は、「政治的平等」を実現するシステムである。「政治的平等は自然的不平等の回復に他ならない。世襲による区別はすべて偽りの不平等であって、ときに自然的不平等に合致することはあっても、たいていの場合これに対立する[43]」。「財産は社会契約の起源であり、基礎であり、繋がりである。世襲は征服に由来し隷属によって維持される[44]」。こうして、八九年人権宣言、九一年憲法、九五年憲法と続いてきた、世襲によらない財産に基づくシエース的共和政を、ジェルメーヌは、擁護選択している[45]。

では、共和政はフランスにおいて、なぜ、不安と混乱の中にあるのか。ジェルメーヌは、「知識の状態が共和政を準備する以前にフランスに共和政がもたらされた」ことが原因だという。「一七八九年の国民は穏和な君主政の水準にいたのに、知識人が絶対王政のもとで共和政を準備する余裕がないままに、制度の方がそれを導く一般精神に先んじてやってきた[46]」。すなわち、共和政を制度として導入しようとしたフランスは、これを運営しうる政治的能力にいまだ欠けていたのである。こうして、「旧制度が民衆に植え付けた悪習[47]」、ロベスピエールがしたような「人民主権原理の代議制政府への誤った適用[48]」によって、共和政は混乱状態におかれたのだと、ジェルメーヌはいう。

したがって、ジェルメーヌのここでの課題は、自由と財産に基づく共和政が、一七九八年という現時点では実現可能であるかどうかを、フランス社会の主体的力量に照らして問い直すこととなる。ジェルメーヌの狙いは、共和政についての原理上の考察にとどまらず、原理を社会運動の中に具体化する次元において、把握することにあった[49]。ジェルメーヌは、本論を二部に分け、第一部で、「革命を終結させうる現実的諸条件」すなわち社会的政治的諸勢力の合意形成について論じ、第二部で、「巧みに適用され、共和政を築くべき諸原理」について考察し、最後に「今世紀においてフランスに理性を働かしうる力についていくつかの一般的省察」を述べると、本作品の構成を示している[50]。概要をみるうえで、目次を示すと、次の通りである。第一部は、「王党派」「共和派」「公論」「新聞」「権力の使用」「革命の諸法律」からなり、第二部は、「憲法」「宗教」「徳と政治的災禍」「作家たち」の順に構成され、最後に「結論、理性の力」が置かれている。

第一部では、はじめの「王党派」、「共和派」二つの章で、現段階のフランスでもはや立憲王政は時代遅れであって、共和政という合意点に、立憲王政派と共和派が結集すべきことが主張され、終わりの「権力の使用」、「革命の諸法律」の諸章では、ロベスピエールによる政治原理とその適用の誤りが主に批判されている。では、諸勢力が現時点ではなぜ共和政に合意点を見出しうるのか、またそれはなぜロベスピエール的体制の再現を防ぎうるのか。そうした共和政実現の現実的諸条件とその内容を示すのが、「公論」と「新聞」の章であると思われる。

「公論」の章の始めに、ジェルメーヌはいう。「未来について対立する二つの党派が争っている帝国には、公論はほとんどなく、すべての判断は熱狂的対立に陥る[51]」。このようなとき、「公論」は成立不能となるのだろうか。そうではない。ジェルメーヌは、「大衆」の存在を忘れるなという。抑圧され、動きがないようにみえるが、「大衆が深部で一種の公論をささやいている[52]」。本当の「公論」は、政治党派の議論にではなく、大衆のうちに存在していると、ジェルメーヌはいうのである。

「公論」についてこのような見方ができるのは、近代のもつ独自の性格が「公論」の構造をも変化させているからだというのが、じつは、ここでのジェルメーヌの本当の主題である。「公論」はいつの時代にも存在するが、近代においては古代と異なる構造と意義をもつようになった。それは自由の意味が異なることによるとジェルメーヌは把握し、古代との比較で、近代の自由と「公論」について次のように言うのである[53]。できるかぎり引用によって、ジェルメーヌの議論を追ってみよう。

「古代人においては、公論を魅惑するためには、魂を揺るがせ、征服、勝利、利益、さらには困難を訴えることによって全情念を躍動させ、祖国愛を鼓舞する必要があった。フランスでは、可能な限り、国民精神を形成する必要があることは疑いないが、しかし、公論が休息への愛着、富を獲得する欲望、それを維持する欲求に基づくのだという視点を失わず、常に政治問題以上に行政の理念に関心がもたれるということを忘れてはならないのであって、行政的理念は私的生存により関係するのである。フランス国民を全哲学的観念と共和制度に向かって高めるという大きな目的を視点として忘れず、常に各人の集まりというものを尊重する必要がある[54]」。現代フランスでは、「私的幸福を公共の福祉の犠牲にしないこと」が求められる[55]。「ローマ人の利害はローマ市民の全利益を含んでいた。常に個人的利益を一般的利益に対して犠牲とすることによってアントゥージアスム［感動］を創造した。……フランスにおいては、それは反対であって、私的生存の尊重、私的富の尊重のみが共和国を愛させるのだ。現代の自由は、政府権力に対する市民の独立を保障するすべてである。古代の自由は市民に権力の行使における大部分を保証することであった。この二つの違いからフランスにおける共和国にとっては、献身のシステムよりも、強すぎず、重すぎず、保証的であるモラルを導き手とし、公共の福利への犠牲をできるだけ避け、私的幸福をより容易にするようにして、社会的技術における完成をはかる必要があるのである」(56)。

ジェルメーヌは、ここで、後のコンスタンの説として知られる近代における「個人的自由」と「政治的自由」の分離について、すでに明確に把握している。近代において、諸個人の私的自治が成立し、自由の中心は日常生活に移った。これにともない政府と権力の領域は自由のすべてではなく、私的自由を保証する手段となる。したがって、近代の自由の大部分は、能動市民ではなく受動市民の私的生活に存在するのである。そこで「公論」の内容と機能が変化する。政治的意志としての「公論」は、諸個人の私的自治に源泉をもち、これを反映しなければならない。私的生活にいそしむ国民大衆の深部でささやく声を形にしたものが、近代の「公論」であり、これを形にする場所は、古代のように政治体を構成する市民においてではないのである。

このような近代における自由と「公論」の構造について、コンスタンもこの時期すでに議論を展開していたことは後で問題とするが、ジェルメーヌもコンスタンもその発想の源泉にコンドルセをもっていたと推察される。ジェルメーヌもコンスタンもコンドルセのジャコバン憲法批判と公教育論の議論を深めようとしたとみるのが自然だと思われる。ネッケルも政治原理として「公論」を強調していたが、自由の近代的構造については立ち入らなかった。ジェルメーヌは、「公論」の母体としての民衆について第二部「宗教」の章においてネッケルが民衆の心性とみたカトリックにかえてプロテスタントを評価している。ジェルメーヌの「公論」の観念は、この時期すでに、ネッケルをただ踏襲するものではなかったのである。

自由と所有による自然的不平等を政治的平等に導く政治過程として、ジェルメーヌは、こうして「公論」の役割をクローズアップする。能動市民による公共圏の独占という「イデオローグの共和国」の閉鎖性を打ち破ろうとしていたとみることができる。それでは、政治諸制度以前にジェルメーヌが見出したこの公共圏はどう組織されるのだろうか。この問題に答えるのが、次の「新聞」の章である。

「出版の自由は疑いもなく抑圧に終止符を打ち知識を広める最大の手段である」[57]。すなわち、「公論」を現実的に組織する力が「出版の自由」である。ただし、ジェルメーヌは、フランスにおいては、「出版の自由」を「新聞の自由」と区別する必要があるという[58]。イギリスにおいて新聞は安く手に入り、「最も貧しく最も知識のないものもこれを買うことができる」。これに対しフランスでは、新聞には大衆性が欠け、政治的偏見を伴うものと、ジェルメーヌはみている[59]。だから、フランスでは、本を中心とした出版の自由を広げることが、公論の諸制度にとって重要となるのである。

こうして、第一部は、共和政とその原理とをめぐる問いを深め、政治過程から、社会的諸条件へと目を移し、共和政の基礎を「公論」とその諸制度に求めるものであった。フリュクチドールのクーデタの出現に権力暴走の危惧を抱き、共和政の主体的基礎を拡大しようという、ジェルメーヌの強い意志を見て取ることができる。

第二部の記述は、第一部の課題設定を受けて、共和政をフランスに具体化する現実的方向を示すものである。ここでも、やはり、「公論」とその諸制度の現実把握が焦点となっている。すなわち、第一部『公論』の章が公共性についての原理的考察であり、「新聞」の章がその制度的枠組み作りの方向を示したとすれば、第二部では「作家たち」の章において、フランス共和政の公共圏の具体化が模索されている。

「作家たち」に先行する第二部の諸章は、その公共圏具体化の諸条件を論じているとさえみえる。「憲法」の章はロベスピエール派による混乱を批判して次のように言う。「フランスでは、公教育が自由にふさわしい世代を生み出すときまでは、保守的権力のいくつかの部分を共和主義者の手に残しておく必要がある。……公共精神が進歩する程度に応じて憲法は民主化できるのだ。世論に合致してなされるすべては世論によって維持されるが、世論に先行したり世論と対立するやいなや、専制政治に訴えなければならない。一七八九年には、フランスは穏和な君主政を望んでいた[60]」。「大衆が通常かつ不断に影響力と尊敬を手にするのは富によってである。だから権力を事物のこの自然秩序に対立させてはならないし、権力は財産と競うかわりにこれを保護すべきである[61]」。「権力と富とを合同すべきである。そこに徳と知識を加えねば、いまだ完全ではないだろう[62]」。これらの引用文をみれば、ジェルメーヌが、自由すなわち自然的不平等を政治的平等システムとしての共和政に繋げるには、「公論」の近代的構造としての成熟が必要とみていることは、明らかだろう。ロベスピエールの混乱も「公論」を読み違えあるいはこれを無視したことによって生じたのである。

続く「宗教」の章と「徳と政治的災禍」の章も、健全な「公論」を生み出すような国民精神とは何かを問題としている。ジェルメーヌは、ロベスピエール的徳とカトリックとを批判する。しかし、ジェルメーヌは、プロテスタント的心情は評価している。「人間の道徳性には宗教的諸理念による繋がりが必要だということは明らかと思われる[63]」。国家による宗教的祭典を斥け、宗教の自由を主張し、フランスで、民衆の諸情念を和らげるものとして、プロテスタント的心情をあげている。プロテスタント的心情の内容を分析はしていない。しかし、個人と国民をともに不幸に導く諸情念の過剰を防ぐ防波堤に、「あわれみ」のような自然感情よりも、歴史具体的なものを求め、プロテスタント的心情に着目し始めているのである。コンスタンが、個人の内面性を豊かにしたとプロテスタント的心情を位置づけていたのと、ジェルメーヌのここでの議論は近いとみて間違いないだろう[64]。

民衆における諸情念の穏和化を、宗教意識において、このように探りながら、これを前提に、共和国の公共圏を具体化する方向を探るのが、「作家たち」の章である。ジェルメーヌはいう。「あらゆる政治革命は原理のために理念をもつ[65]」。「一七九二年の精神は共和国でなく穏和な君主政に合致した。今の作家たちに必要なことは人間精神の歩みをそれが先行した共和国に再び追いつくように後押しすることである[66]」。「人間精神の完成は、いつも哲学者をむなしく支配する純粋形而上学のシステムにあるのでは決してない。印刷術の助けによって、それは出版の自由なしには毒にすぎないが、われわれは確実に諸観念の連鎖を保持するのだ[67]」。このように、ジェルメーヌは、コンドルセが遺著において「世論の法廷」の成立として公共圏を捉えたのとほぼ同じやり方で、出版の自由によって成り立つ読書の共有圏にフランス共和国の公共圏を指名し、作家の能動的役割に期待する。「ノィクション試論」で述べた、哲学小説によるモラル高揚の場として、コンドルセの「世論の法廷」を復活させたといってもよい。ジェルメーヌは、フランスの新聞に批判的だったので、ここでは、新聞に収まらない書物の海とジャーナリストに収まらない作家の役割に期待しているとみてよいだろう。

それでは、作家は、実際には、公共圏でどのような機能を果たすのか。ジェルメーヌは、作家を「哲学的作家」と「想像力の作家」に分け、それぞれの役割を明らかにする。

「哲学的作家」は、原理を探究する者であるが、印刷術の発明以来、哲学を社会と共有することが可能になり、公共圏をリードすることができるようになった。今や哲学は、あらゆる人間事象を対象とし、「数学がすべての知識に適用されている[68]」。「政治の科学」が哲学の中心となり、コンドルセ、シエース、レドレル、ゴドウィン、コンスタンと、次々にこの科学を発展させている[69]。このように説明するジェルメーヌの議論は、用語も含めて、ほとんどコンドルセの「社会的技術」と公共圏の結合という構想の再現である。このコンドルセの構想を、イデオローグは、知的エリートのイデオロギーの諸装置独占によって実現しようとしたが、ここでジェルメーヌは、その閉鎖性を打ち破り、再び幅広い公共圏において知識と社会との結合を取り戻そうとしているといえるだろう。

この公共圏が、社会や諸個人の諸情念との結合を維持するために、ジェルメーヌは、「想像力の作家」に独自の役割を期待している。ジェルメーヌによれば、この種の作家は、「フランスにおける国民的精神」に関して、「想像力と趣味を生み出す技術において大きな変化を」もたらすことができる。[70] そのために、作家は、「よりいっそう社会を描く」ことが望まれ、方法として、ヴォルテール的皮肉より悲劇が優越する。「悲劇は、貴族的運命の輝きによってよりも、あらゆる人間がそこに現れでるような状況において、よりわれわれを感動させることが必要であろう。すべてがこうして想像力の結果を自然の運動に返し、精神が真理を数学的真理へと進めるように、心は素朴な感性を求めるのだ」。[71] ジェルメーヌが考えているのは、作家の刺戟によって諸個人に喚起される感情によるモラル形成作用であろう。『個人と諸国民の幸福に及ぼす情熱の影響について』の段階では、諸個人の情念は個人を破滅させるものとみられており、個人的自由から道徳、社会、政治への架橋は閉ざされていた。ここでは、諸個人の諸情念がプロテスタントの宗教意識によってなだめられるという歴史的把握を前提に、公共圏の作家の補佐によって、諸個人の情念の活動からモラルしたがって社会秩序成立への展望がひらかれるとされているのである。

こうしてジェルメーヌにおいて、コンドルセの「社会的技術」よりも「想像力の作家」の役割が強調されているのは、ジェルメーヌにおいて、公共圏と諸個人の情念的活動との結合が意識され、公共圏の主体が広がりをみせていることを表す。しかも、ここでの公共圏は、コンドルセの場合以上に政治的意義を期待されている。コンドルセにおいて「世論」は、政治から独立した近代的個人の主体的公共領域を構成するものとして、独自の意義を獲得した。ところが、この「世論」は、政治に対しては、いまだかならずしも能動的に関与するとはされていなかった。コンドルセが「世論」と公共圏の意義として強調したのは、私的自治の自立的社会関係を確保するという側面においてであり、その担い手の主力も受動市民であった。ジェルメーヌは、「公論」を政治空間で積極的機能を果たすものとして、政体を動かす力として位置づけている。「公論」は諸個人の私的自治に源泉をもつとされるだけでなく、政治秩序を構成する力とされているのである。[72]

『革命を終結させうる現在の状況とフランスで共和国の基礎となるべき諸原理について』における公共圏の構想は、『個人と諸国民の幸福に及ぼす情熱の影響について』では見通しのなかった「個人的自由」と「政治的自由」の相互媒介という課題に、ジェルメーヌが回答の糸口を見つけたことを意味するが、同時に、「イデオローグの共和国」の公共性の閉塞性を打ち破って、拡大した公共圏を国家の外に構想し始めたことも示す。これは、レドレルが「世論」の再把握によって共和政の基盤を再強化しようとしたことに対応する動きでもある。ジェルメーヌもまた、フリュクチドールのクーデタの衝撃によって、共和政の政治的基盤を再検討し、政治秩序を国家の外に拡大しながら、自由主義への跳躍点を準備していたのである。

ジェルメーヌは、今や、公共圏の知識人独占ではなく、諸個人の諸情念活動と結合する公共圏の活性化を主張し、これによって、共和主義の政治秩序を国家の外に拡大した。「個人的自由」が「政治的自由」をその手段とするために、公共圏を国家に先行する政治空間として保持する必要があると考えるのである。ジェルメーヌは、クーデタによる行政権力の巨大化に対抗するように、共和国が、国家の外に、公共圏という政治秩序をもつことを、繰り返し強調する。それは、国家よりも、自然的不平等すなわち個人的自由に繋がり、社会的課題と格闘する作家たちの活躍する圏域であった。そして、フランスの国立アカデミーは、こうした公共圏の代表でなければならない。ジェルメーヌはナポレオンとその権力についても、公共圏を基準にこれを次のように承認しようとした。「ボナパルトは、アカデミー加入という対価を払って公論に対して彼の道の正しさを示した」(73)。

しかし、それでもジェルメーヌは、展望する公共圏の諸制度を具体化する点では、必ずしも明るい見通しをもっていたわけではない。ジェルメーヌは、出版の自由の原理を強調し、作家の公論的課題を提示するだけで、公共圏と社会との関係については、それ以上の具体的議論に踏み込まない。政治の科学の発展を指摘してもその具体的内容を示す意欲に乏しい。イデオローグは「個人的自由」の内容に経済的自由を盛り込みつつあったのに対し、ジェルメーヌは、心情の自由、表現の自由という形式的主張にとどまっている。諸個人の活動と生活の情念的分析によって、近代的個人の内容を女性にまで拡大したが、その個人には依然として社会性が付与されていないのである。

じつは、ジェルメーヌは、前に引用したように、「公教育が自由にふさわしい世代を生み出すまで」共和政は時期尚早と考えていたのであった(74)。だから、ジェルメーヌの議論は、依然として抽象性を脱却できず、出版の自由の原理的強調、作家の役割への過剰な期待に傾斜する。それが、結論として置かれた「理性の力」の章が、散漫で、哲学的抽象論に終わっている原因と思われる。

それでもジェルメーヌは、新しい公共圏像を基準に、統領政府からナポレオン体制への歩みに関与していくだろう。そして、現実の公共圏はジェルメーヌの期待通りには機能せず、しだいに挫折に追い込まれていくのである。

三　公共圏と文学――『コリンヌ』の公共性像

フリュクチドールのクーデタが王党派議員を追放した後で、翌一七九八年五月のフロレアールのクーデタはネオ・ジャコバンを排除する。こうして閉鎖的となった総裁政府権力体制は、九九年一一月九日のブリュメール一八日のクーデタによって、統領政府からナポレオンの権力掌握へと転換していく。権力の巨大化を憂慮しながら、ジェルメーヌは公共圏の活性化による共和主義の維持という展望を捨てなかった。ジェルメーヌは一七九九年に護民院議員となったコンスタンに大きな期待を寄せる(75)。自由の秩序とナポレオン権力の和解の可能性をコンスタンの活動にかけていた。

しかし、一八〇〇年一月五日、コンスタンはナポレオンと対立し、一八〇二年には護民院を去る。ジェルメーヌは、コンスタンとともに、ナポレオンとの対決を深め、一八〇一年からはスイスのコッペへの亡命を事実上余儀なくされる。こうしてジェルメーヌの政治の季節は終わり、以後、コッペ居住を中心にナポレオンの迫害から逃れる生活が続き、彼女の思想活動は文学に傾斜していくといわれる。(76) 一八〇〇年の『社会諸制度との関係で考察された文学について』に続き、一八〇二年『デルフィーヌ』、一八〇七年『コリンヌ』が書かれる。政治的考察も『ネッケル氏の人間と私生活に関して』（一八〇四年）のように、私生活記述として行われるようになる。やがて、北欧と東欧の思想と文化の衝撃が加わり、『ドイツ論』（一八一三年）、『自殺に関する考察』（一八一三年）などで、ロマン主義的文学作品が生み出され、政治的関心が後退した社会観察は、一八一七年の彼女の死後出版されることになる『フランス革命の主要事件についての考察』（一八一八年）の文明史論と『追放十年』（一八一一年執筆開始、一八二〇年出版）の私的体験記録になっていくとされている。

ジェルメーヌは、こうして政治的疎外者となったが、それによって、彼女の公共圏の夢も消え去ってしまったのだろうか。ジェルメーヌにおける政治から文学への転換点にあって書かれた『社会諸制度との関係で考察された文学について』を検討してみよう。(77)

この書物は、表題からも判るように、純粋文学論ではなく、文学と文学者の政治的社会的使命を論じるものである。「私が検討を試みたのは、宗教、習俗および法が文学に及ぼす影響がどのようなものであるか、また、文学が宗教、習俗および法に及ぼす影響はどのようなものであるかについてである」。(78) さまざまの時代についての考察を含むとはいえ、焦点は、フランス共和国に絞られる。「フランス革命が、いわば、ごちゃ混ぜにした破壊と希望を見つめながら、この革命が知識に及ぼした力を知り、そして、その成果から将来に、秩序、自由、道徳および共和国の独立が賢明かつ政治的に結合されたとき、どのような結果がもたらされうるのかを、私は考察した」。(79)

じつは、すでにみた『革命を終結させうる現在の状況とフランスで共和国の基礎となるべき諸原理について』の「作家たち」の章は、この『社会諸制度との関係で考察された文学について』の草稿から抜粋して組み込まれたものであった[80]。そうだとすれば、前著で、政治秩序の基礎に復権させたコンドルセ的「世論の法廷」を、ジェルメーヌは、ここでは、より幅広く、道徳、宗教、社会秩序との関係に広げ、作家の役割を位置づけているとみることができるだろう。「世界の諸革命と世紀の継続とを遍歴しながら、私が常に関心を怠らなかった第一の理念があるのであって、それは人類の完成である[81]」。「行政を改善するためにしろ、市民的自由と宗教的寛容を保護するためにしろ、国民の勇気と誇りを鼓舞するためにしろ、賢明な諸制度がいくつか存在するところにはどこでも、知識の進歩が同時に印されている[82]」。これら二つの引用文からも、ジェルメーヌが、コンドルセの「人間精神の進歩」の理念をいっそう前面に出しながら、「世論の法廷」という公共圏をより社会の方向に拡大して、そこでの作家の使命を検討しようとしていることが判るだろう。

したがって、政治活動から排除されても、ジェルメーヌは、思想的に政治逃避へと傾斜したわけではない。共和主義の政治的動向を左右する鍵として、固有の政治過程よりも、公共圏に焦点を絞っていたのである[83]。ジェルメーヌがこうして、政治秩序の問題を、共和政諸制度から、公共圏さらには社会秩序の問題へと広げていくのは、彼女の政治思想が共和主義から事実上自由主義の方向に抜け出ていくことを準備してもいるだろう。

こうして、文学を公共圏での意義において捉えるという視角は、ジェルメーヌにおいて揺らいでいない。文学の問題は、依然として、公共圏と政治秩序の問題であった。しかし、ジェルメーヌにおいて、公共圏が政治よりも社会に引き寄せられた結果、文学の位置づけに変化も現れてくる。ジェルメーヌは、作家を哲学者と「想像力の作家」とに区別していた。このうち、「想像力の作家」の役割への関心が増大している。これは、政治と公共圏よりも、公共圏と諸個人の道徳との関係に関心が移動したことに対応するだろう。「道徳と知識、知識と道徳は相互に助け合う[84]」。だから、諸個人の諸情念から道徳が生み出される場合における知識の役割が、さらには諸個人の社会と公共圏とを結ぶ作家の役割が重要なのである。哲学の優位が揺らぐわけではない。「文学的作品は魂を動かすことを目的とするやいなや、必然的に哲学に接近する。こうして、哲学こそがすべての真理へと導くのである」[85]。諸情念を哲学に結合する力として、「想像力の作家」が必要なのであった。

公共圏と社会との関係をより重視するに伴って、ジェルメーヌにおいて、諸個人の諸情念と道徳および哲学的知識との関係について、考察がより具体的となっているのもみられる。必ずしも体系的ではないが、まず、諸個人の諸情念を和らげ道徳的性格を付与するものとして、キリスト教が評価される。キリスト教は、「北方の精神と南方の習俗との融合」に貢献し、「科学と形而上学および道徳のために必要な精神的能力を発達させ」、「奴隷制度の破壊」と女性の地位向上を進め、社会において「あわれみ」の感情を生み出したとされる[86]。また、「想像力の作家」が使命を果たすために、学ぶべきものとして、北方の文学とメランコリーの心性について語られる。さらに、道徳にとって女性の感性のもつ重要性が強調され、女性の社会的地位の改善は「感性の勝利」を意味するといわれる[87]。

まとまった記述とはいえないとしても、ジェルメーヌは、政治思想の中心対象を、公共圏と社会との関係へと力点を移しながら、イデオローグが情念に翻弄される存在として公共圏から外そうとした諸階層を、公共圏に導入する道筋を追究している。理性ではなく諸情念から道徳さらには公共圏という通路で、民衆の公共圏参入が展望される。同じく、グージュの主張した女性の諸権利を抑圧する方向に進んでいた「イデオローグの共和国」に対抗して、女性の公共圏参加を主張する。共和国諸制度から公共圏へのジェルメーヌの重視する政治圏の移動は、彼女において、近代的個人がイデオローグ的社会秩序をはみ出してきたことを明示しているのである。

このようにみてくると、ジェルメーヌの思想における文学的性格の増大は、彼女の政治からの退却を意味するのではなく、公共圏を政治的中心対象とするという、政治思想の変化に対応するものであったということができると思う。ジェルメーヌは、一七八九年の革命を継承するためには、いまや政治家は文学者でもなければならないと考えている。ジェルメーヌの文学作品は、いわば公共圏へ向けての政治的活動として、生み出されたとさえ考えられる。

事実、最初の本格的文学作品『デルフィーヌ』は、政治的メッセージにあふれている。[88] 舞台は一七九〇年と九一年の革命の諸事件によって構成される。ジェルメーヌが革命の正しい流れとする九一年憲法の時点で、革命的社会変動と個人の運命とを、見定めようとしている。しかも、ジェルメーヌ自身を思わせるヒロインの愛の物語を通して作品が問うのは、離婚の問題、宗教と国家の関係問題、政治的自由の問題であり、[89] ナポレオンが当時政治的争点としていた主要問題である。ジェルメーヌの主張する離婚の自由、カトリック批判と宗教の自由、政治的自由は、民法典（一八〇四年公布）、コンコルダ（一八〇一年）、帝政のそれぞれに対峙し、ジェルメーヌは、ナポレオン帝政の政治社会的支柱すべてを告発した。ジェルメーヌは、一七八九年『宣言』を支持するというデルフィーヌを造形しその目を通して、政治体制についてナポレオンと論争しようとしていたのである。

『デルフィーヌ』は公共圏に投じられた、ナポレオン体制告発の政治文書という性格をもつものであった。実際、『デルフィーヌ』はジュネーヴとパリで歓迎され、ジェルメーヌの戦略は効果を上げたが、ナポレオンの反撃を生み、ジェルメーヌは国外追放となる。[90] ジェルメーヌは、政治活動への手がかりを失い、作品の非政治的性格も強まる。一八〇三年以降のドイツ旅行によってカント哲学とシラーやゲーテの文学の影響によって、ロマン主義的思想を色濃くしていった。しかし、一八〇七年に刊行された『コリンヌ』は、ドイツ思想の影響もまだ少なく、『デルフィーヌ』と同じく公共圏の政治学という課題を維持しているように思う。『デルフィーヌ』におけるような政治的事件はもはや影を潜めているが、[91] ジュルメーヌの公共圏へのこだわりは、かえって強化されているようにみえる。ここでは、文学的視点からでなく、ジェルメーヌの公共性像を問うという視点から、『コリンヌ』を取り上げてみたい。

ジェルメーヌ・スタールの文学は、共和政についての原理的考察を「世論」と公共圏に絞っていったところに成立した、いわば彼女の政治学であった。ジェルメーヌの文学は、ナポレオン体制との政治的思想闘争の形であり、作品の成功は「世論」の力を自由な政治秩序に向けて結集しえたことを意味する。このようなジェルメーヌの文学的政治戦略は、じつは、コンスタンと共有したものであった。とりわけ、コンスタンのジュルメーヌ回想である「スタール夫人とその作品について」は、『コリンヌ』刊行以降、コンスタンが適宜書き溜め発表したものを再編し一八二九年の『文学政治雑論集』に収録したものであるが、この主題の最良の要約である。(92) ここでは、まず、コンスタンに従って、ジュルメーヌの文学のもつ政治的あるいは公共的主題を再確認してみたい。

コンスタンによれば、ジュルメーヌの『フランス革命の主要事件についての考察』が『一七八九年に宣言された自由の諸原理を高く掲げた」ように、『コリンヌ』は「フランス文学に新時代を生み出した」のであって、それは「道徳小説」という独自の性格をもつ。(93)

ジェルメーヌの小説には次のような作家のたくらみが仕掛けてある。「想像の作品は道徳的目標をもつべきでなく、道徳的結果をもつべきだ。こうした点では人間の生活に似ているに違いないのであって、それは目的はもたないのに、いつもモラルが必然的に問われるような帰結をもつものである(94)」。つまり、小説は、作家の哲学的理念や思想の表現を目的にするのではなく、作家が、自己が性格を与えた主人公とともにある経験を想像的に生きる空間であって、それにより読者も、主人公とともに想像上の人生を生き抜き、主人公になりきってある道徳的判断を迫られるという仕掛けをもつ。

コンスタンによれば、小説における登場人物は、自由な感情に基づく一つの「性格」をもつ個人であり、それが「利益」と「意見」によって社会に引き出され、「鍛えられ」、一つの「道徳的結果」へと導かれる。「道徳的結果」はあらかじめ作家によって設定されているのではなく、「性格」と「利益」と「意見」のぶつかりの中から生まれる。したがって、小説は、登場人物になりきる読者に、諸情念に引きずられるとジェルメーヌが設定した近代的個人が、「利益」と「意見」すなわち社会と公共圏に参加していく過程を追体験させ、モラルの成立を促すことができる。[95] こうして、舞台がナポレオン帝政下の社会におかれることによって、『コリンヌ』は公共圏における「想像力の作家」の使命をジェルメーヌ自身が果たす方法装置に他ならなかったのである。これに対して『フランス革命の主要事件についての考察』は公共圏への哲学者としての働きかけであった。

コンスタンは、『コリンヌ』に巧みに導入された「意見」のもつ機能に注意を促し、『コリンヌ』の主題がヨーロッパ諸国のもつ具体的公共圏像を設定し、そこにおかれる個人の運命を問うものであることを、示唆している。コンスタンの解釈を聞こう。コリンヌは「芸術と詩」の化身であり、「過剰かつ同時に躍動的情熱的な感受性をもち、あらゆる幸福の様式をそなえるとともに、あらゆる苦悩に反応しやすい」[96]。コリンヌは情念を行動原理とする自然的個人すなわちいまだ社会性をもたない存在として登場する。したがって、コリンヌは「意見」をもたない。コリンヌはイタリア人でなければならなかった。イタリア人は、「その国が権威づけるように[97]」人に接するという受動性の中にいるので、それは社会や公共圏との葛藤を知らない存在のモデルとして適切である。このコリンヌを社会と公共圏に引き出すのは、恋人の役割である。そのオズワルドはドイツ人とはなりえない。なぜなら、「ドイツでは唯一の品位は身分によって強く示される。その上、世論は十分に寛容であり、共通の規則からでるものすべては不評をかうよりもむしろ歓迎される」。ここには「意見」があるが、それは身分制度の言葉であり、個人の「意見」ではないという意味で、近代社会へも公共圏へも繋がりをもたないのである。オズワルドはまたフランス人ともなりえない。「フランスでは世論は形式の面では潑剌としているが、その権威にたてつかない範囲で規則を踏み外したものへの弁解を許してしまう」。フランスでは「利益」の力が強すぎて、「意見」は形式的で実質の力をもち得ない。フランス人においては、個人的自由は「利益」原理に捉えられ、「意見」は権威と対峙する固有の社会性へと発展できない。こうして、オズワルドはイギリス人として設定された。「心の底から沸き上がる葛藤を生むためには、コリンヌの恋人はイギリス人である必要があったのであり、すなわち、彼は、人間が進んだ性格をもち、その義務が積極（実質）的であり、世論が、偏見にもまれた厳しさを刻み込み、日常性によって変容されているような国の住民である」。(98)

こうして『コリンヌ』は、情念に囚われる自然的個人がヨーロッパ諸国のさまざまな公共圏の「意見」に出会い、社会的公共的存在として成長する実験小説であり、社会と公共性の現状に対する作家としてのジェルメーヌの政治哲学的洞察と働きかけを表現するものであった。後でみるコンスタンの『アドルフ』が、同じく「意見」を扱いながら、より保守的なドイツ領邦体制下の「意見」による抑圧を語るのに比べて、ジェルメーヌの『コリンヌ』は、イギリスの「意見」を代表するオズワルドを配することによって、社会と公共性のもつ自由圏としての可能性を最大限展望しようとしたということができる。

『デルフィーヌ』と違って、『コリンヌ』は書簡体という形式をとらない。つまり、登場人物の心情を現実社会に直接ぶつけるものではない。むしろ、現実の社会と公共性についての哲学的考察を、読者の感性に訴えるように述べる形式が求められていると思われる。(99)『コリンヌ』の登場人物は、具体的身体を描写されない。このことも、『コリンヌ』の主題が、社会についての哲学的考察を読者と想像上の経験によって共有することにあるという傍証であるだろう。『コリンヌ』の登場人物は、常に「意見」をもつ存在であり、「意見」の葛藤がドラマを動かす。物語の進行の中で、具体的歴史状況が導入され、社会と公共圏の現実的ダイナミズムが印象づけられていくのである。『コリンヌ』がジェルメーヌの公共圏戦略に立つ作品であるという観点に立って、「コリンヌ」における社会表象と公共表象を再構成してみよう。

カピトリーノの丘でその至高の芸術性を承認されるコリンヌは、社会性を剝奪されている存在である。そこでコリンヌが自由を得たとしても、それは、いわば古代的自由にすぎない。美的存在としてのコリンヌを社会と公共圏に引き出すのはオズワルドとの恋である。恋愛がコリンヌを社会に連れ出すのではなく、オズワルドの社会性がコリンヌの情念的存在に社会性を付与していくのである。オズワルドは、ジェルメーヌが近代的自由の特質とした個人的自由の実質をそなえた、イギリス人である。スコットランドの貴族としてその生活実質を体現している。(100)病気を自己の責任であり罪とする近代人であり、「活動的生活の中に、生きる気力が満ち満ちているあの激しい鍛錬の中に、さぞかし多くの喜びがあるに違いない(101)」と感じている。父の死によって後ろ盾を失い一度社会から脱落したオズワルドは、いまいちど社会との折り合いをつける方法を求めて旅に出たともいえる。だから、オズワルドの生活にとって、大きな役割を果たすのは「意見」あるいは「世論」である。オズワルドはただ恋するのではない。「世論」とともにあることによって、またこれにイギリス人の作法で対応することによって、愛に葛藤が生まれるのである。

オズワルドが旅先で知り合うデルフィーユ伯は、フランスの「世論」と個人を代表する。彼は自尊心のかたまりで、勇気と軽薄さを兼ね備えている。社会から孤立し権力と結合する傾向は、ナポレオンを生んだフランスそのものであろう。社会の中の悲劇をさけるデルフィーユ伯は、病気のオズワルドのように「世論」に振り回されることはないが(102)、「世論」の生命力と無縁の存在である。デルフィーユ伯は、「利益」におかされた社会性を象徴し、それは、ナポレオン体制下における公共圏の窒息を示唆するものであろう。(103)

フランスにおける「世論」が「利益」に支配されているという『コリンヌ』の描写をみれば、これは、レドレルの『世論の理論』の自由主義を丸ごと批判していることになるだろう。レドレルは「世論」を「利益」と財産の秩序に吸収し、共和政の体制的基礎に据えようとしていたが、ジェルメーヌが、それを自由な「意見」の自滅とし、しかもナポレオン体制に組み込まれるものと捉えることは、後でみる。公共圏を共和政再生の原動力とみることをレドレルと共有しながら、その公共圏のフランス的現実に対してはレドレルの楽観的把握を受け入れることはできなかったのである。

また、ドイツの「意見」さらにはその思想としてのカント哲学も、『コリンヌ』には積極的場所が与えられていない。ドイツにおける「世論」についてのコンスタンの把握も考慮すれば、ジェルメーヌの政治思想におけるドイツ思想の影響は、『コリンヌ』の時点では、決定的ではない。ジェルメーヌの目はドイツ哲学にではなくイギリスの「世論」と公共圏とに注がれていた。

コリンヌという情念的個人は社会性を獲得できただろうか。『コリンヌ』の結末は単純である。オズワルドはコリンヌの愛を受け止めきれず、もともと亡き父が結婚相手として望んだ女性であってじつはコリンヌの妹であるルシールとの静かなプロテスタント的生活の中にかえっていく。そこには近代的家族と社会活動と政治的自由の調和がある。ある意味でイギリス的「世論」が勝利するのであり、それはジェルメーヌの見出した現状で認めうる唯一の自由形態である。

こうして、コリンヌは、社会に生きる道を見出せなかった。だから、コリンヌは現実世界での愛に挫折し、これを「完成可能性」の世界という芸術的次元に昇華すると、普通読まれている。しかし、その解釈には、いくつかの留保が必要であると思う。コリンヌは愛に破れるが、デルフィーヌのように社会と戦闘に入るわけではない。また、「完成可能性」の世界は、コンドルセの「世論の法廷」のように「進歩」という力によって歴史的現実と結びついている。したがって、コリンヌの挫折の風景は、ロマン主義の描くような社会に対する個人の挫折と反発と抗議、現実と芸術の対立とは、異なる。オズワルドの方からいえば、彼は愛を完全に喪失するのではなく、愛の世俗的形態を選ぶのである。ルシールは「完成可能性」の対立世界を代表するのでなく、「完成可能性」の歴史的段階としてのイギリスの娘なのである。イギリスは歴史的に「完成可能性」の世界に最も近い現実とされており、オズワルドとルシールの結婚は、「完成可能性」の挫折ではなく、未熟なしかし現実の「完成可能性」の形態に他ならない。

コリンヌが病気で死ぬことも象徴的である。病は治療可能であり、文明の病は歴史が治療するという視点が、ジェルメーヌにおいて強くなっていたのではないだろうか。このことは、ジェルメーヌが、公共圏の理想型の哲学的追究よりも、歴史的現実を求め、イギリスの社会を歴史の普遍的モデルとして位置づけ始めていることに対応するだろう。(104)

デルフィーユ伯の「意見」したがってフランスの社会と公共圏は、コリンヌとオズワルドの愛すなわち個人的自由を一切受け入れない。しかし、イギリスの社会は、不完全だがオズワルドに生きる道を提供し、「完成可能性」の理念が歴史的に現実と結合することを示す。ジュルメーヌがイギリスにみるのは、デルフィーユ伯のように社会から孤立するのでなく、「世論」にまみれて生きる人間であり、「世論」に破れても、しかし不滅の心をもって「世論」に問いかける人間である。その意味で、イギリスの社会は「完成可能性」の世界に接続し、ジェルメーヌの求める哲学と情念の交錯を可能にする。ジェルメーヌの求める公共圏としての可能性をもつ社会なのである。(105)

このように、『コリンヌ』を検討してみるとき、『社会諸制度との関係で考察された文学について』で狙いとされていた公共圏戦略は、暗礁に乗り上げているといわざるをえない。フランスの社会と公共圏は、ジェルメーヌの前で、個人的自由への敵対的性格を色濃くしている。そうして、フランスにみる困難によって、ジェルメーヌが現実の公共圏として注目するのは、プロテスタントの宗教的情操に支えられた「世論」をもつイギリス社会となっている。

先のジェルメーヌの回想において、コンスタンは、『コリンヌ』のジュルメーヌが商業と啓蒙の時代によって君主専制は不可能となったという前提認識をもつといっている。(106) すなわち、ジェルメーヌは公共圏の基礎を商業的社会に求めようとしていたというのである。しかし、それは、ジェルメーヌが商業的社会の分析すなわち経済学に関心を示さなかったこととあわせれば、彼女のフランスの公共圏像がきわめて抽象的となっていることも意味するだろう。コンスタンも続けて、ジェルメーヌのイギリス理想化とフランスへの無関心とを、批判している。すなわち、コンスタンは、ジュルメーヌのイギリス讃美に言及し、彼女がイギリス社会の不平等性を見落としていると述べる。[107]そうして、コンスタンは、フランスの模倣の能力を評価せよといい、フランスの立憲政の伝統、宗教（エミグレ）、ルイ一四世問題に触れ、現代フランスの立憲王政の状況、立憲と民法に基づくナポレオン政権を評価している。[108]このように、コンスタンは、フランスの公共圏に対するジェルメーヌの分析の弱さを指摘しているのである。

しかし、フランス的現実への批判意識は、ジェルメーヌを公共圏への絶望には導いていない。イギリスを現実モデルとしながら、フランスの公共圏への批判的働きかけを続ける決意こそが、『コリンヌ』執筆の動機であることは疑いをいれない。むしろ、個人的自由に対応する政治秩序成立を公共圏においてみるという意味において、ジェルメーヌは、共和主義から自由主義への脱皮を終えつつあったということができる。

『革命を終結させうる現在の状況とフランスで共和国の基礎となるべき諸原理について』で、ジェルメーヌは政治秩序の基礎を公共圏に求め、「公論」が民衆の底でささやいていると述べた。この時点で、ジェルメーヌとコンスタンはほぼ同一の公共圏像と公共圏戦略とを保持していたと思われる。そして、コンスタンとともに、思想としての自由主義を自立させつつあった。それは、国家による自由主義ではなく、公共圏の政治を核心におく、国家に対峙する独自の自由主義であった。こうした意味で、『コリンヌ』は、フランス自由主義の自立を記念する最初の政治思想の書であったといってよいだろう。

しかし、コンスタンは、ジェルメーヌの公共圏戦略の存在を指摘すると同時に、その困難と弱点とを同時に指摘した。コンスタンが「政治原理」の探究とフランスの公共圏の現実にリアルな目を持ち続けたのに対し、ジェルメーヌは、フランス的現実への失望を強め、イギリス社会への期待とあこがれを強めていたのである。ジェルメーヌの政治思想としての自由主義が、フランスの公共圏に最も精力的に働きかけていたまさにその時点で、ジェルメーヌの政治の季節は彼女を置き去りにしようとしていたのである。

四 『ドイツ論』以降の自由主義——ナポレオン帝国を前にした自由と公共

『コリンヌ』（一八〇七年）には、一八〇五年のイタリア旅行が、顕著に反映されていたが、その時点で、すでに、ジェルメーヌはドイツ思想をすさまじい勢いで吸収しつつあった。『デルフィーヌ』（一八〇二年）はナポレオンを激怒させ、即座に、ジェルメーヌのパリ立ち入りが禁止され、翌一八〇三年一〇月には、国外追放命令が出された。ジェルメーヌはコンスタンを伴いドイツへと向かい、翌年一八〇四年四月に父ネッケルの死が伝えられるまで、ドイツ滞在を続け文化人との交流を深めていったのである。

ドイツ圏に足を踏み入れたのはこのときが最初とはいえ、ジェルメーヌは、すでに、母と自身のサロン活動によって、ヤコービ、グリム、フィヒテ、フンボルトなどを知っていたといわれる。コンスタンは、スコットランド思想だけでなく、ドイツ思想の紹介者でもあったろう。ドイツでは、シラーが「フィクション試論」（一七九五年）のゲーテによるドイツ訳を一七九六年に雑誌に発表していたし、『個人と諸国民の幸福に及ぼす情熱の影響について』（一七九六年）も話題となり、ゲーテは『社会諸制度との関係で考察された文学について』（一八〇〇年）を激賞していた。[109]

ジェルメーヌは、シャルル・ド・ヴィレールからカント哲学についての知識を得たといわれる。ヴィレールはフランスからドイツに亡命し、カント哲学に心酔していた。ジェルメーヌは、ヴィレールとの文通によって、カントについて学んでいたが、一八〇三年一〇月ドイツに旅立つ前にメッツでヴィレールに直接会い、カントについてあらためて深い知識を提供されたということである。フランクフルトからゴータ経由でワイマールにジェルメーヌが着くのは同年一二月であり、ここで、ヴィーラント、ゲーテ、シラーと会う。ゲーテには、『ウェルテル』と『エグモント』への共感を表明し、シラーとはその妻シャルロット・シラーのフランス語力が交流を助けた。一八〇四年三月にはベルリンに入った。ベルリンではアウグスト・シュレーゲル（シュレーゲル兄）と急速に親密となり、フンボルト、シュレーゲル兄弟らのベルリンのドイツ思想を吸収していくことになる。(110)

ドイツ・ロマン主義の始まりを印す雑誌『アテネウム』をシュレーゲル兄弟が創刊したのは一七九八年であり、ドイツ国民国家成立への思想的記念碑であるフィヒテ『ドイツ国民への講義』は一八〇八年であった。シュトゥルム・ウント・ドランクの思潮とカント哲学が、フランス革命の衝撃とナポレオンのドイツ侵攻の予感によって、ロマン主義と国民的独立の思想へと旋回を始める時点で、主として対話と文通によって、ジェルメーヌは、シュレーゲル（兄）のロマン主義を窓口にして、ドイツ思想を吸収したことになる。(111) フランスの公共圏への足掛かりを失いながら、ジェルメーヌは、ナポレオンを迎え撃つドイツの若々しい思想に触れて、「想像力の作家」としての再生を図っていたのである。

一八〇七年末からジェルメーヌは第二回目のドイツ訪問を果たすが、翌年五月にコッペに帰還してまもなく、『ドイツ論』の構想と執筆に取りかかった。一八一〇年にパリでの印刷と出版を試みるが、警視総監より「フランス的でない」という理由で出版を禁止される。しかし、『ドイツ論』（フランス語）は一八一三年ロンドンでの出版に始まり、一八一四年四月にベルリンでのドイツ語訳刊行、五月にはパリでの地下出版が成功した。ドイツ讃美の内容だけでなく、出版の経緯からしても、『ドイツ論』は、ナポレオン体制に対決するドイツ・ロマン主義の作品として、受け入れられていった。(112)

『ドイツ論』がフランスにロマン主義を生み出した重要作品の一つであることは、いまさら言うまでもない。オシアン以来の北欧文学の感情主義、ドイツ文学の激しい感受性表現と想像力、ドイツ神秘主義による魂への洞察、ドイツ観念論哲学の能動性、これらの評価によって、古典主義以来のフランス文学に、ジェルメーヌは戦いを挑んだ[113]。その反逆の強さは、ナポレオン権力という強大な力によって、ジェルメーヌが、フランスの社会と公共圏から閉め出されるのに比例しているともいえるだろう。

それでは、『コリンヌ』をフランスの公共圏を意識し書く過程で、『ドイツ論』の準備とともに、ジェルメーヌの政治離れが進行していたのだろうか。そうではない。それどころか、『ドイツ論』も、常に、フランスの公共圏を政治的に意識して、考察を展開しているとさえ思われる。ここでは、『ドイツ論』を、ジェルメーヌの公共性論に絞って、検討してみよう。

『ドイツ論』におけるドイツ観念論とカント哲学の評価は、イデオローグ批判と一対のものであった。『コリンヌ』でナポレオンがフランスの公共圏を「利益」原理により統合していくと批判したことを思い起こせば、『ドイツ論』でのカント哲学によるイデオローグ批判の試みは、ジェルメーヌの政治意識に緊密に結びつくものであったと推察されるだろう。このように考えると、『ドイツ論』のうち公共圏に関する記述を集約する諸章、とくに、第一二章「個人的利益に基づく道徳」と第一三章「国民的利益に基づく道徳」とが理解しやすい。

第一二章は、フランス哲学が採用している「利益に基づく道徳」あるいは「自己愛の理論」に対する批判にあてられている。道徳学説として、ジェルメーヌは、「エルヴェシウス、ディドロ、サン＝ランベール」らのフランスの「自己愛の理論」、「すべての徳の源泉として道徳感覚と同感を挙げた」イギリスの「シャーフツベリ、ハチスン、スミス」などの経験哲学、「カント、フィヒテ、ヤコービを先頭とするドイツの哲学的道徳的作家たち」の理論の三つを挙げ[114]、フランスの道徳学説の欠陥を明らかにする。ジェルメーヌは、「人間の行為はその行為の結果が幸福な結果を生むか不幸な結果を生むかを考慮しない場合、つまりはその行為が義務によって命じられたものである場合にのみ真に道徳的である[115]」というカント的議論を前提として、批判を構成する。というより、さしあたり、カントの義務論をフランスの「個人的利益に基づく道徳」説に対置しているにすぎない。すなわち、「この世における人間の目的は幸福にではなく、その完成にある」[116]というドイツ哲学の道徳観念を対抗軸において、フランス哲学のように道徳能力を行為の結果としての利益に対する予測能力に解消してしまえば、固有の道徳は消失するという[117]。そうして、こうした「個人的利益」が道徳を支配するとき、人間の行為はすべて結果から判断され、諸個人は相互に「障害物か道具」となるという[118]。

この議論は、『コリンヌ』におけるデルフィーユ伯批判という形をとったフランス公共圏の批判に相当する。『コリンヌ』では、フランスにおいて、「利益」という社会原理が「意見」を窒息させると述べられ、功利主義が「意見」すなわち公共圏の拡大と活性化を阻んでいると把握されていた。ここでは、その功利主義を公共圏にもち込むエルヴェシウス以来の哲学すなわちイデオローグの活動が批判されている。イデオローグの哲学、イデオローグの公共圏支配、レドレル的公共圏の再編、これらすべてが、フランス公共圏を閉鎖的にすると批判されているということができよう。しかも、ジェルメーヌは、フランスでの新しい動向として、イデオローグの傾向にデュモンの紹介によるベンサム理論が合流することに、警戒を促している[119]。

ジェルメーヌの議論が哲学的となるのは、彼女がフランスの公共圏再生への現実的政治的方向を見出せないことの裏返しともいえよう。しかし、公共圏を政治秩序再建の基礎に置く視点は、依然としてジェルメーヌの自由主義の核心をなしているのであり、「哲学の作家」と「想像力の作家」がドイツ哲学の息吹をフランス公共圏に吹き込むという形で、外部からの公共圏への働きかけに活路を見出そうとしていたとみることができよう。

第一三章にいう「国民的利益に基づく道徳」とは、国家が社会の最大利益の保護を目指すこと、つまりは功利主義的統治を意味し、ジェルメーヌはその弊害を論じる。ジェルメーヌは、まず、議論の前提として、近代における国家（政治）と社会（個人）の分離独立という構造を確認する。

「古代の立法者は市民に政治的利害に関与することを義務づけた。キリスト教はこれとまったく性格をことにする傾向を吹き込むに違いないのであって、それは、国家が良心を危機にさらしかねない場合には、権威に従うが国家の事柄に距離をとるという態度である。人間の祖国に対する関係についての考え方のこうした対照は、古代の統治と近代の統治との間に横たわる違いによって説明される[120]」。「きわめてわずかな自由政体を除いて、近代における国家の巨大さと王国権力の集中によって政治はいわばまったく消極的なものとなった。諸個人相互が傷つけあわないことが問題であり、統治は各人に平和と社会秩序という恩恵の享受を可能にするに違いない高度な治安をなすべき責任をもつのであって、正当な出費によってこうした安全を確保する[121]」。

すなわち、ここで、ジェルメーヌは、『革命を終結させうる現在の状況とフランスで共和国の基礎となるべき諸原理について』の議論を再現している。近代において「個人的自由」が国家に包摂されない領域を確保した。したがって、国家と徳の古代的結合は不可能となり、道徳は文字通り個人の道徳として自立し、国家の役割は個人的自由を保護するという意味での治安に転換したのである。そして、ここでも、国家から分離した道徳にとって有意義な機能を果たすものとして、キリスト教が評価されている。

それでは、統治（国家）と道徳（個人）の分離独立という構造をもつ近代において、統治原理に功利主義を持ち込むことは、なぜ危険なのだろうか。ジェルメーヌは功利主義が社会原理としての利益原理に権力の手を添え、社会的不平等を政治的不平等に転位しようとするものだとみているのである。「全体の利益」を国家が掲げる場合も、それは、特権者の利益独占にしかならないというのが、ここでの基調である。

国家は社会的利益の統合や誘導に積極的に関与してはならない。「道徳の原理の完全性は民衆の利益より重要である。個人と社会は、何にもまして、人類の継続世代に伝えられるべき神聖な遺産に対して責任がある[122]」。ジェルメーヌがこのように言うのは、民衆の利益を考慮しないという意味ではなく、「個人の道徳的重要性は人数によらない」という意味での道徳的存在として個人を捉えたうえで、その個人の自由を保証するのが国家の役割だということである。[123] 国家が維持するのは、社会的利益ではなく、個人的自由の道徳、社会秩序、そこから割り出される一般的福祉である。このようにジェルメーヌは、功利主義的統治が「個人的自由」の自律性を奪う政治システムであることに警鐘を鳴らし、これに対抗する近代国家の哲学を必死に模索していくのである。

では、そのような国家の行為原理はどこから引き出されるのか。ジェルメーヌは、ネッケルの政治的活動の正しさを例として挙げ、その根拠を、それが「公平な観察者にとって否定できない」[124] 点に求めている。ここでいう「公平な観察者」が、「公論」とこれに繋がる公共圏の抽象的表現であることは、明らかだろう。統治と利益の結合したがって功利主義的統治原理を否定し、ジェルメーヌは、公共圏における諸個人の同意から政治を引き出す民主主義を、あらためて力説したのである。[125]

そうだとすれば、この時点で、ジェルメーヌは、「イデオローグの共和国」を継承するレドレル的方向と、完全に袂を分かっている。それどころか、公共圏活性化を阻む最大の障害として、レドレル的功利主義を見据えている。ジェルメーヌにとって、個人的自由の本来の発展が、フランスにおける動産と商業の支配傾向を背景に経済的自由の実現を目指すレドレルの枠組みに収まらないことは、もはや明らかであった。「利益」の原理がナポレオンの権力的秩序を呼び込むといった『コリンヌ』の認識を思い起こせば、ジェルメーヌがフランスの経済的自由の現実的幼弱性がナポレオン権力への依存によってかえって自由喪失を招くという危機感をいっそう強めていたことが、確認できよう。

ジェルメーヌのここでの国家論に、公共圏の功利主義的統合がナポレオン独裁を呼び込むという批判が存在するのを読むとき、ここでのキリスト教の位置づけも、ナポレオンの影を意識したものであることが推察される。ジェルメーヌによれば、キリスト教は、国家から社会が独立した時代において、個人の道徳にかかわる宗教として存在してきたのであった。ジェルメーヌは、このキリスト教徒の道徳的習性が政治的には「無気力なシステム」[126] をなすと述べ、次のように続ける。「ギリシアとローマの市民の活動は、それが共和国において行使されうるかぎり、高貴な美徳であった。キリスト教徒の無気力という力もまた一つの美徳、そして一つの大きな力である。というのも、キリスト教徒は、その弱さを非難されるが、その精神すなわち拒否の気力において不屈である。しかし、野心的な人間のへつらいの利己心の手にかかれば、正反対の論理を組み合わせる技術が教え込まれ、異教徒のようにすべてに掛かわり合い、かつ、キリスト教徒としてすべてに従うようにされてしまうのである」[127]。キリスト教は本来政治に無関係な個人的自由の道徳に繋がるものである。そのキリスト教を政治に持ち込み権力への恭順に利用する「野心的な人間」は、コンコルダを成し遂げたナポレオンを想像させる。ジェルメーヌは、ナポレオンによる公共圏への宗教の持ち込みを、ナポレオン権力による公共圏の略取として、警戒を強めていたのである。

明らかに、フランス追放後の『ドイツ論』の時点でも、ジェルメーヌは、フランス共和政再生のための政治的活動への意欲を失っていないし、フランスで共和国の公共圏への関心を強めてさえいた。と同時に、『革命を終結させうる現在の状況とフランスの基礎となるべき諸原理について』にはない、新しい傾向が現れているのではないだろうか。ジェルメーヌは、共和主義の再生のために、レドレルなどとともに、「公論」と公共圏に注目し、その公共性の源泉に近代に独自な個人的自由の存在を捉えたのであったが、『ドイツ論』では、個人的自由の政治からの独立が、よりいっそう強調されている。ジェルメーヌ独自の枠組みとして、政治が個人的自由に一切干渉せずまた支配統制を及ぼさない点に、焦点が移動している。公共圏の位置が、個人的自由の独立を保証する圏域として、国家との対抗において、語られる。もはや、イデオローグがはかる「利益」原理導入による公共圏の活性化は、ジェルメーヌには、個人を受動的にし、功利主義的統治原理による国家の社会統合を招くとみえていた。

こうして、ジェルメーヌにおいて、公共圏は、国家から独立するだけでなく、社会的諸関係における独自的位相を、鮮明にしつつあった。公共圏は、社会的諸利害とは独立した、道徳と「意見」によって構成される。したがって、フランスの公共圏については、諸個人の現実的道徳水準とともに「作家」の役割が、いっそう重要視されるのである。

ナポレオンによるフランス追放が、ジェルメーヌを自由主義者としたといえよう。[128]『ドイツ論』のジェルメーヌは、もはや共和主義にこだわっていない。ジェルメーヌは、近代における個人的自由の政治からの独立を前提に、その個人的自由の保護のための政治秩序を求めている。と同時に、公共圏の把握によって、ジェルメーヌは、レドレルにみられるフランス自由主義主流とも対峙関係に突入する。ジェルメーヌは、功利主義の方向に自由と権力の癒着をみて、これに対抗する。功利主義はフランスにおいてナポレオン独裁を呼び込むとみるのである。ジェルメーヌの自由主義において、公共圏は近代の政治空間としての意義をいっそう明確にしていく。ジェルメーヌの自由主義は、国家や政治からの自由を主張するのではなく、公共圏を通じて政治的自由を行使する自由主義であった。非政治的でなく、いわば公共圏の政治学をもつ、自由主義なのである。

ところが、『ドイツ論』では、「公平な観察者」という抽象的表現やネッケルという具体例を出すだけで、公共圏のレドレル的統合に対抗する糸口を、フランスに見出すことはできていない。公共圏の政治学をフランス的現実に即して構想する諸条件を奪われている。こうして、ジェルメーヌの思想的活動は、三つの方向に分離していたと思われる。

第一の方向は、フランスの公共圏の現状批判を基本に据えて行うナポレオン政治体制の批判であり、第二の方向は、公共圏の前提となる諸個人の諸情念と心性についての探究であり、第三の方向は、個人的自由とその政治秩序についての哲学的考察である。『ドイツ論』は、このうち、第二と第三の方向を中心とした作品であった。ドイツの精神と哲学の発見は、一方で、ヨーロッパ諸地域固有のマンタリテの探究となって広がり、他方で、功利主義に対抗する道徳原理の哲学的探究に及んでいく。この点では、『ドイツ論』の特徴として、「アントゥージアスム」という特異な概念の強調が、よく指摘される。美的なもの、神聖なもの、宇宙的調和に向かう感情とされる「アントゥージアスム」を、ジェルメーヌは、それが人間に普遍的自然的であるとともに「狂信」や「熱狂」の対極にあることを指摘し、この感情が、一方で諸個人の諸情念の過剰を抑え、他方で近代的個人の道徳の発条となるという。諸地域における「アントゥージアスム」の状況が、その公共圏と作家および文学の性格を決める。「アントゥージアスム」の存在が、義務に発するカント的道徳を近代人の道徳とすることを可能とする。[129] このようにして、功利主義に対抗してカント的道徳論を受容し、個人的自由にふさわしい道徳を探究し、これを背景にフランスの政治状況を批判する。このような意味で、『ドイツ論』は、ジェルメーヌの政治思想の発展を示しているのである。

一七八九年『宣言』を具体化するというジェルメーヌにおけるフランス革命の精神は、迫害とフランス追放によっても、いささかも弱まることはなかった。しかし、『ドイツ論』以降、ジェルメーヌに政治的活動の機会は、もはや訪れなかった。ナポレオン帝国の拡大によって、ジェルメーヌは、コッペを捨てた放浪を余儀なくされた。一八一二年五月にはロシアに向かって旅立ち、翌一三年にはロンドンに落ち着く。同年のナポレオンの没落によって、一八一四年五月にはパリに入るが、その後、ナポレオンの百日天下でも積極的活動はせず、一八一七年、コンスタンが『メルキュール・ド・フランス』でのジャーナリスト活動によって自由主義の政治を実施に移したのをみながら、七月にジェルメーヌは死去した。[130] ナポレオン体制の告発は、一八一一年に書き始められた『追放十年』にみられるように、体験告白の傾向が強まる。

しかし、ジェルメーヌは公共圏の政治学を捨て去っていたのではない。一八一二年、ジェルメーヌは、イギリスへ向かう途中のストックホルムで、『フランス革命の主要事件についての考察』を書き始めた。この作品は、遺著として、死後まもなく、一八一八年に出版されるが、主題は、フランス革命の理念に基づくナポレオン体制との戦いにある。[131]その考察が文明史に傾いたのは、フランスの公共圏とのジェルメーヌの距離を表すが、ナポレオン体制の政治秩序の批判は、『ドイツ論』と違い、具体的かつ構造的である。ここでも、『フランス革命の主要事件についての考察』を、文明史の構想としてよりも、政治学的考察の書として読み、ジェルメーヌのナポレオン体制批判を取り出してみよう。

「フランス革命は、フリュクチドール一八日以降、もはや、義務よりも利益を優先して迷う人々の持続的継続にすぎなかった」[132]。ジェルメーヌは、このように、一七九七年九月のフリュクチドールのクーデタを革命の暗転期に置き、その後、ナポレオン・ボナパルトの政治秩序がどのように樹立されたかを、追っている。ナポレオンの政治秩序は、単純にフランス革命に対する反動を意味しない。「フランス支配にいたるためのボナパルトの計画は、三つの原理に基づいていたのであって、人間の利益をその徳を犠牲として満足させること、詭弁によって意見を腐敗させること、そして国民に自由のかわりに戦争を目的として与えることである」[133]。

まず、ジェルメーヌは、ナポレオンが、自由と徳を利益に誘導し、体制に組み込んだと捉えている。ジェルメーヌのみているのは、革命の混乱において、人々が政府に要求しているのは「所有物の少なくとも一部を回復すること」[134]、すなわち財産の秩序の樹立であるとボナパルトが捉えていたことであり、政権の奪取をシエースによる一七九九年憲法に従って行ったことである[135]。すなわち、ナポレオンは、自由に対立したのではなく、社会的利益に配慮し、民主主義的諸制度を利用し、権力を確保していったのである。

それなのになぜ、ナポレオンは、かつてジェルメーヌが期待したような共和政の星とはならなかったのか。ジェルメーヌは、自由の名による自由の簒奪というナポレオン権力の秘密を、その公共圏戦略に見出す。それは、ボナパルトが「詭弁によって意見を腐敗させた」という問題である。ボナパルトは自由の諸制度を利用する前提として、政治的主体を腐敗させていたのである。「ボナパルトは、想像力に働きかける必要上、人間本性には無意識という領域があることをよく知っていた」[136]。そうして、この「無意識」を利用して、ナポレオン体制を支持する公共圏を生み出すことに、ボナパルトは成功した。ジェルメーヌは、ナポレオンの権力維持の秘密が、その巧妙な言論統制術にあるという。「まもなくフランスに存在する数多くの新聞が最も厳格で、しかし同時に巧妙な検閲のもとにおかれた。……定期新聞がまったく同じ事柄を日々繰り返し、これに反対することは決して許されなかった。……新聞はあらゆる階層の人々が渇望しているニュースを報じるのであって、もし国民の四分の三を読者とする新聞が権力にのみに従属したなら、印刷術の発見は、いわれるような自由の保護者にはほど遠く、専制の最も恐るべき武器になるだろう。というのも、正規軍が人民の独立のために義勇軍よりはるかに危険であるのと同じように、売文作家は世論を堕落させるからである」[137]。こうした言論統制戦術によって、ボナパルトは、公共圏に権力を無意識のうちに埋め込んだ。「ボナパルトがフランスにおいて公共精神を指導する任務を与えたのは警察にであった。結局、出版の自由がなくなってしまい、警察による検閲は、抑圧するにとどまらず、すべて人々に彼らが政治について、宗教について、習俗について、書物について、個人についてもつべき意見を指示するのであって、この状態では、国民は、専制権力を認め準備する以外には、その思考の糧を奪われているのではないだろうか」[138]。「ボナパルトのもとで作家に課せられた任務は奇妙な困難を伴った。彼らは革命の自由の諸原理と激しく戦わねばならなかったが、そのすべての利益はこれを尊重しなければならなかったのであって、それは、自由は絶滅するが、革命家の肩書き、財産および仕事は聖別されるというふうにであった」[139]。

こうして、ジェルメーヌは、ナポレオンの政治秩序が、公共圏の支持に基づくものとなったことを指摘する。ナポレオンは、「イデオローグの共和国」と革命の成果を継承する秩序として、その政治体制を築いた。レドレルのいった「世論」を足場に、しかしこれに変容を加えて、自由を擁護する政治秩序という幻想の基礎としたのである。ナポレオンは、検閲を使い、「想像力の作家」を動員して、人々の無意識に働きかける世論操作を、巧みに行った。

さまざまなシンボル操作を通じて、国民の自由を権力に統合し、戦争を国民統合に利用したというのが、ジェルメーヌのナポレオン体制分析である[140]。

ナポレオンは総裁政府から統領政府にいたる行政権力の強化を利用して政治的実権を掌握しただけではなかった。レドレルやジェルメーヌと同じく、公共圏に着目していた。「利益」と財産を擁護し、テルミドール派の改革の成果を継承するとともに、「無意識」に働きかける方法によって公共圏を変容し、これによって政治秩序の国民的基礎を確保した。したがって、ナポレオンの政治秩序は、自由と民主主義を巧みに取り込んだ専制的秩序である。政治諸制度も、代議制を機能させながら、実質は腐敗した公共圏の支持を背景にしたナポレオンの執行権力に掌握される。「皇帝権力には二つの手段があったのであって、それは法律と命令とであった。法律は立法機関という幻影によって批准されたが、権威の本来の行使は、皇帝直接発令により顧問会議で議論された法規によってなされた。……ナポレオン法典においても、刑事訴訟法においてさえ、憲法制定会議で定められた最上質の諸原理が残されている。……しかし、皇帝指名による特別裁判官、特別法廷、軍事委員会が、政治的違法行為、すなわち、法的に最も確固とした保護が求められる事柄を裁くのだとしたら、立法諸制度はどんな役に立つのだろうか[141]」。はじめから「共和政はボナパルトの目には手段であって目的ではなかった[142]」が、彼は、最大限共和政を利用したのである。

こうして、ジェルメーヌは、ナポレオンの政治秩序を、フランス革命への単純な敵対としてではなく、革命へのゆがんだ回答という線上で把握した。「利益」原理による社会の活性化、財産秩序の確保、共和政原理の採用、これらにみられるように、ナポレオンは、革命の社会的政治的傾向を継承している。しかし、そこに確保される自由は、ジェルメーヌの展望とは、かけ離れたものであった。「利益」原理は、個人的自由を完成させない。また、ナポレオン体制が女性を排除することも、ジェルメーヌは告発する。ナポレオンのジェルメーヌ攻撃には、「女性が政治に関与することを好まない[143]」といった人間観と社会観が秘められていたのである。

ナポレオンは、旧体制の遺制をも巧妙に新体制に翻訳し組み込んだ。「イギリスの漫画はボナパルトが革命家の赤帽子を切り裂きレジョン・ドヌールの大きな授章をつくっているのを描いている。ボナパルトによって発明された貴族に対するこれほど完璧なイメージがあろうか[144]」。このようにナポレオンは、メリトクラシーによって貴族を革命勢力に吸収し、貴族からイギリス貴族がもつような「市民的紛争における」批判的階級としての性格を奪ったのである。さらに、政治的社会的に導入された、自由を抑圧する制度が、コンコルダによるカトリックの強制である。革命による非キリスト教化のいきすぎで、フランスは「完全な宗教的自由」を熱望していた[145]。ナポレオンはこの国民的世論を利用し、宗教の政治的利用を実現した。「ボナパルトには、聖職者が、侍従として、称号として、装飾として、最後に、権力の全古代的女人像柱として、必要であった[146]」。

このようにみてくれば、ジェルメーヌがナポレオン体制を、レドレルやジェルメーヌ自身と同じく、革命的傾向の民衆的基盤での確立・再活性化という方向を共有し成立していると捉えていたことは、もはや明らかだろう。ナポレオン体制は、テルミドール以降の産業の発展を「利益」原理の解放によって擁護するもので、レドレルの『世論の理論』やシャルル・コントおよび『批評者』の「産業社会」のヴィジョンを吸収するものであった。しかし、ジェルメーヌにとって、そうした「産業社会」は、個人的自由の前提条件ではあっても、十分条件ではなかった。それどころか、フランス「産業社会」の現状は、個人的自由にとってはあまりにも不十分であると、ジェルメーヌはみていた。ジェルメーヌは「産業社会」の分析ができなかったので、主として女性が排除される点でフランス社会を批判し、フリュクチドール以降憲法が空文化する点で政治秩序の抑圧性を告発した。

つまり、ナポレオン体制は、共和主義、さらにはそこから生まれ始めたレドレル的自由主義を、巧妙に取り込んだ権力体制であり、これを可能にしたのは巧妙な公共圏戦略であった。共和主義は、フリュクチドールのクーデタにおける権力の巨大化を前に、政治秩序の民衆的基盤拡大を「世論」の観念を手掛かりとして模索した。しかし、そこに展望されたのは、人間の「利益追求活動」の解放であり、ジェルメーヌによれば、「利益」原理すなわち経済的自由はかえって人間を受動化し個人的自由を衰弱させる。ナポレオンは、この人間の受動化を利用し「無意識」に働きかけ、公共圏を権力に従順なものとして組織することに成功した。(147)

そうだとすれば、ナポレオンに対する自由のための戦いは、ますます公共圏をめぐる戦いとなるだろう。ナポレオン体制との戦いは、権力の政治的批判だけでなく、公共圏における政治文化をめぐる戦いとなる。公共圏における、フランス革命の理念、自由の理念をめぐる、「哲学者」と「想像力の作家」の活動が、体制批判の政治活動の成否の鍵を握るのである。

『ドイツ論』にみられたように、ジェルメーヌは、共和主義の枠内で、イデオローグの哲学と功利主義への批判を強め、カントの受容によって自由の哲学を成立させつつあった。『フランス革命の主要事件についての考察』では、共和主義を離れ、自由主義へと明確に歩みだしている。その自由主義は、公共圏の政治学を中核に置くことを特徴とする。フランス革命以降、政治が、固有の政治過程よりも、公共圏における諸理念と諸文化をめぐる、自由と体制の表象をめぐる戦いに重点を移したと、ジェルメーヌは捉えていたのである。

その意味で、文学の政治的機能は、いっそう重大となるとみられていた。『ドイツ論』のフランスでの出版に燃やしたジェルメーヌの執念は、公共圏介入という自由主義者の政治的野心でもあった。『ドイツ論』以降、ジェルメーヌは政治的挫折により文学に沈潜したのではなく、自由主義の成立によって、政治的圏域として公共圏をより重視し、そこに文学の力を持ち込もうとした。ジェルメーヌの思想に統一を与えるのは、依然として政治思想であり、自由主義という新しい枠組みであったのである。

晩年の作品『フランス革命の主要事件についての考察』が、文明史という形式をとったのは、したがって、フランスの公共圏への政治的介入を狙いとし、しかも、そこでの政治的戦いが、革命の理念を中心とした文化的争いとして展開されると、ジェルメーヌがみていたことによると考えられる。その意味で、『フランス革命の主要事件についての考察』は、いわゆる文明史などではない[148]。しかし、ジェルメーヌは、肝心のフランスの公共圏をめぐる社会的諸条件を分析できなかった。そのため、ここでは、一方で、ナポレオンの言論操作と公共圏戦略の巧妙さについての指摘、他方で、ネッケルとジェルメーヌ自身の体験記述が中心となり、かえって、彼女の公共圏からの疎外状況を際立たせている。フランスの公共圏の変革表象にかわって、立憲政を長く保持するイギリスの讃美とイギリス的社会のフランス到来まで粘り強く待つという諦観も強まっている。それは、文明史のはしりという強引な解釈を、後代に生むことになるだろう[149]。

こうして、ジェルメーヌ自身は、政治活動への糸口を失いつつあった。しかし、公共圏の政治文化的構想を中心におく、ジェルメーヌの自由主義は、レドレル的自由主義のような国家による自由主義と対峙し、フランス自由主義の別の明確な潮流を表している。ジェルメーヌの近くでコンスタンが、思想的にも行動的にも、より政治的にこの種類の自由主義のプログラムを実施に移そうとしていた。ジェルメーヌの死は、ジェルメーヌの自由主義の終わりを意味しなかったのである。

おわりに――自由の原理から歴史のモラルへ

ジェルメーヌ・スタールの思想の歩みは、テルミドール派共和主義が自由主義の自立を生み出す軌跡の典型を示している。フランス自由主義は、「イデオローグの共和国」が行政権力の肥大化を生み出し、クーデタの乱発によって一七八九年の立憲主義を危うくしたとき、新たに政治秩序の国民的基盤の拡大を求める共和主義の諸潮流の中に成立した。一つの典型がレドレルであり、『世論の理論』によって、彼は、「産業社会」の力を政治的に組織する回路として、公共圏に着目した。その公共圏は、「イデオローグの共和国」がその「国家のイデオロギー諸装置」によって育てた知識人の社会での活動に期待しながら、立憲主義再生の圏域として展望されていた。ジェルメーヌ・スタールもコンスタンとともに、レドレルとときを一にして、フリュクチドール以降、「公論」、「世論」、したがって公共圏を政治秩序の基盤として求めていく。ジェルメーヌによれば、ナポレオン権力も、公共圏を足場とするものであった。

このように、フリュクチドール以降、権力と社会の乖離、新しい「産業社会」への傾向、これらを背景に、政治秩序の基礎として公共圏への注目が集まった。それは、社会変動の予感だけでなく、イデオローグ的科学技術教育を受けた若い世代が社会の指導者として機能するという期待を加味したものであったことを、繰り返しいっておきたい。こうした公共圏の意義増大が、共和主義を、国家の外に連れ出し自由主義を成立させたのである。他方でナポレオン体制も、ジェルメーヌの分析を考慮すれば、公共圏に政治的基礎をもつかぎりにおいて、近代的自由に配慮した権力機構であった。

しかし、レドレルの自由主義は、「世論」の統合を「利益」原理と財産秩序に解消した。そのとき、レドレルは、固有の公共圏の意義を喪失したのであり、レドレルの政治秩序は、事実上のフランス「産業社会」の追認のうえで、その利害調整機能として代議制秩序を構想するにとどまった。そうして、現実の「産業社会」の幼弱性が、権力依存を導き、レドレルのみる財産階級の狭隘性とナポレオン体制への被拘束性を強化することになった。公共圏を仲立ちとして、レドレルの国家による自由主義とナポレオン独裁とが結合したのである。

『革命を終結させうる現在の状況とフランスで共和国の基礎となるべき諸原理について』（一七九八年）の時点では、「公論」の政治的位置づけにおいて、ジェルメーヌ・スタールはレドレルとそれほど違わなかった。ただし、カバニスやデスチュット・ド・トラッシしたがってレドレルと違い、公共圏把握において、コンドルセの道徳哲学を継承していた。そのことが、「個人的自由」の意義を見失うことなくフランスの公共圏のいびつさに対する批判を深め、『ドイツ論』、『フランス革命の主要事件についての考察』にみられるような、独自の公共圏把握を生み出したと思われる。(150)

ジェルメーヌ・スタールにおいて、公共圏は個人的自由の利害調整の場に終わらず、諸個人の自己表現の場であった。公共圏での合意は、利害調整としてではなく、政治文化的過程として成立する。このような公共圏を国家の外に確保し、ある意味では国家以上に力をもつ政治空間として自立させた点で、ジェルメーヌはコンドルセの自由主義を新段階に引き上げた。コンドルセの公共圏像は、いまだ政治空間としての性格が弱かった。彼の自由主義は共和主義から独立することはできなかった。いま、ジェルメーヌにおいて、公共圏は、国家の外に政治空間を具体化する圏域とされた。ジェルメーヌの自由主義は、共和政のみかあらゆる権力の諸形態の外に独立した政治空間をもつ自由主義として、自立したのである。(151)

ジェルメーヌのみる公共圏は、「意見」と自由のモラルに基づく政治文化的抗争圏である。ジェルメーヌの自由主義は、こうした公共圏の位置づけに基づいた、公共圏の政治戦略を核心に置くものであり、それは、現実政治に対して批判的性格を強めていった。文学的諸表象の創造を基本に、公共圏に対し政治文化の次元で政治批判的に活動するのが、ジェルメーヌの自由主義であった。こうして、ジェルメーヌの自由主義は、レドレル的な国家による自由主義に対抗する、思想としての批判的自由主義として、フランス自由主義の潮流を準備する。レドレル的功利主義に対峙し、ロマン主義の反功利主義的心情と自由主義の結合を準備するのである。

ジェルメーヌの批判的自由主義は、現実に裏切られることによって、社会を歴史的に認識する傾向を強めた。個人的自由は現実に即して語られる以上に「完成可能性」という歴史的未来の公共圏において概念化された。ジェルメーヌにおいて、自由のモラルは歴史のモラルに道を譲っていく。それは、ジェルメーヌの批判的自由主義を、ギゾーやチエールの自由主義に繋ぐことに貢献するだろう。

しかし、ギゾーやチエールの出現によって、ジェルメーヌの自由主義が使命を終えるわけではない。ギゾーの文明史把握が、「中間階級」を主体とする現実の歴史の承認として構想されることは、後で述べるだろう。ギゾーの文明史には「完成可能性」の法廷はない。文明史は現実の弁明となり、かつてコンドルセの進歩史が意図していたような現実批判と政治力学に限定される。文明史は現実社会の承認に解消され、社会変動は体制の中での階級対立は姿を消す。コンドルセの進歩史が一七八九年の『宣言』において人類の誤謬への自己反省という前文に結実したとき、それは、現実政治を政治文化の次元で自己批判するという思考の枠組みを万人が共有することを意味したのであった。これに対し、ギゾーの自由主義は、体制と憲法を前提とした、法規解釈をめぐる闘争の次元しか政治空間を許さないのである。

ジェルメーヌの文明史論がギゾー的文明史に組み込まれるとき、歴史のモラルは現実に解消される。ジェルメーヌの自由主義の核心としての公共圏の政治学は、牙を抜かれるのである。遺稿『フランス革命の主要事件についての考察』がチエールやミニェのフランス革命史学の源泉となったことに関して、マルセル・ブーシュはいう。「『フランス革命についての考察』はテルミドール派の著作のうちで最も偉大な流れに属さない。同時代人たちが理解していたような歴史物語の制約の範囲内にあり、結局、イギリスの名誉革命と同じように一八三〇年の七月革命によってフランス革命をやっと終えたと信じていた自由主義者がやがて陥ることになる不評の犠牲となるだろう」(152)。ジェルメーヌの歴史のモラルへの期待は、彼女における公共圏の政治学の鋭さと弱さとを同時に表現していた。フランス革命史学へのジェルメーヌ文明論の吸収は、公共圏の政治学の現実への解消と、その自由主義の体制化を意味するだろう。しかし、それでも、たとえばギゾーが市民社会に政治抗争的要因を導入しようとしたことは、ジェルメーヌの批判的自由主義の影響を受けたといえるだろう。ジェルメーヌの自由主義には、国家への依存もナショナリズムと国家の結合も存在しない。インターナショナルな公共圏の未来を信じる、思想としての自由主義として、一九世紀フランス思想に受け継がれていくのである。

第7章　バンジャマン・コンスタンと自由主義の成立

はじめに

テルミドール派共和主義からフランス自由主義自立へという展開を繋ぐ重要な環の一つはレドレルであった。[1] 総裁政府共和派は、一九九五年憲法において定められた共和政と議会制度の防衛をめぐって、法制度の厳密実施を主張する固有の意味での総裁政府共和派だけでなく、立法と行政との均衡および諸党派の融和による政治秩序を求める穏和共和派が存在し、内部対立を繰り返したが、行政権力のいっそうの強化によって急進派と反革命勢力両者に対抗したシエースの路線が優勢となった。[2] 行政権力の肥大化は、イデオローグの「科学による統治」が招いた必然的結果であり、シエースは、クーデタを用いて統領政府への道を開き、シエース、ドヌー、レドレルを中心に新憲法を構想した。それはナポレオン体制への誘引でもあって、事実、ナポレオンはこの憲法草案に手を加え、執行権とくに第一統領の権力を最大とする一七九九年憲法を作成する。この憲法構想の理論的支柱がレドレルであった。

シエースの背景には、土地ブルジョワや金融資本がいたといわれるが、レドレルは政治秩序をもっと幅広い社会諸階級の手にもたらそうとして、一七九七年に『世論の理論』を書いていた。そこでは「産業社会」が所有の秩序に見合う「世論」を生み出すことが示され、「世論」と公共圏の存在が政治秩序の基盤としてクローズアップされた。レドレルの狙いは、イデオローグが国家諸制度を設計するに際して前提としていた公共圏を新しい段階で復権させ、「イデオローグの共和国」に再び強固な社会的基礎を確保することにあった。こうして、レドレルが再評価した公共圏が、フランス自由主義の成立を支えることになる。(3) レドレルに限らず、テルミドール派共和主義者は、多かれ少なかれ公共圏への着目によって、自由主義への歩みを早めることになった。ジェルメーヌ・スタールが「公論」を政治論の中核におくのも、レドレルと同じ時期であったことは、すでにみた。

ところが、こうした自由主義の成立過程は、ナポレオン独裁への道と重なっていた。ナポレオンは、テルミドール派共和主義から自由主義へという政治思想の歩みに添う形で登場した。ジェルメーヌ・スタールの指摘によれば、公共圏を積極的に利用することによって、独裁を実現していったのであった。ナポレオンは、権力の強化による自由の防衛という、シエース的共和主義の期待に添う形で登場し、ブリュメール一八日のクーデタ（一七九九年一一月九日）によって統領政府を打ち立て、ナポレオン独裁への扉を開いた。このとき、ナポレオンは、統治権力の巨大化をただ押し進めるだけでなく、公共圏を積極的に利用し、革命の継承、自由の擁護をその路線に組み込んだ。ナポレオンは一八〇二年に国民投票により終身統領に就任し、一八〇四年にはやはり国民投票の圧倒的支持を得て皇帝となる。ナポレオンはこのように独裁に公共圏の拡大を組み入れるとともに、一七八九年の『人間と市民の諸権利の宣言』の解放理念とフランス資本主義の利害とを巧みに組み合わせ、国内の政治・法・経済・社会秩序を樹立した。アンシャン・レジームの身分制度を解体した国民主権原理を代議制度とともに継承し、民法典の整備による家族制度の創出、ル・シャプリエ法強化による経済と労働体制の確立、関税政策などによる国内資本の保護といった政策を展開し、メリトクラシーによって反動土地貴族をも新秩序に組み込んでいった。(4) 対外的にも革命防衛戦争を戦い、人権の革命を輸出し、かつ大陸制度によってフランス資本主義の覇権を確立しようとした。ナポレオン独裁は、成立しつつある自由主義と、政治的路線の多くを共有しながら、成立していったのである。

自由主義は、ナポレオンによる権力奪取に、複雑な対応をする。統領政府時代は、ジェルメーヌ・スタールやコンスタンも含めて、例外なく、ナポレオンを共和主義の継承者とみていた。そのため、レドレルやジェルメーヌ・スタールも、自由主義文献を生み出しながら、公表は急がなかったように思われる。ナポレオンと自由主義との乖離が明確となってくるのは、象徴的には、一七九九年に始まる護民院の憲法論議によってであろう。レドレルはナポレオン体制を受け入れ、シャプタルなども産業発展のための政策をナポレオン体制のもとで積極的に推進するという態度を決定する。E・デュモンによってベンサムの紹介が精力的に開始されるのは、一八〇〇年頃であり、その延長上で、王政復古期には、シャルル・コントとデュノワイエによって『批評者』さらには『ヨーロッパ批評者』が刊行され、功利主義と自由主義が結合され、「生まれつつある産業社会の未来」を宣伝する潮流が明確に姿を現すことになるだろう。(5)

一八〇三年には、J・B・セーの『経済学概論』とシスモンディの『商業の富』とが刊行される。セーは護民院議院の一人であったが、『経済学概論』の市場の理論によって、経済的自由を強調し、ナポレオンと対立した。(6)セーは、ナポレオンの体制批判取り下げ要求にも応じず、護民院も追放され、一八〇五年にはパリ郊外に退き、綿紡績工場を経営した。ナポレオン失脚後の一八一四年『経済学概論』第二版を出版し、王政復古によって思想活動を再開し、リカードゥ、ベンサム、J・ミルなどイギリス自由主義との交流を深め、一八二一年には国立工芸学校の産業経済学の教授となるなど、フランス経済学の発展をリードする。セー経済学は、政治からの経済の完全独立を主張するものであって、固有の政治論をもたなかった。そのため、ナポレオン体制を政治的に批判しなかったし、その体制下では、政治的沈黙を事実上守ったのである。シスモンディは、一八〇一年に『トスカナ農業概観』をナポレオンの侵攻を受ける地で書いており、『商業の富』でスミス経済学を祖述し、自由主義に踏み出した。しかし、彼は、ナポレオン批判だけでなく、恐慌認識によって経済的自由批判に転じ、ジェルメーヌ・スタールの自由主義に接近していった(7)。

こうして、自由主義のほとんどが、ナポレオン体制に取り込まれるか、あるいは政治的対立を避ける中で、ジェルメーヌ・スタールが焦点を公共圏において、ナポレオン体制と全面対決したことはすでにみた。ジェルメーヌ・スタールに繋がるコッペの自由主義は、明確に正面からナポレオンと対峙した意味において、独自の光を放っていたのである(8)。

このコッペの自由主義において、ジェルメーヌ・スタール以上に、その思想をリードしたのは、バンジャマン・コンスタンであった。ジェルメーヌ・スタールに伴われて革命に参加したコンスタンは、ナポレオン体制助走期には、彼女の期待を背負って政治活動の前線にいた。一七九九年護民院議院に選出され、一八〇〇年一月に「自由な護民院」を主張し、一八〇二年一月に護民院から追放された。その後、コッペに逃れたジェルメーヌ・スタールと緊密に連携し、独自な自由主義の政治原理を構想していく。

ここでは、コンスタンの共和主義から自由主義への思想の歩みをたどることにしたい(9)。ジェルメーヌ・スタールの自由主義と併せて、コッペの自由主義の独自性に光をあて、そのフランス自由主義における意義について、明らかにしていきたい。

一　革命家および思想家としてのコンスタン

バンジャマン・コンスタンは一七九四年九月にニヨンでローザンヌに向かうスタール夫人すなわちジェルメーヌ・スタールと出会い、九五年五月末に夫人に伴われてパリに入った。モンタニャール独裁は倒れ、革命は、一七八九年『人間と市民の諸権利の宣言』の具体化と恐怖政治再発の阻止という方向で、新しい歩みを始めていた。コンスタンの政治思想は、このパリ入場以来当時の革命状況への対応によって形成され、ジェルメーヌ・スタールとその父ネッケルの思想の大きな影響を受けたとされる[10]。八九年『宣言』の枠組みを維持し、ルソー・モンタニャール的独裁を克服する方向で革命を導こうとしたとき、コンスタンの自由主義が成立したと考えられている。

コンスタンの自由主義がモンタニャール独裁の嵐を耐えて生き延びたテルミドール派の潮流から出現したことは、大筋において異論の余地はないであろう[11]。しかし、自由主義の中でのコンスタンの独自性を知るためには、彼が革命とテルミドール派に接触する以前の思想形成を考慮する必要がある。若いコンスタンは、彼の革命参加以前において、イギリスとフランスの啓蒙思想家との交流の中で、すでに思想家として成熟していたのだ。

コンスタンは一七六七年一〇月スイスのローザンヌに生まれた。軍人貴族の家系であった。一七八二年ドイツのエルランゲン大学に入ったが、翌八三年より二年間スコットランドのエディンバラ大学で学ぶことになる。コンスタン一七歳の一七八五年五月から八月にかけてと翌年の一七八六年一一月から八七年六月にかけては、パリを訪れ、主にシュアール家に滞在し、同家のサロンに関係する啓蒙思想家と交わった。とくに後半のパリ滞在時は、シュアールとコンドルセ主催のリセに参加するなど、若いコンスタンの知的活動の輝く日々であった。当時のシュアールの周辺はイギリス熱に溢れており、アメリカの独立と現実性を帯びた共和政問題で沸き立っていた[12]。コンスタンは、エディンバラ以来のスコットランド啓蒙の影響に加え、パリのそのような知的風土の中で、思想家としての基礎を培ったのである。

壮年コンスタンの思想の中核を形づくる近代的自由の概念は、スコットランド啓蒙の影響を色濃く宿していることはよく知られているし、それはフランス革命以前に、エディンバラとパリで準備されたのであった。にもかかわらず、その具体的経緯は必ずしも明らかではない。G・リュドレールやE・ホフマンの考証によって、エディンバラおよびパリの学生時代のコンスタンの著作類を読むことができるようになったとはいえ、コンスタンの知的交流関係については、依然として詳細は不明である。[13]

コンスタンの回想によれば、エディンバラ時代、「思索協会」に熱心に参加し（一七八三年一一月入会）、知的刺戟を受けた。この協会でコンスタンは、一七八四年五月一六日には「普遍的寛容は許されるべきか」という主題の討論を司会し、一一月二三日には「作法と風習への異教神話の影響」という主題について報告している。[14] 議論の内容は記録にないが、その後のコンスタンの著述計画と活動をみると、「多神教の歴史」を計画し（一七八五年）、「ローマの軍事規律について」（一七八六年）、「ギリシア英雄時代の習俗についての試論」（一七八七年）などを執筆しており、キリスト教道徳に代わる文明秩序についての考察をめぐるものであって、コンスタンの関心が、宗教的寛容を中心とした思想の自由と世俗的自由に集中していることは、ほぼ間違いない。[15] 古代史の再検討を通じて、キリスト教に代わる道徳哲学を構想し普及しつつあった一八世紀スコットランドの知的雰囲気を、コンスタンは常識として吸収していたと言ってもよいだろう。

コンスタンが登場したパリのサロンは、自由と政治秩序をめぐる論争が沸騰していた。アメリカ独立革命の衝撃を受け、チュルゴ改革挫折への反省を深める中で、コンドルセを中心に、自由とこれにふさわしい社会および政治形態が模索されていた。コンドルセは、ルソーの求める自由を古代的自由と規定し、個人的自由が排除されていることを批判していた。近代の自由の根幹は個人的自由であり、これにふさわしい政治形態は何かという問題が、最も重要であった。「公論」の観念を仲立ちとし、個人的自由を立憲王政に結びつけるのか、アメリカ的共和政体樹立へと向かうのかが問われていた。個人的自由の擁護という点で、啓蒙的知識人は、大筋で合意しており、[16] チュルゴ改革で敵対したコンドルセとネッケルにおいても、「公論」に基づく政治体制の構想において和解が成立していた。

コンドルセのリセに参加したコンスタンがどのように当時の自由をめぐる議論を受け止めたかは実証できない。しかし、コンスタンはまもなく、一七八八年に、「ジャック・ネッケルの宗教的意見の重要性についてという短い論文に関する註解」を著し、宗教的寛容を擁護し、一七九〇年には「一七九〇年におけるブラバンド革命についてて」で、自由の革命を讃美する。[17] コンドルセとネッケルに対する親近感に加え、ブラバンド革命についての記述をみる限り、個人的自由、公論、自由政体をトリアーデとする近代秩序観を、コンスタンは、革命のパリに登場する以前に確保していたと推察される。

コンスタンは、このようにパリで、イギリス、大陸、アメリカを結ぶ啓蒙思想家の緊密なネットワークの中心にいて、近代政治秩序の構想に関する最先端の熱い議論の中で生きた。彼の周辺にいた思想家は、やがて「一七八九年協会」の主力を形成する。コンスタンは、革命以前に、フランスの革命家の中にすでにあって、彼らと改革の思想を多く共有していたのだ。

コンスタンがジェルメーヌ・スタールと知り合い、行動をともにし始める一七九四年九月は、パリでテルミドールの反動が起きた七月二一日から間もない時期であり、パリに入った九五年五月末といえば、八月の共和国三年憲法の成立に続く総裁政府期の準備期であった。ジェルメーヌ・スタール経由でネッケルの影響が強化されていたとはいえ、パリのコンスタンはテルミドール派とくにシエースの影響下で革命の継続に努力したといわれる。[18] 制限選挙による共和政体と自由経済の発展を保証する方向で、一七八九年の『宣言』を具体化しようという総裁政府期の改革派の闘士として、コンスタンの精力的な活動は続く。一方で王党派の策動があり他方でアンタニャール派の反撃が続き、さらにはバブーフの陰謀事件が起きるなど、政情は不安定であった。革命防衛のための対外戦争が侵略戦争に転化し、権力機構と軍事権限とが強化され、自由の理念は危機に瀕しているとコンスタンには思われた。フリュクチドールのクーデタ（一七九七年九月）からブリュメール一八日のクーデタ（一七九九年一一月九日）へという激動の中で、クーデタという権力の魔力とナポレオン独裁への予兆を前にして、コンスタンはナポレオンの評価に苦しんだ。一七九九年から護民院議員として、ナポレオン権力に自由を埋め込もうと苦闘した。[19] しかし、一八〇〇年一月五日、コンスタンは「自由の護民院」の確立を演壇で力説し、ナポレオンに嫌悪され、一八〇二年一月二四日に、ついに護民院から追放され、政治活動の足場を失った。

一七九五年五月のパリ入場から一八〇二年の護民院追放までは、コンスタンは、こうしてシエースに近い共和主義者として旺盛に活動した。彼の共和主義の枠組みは、ネッケル、スタール夫人、そうして圧倒的にシエースの影響下に置かれていた。しかし、コンスタンがシエースを中心とする政治思想だけでなく、もっと幅広い思想のネットワークを維持していたことにも、注意したい。シエースの政治路線は、革命前にコンスタンが知った啓蒙思想による自由と共和政擁護の諸系譜の一つであった。コンスタンは、シエースの共和主義を共有しながら、哲学的にはこれにとらわれず、啓蒙の文明論の枠組みで革命の意義を考察していたと思われる(20)。

少なくともコンスタンは、総裁政府期、いわゆる「イデオローグの共和国」に熱を上げるだけでなく、その思想的源泉であるコンドルセの遺著を読み、ソフィー・コンドルセのサロンに出入りした。すでにみたように、ソフィー・コンドルセがスミス『道徳感情論』のフランス語訳を出版したのは一七九八年であり、「同感についての手紙」もすでに一七九三年には執筆が始まり、サロンでよく知られていた。コンドルセ夫妻がスミスの道徳哲学のフランスへの翻訳と導入を企画したのは一七八六年頃であって、コンスタンの第二回目のシュアール家滞在期に重なる(21)。コンドルセが革命の思想の柱とした「社会的技術」と「道徳哲学」のうち、イデオローグの共和国は「社会的技術」を強化し、「道徳哲学」はソフィー・コンドルセのサロンなどで水脈を保ったのだった。コンスタンが共和主義者としての政治活動に飛び込む中で、水脈としての道徳哲学の系譜との接触も維持していたことは、後に彼の自由主義思想の形成に大きく寄与することになると思われる。

すなわち、このような思想家としての活動が、総裁政府期のコンスタンのシエース的共和主義に、シエースにない哲学的色彩を加えたように思う。コンスタンが「自由の護民院」を主張したとき、その自由は、行政権の強化に傾斜するシエースやイデオローグ主流より、立法の重視に繋がるものだった。コンスタンにけ、シエース『第三身分とは何か』の政治革命論より、コンドルセの個人的自由、世論、道徳哲学についての議論に示されていた哲学的自由論が、色濃く流れ込んでいただろう。コンスタンの共和主義については、革命家としての活動とシエースの影響だけでなく、革命以前の啓蒙思想家としてのコンスタンの革命期における成長という、より広い文脈で検討する必要があると思われる。

確かに、総裁政府期のコンスタンの共和主義を物語る諸文献は、具体的政治状況への対応を中心にしているので、哲学的考察は背景に退いている。しかし、シエース的議論の中で突如シエースの枠組みに収まらない哲学的主題が出現する。それらは、ナポレオン体制期のコンスタンの自由主義を予感させるものとして重要である。したがって、革命家コンスタンよりも思想家コンスタンを念頭において、総裁政府期のコンスタンの共和工義をできる限り哲学的枠組みにおいて再構成してみたい。

二　共和主義の政治哲学

革命参加時のコンスタンは、常にジェルメーヌ・スタールとともにあり、時局認識も、ジェルメーヌの『国内平和についての考察』（一七九五年印刷未出版）に要約されたネッケル的立憲君主制樹立論に近いものであった。しかし、コンスタンはシエースに接近することによって、その憲法思想を瞬く間に吸収していく。コンスタンはシエースのテルミドール二日と一八日（一七九五年七月二〇日と八月五日）の国民公会での演説にとりわけ感銘を受け、その主題であった主権の批判、すなわち自然権と主権の切断による主権の限定の議論に、憲法陪審の構想（「中立権力」）とともに着目したといわれる。(22)

コンスタンは、総裁政府の防衛のために、長いパンフレット『現在の政府の力とそれに協力する必要について』(一七九六年)、『政治的反動について』(一七九七年)、『恐怖政治の諸結果』(一七九七年)を、それぞれ切迫した状況の中で書いた。これらにおいては、コンスタンは、きわめてシエースに近い立場から、「自由の基本的諸原理」に基づく所有の自由を中心とする政治秩序を、「大国における共和政の可能性」という枠組みで実現するために、フランスの革命勢力を結集する諸条件を分析しようとしている。(23)

テルミドール後成立した総裁政府の政治原理として、共和暦三年憲法(一七九五年)に確認されている共和政と自由の原理を最大限活用し、王党派による旧体制復活の策動とジャコバン残党さらにはバブーフ派の過激な革命の双方の逸脱を抑えるというのが、コンスタンの立場であった。パンフレット全体の基調は、共和暦三年憲法とシエースの共和主義を擁護する政治的檄文であるともいえる。とりわけ『現在の政府の力とそれに協力する必要について』は、ジェルメーヌ・スタールに同伴したスイス滞在中に書かれたが、反共和主義政治反動に対抗し、穏健派を軸に立憲王党派との連携を視野において、できるかぎり幅広く共和派を結集することを目的としており、政治戦略的性格の強いものであった。メーストルもこれに『フランスについての考察』(一七九七年)で応答し、政治的立場を越えた連携を探った。(24)

しかし、パンフレットすべてが、共和暦三年憲法あるいはシエースの共和国を前提とした政治文書であるわけではない。革命と共和政の歴史的哲学的意義について、コンスタンは適宜発言している。そのような革命に関する哲学的考察に立ち入るとき、コンスタンはシエースに完全に合致していたとはいえないようにみえる。

コンスタンは、この時期、「イギリスにおける一六六〇年の反革命の帰結について」(一七九九年七月)を書き、そこで、ゴドウィンの『政治的正義』(一七九三年)に共和政体の政治原理を示すものとして高い評価を加えていた。(25)一七九八年から一八〇〇年にかけ『政治的正義』のフランス語訳を行ってもいて、イギリスの歴史と思想に依然として多くを学ぼうとしていた。ゴドウィンの正義論は反功利主義であり、イデオローグが共通してもつ利益の哲学とコンスタンが一線を画していることを窺わせる。また、ゴドウィンが政治権力の存在を悪としその外に理性と討論による社会秩序を求めていたことは、コンスタンが共和主義よりも広い枠組みで自由の秩序を構想する方向への刺戟となったとも思われる。共和主義の哲学的基礎について、デスチュット・ド・トラッシやカバニスしたがってシエースとは、コンスタンは異なる立場にいたか、異なる方向を模索していたのではないだろうか。

コンスタンと共同歩調をとったジェルメーヌ・スタールも、熱烈な共和主義者となったが、イデオローグの哲学は共有しなかった。彼女の『国内平和についての考察』（一七九五年印刷未出版）がコンスタンの政治活動の指針であったことはすでに述べた。彼女はまた『革命を終結させうる現在の状況とフランスで共和国の基礎となるべき諸原理について』（一七九八年執筆）を書いたが、これも、コンスタンのパンフレットとほぼ同一の共和政防衛論を展開していた。また、この時期、ジェルメーヌ・スタールは、「フィクション試論」（一七九五年）、『個人と諸国民の幸福に及ぼす情熱の影響について』（一七九六年）を書き、一八〇〇年には『社会諸制度との関係で考察された文学について』を刊行した。そこには、「イデオローグの共和国」ではむしろ異端となりつつあったコンドルセとソフィー・コンドルセの道徳哲学への接近がみられたのであった。コンスタンは、「ジェルメーヌ・ド・スタールの『個人と諸国民の幸福に及ぼす情熱の影響について』」（一七九六年）などで、そのようなジェルメーヌ・スタールの道徳哲学的傾向を支持し、ルソーの感情主義を賞讃し、いわゆる利益の哲学を斥ける。[26] この意味でも、また先ほど言及したゴドウィン正義論の評価からみても、コンスタンが、イデオローグの哲学を完全には共有しなかったことは、明らかだろう。

コンドルセ夫妻は道徳哲学をスミスから引き出そうとしていたのだから、コンスタンが、スコットランド哲学の発展としてコンドルセ夫妻の影響を受けたのは不自然でない。共和政の制度論についてシエースの圧倒的影響下にいたとはいえ、コンスタンは、哲学的には、イデオローグとは違う枠組みで共和主義を捉えていたのである。コンドルセとの関係を含むこれまでの推察を念頭において、イデオローグの共和主義との違いを意識しながら、時局分析として書かれたパンフレットに戻り、そこから、コンスタンの共和主義の哲学を発掘してみよう。

『現在の政府の力とそれに協力する必要について』（一七九六年）で、コンスタンはいう。「一方に秩序と自由が、他方にアナルシーと専制がある」。「アナルシー」はジャコバン支配を、「専制」は王政を意味する。(27)「自由と秩序」をめぐる焦点は共和政体の命運に託されている。フランスの危機は戦争による外国干渉以上に、絶対王党派とジャコバン過激派による政体の混乱にあり、共和政体を強化することが急務であるというのが、コンスタンの認識であった。立憲君主派から共和諸派までできる限り幅広い政治的集合を実現し、共和政体の政治的能力を強化せよと、コンスタンは訴える。

このときコンスタンは、こうした政治的能力結集の基礎が「世論」にあると考えていた。「ロベスピエールは虐殺したが、魅惑しはしなかった。彼が砕いた世論は錯乱しはしなかった。世論は抑圧の恐怖によってさえ強められ人々の心の底に残っている」。(28)モンタニャール独裁による革命の混乱は、「世論」の衰弱にあったのだから、共和主義諸勢力の結集は、「世論」の生命力回復に基づいてなされねばならないと、コンスタンはいうのである。

こうしたコンスタンの議論は、受動的市民の「世論」を力にロベスピエールと政治的過激派に対抗したコンドルセ最後の戦いを、思い起こさせる。確かに、ここでのコンスタンの「世論」は内容が曖昧である。コンスタンがここで「世論」の担い手として明示するのは、彼が「誠実な人々」と呼ぶ自由派知識人であって、彼らによる市民的「世論」の覚醒を説いているにすぎない。コンドルセの場合と比べても、民衆の「世論」が主体的に登場しているとは必ずしもいえない。しかし、コンスタンが共和主義の政治的能力を政治諸党派の結集にだけでなく「世論」に求めていることは、彼の独自性を示すといえるだろう。

『政治的反動について』（一七九七年）では、議論はもっと哲学的であり、王党派反動の前に少数派に転落した啓蒙の革命哲学を擁護しようとしている。[29]「諸制度と思想の調和が壊れるとき革命は不可避である。革命はその合致を取り戻そうとする」。[30]コンスタンは、このように、共和政や独裁という政治形態の次元よりも、革命をより原理的哲学的に考察しようとし、「諸制度と思想」の緊張関係を軸にフランス革命を捉えようとする。

コンスタンはいう。「人民の諸制度が安定するためには、それが理念の水準になければならない[31]」。ここでいう理念は啓蒙思想が育て八九年『宣言』に結実した人間自由の理念のことであり、この理念と諸制度との緊張がフランス革命の方向を決定づける。革命が均衡を崩し理念より進みすぎると反動を誘発する。人間への反動は諸個人を抑圧し、理念そのものへの反動が全体すなわち秩序に打撃を与える。[32]

ここでコンスタンは理念の一方的優位を説こうとしているのではない。コンスタンは理念の行き過ぎも非難する。「フランスの革命は、特権を攻撃したのだったが、行き過ぎて所有を攻撃し、恐ろしい反動を呼んだ[33]」。理念は運動に移されるとき、行き過ぎを生み、反動を呼ぶ。これが革命の常であった。だから、「我々を押し流す必然性に譲歩しなければならないし、社会の歩みをこれ以上見誤ってはならない[34]」。つまり、コンスタンは、諸制度と理念のうちのどちらかが、革命の形を決定するとは考えていない。理念が運動において働き、行き過ぎと反動という試行錯誤を繰り返しながら、人間と社会の歩みに形を与えていくと、みているのだ。「コンスタンの思考はまさに二つの世界の繋ぎ目において展開する。すなわち運動による証明が自然的基礎による論証にとってかわる時点においてである[35]」。コンスタンは、啓蒙主義の哲学に現実の力を加味しようとしていた。啓蒙の自然権論を現実の歴史的傾向によって取り替えようとしていた。そうだとすれば、『現在の政府の力とそれに協力する必要について』（一七九六年）で登場した「世論」の概念は、歴史のなかにあってその変動を主体的に規定する諸個人の現実的意志を捉えようとしたものということができるだろう。

コンスタンの議論はあまりに抽象的かもしれない。しかし、コンスタンの「世論」へのこだわりについては、間接的だが、ジェルメーヌ・スタールの同時期の動向が、示唆を与えるだろう。彼女は『革命を終結させうる現在の状況とフランス共和国の基礎となるべき諸原理について』を一七九八年に書き、「公論」と公共圏について熱心に論じ始めていた。そして、その際に、彼女は、フランス革命の混乱の原因について、「共和政がフランスではこれを準備する啓蒙以前に起こった」ことの結果であるとみなし、いまこそ、理念と事実とが調和しなければならず、理念にそうした力を与えるのが「公論」であるといっていた。(36) 彼女の議論の仕方も、彼女のいう「公論」の位置もコンスタンの「世論」の扱い方に近い。

確かに、ジェルメーヌ・スタールの議論の方が、具体的でわかりやすい。彼女は古代と近代での自由の差異を把握し、近代的自由が「私的生存」の自治を本性とすると論じ、その「私的生存」の声として「公論」をクローズアップしようとしていた。これに比べれば、コンスタンの「世論」は啓蒙的理性の性格を残していると言えるかもしれない。しかし、コンスタンの「世論」も、「私的生存」に架橋されるべきものであったことは間違いない。一七八九年の革命の理念を歴史具体的な力とするのは何か。このような問いに対する答えを模索し、コンスタンもまた、「私的生存」を政治秩序に主体的に媒介するものとして、「世論」に着目したのである。コンスタンは、ジェルメーヌ・スタールと同じように、古代と近代の自由の構造的差異を重視し、「私的自治」と「公論」を結びつけたコンドルセ、さらに、そうした「公論」の成立を道徳哲学によって示そうとしたソフィー・コンドルセに接近していたといってよいだろう。

コンスタンの『政治的反動について』は一七九七年四月に書かれたもので、それは九月のフリュクチドールのクーデタ以前である。そのために、その後で推敲されたジェルメーヌ・スタールの『革命を終結させうる現在の状況とフランス共和国の基礎となるべき諸原理について』に比べれば、行政権力肥大化について、切迫感に欠けていたのだろう。「世論」についてのコンスタンの抽象的議論が、フリュクチドール体験を通じて、ジェルメーヌ・スタールにおいて、具体性を獲得したとみてもいいかもしれない。いずれにしても、この時期のコンスタンは、政治的にも思想的にも、最もジェルメーヌ・スタールと緊密となっており、彼女とともに、シエースの共和政体を自主的に受け入れていた[37]。しかし、クーデタ続発への批判から、共和主義の政治哲学を再構築しようとしており、そのとき、シエースを突き抜け、コンドルセさらには啓蒙思想とスコットランド哲学に回帰しながら、理性を「世論」へと主体化する方向に、大きく踏み出していったのである。

コンスタンは、総裁政府共和政の防衛に、ジェルメーヌ・スタール以上に政治的にかかわり、著作活動も政治的現状分析を中心主題としていた。しかし、彼は、常に、スコットランド留学以来の哲学的志向を失わず、共和主義の政治哲学を構想しようとしていた。そして、その核心は、啓蒙的理性原理を「世論」を鍵として歴史的社会的原理へと組み替える方向にあった。コンスタンにおけるこのような政治哲学的傾向は、フリュクチドール以降、ナポレオン権力という現実と対峙し、自由のための戦いを模索しながら、共和主義をも相対化し、ジェルメーヌ・スタールとともに、自由主義に歩みだしていくと思われる。

三 自由主義の成立——公共圏の政治原理

コンスタンもジェルメーヌ・スタールも、最初、ナポレオンを「最高の共和主義者」と呼び、地平線にのぼった希望の星に見立てた。「民主主義の原理を広める二つの方法がある。理論と軍隊である」とジェルメーヌは一七九八年に書いた[38]。彼女は、「理論」の政治的力を「公論」に、共和政行政権力の支えを「軍隊」に求め、「公論」優位の両者の結合によって、フランス共和政の定着を展望しようとしていた。

一七九九年末にはコンスタンが護民院議員に任命され、コンスタンとジェルメーヌ・スタールのナポレオンへの期待は高まった。コンスタンは、護民院での活動を通じて、ナポレオン権力体制に、主権を制限し自由を保護する憲法体制とその政治諸制度をおき入れる努力を続ける。(39) しかし、一八〇〇年一月五日、「自由な護民院」の必要性を訴えたコンスタンは、すでにみたように、ナポレオンに嫌われ、一八〇二年一月二四日には、護民院から追放されてしまう。ナポレオンへの期待は幻想と化し、共和政を不可能にする権力の自立が進んだ。ところが、ナポレオンが、法制度から教育制度まで革命を継承する政策を実行に移そうとしたので、ナポレオン評価をめぐって共和派は分裂・迷走し、ナポレオンに順応する傾向を強める。こうした中で、コンスタンは、ジェルメーヌ・スタールとともに、亡命者となりながら、共和政への夢を捨てず、ナポレオン批判を強めていった。「一八〇二年からコンスタンは、権力に大量に浸透した意見に逆らって、革命期に代表者への委任を制御できないものにした原因を探求しながら、選挙による自由の体制を機能させるすぐれた仕組みを求め続ける」(40)。この努力を通じて、コンスタンは共和政へのこだわりを捨て、権力の悪魔性への認識を深め、私的自治の確保と主権の制限を掲げる自由主義者となったといわれる。

自由主義の成立に向かうコンスタンの思索は、一八〇二年から一八〇六年にかけて生み出された二つの著作において、混沌のなかに表現されている。彼はこの時期、『大国における共和政体の可能性についての放棄された著作の断章』と『あらゆる政府に適用しうる政治の諸原理』を書く。これらは出版されず、近年まで失われていたが、一八一四年以降公刊された『あらゆる政府に適用しうる政治の諸原理』(いわゆる『政治学原理』一八一五年)などコンスタンの代表的諸著作の土台を構成したものである。執筆された分量の多さが、政治の新原理を模索するコンスタンの苦闘を物語るが、とりわけ、「自由の諸原理」に関する部分に、最大の精力が注がれている。同時にこの時期、彼の思索が政治以外の諸分野に幅広く及んでいることも、注目される。コンスタンは、並行して、宗教論の初稿を書き、『アドルフ』の草稿を書き（一八〇六年一二月、ジェルメーヌ・スタールの前で朗読、初版は一八一六年）、『日記』（一八〇四年から一八一六年までを記述）、『赤い手帖』（一七六七年から一七八七年までを記述）、『セシル』（一七九三年から一八〇八年を舞台）を書いていた[41]。

「自由の諸原理」を求める政治思想に、近代的個人の私的感情を表現する文学的思索が伴うのは、ジェルメーヌ・スタールの自由主義への軌跡と類似している。コンスタンのこの時期の文学作品は、ジェルメーヌ・スタールの感情主義の影響を強く受けている。この時期、ジェルメーヌ・スタールとの恋愛、その挫折、アメリ・ファブリとの結婚、その後のジェルメーヌ・スタールとの複雑な私的関係が、コンスタンに感情主義的性格をもたらした面もあるだろう。また、コンスタンは、ジェルメーヌ・スタールに同伴した一八〇三―〇四年のドイツ旅行により、ゲーテ、シラー、ヴィーラント、シュレーゲル兄弟を知り、やがてシラーの翻案『ヴァルシュタイン』（『ドイツ演劇に関するいくつかの考察』とともに一八〇九年パリとジュネーヴで出版）を書く。シュトゥルム・ウント・ドランク以来のドイツ文学とロマン主義がコンスタンに影響したことも、疑いないのである[42]。

ナポレオンによる迫害と亡命の中で、コンスタンの思想の転換が進んでいた。コンスタンが政治活動に復帰する機会を捉えるのは、一八一五年のいわゆるナポレオンの百日天下においてである。一八一五年三月にナポレオンがジュアン湾に上陸したとき、コンスタンはナポレオン弾劾文を発表したが、四月にはナポレオンと会見し一転支持にまわり、『帝国憲法追加条項』作成に協力した。かつての護民院での活動に近いやり方で、ラ・ファイエットなどとともに、帝国の政治秩序に議会制度を組み込む努力を再開した。コンスタンのこうした政治的態度は変節とも受け取られたが、彼自身は、原理的一貫性よりでたものと考えていた。コンスタンは、百日天下に際し『政治学原理』を公表したのだし、後に『百日天下に関する覚書』（第一部／一八二〇年、第二部／一八二二年）において、自由の政治秩序を求める点で不変であったと述べることになる[43]。

百日天下を捉え、コンスタンは、彼が新しく組み立てた政治原理を実行に移そうとしたのであり、亡命時代の思索を集大成したのが『政治学原理』であることは、いまさら言うまでもない。一八〇二—〇六年執筆の先に述べた諸草稿が『政治学原理』において再構成されるのを検討するのが、コンスタンの新しい政治思想の構造を明らかにする幹線道であろう。しかし、『政治学原理』は、やや抽象的な原理論の色彩が強い。その意味では、『政治学原理』に先行し、一八〇四年すなわち百日天下以前に刊行された著作、『ヨーロッパ文明との関係における征服と簒奪の精神について』が注目される。ここでの議論は、『政治学原理』と多く重複しながら、社会変動の現実的傾向との緊張関係をより反映している。『政治的反動について』(一七九七年)で、理念と歴史との結合を求め「世論」に注目していたように、『ヨーロッパ文明との関係における征服と簒奪の精神について』でも、原理と現実との緊張を主題としている。したがって、ここでは、『政治学原理』よりも『ヨーロッパ文明との関係における征服と簒奪の精神について』を取り上げ、『政治的反動について』との対比を意識しながら、亡命時代におけるコンスタンの思想発展を、問い直してみたい。

『ヨーロッパ文明との関係における征服と簒奪の精神について』は、その題名が、すでに、自由主義者コンスタンの成立を予感させる。すでにみたように、『政治的反動について』では、コンスタンの主題は、共和主義の定着に絞られていた。ロベスピエールの行き過ぎを正常な軌道に戻し、一七八九年の「自由の基本的諸原理」と所有の秩序に適した共和制度と代議制度とを設計することが、コンスタンの目的とされていた(44)。一七九三年の逸脱を切り離し、革命の軌道を八九年から九五年憲法に結び直し、完結に導く方向に向かって、政治的諸力を結集することが、課題とされていた。「公論」を中心に置く政治秩序を構想しつつあったとはいえ、あくまで「公論」は共和政の基礎とされ、共和主義者コンスタンは不変であった。ところが、『ヨーロッパ文明との関係における征服と簒奪の精神について』では、コンスタンは、「私的生存」を内容とする近代の自由の特質や「公論」の意義を共和政の前提として説明するだけでは不十分とみている。コンスタンの狙いは、「自由の基本的諸原理」を実現する政治的能力を社会の中に見出すだけでなく、むしろ、それに即して、権力の現実的形態を問うことにある[45]。古代と近代の自由の対比というジェルメーヌ・スタールと共有した枠組みから、文明史において「私的生存」という自由の領域がどう発展したかという歴史論への転換がはかられ、その発展が権力をめぐる諸条件をどう変えてきたかが、問われる。こうして、文明史と「征服と簒奪」すなわち権力の諸形態との関係の把握が、コンスタンの新しい主題となったのである。

コンスタンは、『ヨーロッパ文明との関係における征服と簒奪の精神について』では、現代あるいは近代を、「戦争の時代」から「平和と商業の時代」への転換期として、把握する。「私たちは、商業の時代に到達したのであって、それは戦争の時代にとって代わることが不可避なのである」。「戦争と商業は同一の目的に達する二つの相異なる手段であって、それは人が欲するものを所有することである[46]」。社会秩序不安定の原因をフランス革命が原理を逸脱して所有を攻撃したことに求める『政治的反動について』の把握にかわって、現代が「戦争」から「商業」へという所有構造の転換期であり二つの所有原理の争いによって社会的混乱が生じているという文明史論的現状把握が登場するのである。

「近代諸国民の唯一の目的は安寧であり、安寧を伴う裕福であり、そして裕福の源泉としての産業である。戦争はこの目的を果たす手段として日ごとに有効でなくなっている。戦争機会は平穏な労働や規則的交換がもたらす成果に匹敵する利益を個人にも国民にももはや提供しない。古代人においては、幸運な戦争が、奴隷、公納品、土地割譲によって、公的および私的富を増加したものだった。近代人においては、幸運な戦争もそれがもたらすよりも多くを気づかないうちに消失している[47]」。

この引用文でも、ジェルメーヌ・スタールにみられた古代と近代の自由の対比論が、文明史の文脈に翻訳されている。古代人の自由したがって後の表現を先取りすれば「政治的自由」が、ポリス共同体の構造に即してでなく「戦争」を軸に述べられるのは、古代解体後の中世的政治権力が、自由を政治に限定するという性格を継続したとみるからである。だから、古代以降現代まで、政治権力は、その諸形態にかかわらず、「戦争」を政治の本来的任務とし、徳と愛国心の担い手として、所有を簒奪してきた。このように、コンスタンは、古代の自由の観念が革命期における政治的支配にまで連続したとみ、ロベスピエールの共和国だけでなく、権力の暴走、愛国心、対外戦争のすべてを、その古代の自由の残存諸形態と捉えようとしていた。総裁政府期の行政権力の強大化については言及を避けていると思われるが、ナポレオン権力をまずなによりも古代的であり「戦争」という所有原理に基づくものと性格づけていることは、疑いない。

それでは、旧時代の夾雑物に囚われずに、文明史の趨勢を取り出せば、どうなるのか。コンスタンによれば、古代においては所有と富とを政治が完全に拘束していたのに対し、古代解体後、所有と富の世界はしだいに政治から自立する。戦争の時代から商業の時代への移行は、自由と社会が主権の拘束外の自立した領域を生み出していくことを表現していることになる。「商業は戦争の性格までも変容させた。商業国民はかつて常に好戦的民族に隷属していた。今日商業国民は好戦的民族に有効に抵抗する。商業国民は好戦的民族の中心部にさえ補助者をもつ。商業の限りなくかつ複雑な諸分枝が社会の利害を国境という制限枠の外に置いたのだ。したがって、時代の精神は人が祖国愛の名で語ろうと欲する狭隘で敵対的な精神に打ち勝つのだ(48)」。

こうしてコンスタンは、文明史において、安寧と裕福と産業の領域すなわち「個人的自由」が自立していく過程を、確認した。したがって、フランス革命は、じつは、「戦争」すなわち政治による「個人的自由」の支配と束縛とにかえて、「個人的自由」を保護する政治諸制度を築く文明史的変動なのであった。そうだとすれば、共和政は、原理の適用としてでなく、文明の社会的諸力を政治形態として展開する問題として、語られなくてはならないだろう。代議制の諸原理だけでなくその政治的現実的構成過程が、明らかにされねばならない。

あらためて要約して言えば、コンスタンは、「戦争の時代」から「商業の時代」への移行を、諸個人の自由領域の拡大としてだけでなく、諸個人の自由が主権の拘束を脱し、逆に主権を制約する社会的諸条件が整う過程として、捉え直そうとしていた。コンスタンは、「商業の時代」が主権を被制約的とし、「政治的自由」の内容と形態を転換するというのである。

「商業が所有の性質を変え、その変化によって、所有はほとんど侵害不可能なものとなる。商業は所有に新しい特質すなわち流通性を付与する。流通性なしには、所有は用益権にすぎない。権力は、用益権に対しては、その収益を徴収しうることによって、いつでも作用を及ぼすことができるのだが、流通性は、そうした社会的権力の行為に対して、目に見えず打破できない障害となる(49)」。「社会の諸部門はかつてないほど複雑でありまた広がりをもっていて、敵対しているとみえる種別の間でさえ、相互にみえないが解くことのできない関係で結びつけられている(50)」。

このようにコンスタンは、デスチュット・ド・トラッシやレドレルの「公共経済学」の社会分析を、積極的に採用し、これを近代に独自な「政治的自由」あるいは主権形態の把握に生かそうとしていた。先ほどの引用部分において、コンスタンが示そうとしているのは、近代的自由が、国家と政治つまりは主権によって包括されないものであり、近代的個人は、国家の枠外に、社会という政治的支配に対抗する防波堤をもつということに他ならない。近代人が自由であるためには、主権者となるだけでは十分でない。近代的個人の諸関係としての社会が、主権に包括しえない自律性をもつことに、近代人の自由の成否がかかっている。動産所有の優位と所有の流通性への依存、商業社会における自由な諸関係の多様な発展、これらによって、人間は主権から独立した「私的生存」を確保する。「個人的自由」は社会という防波堤をもち、「政治的自由」による包括的支配を不可能にしている。主権の獲得によってではなく、主権を被制約的にする社会という防御網の獲得によって、近代的個人の独立と自由は実現するのである。

このように議論しているコンスタンは、すでに共和政体という政治制度にこだわらない、自由主義者であるといってよいだろう。コンスタンにとっては、もはや王政か共和政かではなく、主権を限定するか否かが問題なのである。「何でもなしうる人民は、専制君主と同じかそれ以上に危険である」[51]ことをロベスピエールはすでに証明した。かといって、モンテスキューのいうように主権を分割するだけでも、十分ではない。コンスタンには、主権そのものを制限する仕組みをどう作るかが、「政治的自由」と政治諸制度の問題なのであった。

コンスタンの自由主義的思考は、権力を被制約的にする社会に対象を絞っていく。近代の政治的諸形態は、社会が主権を被制約的とするその条件づけによって、決定されるとみられるからである。それでは、コンスタンにとって、社会はどのように現れているのか。「商業の時代」という把握にみられるように、近代社会が「利益」の原理すなわち諸個人の私益追求活動を原理とするというのは、コンスタンにとっても、イデオローグと共有する自明の前提であった。しかしその上で、社会は、この「利益」原理によってのみ動いているのではないと、コンスタンは述べる。

「商業はそれのみでは十分な行動の原動力ではない。個人的利益の影響が誇張されるが、個人的利益は機能するために意見の存在を必要とする。意見が窒息衰弱している人間は、その利益によってさえ興奮を長く持続しない。……意見から切り離された利益は、いま必要な範囲に限った享受をもって、容易に満たされる。利益はいま必要なもののために働き、未来に何も備えない。したがって、政府は意見を骨抜きとし利益への刺戟を強めようとした結果、手間のかかる不器用な操作をおこない、両者とも殺してしまったことを知るということになるのだ」[52]。コンスタンは、このように、「個人的自由」の社会活動原理に「利益」と「意見」とを挙げ、社会が「利益」の諸対立のみでなく「意見」とモラルによって運営されるとみる。そうして、近代的個人の主体的行動原理は、「利益」ではなく「意見」に求められるという。たえず揺れ動く「個人間の諸関係」は、「利益」の諸関係としてではなく、「意見」と「世論」によって主体的に構成されるというのである。

だから、近代において統治の諸形態は、社会という媒介領域を通じて引き出されねばならないが、それは社会的利益からではなく、「世論」からだと、コンスタンはいう。それどころか、近代において政治を規定するのは、最終的には、「世論」以外にない。フランス革命が経験した政治的諸過程も、こうした近代の特質を示している。「われわれの憲法制定議会の歴史はいっそう教訓的である。世論はこの会議が実施しようとした諸改革のいくつかをずっと以前より要求しているように見えた。世論に気にいられることに熱中しすぎてしまい、啓蒙された人々よりなるこの会議は、あまりにも性急に、あまりにも遠くまでかつあまりにも急速に進んで行けないかと考えた。世論は代弁者のこの性急さを恐れた。代弁者が世論を誘導しようとしたので、世論は後ずさりした。世論は、気まぐれなまでに繊細であって、指令に何らかの下心が込められるとき、苛立つのだ。世論が非難を好むからといって、世論がいつも破壊を好むということにはならない(53)」。

コンスタンは「世論」を讃美しているのではない。ただ、近代においては、「政治的自由」と政治諸形態の内容と水準を決定するのは、「世論」であるという事実認識を示しているのである。啓蒙的理性による統治にしろ人民主権論にしろ、その原理によって政治形態を引き出すのではなく、「世論」から引き出す以外に、近代的自由に照応する政治形態を具体化することはできない。それがどのような水準にあっても、それが自由の現実にふさわしい秩序なのである。「世論が能力のまま自由に表明できるようにすれば、世論を知ることは簡単である……世論はこれに対立する法や制度を実践の中で知らず知らずに修正する。世論がこの仕事をするに任せよう(54)」。

ここで、コンスタンの議論は、レドレルの『世論の理論』に接近しているようにみえる。レドレルも、近代人の社会を利益原理に基づく「公共経済」としてだけでなく、「世論」を生み出す空間として捉え、これを政治秩序の基礎に置こうとしていたのであった。しかし、注意してみると、コンスタンは、「利益」と「意見」との間に調和不可能な敵対的関係をみていた。これまでみた限りでも、コンスタンは、「利益」の力に対する「意見」の優位を主張し、統治者が「世論が能力のままに自由に表明できる」ことを重視し、「世論」が「法や制度を修正する」自由を尊重せよと述べていた。ところが、レドレルの議論は、まったく反対の傾向を示していた。レドレルは、「世論」を「利益」と財産の秩序に回収する回路を探っていたのだった。

コンスタンからみれば、「世論」が「利益」の秩序に回収されることなどあり得ないのであった。「世論」の自由と自立は近代人の自由に必要不可欠な主権に対する防波堤である。もし、「世論」が「利益」の秩序に回収され自律性を失えば、それは、「個人的自由」が留保なしで主権に吸収されることに繋がる。統治原理としての功利主義が専制権力と合同する秘密は、こうした「利益」の秩序への「世論」の組み込みによると、コンスタンはみていた(55)。

こうして、コンスタンにとって、「意見」あるいは「世論」の自由のみが、近代において、「個人的自由」を正しく「政治的自由」および統治体制へと架橋する、唯一の社会空間を構成し得るのであった。「個人的自由」を主権に包括されないためには、社会的諸関係とともに、これに密接に結びつきながらしかしこれから自立した領域として、「意見」の自由空間を確保することが死活問題となると、コンスタンは把握していた。

「個人的自由」は社会によっても「公論」によっても集約総括されない。「世論」は諸個人の主体的対峙の場であって、諸個人が統合点を見出す以前に参加論争することが重要であり、諸個人は常に「個人的自由」を留保している。したがって、「世論」が政治秩序の基礎であるのは、それが諸個人の一般意志を表現するからではなく、自由であることによってのみである。むしろ、純粋な一般意志が透明に実現する政治は危険でさえある。「世論」における その時点での優勢な傾向が、政治秩序に反映されるのであって、これとは別に、自由な「世論」という論争圏は、常に政治の外に自律し政治を規制する力を持つ。こうした仕組みによってのみ、「個人的自由」を主権の外に確保すること、すなわち、近代的個人の私的自治は可能になるというのが、コンスタンの考えであった。

レドレルとコンスタンでは、「世論」の位置づけが異なる。レドレルでは「世論」は諸個人の主体的統合機能において語られた。だから、レドレルの代議制は、諸個人を政治的統合に導くものとなる。コンスタンでは、「世論」は統合機能としてよりも、諸個人の公共的表現形態として、把握される。革命期に、不可解で不気味なものとされた「世論」をそのまま活動させようと、コンスタンは考えている。「世論」のそのような紛争的機能を維持することによって、この「世論」を中継地として、一方において個人の私的自治を確保し、他方において私的自治を保証する仕組みとしての代議政体を確立することができると、コンスタンはみていた(56)。同じく、「世論」に着目し、自由主義への歩みを踏み出したレドレルとコンスタンは、その「世論」の位置づけにおいて、国家による自由主義と国家に対峙する自由主義という、分岐を必然としていたということができる。

コンスタンの自由主義の特質は、古代と近代を比較し、近代人の自由の本質を「個人的自由」に求め、これを政治的自由から分離したことにあるわけではない。こうした「個人的自由」と「政治的自由」の分離は、レドレルも含め、この時期の自由主義に共通する。コンスタンの独自性は、「個人的自由」と「政治的自由」を再結合する手法にある。そのために、コンスタンは、「世論」に重大な意義を与えた。「世論」の自由空間こそ、「個人的自由」を「政治的自由」に包括されることなく媒介しうる、近代固有の原初的政治圏すなわち公共圏なのである。コンスタンの課題は、諸個人の私的自治と政治秩序の中間に、独立した領域としての「世論」および公共圏を置き、「個人的自由」と政治的自由を組み合わせる仕組みを構想することであった。コンスタンが自由な政治制度の仕組みを求めて苦闘するとともに、出版の自由に執着したことはよく知られているが、その出版の自由の問題こそ、公共圏の設計を核心とするコンスタンの自由主義の生命線を構成していたのである。

この時期、出版とジャーナリズムは、革命期を継承し、ロマン主義の時代への助走期間として、大きな発展を示していた。政治諸党派がそれぞれの新聞をもつことがすでに定着していたし、重要な政治的社会的諸問題は、必ずジャーナリズムをにぎわした(57)。小説、歌謡、詩、絵画にも政治的主題が入り込み、出版によって普及するという形も定着していた。だから、コンスタンのジャーナリズムへの関心は、それ自体としては、珍しいことでなく、むしろジャーナリストとしてさまざまな出版活動を展開したレドレルに劣るとさえ言えよう。しかし、出版とジャーナリズムの世界を公共圏とする、その位置づけの仕方に、コンスタンの自由主義の特質が示されているのであって、それは、この時期コンスタンが出版の検閲の是非をめぐってボナールと行った論争をみると、いっそう明らかとなるだろう。

この論争の経緯と内容について、すでに、T・トドロフが、簡潔かつ適切な論評を行っている(58)。論争が公然となるのは、ナポレオンの敗退後、王政復古によって、一八一四年六月四日のルイ一八世による『憲章』が公布されたときである。『憲章』は第八条で表現の自由を保障した。総裁政府末期の出版統制法制定(一七九九年八月二一日可決)以来、出版の自由は制限され、ナポレオン政権下で抑圧はさらに増していたが、『憲章』は自由の回復をうたったのである。表現の自由は無制限に許されるのか。これをめぐって、王党派と自由主義者とが激しく論争した。両者の代表的論客はボナールとコンスタンであった。一八一四年秋に出されたボナール『ジャーナリズムの自由に関する付言』とコンスタン『小冊子、パンフレット、新聞の自由について』は、いずれも、簡潔に両者の論争点を示している。しかし、論争も出版の自由をめぐる思想対立も、両者の間では、もっと前から行われており、コンスタンも、『ヨーロッパ文明との関係における征服と簒奪の精神について』や『政治学原理』のもとになった一八〇二―〇六年の先に述べた草稿類の中で、ボナールへの回答を幾度か試みていた。すなわち、ボナールもコンスタンも一七九〇年代後半には出版の自由についての見解をすでに確立していて、総裁政府末期以降の出版制限の問題をめぐって争ってきたのであり、一八一四年『憲章』規定をめぐる論争は、大きな舞台での決着戦ともいうべきものであった。

『憲章』第八条は、書物とジャーナリズムに検閲を持ち込まず、表現の抑制には、通常の裁判権による規制をもってするにとどめるものであった。ボナールは、この規程の不備を批判し、検閲の導入を主張した。

表現は行為なのであるから、公共を害する表現、とくに、宗教、政治、道徳について、公共の秩序を害する表現は、公共の秩序に敵対する行為と同じくこれを規制しなければならない。ボナールは、こうして、公序良俗のための政府による出版の検閲の必要性を訴えた。ボナールの主張は保守主義者に留まらず、広く受け入れられていった。これに対して、コンスタンは、ジャーナリズムおよび出版活動を近代人が失った古典的政治的自由すなわち政治への直接参加に代わる空間の出現として評価する。そしてこの政治空間が腐敗しないためには、これが規制によってではなく自由そのものによってのみ運動し自己是正することが必要なのだと言う。このようにしてコンスタンが導いた結論は、ジャーナリズムの自由を検閲にではなく、裁判の検証に委ねるという『憲章』規程を保守することであった。(59)

コンスタンとボナールの論争には、王党派と自由主義の対立に解消できない、「世論」に関する一八世紀以来の争点が、凝集されている。「世論」には「世論」以上の権威が存在しうるかという問題である。一八世紀啓蒙的専制論は、「合法的王政」という政治的価値を「世論」の上に置いた。ルソーの共和国も、政治的特性から「世論」がはみ出さないように、立法者による「検閲」を必要とした。ロベスピエールだけでなく革命期の共和主義者も「公共精神」の範囲を「世論」が逸脱するのを恐れた。レドレルの自由主義においても、社会的利益を「世論」が害することは予定されていない。愛国心、芸術的価値、公序良俗、その他どのような形態にしろ、普遍的価値が存在し、「世論」はその統制には服するべきだというボナールの見解は、幅広く受け入れられたのである。これに対し、コンスタンは、「世論」の上にいかなる権威も認めない。「世論」における変化は「世論」の自己修正以外にはおこなわれないというのが、コンスタンの考えであることはすでにみた。(60) 今一度確認すれば、コンスタンの把握によれば、古代と「戦争の時代」が終わり、主権が諸個人を包括的に拘束しえなくなった以上、国家も社会ももはや諸個人に対する絶対的規制権も監視権も持ち得ない。逆に、近代的諸個人は、政治への直接参加を放棄する代わりに、「世論」と公共圏を通じて間接的に政治に関与する。したがって、「世論」の自由あるいは表現の自由こそが、近代的個人が私的自由を確保しかつ政治から疎外されない、唯一の保証だとコンスタンはみていた。

こうして、コンスタンは、ボナールに対抗し、「世論」が、いかなる権力も、いかなる価値も干渉し得ない自由な領域に置かれねばならないことを、主張した。「世論」が、このように、政治的統合機能においてではなく、諸個人が私的自治を確保した上で政治に効力を及ぼすという批判的機能において把握されるとき、「世論」の生命力は、対立と相互批判に置かれる。いいかえれば、「世論」の命は、その内容や価値よりも議論と論争という行為自体にあるのだ。だから、表現の自由の絶対性とともに、新聞の多数性と言論の多元性を、コンスタンは主張した。

コンスタンが、「世論」やさまざまな表現の公表と論争を近代人特有の政治的行為と考え、これを担う書物とジャーナリズムに近代的公共圏を見出していたことは、もはや明らかだろう。コンスタンにとって公共性は、政治的社会的監視下におかれるのでも、財産の秩序や社会的実質によって内容を与えられるものではなく、「世論」の自由による創造行為から生じる。レドレルの自由主義が政治に導入したのは「世論」の結論すなわち「公論」であって、それは社会学的に調査しうるものであった。コンスタンの期待するのは、論争を生み出す「世論」のダイナミズムであった。統治者は裁判によって事後的に検証するという形でしか、「世論」に介入できない。コンスタンにとって、「世論」そのものが公共圏の自律した政治空間なのであった。レドレルは「世論」を諸個人の自治を政治的統合へと導く回路に位置づけた。だから、レドレルにおいては、私的自治を国家が監視統合する根拠として「世論」が機能することもあるのであって、レドレルの自由主義は、国家による自由主義への道を開いたのであった。

これに対してコンスタンは、「世論」と公共圏を政治秩序に包括しえない領域として確保し、これを近代人の政治参加形態として、クローズアップする。このような公共圏の独自性を最後まで留保する点に、コンスタンの自由主義の核心があり、それこそが国家に対峙する自由主義であった(61)。コンスタンの自由主義にあっては、公共圏での批判的言論活動および表現の自由が、近代人の政治的自由の基本的形態であり原理であったということを、繰り返し確認しておこう。

『ヨーロッパ文明との関係における征服と簒奪の精神について』の時点で、コンスタンは、公共圏の意義を強調する独自の自由主義の枠組みを生み出していたと言うことができる。もはや共和政は自由のための唯一の政治形態とみられてはいない。王政であろうと共和政であろうと、主権が「私的自治」を犯さないように制限されていればよい。近代は主権を制限し「私的生存」の独立を確保する社会的根拠を生み出したのであり、主権と政治秩序が、私的自治という近代のこの聖域を侵さないよう、公共圏の活力を確保せよというのが、自由主義者コンスタンの主張であった。

ルイ一八世による『憲章』第八条の「表現の自由」規程に、近代人の政治参加空間としての公共圏発展の可能性をみたように、ナポレオンの復活（百日天下）を、コンスタンは同じ視点から自由主義者としてみていた(62)。ナポレオンの政治秩序は、近代という構造に繋がる権力なのか、それとも「戦争の時代」への復帰に繋がる専制権力なのか。自由主義者たちは、ナポレオンが総裁政府共和主義の成果を継承しようとしたことを認めていた。産業と経済発展のための諸政策、議会制度の継承、高度な専門人を作り出す教育制度の整備、民法典の確立などをみて、自由主義者は、その体制に協力した。こうしたナポレオンの近代的性格に期待して、コンスタンもナポレオンとの接点を探ったのであった(63)。しかし、自由主義者コンスタンにとって、権力が近代の自由に整合的かどうかの判断は、それが公共圏にどう対応するかによって、最終的にくだされるものなのである。

「戦争の時代」を思わせるナポレオン帝国は、みかけとは違い、近代に根を張る権力であると、コンスタンはいう。それは、帝国の権力が、「世論」の支持を常に取り付けているからである。コンスタンは、ナポレオン体制を近代の権力形態と認めたうえで、自由主義の立場から、これを簒奪権力として、次のように批判する。「簒奪には公共精神の存在が脅威であり、公共精神の外観が必要であるので、簒奪は一方の手で民衆を打ちのめし現実の世論を窒息させるとともに、他方の手で再び彼らを打ち、まやかしの世論という幻影を強要する」[64]。ナポレオンは、「世論」という形式に支えられ、しかしこれを幻影と化すことによって、独裁者となる。

したがってコンスタンは、ナポレオン帝国を「自由帝国」とすることも不可能ではないと考えた。帝国という身体に公共圏という近代的政治秩序の動脈を張り巡らせればよい。その橋頭堡を築くため、コンスタンは『帝国憲法追加条項』の起草に加わり、これを一八一四年『憲章』よりさらに自由主義的とするように努力をしたのである。

しかし、公共圏はコンスタンの期待通りには活性化せず、帝国は「まやかしの世論という幻影」に基づく簒奪権力としての性格を強化する。コンスタンは、その原因として、社会原理としての「利益」が「世論」を腐敗させることがあるとみる。コンスタンによれば、近代において個人を社会に引き出すのは「利益」と「意見」であったが、このうち「利益」は個人を孤立させ衰弱させる。「人間が相互に運命を結び合うためには、利益以外のものが必要である。人間には意見と道徳が必要である。利益は人間を孤立させる傾向をもつ。というのも、それは各人に一人だけがより幸福ないし有能となる機会を与えるからである」[65]。社会には他人がおり、そこで「個人間の諸関係」が結ばれるが、利益は個人を自己の幸福に集中させ、他人と「個人間の諸関係」への配慮を忘れさせるのだ。したがって、個人が社会において「利益」に集中するとき、それは「個人的自由」を害する。社会原理としての「利益」が「個人間の諸関係」に活力を与える「意見」を窒息させるのだ。

このように、一方で「利益」と「意見」の本来的敵対性を述べ、他方でナポレオン権力の公共圏腐敗を「利益」

原理の浸透にみるのは、ジェルメーヌ・スタールのナポレオン体制把握とほぼ同じである。コンスタンも、ナポレオン的権力を簒奪権力とするのが、功利主義による公共圏の掌握にあるという批判を強めていく。ナポレオン体制をナポレオンという個性と功利主義との合作と捉え、ナポレオン帝政解体後には、功利主義という名の国家による自由主義を、自由の政治秩序最大の障害とみなすようになるのである。

ナポレオン体験は、近代権力についての自由主義の学習機会であって、コンスタンは、ナポレオンの評価をめぐって、レドレルの自由主義との違いを、いっそう鮮明にしていった。レドレルは『世論の理論』で、社会原理としての「利益」が所有と家族の秩序によって「世論」を具体化していく回路を示した。コンスタンもレドレルと同じように、商業社会、所有の流通性への従属、信用の創造などに、私的自治の発展の保障をみた。しかし、レドレルが「個人的自由」を産業と所有の自由に集約し、「利益」の原理すなわち功利主義を統治原理に導入したのに対し、コンスタンは「個人的自由」を経済的自由に解消せず、近代における政治空間としての公共圏の成立を重視した。(66) レドレルと対照的に、コンスタンにあっては、公共圏は社会から区別され、表現の自由以外に規制原理をもたない論争と批判を生命力とする自立した圏域であった。レドレルにおいては「世論」は社会的利益を調整するにすぎず、固有の政治力をもたない。コンスタンにおいては、「世論」は自己修正し自己発展する近代特有の自律的政治空間とみられているのである。

レドレルは、近代における「個人的自由」の発展を、商業社会、産業、所有という実質に基づき把握しようとし、「世論」をその代弁者にすぎないとみていたと言ってよい。コンスタンは、「個人的自由」のそのような実質よりも、「世論」という近代的個人の政治能力を、判定基準とした。商業社会、産業、所有の方が、「世論」の自由の諸条件となっているかどうかが評価されるのである。こうした両者の違いは現実の「産業社会」の評価において決定的となっていく。レドレルのみている所有の秩序においては、大土地所有や金融業者などが組み込まれ、彼らは教養階層として「世論」をリードするとされていた。しかし、コンスタンは、この方向に対して、それが「世論」を腐敗させるという、まったく逆の評価をくだしていく。「世論における特権を喪失した階層は、財産による特権をつくりだそうとし、貴族財産の代襲相続、信託、世襲を夢想している」[67]。このように、コンスタンは、功利主義的統治によるフランス近代化を、認めることはできなかった。コンスタンの自由主義は、功利主義と現実の「産業社会」を批判し、「個人的自由」をその内面的深みにおいて強調する傾向を強めていく。

こうして、コンスタンは、『ヨーロッパ文明との関係における征服と簒奪の精神について』の時点で、すでに、レドレルとは別の傾向をもつ自由主義者となっていた。近代人の政治参加の基本を公共圏に求め、その政治的表現として「世論」を捉えたことが、コンスタンを自由主義者とした。「個人的自由」を基礎に、主権の近代的制限に基づく政治秩序をどう設計するかが、コンスタンの政治戦略となる。そして、その死活を握るのは、公開、論争、批判を原理とする「世論」と公共圏の存在なのであった。

事実、コンスタンの政治活動も、公共圏を基準にその軌跡を描いていたとみると、わかりやすい。護民院の活動（一七九九―一八〇二年）が挫折し、一八〇三年にフランスから追放されると、国外から、ナポレオン帝国の拡大に抵抗した。一八〇四年に帰国して刊行した『ヨーロッパ文明との関係における征服と簒奪の精神について』（一八一四年）が王政の再評価を含み、コンスタンは共和政から後退したように見えた。一八一四年五月、王政復古という新事態でコンスタンは、『立憲君主政下の憲法についての考察』を出し、立憲君主体制を自由の体制として構想しようとした。一八一四年『憲章』の自由条項を最大限生かす方向を模索し、エルベ島脱出のナポレオンを『デバ』紙上で非難した（一八一五年三月一五日）。ところが、百日天下では、先にふれたように、一転してナポレオンに協力し、顧問官となって『帝国憲法追加条項』を起草した。こうした軌跡の中に、コンスタンが、「世論」から自由の政治秩序を組み立てるという自由主義において不動であったことが示されている。君主政は「時間によって修正され、慣習によって穏和とされた」という「世論」の次元で再評価されたのであったし、一八一四年『憲章』擁護も百日天下での「自由帝国」の構想も、まったく同じ自由主義の軌道上にあった。[68]政治的変節漢といわれるコンスタンを支えた、この自由主義は、復古王政以降、その独自性をよりいっそう拡大していくだろう。コンスタンは、復古王政により再び追放されるが（一八一五―一六年）、再帰国後は下院議員の地位を得（一八一九―三〇年）、自由主義者として政府を批判し続けるのである。

四　自由主義と公共圏

コンスタンは、ナポレオンによってフランスから追放された一八〇三年から一八一四年の比較的早い時期に、ジェルメーヌ・スタールとともにコッペの思想家集団の中心として、独自の自由主義者となったのだった。ジェルメーヌ・スタールは、ナポレオン没落後も、政治活動の機会をもたず、公共圏の国際性に自由の原理の未来を託し、一八一七年に亡くなったが、コンスタンは、一八一四年ルイ一八世『憲章』、一八一五年ナポレオン『帝国憲法追加条項』を足掛かりに、自由主義的政治活動を続ける。一八一九年以降は復古王政下院議員として、現実政治家としての足跡を刻み、一八三〇年七月革命による自由主義の夜明けをみながら一二月にその生涯を閉じる。コンスタンの自由主義も、ジェルメーヌ・スタールと同じく、『アドルフ』（一八一六年）を代表とする文学作品、『源泉、諸形態、諸発展において考察される宗教について』（一八二四年／第一巻、二五年／第二巻、二七年／第三巻、三一年／第四―五巻）におけるキリスト教とモラルをめぐる考察にみられるように、ロマン主義的要素を深くたたえてはいる。[69]しかし、ジェルメーヌ・スタールとは異なって、現実政治への冷静な態度での関与、政治原理と政治諸制度探究への強い意欲を、コンスタンは維持し続けた。

『ヨーロッパ文明との関係における征服と簒奪の精神について』（一八一四年）に続いて、最初の王政復古に際し『立憲君主政下の憲法についての考察』（一八一四年）をコンスタンが出版したことは先ほどみたが、彼は、百日天下の間の一八一五年五月に『あらゆる政府に適用可能な政治の諸原理』（『政治学原理』）を刊行し、一八一八―一九年には、その「政治の諸原理」の具体化について考察した『立憲的政治講義からなり、フランスの代議政体と現実的憲政について出版される著作全集』（全四巻、以下『立憲的政治講義』）を出版する。このように、コンスタンは、現実的政治参加と政治原理の公表とを常に結合し活動した。そこに、コンスタンの公共圏にかけるジェルメーヌ・スタールと同じ思いが示されており、かつ、その自由主義がジェルメーヌ以上に現実政治に密着し、政治原理と政治諸制度に集約されていることも明らかとなっている。ウィーン体制下での自由主義の現実的可能性についても、公共圏の現実把握においても、コンスタンは、ジェルメーヌ・スタール以上に期待をもって、活動したのである。一八二九年出版の『文学政治雑論集』も、文学と政治を同時にあつかう点でジェルメーヌと公共圏による自由主義を共有していたことを示し、また政治の言葉が掲げられる点でコンスタンの現実政治への期待を示すものとなっている。(70)

ウィーン体制時代のコンスタンの政治思想は、政治制度論の構想を中心に、すでによく知られている。近代における個人的自由の成立を前提にこれを保護する政治権力をどう構想するかを焦点とし、それを満たす条件を「第一に、すべての認知された真理を保証する力である世論によってであり、次に、さらに確実な方法として、諸権力の分立と均衡によってである」(71)とするものであった。コンスタンは、一八一四年『憲章』の自由条項を最大限生かす方向で、二院制からなる立法権力を軸とし、王権に権力の均衡に寄与する中立権力としての機能を与える形で、現実に即した政治制度論を構想した。王党派シャトーブリアンが『憲章に基づく君主政』（一八一六年）を出版し、ロワイエ・コラール、ギゾーなどのドクトリネールの立憲主義運動が活発となり、コンスタンの自由主義が、現実政治に最も接近しえた時期であった。

こうしたコンスタンの政治思想と活動について、ここで詳しく立ち入ることはできないし、研究史に新しく付け加える諸論点を展開する余裕もない。ここでは、コンスタンにおいて近代人の政治参加の方法とされた、代議制度と「意見の出版」すなわち公共圏という二つのうち、あまり言及されてこなかった後者に強い光をあて、コンスタンの自由主義の独自性に迫ってみたい。

コンスタンが近代における「個人的自由」の成立と古代型「政治的自由」の消滅を論じたことで有名になるのは、一八一九年に行ったパリのアテネ・ロワイヤルでの講演『近代人との比較による古代人の自由について』（『立憲的政治講義』所収）においてである。コンスタンは、「近代人にあっては、個人はその私的生活において独立しているのであって、最も自由な国家においてさえ、みかけ上の主権者にすぎない」(72)と述べ、近代人の自由の本体が私的自治にあることを明示し、代議制度にルソーやマブリのしたように古代的諸要素を導入することの危険を主張した。こうして、この講演は、古代型の「政治的自由」の消滅と近代における「個人的自由」の「政治的自由」からの分離と独立を主張したものとして、読み継がれてきた。

しかし、コンスタンの意図は、近代人の自由としての「個人的自由」を、新しい形で積極的に「政治的自由」に組み合わせるための方法を示すことにあった。近代人は政治への通路を失ったのではなく、近代に独自な制度として代議政体を発明した、とコンスタンはいう(73)。そうして、代議政体維持の前提となる、近代独自の公共圏の存在を、いっそうコンスタンは強調しているのである。

自由主義者コンスタンが、政治からの「個人的自由」の独立を説くのは、近代人の存在形態が政治から離脱したという意味ではなく、近代において主権を被拘束的とする諸条件が出現し政治参加の形態を変えたという意味においてであることは、すでに繰り返しみてきた。この講演での自由論も、同様の前提に立ち、コンスタンの思想の不変性を物語るが、ウィーン体制期のコンスタンは、近代人のそうした政治的環境について、いっそう深い洞察を歴史的視角から加えつつあった。

コンスタンは、後に『政治文学雑論集』に加える一文で次のような説明をしている。文明は「体制の破壊、奴隷制の破壊、封建制の破壊、特権貴族の解体」という「四大革命」を経て「平民の自立」をもたらす。「ヨーロッパ全体は奴隷制の災禍を免れている。地球上のこの地域の四分の三が封建制から自由となり、その半分は貴族特権から解放されている」。フランス革命は「貴族特権の解体」すなわち「四大革命の」最後の扉を開いた。「貴族特権の破壊は新時代の幕開けである。それは法的契約の時代である(74)」。

「平民の自立」の社会的原動力は、もちろん、所有である。「所有なしには、人類は停滞したままで、最も粗野かつ野蛮な生活状態にとどまるだろう。……所有の廃止は分業を破壊するだろうが、分業はあらゆる技芸と科学の基礎なのだ(75)」。こうした所有と分業は商業によって最高度の発展を促される。商業は土地財産に対する産業財産の優位をもたらし、「信用を創造」し、所有に「流通性」を付与し、その結果、「個人の生活をいっそう政治的生活に包摂されない」ものとする。「商業は諸個人を自由にするのだ(76)」。

このように、コンスタンは、スコットランド哲学そしてコンドルセの進歩史を利用しながら、近代において、個人の私的生活と政治との中間領域に、社会が発展拡大し、主権の侵害に対する個人の防御網を構成することを、主体の歴史的成熟という文脈で、以前より精緻に再認識している。「相互に見えないが解くことのできない関係で結び付けられている(77)」広大で複雑な社会という舞台の成立確認だけでなく、そこに活動する諸個人の主体としての歴史的成熟度にいっそう強い関心がはらわれるようになっているのである。そのことはコンスタンにおいて、公共圏の自由と自律性のいっそうの強調に結びつくだろう。近代において、個人は政治への直接参加から遠ざかるかわりに、この社会という独自の領域において、古代の「政治的自由」の代替領域をえた。社会でのコミュニケーション、書物の出版、新聞、これらによって、近代の統治者は被統治者としての諸個人の意志を知り、被統治者は権力の恣意に対抗する。つまりは、近代においては、「公開性が抑圧者に対する被抑圧者の手段である」[78]。したがって、諸個人が接近しうる公開の表現手段の複数制が存在し、事前検閲が存在せず、公開、自由、批判、議論という公共圏の原理が十全に保証されねばならないが、近代における「知的無秩序状態」はじつはそうした公共圏の歴史的成熟を示すものである。「知的無秩序状態は知性が成し遂げた大きな進歩と思われる」[79]。このように、ウィーン体制期のコンスタンは、公共圏の自律性の主張を、知的無政府状態という形での歴史的実存の確認にまで進めているのである。

公共圏の絶対的自由がここまで要請されるなら、公共圏で議論する諸個人の主体としてのモラルが問われるだろう。そのような近代人のモラルの基礎として、コンスタンは、しだいに宗教的感情の作用を重視するようになっていった。コンスタンの宗教論は、呪物崇拝から多神教へさらに一神教への発展を、宗教の個人への内面化過程に重ね合わせ、キリスト教の人間精神の進歩に対する貢献を認めるものであった。このようなキリスト教の利点を社会化するには、宗派の競争が必要だと、コンスタンはいう。「宗派の複数制は、恐るべきことといわれているが、宗教にとって最も健全なことである」[80]。コンスタンは、一八世紀のヴォルテールを思わせるやり方で、宗派の競争が、近代的諸個人のモラルを高める役割をすると考えている。宗派の複数制、表現手段の複数制、これらを前提とした表現の自由によって、近代的個人の公共圏のモラルは、実現するのであった。

さらに公共圏の自律性の強調は、コンスタンにおいて公共圏と社会の区別をいっそう明確にし、「意見」と「利益」との原理的対立認識を強化してもいく。社会原理としての「利益」の原理についてコンスタンは、ナポレオン帝政期とウィーン体制期を通じて、次のような方向にその批判を深化していくのである。「利益」原理は、「意見」から乖離するとき、個人を目先の利益追求に没入させ、個人を孤立させ、腐敗させ、内面性の荒廃に追い込む[81]。このとき個人から社会性を剥奪する過程の駄目押しとして、家族が待ち構えているとコンスタンはいう。利益追求によって「意見」を腐敗させた個人が、公共圏への手掛かりを失い退行するとき、それは家族に向かってなのである。「家庭内の情愛が重要な公共の利益に入れ替わってしまった」[82]。コンスタンにおける「利益」と「意見」の対立的把握は、公共圏の後衛基地としての家族についても、レドレルと対照的な評価へと向かっていたのである。

コンスタンにとって公共圏は、政治権力に対する自由の防波堤であるだけでなく、社会に対する個人の防衛網でもあるという性格がいっそう強まっていることを、繰り返し確認したい。また、これに伴い、「利益」原理による「意見」の腐敗、したがって社会による公共圏の弱体化を、補完する近代的制度として、家族を捉えていることは、当時の自由主義者において例外的であったろう。コンスタンは家族制度の分析に踏み込まなかったが、「利益」と「世論」の対立把握を、公共圏を弱体化する制度としての家族という方向に、推し進めていたのであった。

レドレルにおける「世論」と「利益」原理の調和は、はじめから自由主義者コンスタンのものではなかったということはすでにみた。コンスタンは、「個人的自由」成立の諸条件として商業と産業を捉えながら、「個人的自由」の内容としては、産業に満足していなかったのだった。一八〇六年『政治学原理』では、コンスタンは、「個人的自由」を、「行動の自由、信条宗教の自由、表現の自由、身体の安全」に区分しており、とくに表現と報道の自由について個人へのいかなる共同性の侵害も認められないという理由で検閲は拒否し、宗教についても祭司団による抑圧を告発して内面の絶対的独立を主張していた。『文学政治雑論集』（一八二九年）で要約される自由は、「宗教、哲学、文学、産業、政治における自由」であり、この時点でやっと「産業の自由」が付け加わる[83]。このことからも、コンスタンにとって、「産業の自由」は個人的自由成立の条件ではあっても、決して公共性に繋がる自由ではなかったことが、推察されるだろう。

こうして、コンスタンは、公共圏の自由が不可欠であり、それは社会から区分されこれに対峙する領域であるという認識を、ウィーン体制下においてますます強めていった。公共圏が社会にも対峙するものであって、近代人の根源的な政治空間であるという確信を深めていったのである。しかし、それは、近代的個人が、私的生活に閉じこもり、政治参加を希薄にしていくことへのコンスタンの危機意識の増加を意味した。近代的個人は、私的生活の充実によって、かえって、「意見」の公開という近代に独自な政治参加を衰退させてしまう。そのとき、近代に独自な専制権力が生まれる。「市民を抑圧する政府が上手なのは、市民を互いに遠ざけ、その相互コミュニケーションを困難とし、彼らの集合を危くすることだ」[84]。ナポレオン権力はそのような近代の権力であった。ジェルメーヌ・スタールが述べたように、ナポレオンはジャーナリズムの権力的操作により公共圏を手玉に取るとともに、コンコルダによる宗教対策を通じて宗教的心情を制圧し、民法典と家族制度により公共的感情を家庭的情愛に縮小し、独裁体制を築いた。ナポレオン権力体制は、「利益」という近代社会の原理そのものを利用しているのであって、「利益」原理がもたらす市民相互の孤立という病理の上に存続しているのだと、コンスタンはみていたのである。

このようにコンスタンが政治活動と政治制度論の前提としたのは、近代のうち、「利益」でなく「世論」であった。「利益」と経済社会が近代の代議制度の前提条件ではあっても、政治はそこからではなく、「世論」と公共圏に発するものであり、功利主義は権力の専制化を招きかねないと、コンスタンは考えた。このようなコンスタンの把握によって、彼の代議政体論は、レドレルやドクトリネールと近いものにみえながら、反功利主義的な性格をもつ独自の構想となったものと思われる。

コンスタンは、議会が「大衆という源泉から発し」、「その委任者たちの世論を多かれ少なかれ正確に代表するものとみなしうる」という[85]。コンスタンの考えた二院制議会は、どのような意味で「世論」の力を反映させる仕組みだったのだろうか。コンスタンは上院として世襲的貴族団を残し、下院選出に厳しい財産制限を導入し、また王に中立王権という独自の機能を認めたので、復古王政へ妥協したとよく言われる。しかし、それは、コンスタンにとっては、先にみた権力の専制化を阻止するという意味で、最も現実的な立憲制度であったのではないだろうか。コンスタンは、財産を、土地財産、産業財産、知的財産に区分し、商業の時代における財産の流通的性格の強化によって、土地財産に対する産業財産の優位が拡大していくとみてはいた。ところが、コンスタンは、現実には多くの土地財産が産業財産をかねるといい、産業財産のみの人々については、知的政治的能力の弱さを指摘している(86)。こうした産業財産の現実への信頼の弱さが、コンスタンが知的財産をあえて独立区分したり、上院を下院に対抗させたりした理由であったろう。また、中立王権の機能も、伝統の力で、代議制の意見をできるだけ公正なものに導くというのだから、「世論代表権力」としての下院の幼弱制を補うことが目的とされていたと考えられる。

つまり、代議制度論におけるコンスタンの複雑な態度は、フランス近代の矛盾の反映なのである。コンスタンは、近代に、「商業の時代」という個人の私的自治を防衛する社会の成立をみたが、同時に「意見」の公開と公共圏という独自の政治形態の発展をみた。だから、その公共圏の意志すなわち現実の「世論」を反映させる代議制のみが立憲政体を可能にするのであって、たとえば功利主義のように社会的利益を反映させるだけでは政治秩序として不十分であった。しかし、そのコンスタンが、フランス近代にみたのは、「世論」と公共圏の脆弱性であった。したがって、コンスタンは、一方で、下院の財産制限を強化し、他方で、中立王権の機能によって伝統の力のもつ安定性を組み込み、「利益」原理による「意見」の腐敗というフランス近代の弱さを補おうとしたのだと考えられる。もともと攻撃していた伝統的諸勢力を再評価するという矛盾を、コンスタンは抱え込んだともいえよう。それは、コンスタンのみるフランス近代の矛盾の反映であって、コンスタンはこうしたリスクを犯さざるを得なかったのであり、それだけいっそう公共圏の理想化に走っていくのである。

こうして、レドレルやドクトリネールよりも、フランス「産業社会」への批判を強めながら、コンスタンは、一方において、代議士の体制批判的政治活動を、他方において、公共圏そのものの活性化に果たす知識人の役割を重視していった。コンスタンは、代議士活動を続けるなかで、同時に、おびただしい著作を出版し、新聞で論陣を張り、冊子という独自の「意見」公開手段を利用し続けた。コンスタンの自由主義が、ジェルメーヌ・スタールとともに、公共圏に基づく自由主義として、国家による自由主義に対峙したことは、もはや明白だろう。また、コンスタンの主題がジェルメーヌより政治論を多く扱うことは、彼が代議士活動に熱心であったこととともに、ジェルメーヌよりもフランス公共圏の可能性に期待していたことを表しているだろう。

五　自由のモラル

コンスタンは、代議士としてよりも、書物の出版とジャーナリズムでの活動、すなわち公共圏での活動に、よりいっそうの力を尽くした。コンスタンが、近代における「個人的自由」と「政治的自由」の分離を説くだけでなく、近代人の政治参加をいかに重視していたかを、表す指標である。「もし迫害か保護かを選択しなければならないなら、迫害の方が知識のためにはよりよいのだ。……知識は自由の声に向かってのみ輝く」[87]。権力に対抗的な公共圏における「意見」の自由な自己検証こそ、代議士活動より重要な近代人の政治を構成するのであった。

おびただしいコンスタンの言論活動をみてみると、政治的発言だけでなく、むしろ、思想とモラルと文学に関する活動の多さに気づく。ヨーロッパ思想界の注目すべき著作の紹介と論評を幅広く行いながら、思想動向と日常生活との緊張を呼び起こし、公共圏を活性化しようとしている[88]。コンドルセの『公人叢書』やジャーナリズムでの活動の再来を思わせる。ジェルメーヌ・スタールが公共圏における知識人の役割として規定した「想像力の作家」としての活動を、コンスタンは意図的に重視していたと思われる。そうだとすれば、自由主義者コンスタンの公共表象を知るためには、彼の文芸活動に示された構図をみなければならないだろう。

コンスタンは文芸表現の領域にどのような意義を与えていたのだろうか。ここで手掛かりとなるのは、すでに取り上げたコンスタンの文芸評論「スタール夫人とその作品について」（一八二九年）である。そこでコンスタンは、ジェルメーヌ・スタールの文学的主題が、一七八九年「自由の原理」の歴史原理への主体化と「道徳小説」分野の開拓にあると述べたのだった[89]。その「道徳小説」について、「想像の作品は道徳的目標をもつべきでなく、道徳的結果をもつべきだ[90]」と、述べられていたことを思い起こそう。「道徳小説」は作家が道徳的目標を示すものではない。作家は日常にありそうな物語を提供する。読者がこの物語を想像的に生きるとき、読者の葛藤の中にモラルは生まれる。モラルを生み出すのは読者自身であり、作家は、それを予想したり指導したりできないのである。近代においては、モラルが形式を同じくする場合も、個々人において、その生活の多様性に即して、多様な実存をもつというのが、自由主義者コンスタンの確信であったろう。

そのような読者におけるモラルの成立を誘発するのは、作品の登場人物の「意見」であると、コンスタンは考えた。自由のモラルへの刺戟として最もふさわしいのは、歴史具体的にはイギリスの「世論」であり、したがって、『コリンヌ』のオズワルドはイギリス人でなければならなかったと、コンスタンは言う。抽象的近代人コリンヌはオズワルドの「意見」によって社会に引き出され、愛とモラルに苦しむ。コリンヌに苦しみをもたらすこの「意見」が、イギリスの「意見」であることによって、読者は自由のモラルに向けて現実での最良の跳躍台を与えられる。イギリス人の「意見」が解決を知っているのではなく、イギリスの「世論」のなしえない先へ行くことが、今読者と公共圏に問われている課題なのである[91]。

コンスタンは、ヨーロッパにおける「意見」の状況分析を語っていた。前章でも取り上げたが、重複をおそれず、コンスタンの分析を再確認しよう。コンスタンのヨーロッパには、イギリス、フランス、ドイツ、イタリアが登場し、ポーランドやロシアは登場しない。イタリアには「利益」も「意見」も存在しない。つまり、イタリアには近代社会も公共圏も存在しない。「ドイツでは唯一の品位は身分によって強く示される。そのうえ、世論は十分に寛容であり、共通の規則からでるものすべては不評をかうよりもむしろ歓迎される」[92]。ドイツには「意見」はあっても、「利益」の原理すなわち近代社会が未成熟なのである。したがって、ドイツの「意見」は「共通の規則」を押しつけられたもの、啓蒙的保護権力に包まれたものであり、自由のモラルに繋がらない。「フランスでは世論は形式の面では潑剌としているが、その権威にたてつかない範囲で規則を踏み外したものへの弁解を許してしまう」[93]。ここで権威にたてつかないという意味は、ドイツと違いやや複雑である。フランスには「利益」の原理が強く作用し「意見」を征服し、人間を「利益」に魂を奪われた受動的存在とする。フランスには、近代社会は存在するが、公共圏は未成熟で、「利益」原理が「意見」の自由を阻んでいると、コンスタンはみていたのである。文明の現状において、近代社会と公共圏を併せ持つ唯一の存在はイギリスである。「心の奥底からわきあがる葛藤を生むためには、コリンヌの恋人はイギリス人である必要があったのであり、すなわち、彼は、人間が進んだ性格をもち、その義務が積極（実質）的であり、世論が、偏見にもまれた厳しさを刻み込み、日常性によって変容されているような国の住人である」[94]。公共圏が「利益」原理と交わりながら独自の自立した圏域を維持しているのがイギリスなのであった。

　こうして、文明の現実において人類が到達した公共性（オズワルドの「意見」）をモデルとし、さらにそれを踏み台としてより次元の高い自由のモラルへと読者が飛躍することを、「道徳小説」は狙いとする。そのようなモラルのダイナミズムをフランスにおいて誘発するのが知識人特有の政治活動であり、ジェルメーヌ・スタールもコンスタンも、イギリスを具体的文明モデルとして、これを越えるダイナミズムをフランスの公共圏に持ち込むヴィジョンを描いていたのであった。

　ジェルメーヌ・スタールが『デルフィーヌ』や『コリンヌ』で「道徳小説」による公共圏の活性化を試みたように、コンスタンも、『アドルフ』（一八一六年公刊）、『赤い手帖』、『セシル』などを書いた。これらは、セナンクールの『オーベルマン』(一八〇四年)などとともに自伝の文学の中に加えられるが、明らかに、「道徳小説」として書かれた。[95]したがってここには、コンスタンの近代社会と公共性変革の表象と戦略が、込められている。唯一公刊された『アドルフ』について、コンスタンの公共性表象を、探ってみよう。[96]

アドルフは内面性豊かな個人と設定されている。ルソーのいう自然人のように「あわれみ」の感情に左右されやすい人間である。そのアドルフがラクロの『危険な関係』(一七八二年)と同じく「利益」原理としての恋愛によって社会に引き出されることから、物語は始まる。しかし、アドルフを待っていたのは恋愛という誘惑すなわち「利益」原理だけではない。アドルフの前に、社会は、他人の存在、「意見」という形をとって現れる。父やT男爵といった他人の「意見」は、アドルフの愛を認めない。こうして、アドルフの最初のクライマックスは、他人の「意見」と戦い、愛をラクロ的快楽から内面的なものへ昇華していくアドルフの葛藤である。アドルフによる愛は「あわれみ」の感情によって示され、「あわれみ」と「意見」との対立というルソー的主題が、しばらく展開する。アドルフは愛における恋人エレノールとの関係を私的生活における「あわれみ」に基づく幸福に押し込もうとする。これに対して、他人の「意見」は常にそれを社会的挫折として非難し、アドルフに立ちふさがる。

アドルフにおける愛(あわれみおよび徳)と「意見」(社会)との対立がエレノールの死によって結末を迎えるのは、ルソーの『エミール』の愛が恋人ソフィーの死を迎えたのを思わせる。しかしアドルフとエミールの対応は対照的である。「意見」あるいは社会に敗れたエミールは、恋人ソフィーの死後、社会を捨て、「あわれみ」の徳への昇華を語った。「意見」は自由と徳の敵対者であり、ルソーは『社会契約論』で、「意見」の政治的統制を主張したのであった。アドルフは、反対に、他人の「意見」とこれに伴う自己の不幸を受け入れる。ここでは、徳の力よりも、冷たい他人の「意見」が選ばれている。

ここでは、近代人のエゴイズムや愛の不可能性が示されているだけではない。[97]アドルフが他人の「意見」を受け入れることによって、コンスタンは、近代的個人が、愛や家族の外に社会的活動をもつのだと主張していると考えられる。近代的個人の自由は、家族という親密圏に吸収されず、社会的活動において実現するし、近代を生きることは社会に足場を置くことだというコンスタンの把握が、エミールと正反対の結末を導いたのである。

父やT男爵の属する社会はドイツ領邦体制であり、イギリスの「意見」のような現代文明で最も良質の水準の社会を代表していない。近代的個人にとっての社会の意義を強調するコンスタン自身が、近代社会のダイナミズムを小説に導入しきっていないということもできる。しかし、にもかかわらず、アドルフが「意見」を受け入れ、社会に踏みとどまることに、繰り返し注意しておきたい。アドルフは、エミールのように「意見」を否定するのでも、ロマン主義者のように社会に反逆するのでもない。アドルフは、他人の「意見」に同意できないが、社会性を確保するために、「意見」の存在を認めたのだ。愛の挫折後も、アドルフの社会との関係は維持されている。アドルフは、他人の「意見」と戦う勇気をそんなにはもっていないが、もつことがあるかもしれない。少なくとも、冷たい「意見」と向き合い、社会からできるだけ逃避しないで生きていくことを、アドルフは選択した。

では、近代的個人は、そのような愛を不毛にする社会という砂漠において、エゴイストとして生きることを宿命づけられているのだろうか。「世論」は自己修正する、仕事をするにまかせよと、コンスタンは言っていたのではなかったか(98)。

『アドルフ』には、冷たい「意見」が変わりうることが示唆されている。この小説には、じつは、アドルフが対峙しない別の次元の「意見」が存在する。手稿の持ち主と刊行者の「意見」である。持ち主と刊行者は、アドルフと社会の戦いを、別の場所すなわち舞台の外から観察し、「意見」を述べ、議論し、手稿を読者に公開する。

彼らはアドルフのいる現場に対して抽象的な存在であるが、公平な観察者ではない。この小説では、公平や正義は排除されている。小説の最後に手稿の持ち主が「私は、何とか説明がつけばそれで言い訳が立つと思うようなぬぼれを憎みます」というように、説明可能であるような絶対性や公平性は存在しないのだ。[99] 手稿の持ち主も刊行者も、アドルフの属する社会には距離を置き、しかし、単なる平凡な「意見」の代表者としてコメントを付し、読者に判断を委ねる。

したがって、「道徳小説」の仕組みから言えば、小説を生きた読者において、アドルフ、エレノール、父、T男爵などすべての「意見」が吟味される。手稿の持ち主も刊行者も「意見」の担い手として、小説の登場人物たちの「意見」をより冷静に判断するための仲立ちを演じ、読者をできるだけ公平な判断者としうる立場に置くのである。ここまでくれば、その読者が公共圏を構成し、その読者の判断が公共圏の水準を示すことは、明らかだろう。しかも、その公共圏は、コンドルセの読者のように内面においてではなく、意見を公表し、議論する領域であった。

『アドルフ』にはスミスの『道徳感情論』の影響が認められるといわれる。[100] そのスミスの影響を受けたコンドルセの教育論やソフィー・コンドルセの同感論もコンスタンはよく知っていたであろう。しかし、少なくとも、コンスタンは、『アドルフ』において、スミスやコンドルセ夫妻の道徳哲学の手法を、いわば逆転させている。スミスもコンドルセも、近代社会から道徳の規準を引き出し、これによる社会秩序の確認のうえで、正義の体系としての政治秩序の枠組みについて見通しを立てた。『アドルフ』における「意見」は、社会のモラルにも正義の体系にも繋がらない。繰り返し言えば、『アドルフ』において、公平な観察者はおらず、公正も正義も存在しない。「意見」は近代的個人の社会性を表現するのみである。コンスタンは、社会からモラルを引き出すのではなく、「意見」という近代的個人の社会性が多様に存在することを示し、その正当性判断を、逆に読者という公共的存在に投げ返す。ということは、コンスタンはモラルの個人性と相対性を主張し、モラル判断に不可知論を導入したことになるかもしれない。しかし、読者という公共圏において、「意見」は相互修正し、公共圏の意志はそのつど構成されるのである。

この公共圏の意志は、正義の問題圏にあるのではなく、どのようなものであれ、それが、近代的個人の政治秩序の基礎だというのが、コンスタンの考えだろう。だから、知識人も、この近代的個人の政治参加形態にしたがって、公共圏の変革に努めるのである。スミスやコンドルセが社会からモラルを引き出そうとしたとすれば、コンスタンは公共圏変革によるモラルの政治文化的創出を構想したということができる。

それでは、コンスタンのみる公共圏、したがって近代的個人の政治参加は、どんなに自由で対等な状況を想定しても、政治対立に終始し、政治的基準をもちえないのだろうか。コンスタンは、自由と財産の権利に基づく秩序に正義の体系があるとは考えていたが、現実の政治秩序は、原理に基づく抽象によってではなく、公共圏によってその能力水準に即して引き出されなければならないとみていただろう。

ただし、公共圏から正義の体系までは近代的個人の歴史的成熟という距離があるとしても、正義にかわるものとして、「責任」というモラルが存在すると、コンスタンは考えていた。権力に保護された社会においては、「各人は、何をしても強いられてしたのだから、自分は許されるべきだと考える」[101]。逆に、コンスタンの言う「自由に向かって知識が輝く」公共圏では、自由に「意見」を公開する個人は「責任」というモラルをもつであろう。

コンスタンが『アドルフ』でイギリス社会を扱わなかったのは、大陸の近代社会における個人を念頭に置いていたからだろう[102]。そうして、『アドルフ』に描かれる近代の遅れは、かえって、近代における公共圏の意義をクローズアップすることに繋がる。コンスタンが『コリンヌ』のオズワルドについて、「世論が、偏見にもまれた厳しさを刻み込み、日常性によって変容されているような国の住人」[103]と述べたのと違い、大陸とくにフランスでは、「世論」を公共圏が変容する必要がある。近代的個人の政治参加が、よりいっそう求められる。フランス社会における近代の遅れが、公共圏の政治文化的活動により大きな意義を与えるのである。

『アドルフ』を「道徳小説」として読むとき、こうして、コンスタンにおける公共圏戦略を取り出すことができるだろう。このような意味で、コンスタンの文学活動は、すべて、公共圏の政治活動でもあった。コンスタンが「社会は正義の名によって百万人を一人に対抗させる」というように、[104]コンスタンの文学の主題は、個人と社会との闘争にあるといわれる。彼の文学では、人間の自然が社会によって破壊される悲劇が扱われる。女性、黒人奴隷、ユグノーなどが、冷酷な社会の力によって破滅に追いやられる。[105]しかし、それは、社会に敗れる彼や彼女が、自由を知り求める主体であることをも示している。コンスタンの文学は、こうして「個人的自由」のすべてを主題化し、公共圏に投げ入れ、「個人的自由」を実現する「政治的自由」を醸成するのである。

コンスタンの主張が、近代における「個人的自由」と「政治的自由」の分離の確認に終わらないことを、繰り返し強調しておきたい。

コンスタンは、公共圏を政治空間とみなすことで、自由主義を確立した。近代的個人の自立には、近代社会と近代国家のみでは不十分である。両者を結ぶ政治秩序とこれを自由の秩序とする政治能力が必要であることを、テルミドール派からナポレオンにいたる権力の歴史はコンスタンに教えたのである。そのためには商業社会と区別される独自の公共圏が必要である。具体的に公共圏を構成するジャーナリズムについて、「小冊子、冊子、新聞」に対して「完全な自由」を保証することが政府の利益であり、その意味は、「作家がその著作をどんな事前検閲もなしに印刷する能力を認める」ことだとコンスタンは言う。[106]近代的個人の政治参加は、国家に向かって凝集するのではなく、国家から自立してなされる。だから、国家は、表現の自由、「意見」の公開、「世論」の仕事を尊重するしか、近代性を保持できない。近代の生死は、公共圏の生死に係っているのである。公共圏の自由こそコンスタンの自由主義成立の核心であった。

おわりに

　フランス自由主義は、テルミドール派共和主義がナポレオン権力によって吸収あるいは解体される過程で、さまざまに成立の動きを始めた。政治的には、一七九九年憲法の創案、同年開始の護民院、一八一四年『憲章』、一八一五年『帝国憲法追加条項』が指標であって、これらをめぐって、自由主義の活動が強化された。思想的には、レドレル『世論の理論』（一七九七年執筆）、ジェルメーヌ・スタール『革命を終結させうる現在の状況とフランス共和国の基礎となるべき諸原理について』（一七九八年執筆）、コンスタン『政治的反動について』（一七九七年執筆）、『大国における共和政体の可能性についての放棄された著作の断章』と『あらゆる政府に適用しうる政治の諸原理』（一八〇二―〇六年執筆）、J・B・セー『経済学概論』（一八〇三年）などが、生み出された。

　これらの時期、権力の自由からの乖離を前にして、テルミドール派共和主義は、権力を制約する自由の政治秩序の必要性を再認識する。そこで、権力を被制約的にする近代社会の力として、商業社会に注目が集まった。商業は所有に流通性を与え、所有者の主権を支える根拠とされた。このような共通認識のもとで、所有者の主権を政治秩序として具体化するために、多くが「世論」に注目する。

　レドレルは、「世論」から政治秩序を引き出そうとし、これを分析した。レドレルの結論は、自由な「世論」は所有者の経済的実力に比例するピラミッド構造を形成するというものであった。こうして、「世論」の力は、産業の力に解消されたので、レドレルにおいては「個人的自由」も「産業の自由」に集約された。レドレルは、自由な個人の諸関係を、「利益」原理に基づく人間関係に解消し、功利の原理により、選挙制度に基づく代議制を構想し、これによって権力を制約しようとした。もはや共和政にこだわることなく、私的自由の保証を基本とし、選挙による代表制を通じて政治秩序を求める点で、レドレルは、自由主義者となったということができる。

しかし、注意してみると、レドレルは、固有の意味での自由の政治秩序を構想することに失敗している。レドレルは「世論」から政治秩序を引き出そうとしながら、最後はこれを経済的自由に解消し、「世論」に独自の政治空間を与えなかった。「世論」という公共圏は、レドレルにあって、社会から独立した固有の圏域になっていない。公共圏における議論と対立は、政治空間においてほとんど評価されないのである。こうして、レドレルの自由主義は、自由の政治秩序の基盤に公共圏を見出しながら、これを政治空間に位置づけることができなかったのである。だから、ここでは、近代的個人には、選挙制度くらいしか、「政治的自由」の活動領域が残されていないのだ。この種の自由主義は、経済的自由の活動領域にとどまり、ときに権力の逸脱に抗議しても、権力を批判する政治的能力を持ち得ず、そうした批判装置を構想することもできなかった。こうして、固有の「政治的自由」をほとんど必要としない自由主義が生まれた。レドレルの道は、自由主義多数派の道であった。セーや『批評者』の功利主義も、このようなレドレルの枠組みの中で、自由主義諸派を構成したということができる。

コンスタンは、レドレルと同じように、権力を制約する政治秩序を「世論」から引き出そうとした。しかし、彼は、この「世論」を産業や商業の自由に委ねなかった。コンスタンは、自由のモラル確立の力として、公共圏に社会から自立した独自の意義を与えた。(107) 「個人的自由」の成立は、商業社会としての近代社会を必要とするが、それだけでは十分でない。「個人的自由」は、経済的自由以外に、「政治的自由」を必要とするのであって、それは公共圏に依存するというのが、コンスタンの把握であった。彼は、公共圏に、近代的個人が責任主体として存在しうる根拠を求めた。「政治的自由」の根拠は正義ではなく個人の責任であるとし、このような責任主体としての個人を育てる公共圏を近代的政治的秩序の具体的根拠としたのである。

コンスタンの自由主義は、こうして、経済的自由主義を批判し、いわば「公共圏のポリティックス」を核心に置く、政治的自由主義であった。コンスタンのみる近代的個人は、商業社会に批判的に対峙し、個人の内面を自由の核心とし、公共圏に支えられる存在である。したがって、内面的自由を主題とした、公共圏での議論による戦いが、自由主義者としてのコンスタンの政治活動の核心をなしたのであった。コンスタンの自由主義は、政治社会制度の設計より批判に傾き、自由の経済的内容分析より、思想や文学に傾斜する。体制構築型でない点ではレドレルと同じであったが、制度批判を政治的自由の原理とする、体制批判力の強い自由主義であった。

フランス産業社会のゆがみは、自由の感覚をレドレルの自由主義に吸収することを許さなかった。自由主義は、急速に経済的自由に反発し、ロマン主義の思潮を濃くしていく。その文学は、経済的自由主義のみる個人を、利己主義者として糾弾するだろう。

コンスタンもまた、「利益」の原理が人間を破壊すると攻撃し、利己主義に傷つく個人の悲劇を、文学的主題とした。しかし、彼は、「利益」や社会を抹殺しようとはしない。彼にとっては、社会も「利益」もそうして「意見」も、それがどんなに近代的個人を押しつぶすにしても、それらは同時に自由の根拠でもあったのである。したがって、彼の文学には、ロマン主義は忍び込まなかった。どんなに抑圧的であっても、他人の存在は、近代的個人の自由の根拠であった。自由な個人は、他人を憎み攻撃しても、その存在を尊重するのだ。他人の内面に平気で介入するるロマン主義的同一化感情は、コンスタンに無縁であった。自由な個人は、〈公共圏のポリティックス〉を通じて、他人に干渉する。このような意味で、公共圏を核心に据えた自由主義として、コンスタンは独自の位置を占めたのである。

第8章　体制としての自由主義

はじめに――復古王政の公共空間

復古王政は、反動的諸勢力に復活の力を与えた。しかし、逆説的に、その復古王政こそが、フランス自由主義の政治的社会的活動を定着させた。[1] なぜなら、この時代、フランス革命以前への回帰が争われたのではなく、革命の経験を前提に、革命の収束をめぐって、反動と革新とが複雑に争ったからである。

旧体制に回帰しようとした思想でさえ、もはやフランス革命以前のような権力的基盤を回復することは、考えていなかった。『フランスについての考察』（一七九六年）でフランス革命を全面的に否定したメーストルは、王権の主権回復を唱えたが、もはやその正統的根拠を見出すことはできず、独裁という権力そのものの魔術に賭けようとした。『文明社会における政治的宗教的権力の理論』（一七九六年）のボナールも、権力の基礎を家長の権威に求めたが、その家族の中心は革命が生み出した小生産者であった。だから彼は、革命後の社会的発展を肯定するナポレオン体制に、積極的に参加した。その役割がたとえば文化相（一八一〇年）であったことは、彼が、文化的伝統にこだわっているだけで、革命以前の社会の復活などを夢想してはいないことを表しているだろう。[2]『キリスト教精髄』（一八〇二年）のシャトーブリアンも、『憲章に基づく君主政』（一八一六年）にみられるように、立憲的君主政を念頭に置くしかなかったのである。したがって、この時期のいわゆる彼ら「反動主義者」を「貴族的自由主義」と呼ぶことも可能であろう。(3)

やがて、自由主義的カトリシズムの中心となるラムネが思想家として登場してくるのも、この時期であって、彼は、『宗教に関する無関心についての試論』の刊行を一八一七年に始める（全四巻、一八二三年完結）。彼が教皇至上権主義を捨て自由主義的カトリシズムに転換していくのも、復古王政期の自由主義的思潮によるところが大きかったのであり、彼は、七月革命期には、モンタランベールなどと新聞『未来』誌を刊行し、政教分離、出版と信仰の自由などを基調とした自由主義的カトリシズムの運動をリードすることになる。(4)

反動の思想が、立憲政という枠組みを受け入れようとしたように、自由主義もルイ一八世による一八一四年『憲章』の自由諸規定を根拠に、政治諸制度を構想する。自由主義も、十分な政治的社会的基盤をもたず、復古王政という体制を利用せざるをえなかった。

復古王政においては、ブルジョワ化の傾向は動かしがたいものになったとはいえ、その主導権をとる社会層が成熟していなかった。一方で、フランス革命の原理の徹底化は革命が創出した小生産者に依存し、他方で、胎動する産業革命の主体は未成熟であった。旧勢力も産業資本も、依然として多数を形成する小生産者層を自軍に組み入れることが必要であった。(5)

したがって、ここでは、社会的諸対立は、直接的政治対立とならず、革命の継承と否定をめぐる政治文化的対立を通して、現実化した。その舞台を提供したのが、復古王政期における公共空間の創造であり、具体的には、コンスタンが自由の証明舞台とした、書物、冊子の出版と新聞、ジャーナリズムの空間であった。この時代は、フランス革命によって噴出した雄弁とジャーナリズムという公共圏が、恐怖政治や帝政という経験を経て、大きく花開くのがみられる。「出版は、王政復古期において、『第四の権力』となり始めた」といわれる。(6) 革命期における、クラブと雄弁は衰退し、新聞を中心とした活字圏へと公共圏は移動したが、(7)議論と論争は依然として、原理としての力を失っていない。そうして、反動も革命も、社会的利害を直接主張するよりも、この公共空間での政治文化的対抗に力を注いだのである。いずれの勢力も、単独で指導力を発揮する実力をもたなかったことが、このような公共空間の意義を大きくしたことを、繰り返し確認しておきたい。だからこそ、コンスタンとボナールは、この公共圏が権力的規制からまったく自由かどうかを争った。公共圏の検閲か自由かは、政治を権力的規制に委ねるか自由の側に置くかをめぐる争いであって、近代における政治秩序をどう位置づけるかを決める戦いでもあった。

復古王政体制は、市民革命と産業革命が複雑に絡み、ウィーン体制というこれまた複雑な過渡期の国際的反動が被さることによって、常に不安定であった。それが、公共圏に独自の輝きを与えた。この時期の公共圏は、思想の自由な論争圏であった。ジャーナリスト・ジラルダンが一八二八年四月五日第一号を発行する『ヴォルール』は、「欲望」と「利益」と「享受」の世界にジャーナリズムを移行させたと言われるが、(8)復古王政期の公共圏は、いわば民主主義の学校としての機能をいまだに保持し、政治空間として大きな生命力を発揮していたのである。さらに、復古王政期には、「イデオローグの共和国」とナポレオン帝政が整備した教育機関を卒業した若い世代が公共圏に流入してくる。(9)彼らをどの勢力が獲得するかが争われ、ジャーナリズムの制度化が完全でないということが、若い世代の主体性を柔軟なものとしたことが考えられる。出身階層とイデオロギーのずれ、転換、混濁がみられ、この時期の公共圏は、独自の活気を持ち得たのである。

フランス自由主義は、一八一四年ルイ一八世『憲章』の自由諸規定を後ろ盾にしながら、公共圏のイニシアティヴを獲得することを中心に、活動を展開する。(10)ジェルメーヌ・スタールとコンスタンの自由主義が近代的個人の政治参加について公共圏を基本に構想していたことは、すでにみてきた。彼らはときに、王政に傾いたり、ナポレオンとの妥協を探ったりすることはあっても、自由主義の政治圏域を国家に吸収することは決してなかった。また、フランス社会の近代化に近代的個人の挫折をみつつあったコンスタンは、公共圏を社会から自立した政治空間として強調し、秩序創造以上に知的批判活動の意義を評価したのであった。そのため、コンスタンにおいては、公共圏の主題は、経済学や社会学よりも、政治学さらには文学的言説として展開された。

レドレルもコンスタンと同じく公共圏を政治活動と秩序の中心に置いたが、コンスタンほど公共圏の政治空間としての独立を求めていたわけではない。コンスタンは、出版とジャーナリズムの自由は美的価値を含むすべての利益に拘束されない絶対的なものだと、繰り返し述べ、その自由のために論陣を張り続けていた。レドレルは、『世論の理論』で、「世論」が社会的「利益」を代弁する回路を求めていた。『世論の理論』は、コンスタンと同じく、近代政治の正当性が争われる審級として公共圏を求めたものといえるが、コンスタンと異なって、公共圏を社会的利益に解消し、政治的正当性の根拠を公共圏にとどめず社会に求めたとも言えるのである。[11] したがって、レドレルの自由主義では、コンスタンよりもフランス近代社会に対する満足度は強く、それだけ現実的であり妥協的であって、活動が具体的政策的であるだけ国家への依存度が大きかったのである。

にもかかわらず、レドレルとコンスタンに共通するのは、近代政治の活動拠点を、代議士活動と公共圏においていることであり、濃淡に大きく違いがあるとはいえ、政治的働きかけによるフランス近代の主体強化を構想していたことである。[12] こうして、『憲章』の自由規程を利用する範囲での議会活動と公共圏の活性化による政治主体の強化という二つの局面において、復古王政期に、自由主義は、成立期の若々しい学習時代を過ごした。

コンスタンやレドレルが、「イデオローグの共和国」からナポレオン帝政を経験し自由主義を準備し復古王政を迎えたとすれば、この時期自由主義者として政治活動をリードしたのは、やや若い世代であって「ドクトリネール」と呼ばれる人々である。ドクトリネールは、一八一五年末の議会での選挙法問題を争点とする政治的混乱を機に、「立憲主義」を擁護する理論化集団として、ロワイエ＝コラール、ギゾー、ド・セール、カミーユ・ジョルダンなどによって組織された。彼らの立憲主義は、コンスタンのようには個人主義へのこだわりをもたず、コンスタンへの対抗を秘めながら、新しい自由主義者としての実力を養い、七月革命期の活躍を準備する。こうした自由主義の新潮流の出現を支えたのも、議会活動以上に、復古王政期の公共圏であったと思われる。[13] 彼らの「憲章に則った自由主義」が、『憲章』における自由諸規程のうち、とりわけ出版の自由、信教の自由を重視していたことは、ロワイエ＝コラール『出版の自由について』（一八二七年）をみてもわかるし、ギゾーについては後で述べる。ギゾーとともに一八三〇年以降の自由主義をリードするチエールも、その一八三〇年創刊の『ナシオナル』紙で、編集者として、「君臨すれども統治せず」というよく知られた言葉を述べる。[14]

このようにドクトリネールにおいても、政治空間の中心はジャーナリズムを舞台とした公共圏であった。したがって、一八三〇年の七月革命の主題は、自由主義にとっては、公共圏の政治を国家体制へと上昇させることであった。七月革命によって、自由主義が国家権力の主導権を握ったことは、公共圏の政治活動を国家と政府の政治活動へと転位していくことになる。自由主義は、体制の思想へと転化していった。七月革命は、自由主義の中心を、レドレルやコンスタンからギゾーやチエールへと移行させるとともに、自由主義に体制の思想としての契機を強化しその性格転換を進めていく画期ともなった。復古王政期に自立したフランス自由主義は、早くも大きな転期を迎えていたのである。ここでは、復古王政におけるいわば公共圏の自由主義から体制としての自由主義への思想のこの転換を、これをリードしたギゾーを取り上げ、検証していきたい。

一　体制としての自由主義の成立

ギゾー（一七八七―一八七四年）は、政治家としての活動に先立って、歴史家としての地位を確立していた。彼がパリに出たのは一八〇五年であり、法学から文学へと関心を移し、ギボンの『ローマ帝国衰亡史』の翻訳を試み、一八一二年にはソルボンヌの歴史学教授となった。ドクトリネールとしての政治活動が活発となっても、ギゾーの歴史への関心は衰えず、一八二九年に『ローマ帝国の没落からフランス革命にいたるヨーロッパ文明史』を、一八二九—三〇年に『フランス文明史』を講義している。[15] ドクトリネールも一八三〇年のオルレアン派自由主義者も、多くがジャーナリズムと歴史学に強く結びついていた。ロワイエ゠コラールはナポレオン帝政期にソルボンヌで哲学史を教え、クーザンやギゾーを育てた。[16] チエールはミニェなどとともに、いわゆるフランス革命史学の開始を告げることになる。

フランス革命史学が大学の学問となるのは、一九世紀後半である。[17] これに先行する時期には、一八四八年を頂点に、歴史家は現実の社会変動の中にあって、そこから学ぶとともに、その成果を公開の集会の中で語った。彼らは、公共圏での政治活動に、歴史学を持ち込んだのである。ギゾーは自由主義にこうした歴史学の機能を持ち込んだ先駆的位置に立つ。ドクトリネールとしての活動の時代だけでなく、七月王政期「抵抗派」の時代、さらに、続いてより深く権力に介入する時代にいたるまで、ギゾーの思想の中心には、常に文明史論が位置していたのである。

ギゾーの歴史学は、テルミドール派さらにはコンスタンやジェルメーヌ・スタールから多くを引き継いでいる。と同時にギゾーがその歴史学を改変しようとしたことは、ギゾーがコンスタンなどの先行する自由主義に対してどのような独自性を注入しようとしたのかを、最も明示的に物語るように思われる。ここではまずギゾーの歴史意識を糸口に、レドレルやコンスタンおよびジェルメーヌ・スタールとギゾーの自由主義との違いに迫っていきたい。

ローザンヴァロンは、一八一八年のギゾー『哲学、政治、文芸論叢』を検討し、ギゾーが、シエースやコンスタンの世代を「早く来すぎた」として、自己の世代と切り離そうとしていたという。[18] ギゾーによれば、シエースやコンスタンの不幸は、社会的諸関係が自由の政治制度に見合う変革を可能にするだけの成熟に達していなかったことにある。だから、彼らの改革は抽象的な原理による権力の破壊に終わった。これに対して、ギゾーの世代は、「歴史建設の時代」において、社会の発展が自由の諸制度を実現する力をもつ。つまり、コンスタンにとって歴史は、現実の欠落を示し変革課題を抽象的に示すにすぎなかったが、ギゾーにとって歴史は、現実を肯定する実証的過程として現れていたのである。

ギゾーは、こうして、コンスタンやジェルメーヌ・スタールの歴史把握を、現実を肯定する別の歴史意識のもとに再構成し[19]、精緻なものにする。ギゾーの文明史は、歴史に本格的な実証を導入した作品といわれる。『ローマ帝国の没落からフランス革命にいたるヨーロッパ文明史』を中心に、ギゾーの文明史論を検討してみよう。

ギゾーの歴史の方法についてはは、すでによく知られている。「彼によれば、ヨーロッパ文明は諸国民国家の形成（中央集権化の運動と統一の原理）と、人間精神の解放（自由への運動と平等の原理）という二つの主要な事実の実現をその特徴とする[20]」。ギゾーにおいて、歴史は事実史となり、現状肯定に繋がっているのである。

コンスタンは、ヨーロッパ文明史を、「戦争の時代」から「平和と商業の時代」へ、すなわち、主権が人間全体を包括する時代から社会の出現により主権が被拘束的となる時代への転換として、構成していた。ギゾーは、主権と社会をはじめから並存させ、それぞれの発展を事実史として描き、歴史が両者の対立と緊張によって発展してきたとする。「二つの偉大な力および偉大な法、すなわち権威と自由は人類のうちに自然に共存し、闘争している」。「諸国民は、あるいは権威のほとんど絶対的な軛の下に、あるいは自由の絶え間ない波瀾に苛まれて生きてきたのである[21]」。

権威の歴史については、コンスタンが「戦争の時代」と一括りにしたのを、ギゾーは、権威の形態を、ゲルマン的王権、帝国的王権、宗教的王権、封建的王権という変遷を経て、「純粋君主政」という近代的王権に達したものとたどっていく。「純粋君主政」とは封建的貴族的要素を払拭した立憲君主政を意味していた[22]。こうして、この権威の形態変遷は、主権の性格の変遷ではなく、主権の諸制度、政治諸制度の変遷であって、主権が全体拘束的であるかどうかというコンスタンの歴史意識は切り離される。そのうえで、他方、自由の発展については、まず宗教改革が近代ヨーロッパを開始し、一八世紀の知的発展がこれを決定づけるとみられている。

ギゾーによれば、権威と自由の共存と闘争は、ヨーロッパでは次のように展開された。まず、宗教改革と中央集権国家の対立と結合によって、一六世紀にヨーロッパ近代は始まる。[23] そうして、「イギリス革命こそが、原始ヨーロッパの全文明が一六世紀までに到達した二つの大きな事実、つまり、一方における純粋君主政、他方における自由の経験的検討、この二大事実の最初の衝突であった[24]」。

ところがここから、イギリスと大陸とで、文明の歩みに違いが生まれた。イギリスは革命によって、政治諸制度と自由双方の混合をうまく導き、「あらゆる利害と勢力とを認め調和させ、共存させ、繁栄させる」立憲政体という統治機構を生み出した。[25] これに対し、大陸では、国家と自由の経験の発展とにずれが生じ、両者の結合に長い時間を要した。フランスではルイ一四世の国家が集権的行政機構を作り上げた。しかし、このときフランスにはイギリスのような自由の経験の成熟は存在しなかった。「ルイ一四世のフランスに根本的に欠けていたのは制度である。すなわちそれ自身で存続し、自発的に行動することができ、抵抗しうる政治的な力である[26]」。「イギリスではほとんど同時に起こった自由の経験的検討の発展と純粋君主政の発展は、大陸においては、両者の間に長い期間があったのである[27]」。

フランスが自由を明確に表現するのは、宗教改革の挫折の後長い風雪を耐えた、一八世紀においてであった。「一八世紀フランスには、人間精神があらゆる事物に適用されるのがみられる。生活の現実的利害に結びつき、事件に対して最も迅速にして強力に影響すべき思想に人間精神が適用されるのがみられる[28]」。

こうして、ギゾーによれば、フランスでは、権威と自由は、両者が複合し発展したイギリスと違い、それぞれが独立して発展のリズムを異にし、相互の衝突を準備した。「一七世紀において、ヨーロッパに働きかけ、文明全般の先頭に立つのは政府である。一八世紀において、覇権をもつのは、もはやフランス政府ではなく、フランス社会、フランスそのものである。人心を把握し、衆目を得るのは、はじめはルイ一四世とその宮廷であり、次にはフランスおよびその世論なのである」(29)。そうして、ついに、権威と自由とが、イギリス革命のように衝突に突入したのが、フランス革命であった。

『ローマ帝国の没落からフランス革命にいたるヨーロッパ文明史』は、このように、フランス革命までを視野においたものであった。しかし、ギゾーの文明史はここで終わるわけではない。ギゾーの現代は、フランス革命の思想家を「早く来すぎた」と判断する時代であった。フランス革命は自由の権威に対する衝突の開始であって、一八世紀的「人間精神」と「世論」が自由の先陣を切ったにすぎない。コンドルセやコンスタンでは、「世論」は「世論の法廷」といわれ、文明史進歩の心臓部に位置づけられていた。しかし、ギゾーが、コンドルセもコンスタンも革命を終結に導く諸条件を持ち得なかったと考えていたことは、すでにみた。ギゾーにとっては、フランス革命を終結に導く上で、「世論」の自立だけでは、なぜ十分とはみられないのだろうか。ギゾーもコンスタンと同じく、「世論」が文明を自由に導く力であるとしているのに、その他に何が必要だというのだろうか。

ギゾーにとって、文明史の原動力は、結局どこに求められていたのだろうか。ギゾーは総論にあたる「第一講義」で、「文明という言葉に含まれている第一の事実、……それは進歩発展という事実であると思われる」といい(30)、「進歩」とは「庶民生活の完成、いわゆる社会あるいは人間の相互関係の発達」だといっていた(31)。そして、ギゾーによれば、「社会的関係の拡張、その最大の活力と最良の組織」の発展をみるのが、文明史の第一の目的なのであり(32)、より重要なのは第二の目的であって、それは人間の内面性と思想の発達を明らかにすることであった。「社会的見地からみれば、個人間の福祉の総和と分配に関して、一七世紀と一八世紀フランスは、ヨーロッパのその他の諸国、たとえばオランダやイギリスより明らかに劣っていた」のに、なぜ「フランスはヨーロッパで最も開花した国であった」とされるのか[33]。「社会生活の発達とは別の発達がそこには際立っていた。すなわち、個人的生活、内面的生活の発達、人間自身の、その能力の、その感情の、その思想の発達である。社会は他国よりも不完全であるにもかかわらず、人間性はいっそう大きくかつ力強く示されている[34]」。

総括を述べる最終「第一四講義」でも、ギゾーは、文明史に関する同様の考えを、次のように確認している。「文明は二つの主要な事実より成り立っていると思われた。人間社会の発展と人間それ自身の発達である。一方は、政治的社会的発展であり、他方は、内面的精神的発達である[35]」。すなわち、フランス革命で衝突したのは、政治諸制度と精神の諸制度であって、文明史の本当の主人公は、まだ表舞台から隠れている「人間それ自身」だとみているのである。つまり、ギゾーは、「世論」は自由の形式にすぎず、自由の内容を実現するのは、「世論」の主体としての「人間それ自身」であるというのである。

では「人間それ自身」とは、具体的に、どこに存在するのか。ギゾーにとって、それは、フランスの「ブルジョワジー」に他ならなかった。コンドルセやコンスタンの文明史にギゾーが加えたもの、それは、この「ブルジョワジー」の誕生と成長の歴史である。コンスタンが商業による社会諸関係の変容を語ったようには、ギゾーは「公共経済学」的興味を示さない。ギゾーは、文明の具体的主体としての「ブルジョワジー」の興隆史に社会史を集約している。ギゾーは、文明の自由への現実的歩みを、コンスタンのように商業精神の発展としてでなく、より具体的に「第三身分」の興隆として記述するのであり、それは、フランスのブルジョワジーの成熟過程に他ならなかった。

ギゾーによれば、「ブルジョワジー」は一二世紀あたりから自治体（コミューヌ）を基盤に成長した[36]。最初は「局所的」存在であり、「かつて市民［bourgeois］の間にはなんらの連合もなく、市民《ブルジョワ》は階級としては公共的かつ協同的存在ではまったくなかった。ところが国内には、同一の境遇に引き込まれ、利害を同じくし、習俗を同じくする人間が満ちあふれていたのであって、それらの人々の間には、ブルジョワジーを生み出すある種の紐帯や統一が必ずしだいに生じることが可能である。社会の大きな階級、すなわちブルジョワジーの形成は市民《ブルジョワ》の局所的解放の必然的結果なのであった[37]」。一二世紀において「ブルジョワジー」は、「小さな取引を営む商人」、「家屋や土地の所有者」によって構成されるのみであったが、「それより三世紀後になると、ブルジョワジーには、なおその他に、弁護士、医者、あらゆる種類の知識人、すべての地方官吏が加わった[38]」。

こうして、市民が、自治体や自治体連合を抜け出し、さらに大きな社会的空間に出現していくとき、ギゾーは、そこに社会階級の闘争が伴ったという。「自治体解放の第二の大きな結果は階級闘争であって、それは、近代の歴史を埋めている闘争である。近代ヨーロッパは社会諸階級の闘争の産物なのである[39]」。「自治体はオート・ブルジョワジーと、賤民特有のあらゆる過失、あらゆる悪徳を免れない民衆とに分解した。上級ブルジョワジーは、この下層民衆を支配するという異様な困難と権力奪回を狙う自治体の旧支配者による絶え間ない策略との両方から圧迫を受けていた[40]」。

ギゾーの見方では、このブルジョワジーによる支配の確立が、近代における「国民的統一」の実質である[41]。ギゾーは、ブルジョワジーの階級闘争勝利を、フランス国民の成立に等値する。「諸階級はしだいに歩み寄り、同化拡大した。ヨーロッパ各国の内部にある種の普遍的精神、利害、思想、感情のある共通性が生まれ、発展し、それが多様性と争いに対して勝利した。……融合が大きく進展し、一階級が排他的に占有せず、すべての階級を包括し、すべての階級がある共通感情に励まされ、共通の社会的存在をもつことになって、国民性と統一の確実な証をもち全階級からなる真のフランス国民が、そのときから疑いなく存在したのである[42]」。

このようにみてくると、ギゾーがフランス革命を集権的国家と「世論」の対立としたのは、自由と権威の戦いの表層部分についてであって、深層においてはフランス革命を文明史がブルジョワジーの覇権確立に向かう開始点に位置づけていたことが明らかとなる。ギゾーは、文明史をブルジョワジーの階級闘争史に集約していたのである。コンスタンは、近代的自由発展の諸条件に、商業社会が主権を被拘束的とすることを挙げていた。このような条件を前提に、近代における公共圏の固有の意義を論じたのであった。ギゾーには、そうしたコンスタンの問題意識は希薄である。ギゾーにあっては、近代的個人とその社会とは、商業社会の特性によってよりも、ブルジョワジーが階級闘争によって政治的に組織されるその水準において、把握されるのである。

コンスタンでは、近代社会は主権を被制約的にし個人的自由への権力の侵入を防ぐ防御網であって、これに守られ、近代的個人は社会的不平等から自由となり、対等な個人として公共圏に登場し政治参加するものとされていた。コンスタンの文明史は、このような意味で、近代的個人の成立史でもあった。ギゾーにおいては、コンスタンがみたような社会も近代的個人も存在しない。社会はすでにブルジョワジーという階級闘争に勝利した階級によって政治的に組織されている。近代的個人は、独立した個人として社会に出てくるのではなく、すでに政治的に組織されている階級なのである。ギゾーの文明史にいるのは、近代的個人ではなく、ブルジョワジーという階級なのであった(43)。

ギゾーが歴史に実証を導入したのは、ブルジョワジーの階級闘争の勝利を示すためであった。ギゾーは資料を駆使し、事実史として、ブルジョワジーの歴史的勝利を描こうとした。逆に、ブルジョワジーは自己の支配を事実史として語る政治的実力を持ち得たというギゾーの自信が、歴史と実証の結合を生んだといってもよい。

こうして、ギゾーの文明史は、ブルジョワジーの政治的能力を立証する資料を集めることに帰着している。しかも、それは、フランスにおけるブルジョワジーであった。コンドルセやコンスタンの文明史をフランスのブルジョワジーの歴史に転換させるために、ギゾーが、常用するのは、「摂理」の概念であり、人間から国民への主体転換である。フランス・ブルジョワジーの勝利は「摂理」であり、「明快、社交性、共感はフランスとその文明固有の性格であって、これらの資質によってフランスはヨーロッパ文明の先頭を歩むのに最もふさわしかったのである」。[44]

ギゾーの文明史論は、自由主義の枠組みを、大きく変えるだろう。ギゾーは、フランス革命の原因も成果も、すべて、ブルジョワジーという国民的階級に託そうとしていた。コンスタンでは、近代的個人、商業社会、公共圏というさまざまな位相において、それぞれ独自に問われた、近代的政治秩序の問題は、ブルジョワジーの政治的能力の組織化という一元的過程に解消される。自由の問題は、ギゾーにとって、ブルジョワジーという階級においてのみ、問われる。こうして、ギゾーは、自由主義の原理的諸問題にこだわらず、ブルジョワジーという具体的主体に即した体制の思想へと自由主義を転換させていくように思われる。このような自由主義の新局面が鮮明に現れるのは、公共圏の把握においてであったろう。ギゾーにとって公共圏は、コンスタンのように個人的諸関係をめぐる議論の場ではなく、社会における階級的闘争によってすでに政治的に決定され組織されてしまっているものとみられていくのである。

二　自由主義体制と公共圏

テルミドール派からコンスタンやレドレルの自由主義が生まれたとき、そこには、「世論」を中軸とする公共圏への着目があり、これによって、一七八九年の「自由の諸原理」を政治秩序に具体化する政治的能力の基礎を確保しようという共通の傾向が存在した。一七八九年からテルミドールさらには九五年憲法へと繋がる線上でフランス革命を終結させるために、その社会的基礎を求めて、公共圏に光が強くあてられたのであった。彼らにとって、総裁政府すなわち「イデオローグの共和国」は哲学的原理の適用によって国家諸制度を設計した時代であって、これを維持し発展させるために、今度は、哲学的原理によるのではなく、現実的政治的能力を確保しなければならず、それを、彼らは、「理性」の「世論」への具体化という形で語ったのである。それはまた、彼らが、共和主義という国家形態論の衣を脱ぎ捨て、国家の外に公共圏を拡大する自由主義へと歩みだしていく過程でもあった。

ローザンヴァロンは、こうした思想動向を、「政治と道徳を科学的に基礎づける」努力といい、「社会数学（ラプラス、コンドルセ）、社会生理学（ビシャ、カバニス、ピネル）そして政治経済学（レドレル、デスチュット・ド・トラッシ、セー）」という「三つの傾向」があったと整理している[45]。ここでは、「三つの傾向」の違いにではなく、いずれもが、社会を対象に政治秩序の基礎を模索しているという、共通性に注意したい。ギゾーは、このような自由主義の傾向を受け継ぎ、しかし、先行思想は探し求める社会的諸条件をもちうる文明史段階にいなかったとして、自己の世代を切り離したのであった。こうした継承と切断によって、ギゾーは、公共圏の意味をも先行思想から転換していく。ギゾーの文明史論から、公共圏と政治秩序のそうした意味転換がどうはかられているか、読み出してみよう。

ギゾーはフランス革命を、一方で、イギリスの一七世紀革命と比較し、他方で、ルイ一四世の国家の終末状況と比較し、考察している。ギゾーの見るところでは、自由と権威との対立に立憲性という一つの回答を与えたのはイギリスの革命であり、フランス革命は一世紀以上遅れて同様の回答を迫られた[46]。

フランスはルイ一四世の時代に同様の回答を迫られたが、当時、それに対応できるような政治的社会的成熟を伴わなかった。ギゾーは、ルイ一四世の国家と総裁政府の立ち向かった課題を、きわめてよく似たものであったという。二つの国家は、ともに、対外的に戦争を抱え、対内的には、「権力者と人民の壊滅に近い状態、税収と公共の消滅、つまりは、打倒、蹂躙、破壊された社会」を前にしていた[47]。そして、ルイ一四世の国家は、数々の条例によって、「公的秩序のため、法律秩序に正しさと普遍性を付与するため」法制度を整備し[48]、総裁政府は、「短期間に領土の独立を確保し、国家の名誉を回復し、行政を再組織し、法制をやり直し、社会を権力の掌握下にある程度まで更正させた」[49]。しかし、みかけ上の類似にもかかわらず、両者には決定的な違いがあった。それはルイ一四世の国家が文明の成熟した政治力を前提にできなかったことである。すでにふれたことではあるが、あらためて、引用確認しておきたい。「ルイ一四世のフランスに根本的に欠けていたのは制度である。すなわちそれ自身で存続し、自発的な行動ができ、抵抗ができる政治的な力である」[50]。

フランス革命がイギリス革命に類比しうるのは、今やフランスが、ルイ一四世の国家に欠けていた「政治的な力」を見出しうるからである。コンドルセやコンスタンという前世代の自由主義が道徳と社会の探索を試みたのは、そのような「政治的な力」を求めてであった[51]。

しかし、テルミドール派もコンスタンも、「政治的な力」の結集を構想したが、ついに、その政治秩序も諸制度も実現できなかったというのが、ギゾーの考えであった。確かに、この政治秩序の主体としての市民は知られていた。「第三身分とは貴族と聖職者を除くフランス国民のことである」という、シエース『第三身分とは何か』の宣言文の意味を理解する「一七八九年の第三身分」あるいは「一九世紀の市民」が、今や存在する[52]。しかし、ドクトリネールに先行する世代は、その主体としての市民が事実はブルジョワジーを示すのだということを、把握できなかったと、ギゾーはみているのである。

すなわち、ギゾーにとって、革命の終結のためになすべきことは、コンスタンのように政治原理にみあう政治秩序を構成することではなく、ルイ一四世の国家に欠けていた政治秩序の存在を社会そのもののなかに発見することであった。コンスタンのように公共圏のダイナミズムが政治秩序を生み出すことを模索するのではなく、ギゾーが目指したのは、ブルジョワジーの現実的政治力による政治秩序を社会のなかで実現することであった。

ギゾーは、自由主義的政治思想を明示的に語り始めた一八二〇年『復古王政以来のフランスおよび現内閣の政府について』と一八二一年『フランスの現状における政府と対立の力』というよく知られている二つの著作で[53]、「政府の主要な力を引き出すことのできるのは大衆においてであり、民衆自身においてなのである」と述べていた[54]。と同時に、ここでの民衆も社会も、具体的には、「すべての民衆、すべての党派が、世論をもつ」[55]というように、公共圏に具体化された存在とみられていた。このかぎりでは、ギゾーはコンスタンとあまり違わないだろう。しかし、この社会における「世論」を、ギゾーは、独自の文明史把握によって、ブルジョワジーによって組織され指導される運命にあるとみたのであった。

こうして、ギゾーにおいて、近代的個人による対等な相互批判と議論の圏域としてのコンスタン的公共圏は消滅し、かわって、ブルジョワジーの覇権確立の闘争場としての政治空間が登場する。それを表すのが、ギゾーの「理性の主権」の観念である。

「理性の主権」は、ギゾーとともにドクトリネールが共有した観念で、「君主主権と人民主権という二つの極端な主権論から区別されて、法に体現された人間理性に政治上の最高権威を認める立場である」[56]。ギゾーは、コンスタンのように主権と社会を分けず、政府も社会も現実的相互関係によってともに発展してきたという。社会を前提に政府は存在するが、政府なしには社会の秩序もない。したがって、その時代の制度化された法体系が主権を表現する。文明は歴史の発展の段階に応じて主権を具体化するのであり、それが「理性の主権」であった[57]。

ローザンヴァロンは、「この理性の主権という概念は、社会学的に能力という主題に引き継がれる」といい[58]、文明の能力ある限られた諸個人による代議制という観念に結びついたことを示している。「代議制の目的は、もろもろの利益と意志からなる複合的算術を調整することではもはやなく、『社会の中に散在している理性の全体をそっくり集め、集中させる』こと、『社会から、それが理性や正義や真理に関して保有しているもののすべてを抽出し、それらを政府に適用する』こととなる。理性の主権の理論は、こうして認識の過程としての代議制という新たな教説を含むことになる。すなわち、代議制とはもろもろの意志の譲渡によって成立するものではなく、社会のなかに分散している正しい諸観念の全要素から出発して公的理性を構成する方式であるということだ」[59]。

ここでいわれる「社会のなかに分散している正しい諸観念」の持ち主が、ギゾーの文明史の主体としての「ブルジョワジー」であり、これを「抽出」する過程がその「ブルジョワジー」の階級闘争であることも、明らかだろう。ギゾーの「理性の主権」と代議政論は、「ブルジョワジー」の意志を政治秩序および「主権」の諸制度に具体化する理論であった。だから、ギゾーは、このような意味での「理性」を具体化する制度として、「道徳政治科学アカデミー」を再組織し、中高等教育機関、とくにユニヴェルシテの充実をはかり、これを知的中枢に位置づけ、出版や教育を支配しようとしたのである。ギゾーは「近代社会の重大な問題、それは精神の統治である」と述べていた。また、ギゾーは、精神の自由にはいかなる権威も介入し得ないという考えを退け、「知的秩序」には「案内する者」および「制動機」が必要であり、近代社会の進歩は社会秩序に見合う「精神の統治」の実現によって完成すると主張していた[60]。コンスタンが公共圏における表現の自由の絶対性を説いたのと正反対に、ギゾーは、「ブルジョワジー」の政治的意志を意味する「理性の主権」という「精神的権力」によって、公共圏を統制する体制を構想していたのである。

そうだとすれば、ギゾーにおいては、コンスタンが重視した出版を中軸とする公共圏もそこにおける知識人の独自の機能も、意義を失ってしまうことになる。ギゾーは、政府と社会の相互依存を歴史のなかにみてきたが、今や、「ブルジョワジー」という具体的階級が、両者を「理性の主権」の具体化として、統合するとみるのである。前提としての社会はすでに階級によって組織され、その支配階級すなわち「ブルジョワジー」の意志を政治秩序に具体化する過程が代議制なのであるから、個人的諸関係の対立も「意見」の公開による公共的機能も固有の意義を失う。ギゾーにあるのは、「ブルジョワジー」という階級の文化的社会的闘争の文明史的継続と政府および代議士という政治活動なのである。ギゾーにおいて、知識人の政治的役割は、もはや、コンスタンの言う独自な公共圏での自由な個人としての表現活動ではなく、「ブルジョワジー」の意志を実現する代議士活動にあった。だからこそ、ギゾーは、『ローマ帝国の没落からフランス革命にいたるヨーロッパ文明史』の「第六版への序」において、「権威と自由の活発な調和を、すなわち両者が闘争する合法的な闘技場において、是認され、公然の、抑制され、常軌を逸しない闘争が両者の調和をもたらすことを、政治的世界において捜し求めてきたものの一人である」と自己規定したのである。[61] コンスタンの文学からギゾーの歴史学への転位は、代議士と政府への公共圏の解消を伴ったのである。

ギゾーが、このように、一方において、自由主義の公共圏を固有の政治空間に限定し、他方において、社会における「ブルジョワジー」の文化的指導力を確立しようとしたことは、彼が政治的中枢を確保して、一八三三年に作成したいわゆる「ギゾー法」の教育政策に、顕著に現れている。ローザンヴァロンは、「ギゾー法」について、エリート形成に社会的道筋を開く側面と必要以上の民衆が上昇の野心と能力をもつことへの警戒との相矛盾する主張が入り乱れていたという。[62] ギゾーは、民衆が自己の平凡な地位に不満をもつほどには教育を受けないように、常に配慮していた。「ブルジョワジー」の階級闘争と社会支配に寄与するイデオロギーの諸装置として教育をみる目が、露骨に表れている。それはギゾーに限らず、ギゾーのいう新世代の自由主義共通の見解であった。「七月王政初期、全国的支配階層の主要部分は教育による社会的上昇というテーゼを支持した。それはこのテーゼが彼らの持つ秩序原理と矛盾せず、それどころか自己の支配にたいする民衆からの支持の調達に役立つものだったからだ」。[63] かつてイデオローグのデスチュット・ド・トラッシは、知識人エリートと労働階級の教育分離を主張したが、ギゾーは、ブルジョワジーという具体的階級の存在とその能力に即して、その構想を実施に移したのである。

ギゾーにおいて、公共圏は、容易に固有の姿を現さない。近代的個人は私的自治という名の密室に閉じ込もって、公的意志を表明する必要を強くはもたない。これを表明する場合も、諸階級の闘争に参加することを通じておこなわれ、社会的利害をめぐる諸対立に、公共圏は解消されているのであった。公共圏は、コンスタンにおける「意見」と議論の場から、一方で、社会における諸階級の文化的闘争に移され、他方で、国民国家の諸制度のなかでの代表者の活動領域に限定される。(64)それはまた、レドレルのみた公共圏にも、ギゾーが終息をもたらしたことを意味する。レドレルは、「世論」の秩序と財産の秩序の調和を主張したが、それは結果であり、自由な個人が「意見」を公開対立させる公共圏の過程に、独自の意義を与えていた。しかし、ギゾーは、レドレルの考えた財産による「世論」支配にかえて、より主体的に「ブルジョワジー」による文化的政治的支配を持ち込み、しかもこれを文明史的事実と主張したのである。

ギゾーの自由主義は、「ブルジョワジー」という階級を主体とすることによって、自由主義の政治体制の構築を可能にした。(65)しかし、その体制としての自由主義は、明らかに、コンスタンが構想した自由の諸原理を変質させ、解体するものでもあった。個人の内面性は私的自治に閉じこもり、公共的表現への意欲を失う。「意見」の公開と表現の自由は、社会における諸階級間の文化的政治的闘争に埋没する。コンスタンが公共圏の諸制度とした言論界は、ギゾーでは社会階級の諸利害のためのイデオロギーの諸装置となるのであった。ギゾーの自由主義において、近代的個人は哲学と思想と文学の自由を表現する場としての公共圏を失う。ギゾーのように自由のブルジョワ的社会化を展望できないとすれば、自由の諸感情は、社会への対抗を強め、ロマン主義的思潮へと転化していくだろう。

ギゾーの自由主義は、コンスタンの近代的個人の自由主義を、ブルジョワジーの利害に立つイデオロギーにかえ、体制としての自由主義を成立させた。ギゾーの自由主義は、レドレルにあった国家による自由主義の性格をさらに強化しただけでなく、近代的個人を政治から追放し、ブルジョワジーという階級の手に委ねたのである。ギゾーの自由主義は、国家による自由主義どころか、ブルジョワジーによる国家奪取を目指す自由主義ということができる。

こうした自由主義の枠組みは、ギゾーに限らず、チエールも共有したものと思われる。チエールは一八二一年パリに出て新聞記者となって以来言論界で活躍した。しかし、一八三〇年創刊の、先述の『ナシオナル』紙が、一八三〇年の状況をイギリスの一六八八年と対比し、オルレアン家支持を宣伝したように[66]、チエールにとって新聞は政治の道具にすぎない。ジェルメーヌ・スタールが警戒した新聞による公共圏破壊機能を、チエールは利用しようとした。国家からの新聞の独立でなく、政治と新聞の結合を当然のこととしていたのである。チエールが政治的駆引きによって、権力の梯子を巧妙に登っていったのも、彼が公共圏を軽視していることと関係があると思われる。

ギゾーは金融ブルジョワジーの利害を代弁し、チエールは産業資本の利害を反映していたといわれる。しかし、広い意味でのブルジョワジーの政治空間に自由主義を具体化しようとした点では、共通している。ギゾーは、自己の政府を「中間階級の政府」と呼び、ブルジョワジーの範囲をできるだけ広げながら、「運動派」と「抵抗派」という議会内の政治対立は認めていた。すなわち、ギゾーの自由主義における公共圏の消滅は、一方で、政治空間をブルジョワジーの独占とし、他方で、その枠組み内でブルジョワジーの政治力の範囲拡大とダイナミズムを求めるものであった[67]。

だが、ギゾーは文明史において、ブルジョワジーの発展を、弁護士や医師や知識人を含む階級の歴史として描いていた。このことは、逆に、ギゾーの自信の源であるブルジョワジーの階級的成熟が、いまだギゾーからみても十分ではなかったことも表す。ギゾーにおいて、ブルジョワジーは、利益代表としてではなく文化的先導者として語られる。ギゾーが、教育におけるブルジョワジーのヘゲモニー獲得に力を尽くし、地方自治を導入し、民主主義の学校とし、ブルジョワジーの全国的結集を目指したのも、ブルジョワジーの階級的未成熟を政治的に補おうとしたためでもあった[68]。

このようにギゾーの自由主義は、ブルジョワジーの実力を確信し、自己の世代をコンスタンたちとあえて区別し、ブルジョワ的政治秩序としての体制構築を目指すものであったが、その体制の枠内に社会的諸階級を自己のいう

「ブルジョワジー」として主体的に統合しなければならなかった。ギゾーの体制は、どれだけの思想諸潮流を結集し得たのだろうか。

コンスタンやジェルメーヌ・スタールの自由主義は、ギゾーの体制によって、独自の公共圏活動を奪われ、政治活動としては議会内反対派にとどまり、思想としては自由主義にロマン主義的色彩を加えていくことになるだろう。レドレルの自由主義は、「世論」の財産秩序への誘導を、ブルジョワジーの主体的統合にかえることになるのだから、ギゾーの自由主義体制に吸収されていく。J・B・セーの経済的自由主義やシャルル・コントやデュノワイエの功利主義も現実のブルジョワジーの政治力に妥協しうるかぎり、ギゾーの体制と対抗関係には立たない。むしろ、これらは、J・B・セーが政治から経済を切り離したように、ギゾー的体制を受容し、社会的領域に自己を限定していくようにみえる。ラムネやモンタランベールに代表される「自由主義的カトリシズム」はどうだろうか。彼らは、カトリックの伝統的組織を復活させるのではなく、立憲主義の体制の中にカトリシズムを調和させようとしていた。ラムネが七月革命において、新聞『未来（*L'Avnir*）』を刊行し（一八三〇—一八三一年）、論陣を張ったように、信仰の自由の原理を前提に、活動を展開した。[69]孤立した自由な個人を嫌うカトリシズムの心情は、彼らの自由主義を、コンスタンの個人主義的自由主義よりも、ギゾーの体制としての自由主義に近づけたのである。こうして、コンスタンの時代の自由主義諸潮流は、コンスタンとジェルメーヌ・スタールの自由主義を除いて、近代的個人と固有の公共圏へのこだわりを捨て、ブルジョワ的秩序の中の生活利益を擁護する、国家による自由主義に収束していったと考えられる。[70]

ところが、ギゾーの自由主義は、こうしてフランス自由主義の主導権は握ったが、幅広い範囲でのブルジョワジーの主体的結集という点では、必ずしも成功しなかった。[71]バブーフ以来の共産主義による民衆反乱を収束できなかったことだけではない。初期労働運動の出現が、ギゾー体制によるブルジョワ的支配の弱さを表現しているだけでもない。何よりも、「産業者」や「産業的」をうたう思想が、サン゠シモンやフーリエにみられるように、自由主義に対抗したことがあげられる。いわゆるフランスの空想的社会主義は、ギゾーの「ブルジョワジー」と重なる主体像をもちながら、より幅広い結集を求め、自由主義の政治秩序を拒否していた。つまり、ギゾーの「ブルジョワジー」がフランス近代社会を統合し得ない弱さを、空想的社会主義の出現は表現しているのである。自由主義的カトリシズムもまた、ギゾー的立憲体制に満足できず、ロマン主義的思潮を色濃くしながら、サン゠シモン主義やフーリエ主義と合流し、社会主義的傾向をもち始めるのである(72)。

空想的社会主義者の一人、フーリエがフランス革命批判として『理性の迷妄』を書いたのは一七九八年であり、彼は、一八〇八年の『四運動の理論』を経て、一八二二年の『家政的農業的共同社会論』によって、理論体系を確立したといわれる(73)。『理性の迷妄』は、明らかに、コンドルセの『人間精神進歩の歴史的展望の素描』を書き直そうとしたもので、コンドルセのいう「理性」の進歩がそれに見合う社会発展を伴わないと主張した。そして、その原因は「商業アナルシー」であって、「理性」の哲学が拠り所とした「商業社会」が、コンスタンが目指した政治的自由の制度化である「保証主義」を無力としたという。つまり、コンスタンの政治原理を彼が共有した「公共経済学」が裏切るとフーリエは考えた。こうして、フーリエにとって、「商業社会」は、コンスタンの考えたように は個人的自由の権力に対する防御網にならず、主権による自由の保護は展望できない。フーリエは、「社会運動」すなわち社会における歴史的主体形成に回答を求め、「産業的社会的世界」の組織を構想した。そこで、フーリエは、金融ブルジョワジーを排除し、小土地所有農民の再組織化を産業連合に組み込もうとしたのである。フーリエは、テルミドール派の批判から出発し、アソシアシオンによる社会組織の思想へと踏み出した。社会を個人的自由の政治に対する緩衝地帯として位置づけ、独自の公共圏を考えるコンスタンを否定し、社会の直接的政治組織を模索する点でも、「産業者」をその組織階級とする点でも、ギゾーの自由主義と共通点を多くもつ。そして、フーリエは、金融ブルジョワジーを排除し、別の広範な産業者を結集しようとした点で、ギゾー的政治秩序を含む政治秩序をすべて否定し、社会主義への道に入っていったのである。

もう一人の空想的社会主義者サン＝シモンも、よく似た軌跡を描いている。[74] 彼もまた、一八〇二年の『ジュネーヴの一住人から同時代人への手紙』で、フランス革命を批判して、自由の原理の宣言にとどまらずこれを具体化するという課題を設定した。『産業体系』（一八二〇―二三年）から『産業者の教理問答』（一八二三―二四年）にいたって、彼は産業者による社会組織を主張した。彼は、商業社会が、動産の優位と信用による緊密化を生み出すことを条件として、産業者による社会の組織化が可能となると主張したのだった。フーリエと違い、「産業者」の由来を、ギゾーと同じく自治共同体コミューヌに求め、その主体確立の文明史を描いてもいた。サン＝シモンは、J・B・セー、シャルル・コント、デュノワイエの経済的自由主義を継承する立場で、しかし、彼らと違い、近代社会が自由に対する主権の侵害の防波堤とならないとみて、そのまま産業者によって社会を組織することを構想したといってよい。[75] サン＝シモンの場合は、フーリエと違い、金融ブルジョワジーが産業者連合の重要な地位を占めている。しかし、ギゾーのようにその主導権に期待せず、小生産者の組織による産業連合の拡大を構想し、その体制をギゾー的政治秩序の外に持ち出していったのである。

こうして、空想的社会主義は、体制としてのフランス自由主義の一変種としての性格をもつ。[76] フーリエにしてもサン＝シモンにしても、思想活動を開始するのが、レドレルやコンスタンが共和主義から自由主義を自立させる時期に重なり、設定した課題も、フランス革命を終結させることであった。彼らもまた、復古王政期の公共圏を思想表現の場とし、そこでの宣伝を通じて支持を獲得しようとした。ギゾーが、ブルジョワジーを主体として、体制としての自由主義を具体化しようとしたそのとき、「産業者」という名の社会階級による体制の組織を、政治秩序の外に構想したのである。空想的社会主義は、反現実という形をとった、もう一つの体制としての自由主義に他ならない。

おわりに

ドクトリネールの活動から一八三〇年七月王政での自由主義の政治権力奪取は、思想的にも、体制としての自由主義が成立したことを表す。テルミドール派共和主義からレドレルやコンスタンが自由主義の思想を自立させ始めた直後を襲い、ギゾーは、彼らを「早すぎた世代」として切り離しながら、体制としての自由主義を成立させた。それは、端的に言って、レドレルやコンスタンおよびジェルメーヌ・スタールが、社会と政治秩序との媒介地帯に確保しようとした、自由の公共圏をブルジョワ的政治秩序として組織することであった。

コンスタンやレドレルにおいては、出版の自由、「意見」の公開、表現の自由などさまざまに呼ばれる公共圏が、近代的個人の政治参加の圏域として確保されていた。「意見」は結局財産の秩序に調和するように組織され「公論」となるとみたレドレルも、「意見」の社会的交流を独立領域として、認めていた。彼らにおいて、「商業社会」が主権に対する個人的自由の防波堤となることによって、公共圏に近代的個人が主体として登場することができたのである。したがって、公共圏においては、個人が、自由の諸原理に基づいて、自由に「意見」を公開し、戦わせる。このように、レドレルもコンスタンも、近代的個人としての、政治参加の形態を確保していた(77)。

ギゾーにおいて、公共圏は、ブルジョワジーという階級が覇権を争う政治過程に転換された。ここには、もはや、近代的個人の居場所はない。原理に基づく対話もない。ここにあるのは、個人ではなく階級による文化的ヘゲモニー争いのみである。それは、対話にかわる、宣伝と説得の競争であった。レドレルやコンスタンの期待した公共圏は失われ、新聞は党派的機関誌を中心とした、イデオロギー闘争の道具となる(78)。レドレルやコンスタンおよびジェルメーヌ・スタールの近代的個人は、公共圏という根拠地を失い、その思想表現を文学や歴史という非政治的領域に求め、挫折の表現としてロマン主義に傾斜していくだろう。

空想的社会主義も体制としての自由主義の鬼っ子として、公共圏を、「産業者」という階級の政治的闘争の道具に位置づけていたと思われる。フーリエもサン゠シモンも、それぞれ、フーリエ主義者、サン゠シモン主義者という集団を組織し、機関誌による支持拡大の宣伝と説得を行ったのである。彼らにとっても、ドレルやコンスタンの公共圏や近代的個人は、もはや無力と映っていたのである。

自由主義の体制化と公共圏の変質は、しかし、出版とジャーナリズムの衰退を意味したのではない。すでにみたように、ジラルダンの『ヴォルール』の創刊は一八二八年四月五日であって、以後、新聞界は新しい繁栄を築いていく。一八三〇年の革命は政治ジャーナリズムを活発にしもした。しかし、政治過程が個人ではなく党派と階級の対立となり、政治ジャーナリズムの機能が変わったのである。ジャーナリズムが失ったのは、コンスタンの夢見た近代的個人の公共圏という機能である。新聞も書物の出版も、個人を対象としては、私的生活を潤す消費物として、非政治的領域を拡大していったのである。公共圏が体制としての自由主義によってイデオロギー闘争の政治圏に変容する中で、ジラルダンは近代的個人を非政治的消費欲望の圏域に強奪したといってもよい[79]。

逆説的だが、体制としての自由主義の成立によって、近代的個人は政治参加のための翼をもがれた。公共圏には近代的個人の居場所はなく、その自由主義は、非政治的消費圏で、思想表現として活動を展開する。直接的政治表現ではなく、文学や芸術表現によって、公共圏の外に拡大するジャーナリズムに、活動の舞台を移すのである。

ギゾーによる自由主義の体制化は、近代的個人の発展によってではなく、ブルジョワジーという階級へのその結集によって行われた。そのことはフランスの現実にあっては近代的個人もブルジョワジーもいまだ幼弱であったことを反映している。それは、一方で、近代的個人の思想表現を、今述べたように政治の外に屈折させたし、他方で、ギゾーの「ブルジョワジー」あるいは「中間階級」と空想的社会主義の「産業者」の対立にみられるように、政治文化的指導階級の統一も存在しなかった。その階級対立は、「中間階級」あるいは「産業者」の内部抗争に、やがて労働階級の登場が加わり、複雑な様相の中に一八四八年革命に向かっていくことになる。(80)

その流れは、コンスタンが夢見た近代的個人の公共圏という構図を、いっそう困難にしていく。体制としての自由主義は、チエールにみられるように、権力の強化による自由の擁護という性格を、ますます強める。空想的社会主義は、権力の外での社会の組織という社会主義的傾向を強め、労働階級による社会の組織というプルードンによる社会主義者と拮抗していく。いずれの潮流にとっても、社会的アナルシーは最大の悪であり、コンスタンがみたような主権を被制約的にする自由の道具とはみられなかった。コンスタンのような公共圏は必要なく、社会を直接組織することが必要とされたのである。

こうして、フランス自由主義の最も大きな肖像とされるトクヴィルが登場したとき、もはや、近代的個人を表現する政治的社会的空間は残されていなかった。トクヴィルは、ギゾーの講義を聴き、アンシャン・レジームと「大革命」の連続性把握を学んだといわれるが、トクヴィルが引き出した文明における自由の発展は、制度や心性の発展であって近代的個人の成立ではなかった。(81)しかも、トクヴィルの前にあるフランスは、自由の制度に結びつくものとは思われず、彼は、『アメリカの民主主義』(一八三五年)すなわち新大陸に自由の体制を探さざるを得なかった。近代的個人の自立は、現実には社会的アナルシーとしてしか現象せず、そのアナルシーが悪であるのはもはや疑い得ない事実であって、トクヴィルは、原子化による砂漠のような殺伐とした人間の未来を予感し、多数者専制批判を書く。(82)

トクヴィルは、体制としての自由主義のもとで、その批判を通じて、独自の自由主義を生み出す。それは、いかなる体制にも吸収されない、個人の自由を確保しようとする意味において、コンスタンの時代と主題において接近する。トクヴィルは、もちろん、コンスタンのような近代的個人への信頼も、社会的アナルシーの評価も、もはや保持し得ない。しかし、トクヴィルが、アソシアシオンを、緩やかな社会的紐帯として評価し、これを緩衝地帯として、個人の自由を確保しようとするとき、それは、ギゾーの延長上ではなく、公共圏に独白の意義を見出し近代的個人の政治的自由を確保しようとしたコンスタンの主題の復権という意味をもっているだろう。(83) トクヴィルの自由主義を特徴づけるのは、フランス自由主義の運命としての国家による自由主義ではなく、コンスタンおよびジェルメーヌ・スタールの体制批判の思想としての自由主義の継承である。

終章　フランス自由主義の歴史的諸形態

フランス自由主義の直接の起源がチュルゴ改革（一七七四—七六年）にあるという視点は、成立しうると思われる。チュルゴは、自由と公共の結合という啓蒙思想のプロジェクトを、政治秩序の次元に持ち込んだ。チュルゴは、先行した「経済的自由主義」の思想と運動を総括しただけでなく、「憲政」構想によって「政治的自由主義」の出現を促した。チュルゴと彼を継いだコンドルセの思想において、近代的自由が「個人的自由」と「政治的自由」の分離による再結合によって構成されることが確認され、「政治的自由主義」が内容を獲得したのである。チュルゴは、近代的諸個人の私的自治が、労働権と所有権に基づき、商業社会を構成することを知っていた。そこで、彼は、当時政治文化のペースメイカーとして不動の地位をまさに確保しようとしていた「公論」を仲立ちとして、商業社会の力を最大限反映するような政治社会を構想し、王政を「憲政」に基づく政治秩序に転換しようとした。

この政治秩序の構想において、啓蒙思想の公共表象が、相互矛盾を含みながら多様に動員された。チュルゴにおいてもチュルゴ改革の開始点においても、公共表象のイニシアティヴはフィジオクラート的であった。政治社会の構成員は、「啓蒙された人々」すなわち啓蒙的地主であり、彼らは経済的「剰余」を独占し、商業社会の統括者であるとともに、余暇を用いて教養を得る機会をもつ階層として、所有の原理を代表しうる唯一の政治主体とみなされた。したがって、こうした啓蒙的地主による「所有者市民」の社会を生み出し、彼らの合理的知識すなわち「社会的技術」によって統治を運営する体制が、「憲政」の具体化として追求されたのである[1]。

この改革表象において、じつは、フィジオクラートの枠組みは、重大な亀裂を準備していた。チュルゴは、具体的には地主を指名するフィジオクラートの「啓蒙された人々」を経済理論的に「自由に処分しうる階級」と規定し直し、商工業資本家を加え、より商業社会に繋がる存在に拡大していた。チュルゴ改革の進行によって、商業社会と「公論」の意義をめぐる政治対立が激化する中で、「所有者市民」の社会の枠組みが、フィジオクラートの制限を越えて、チュルゴ的拡大の方向に進む。これをリードしたのがコンドルセであった[2]。

コンドルセは、改革論争を通じて、市場と商業社会を、「所有者市民」の出身地としてだけでなく、政治社会の主体形成の圏域として明確に評価し、公共表象をアンシクロペディストの発展上で組み直すことによって、近代的個人の私的自治、商業社会、公共圏、政治空間それぞれの新しい枠組みと組み合わせを提出し、自由主義的政治思想を自立させた。チュルゴにおいてさえ、労働と所有の主体にとどまった近代的個人像を、コンドルセは、『黒人奴隷に関する考察』（一七八一年）において、自由な人格を表現する権利主体として能動的に組み直し、「個人的自由」の概念に内容を与えた。そして、このような「個人的自由」の表現圏として、商業社会を把握し、ここから、公共性を引き出そうとした[3]。したがって、コンドルセは、「公論」を政治空間の中心に置くだけでなく、「公論」の原動力を「世論」に求め、「世論」と「公論」の関係を政治的ダイナミズムの展開の中心軸とした。「憲政」を支える政治空間を、文字通り近代的諸個人の社会に規定されるような枠組みとして、示そうとしたのである。

コンドルセにとっては、「所有者市民」の社会が機能する前提として、「個人的自由」に発する公共圏活動が、豊かに展開している必要があった。コンドルセは、このような公共圏として、書物の出版と新聞とジャーナリズムでの論争と知識の共有を重視した。裁判や公共的諸問題は、政治空間（「所有者市民」の社会）以前に、この公共圏で幅広く議論され判断されねばならないものであった。そして、こうした公共圏を導く機能を、国家内にありながら国家から独立した「アカデミー」がもつと、コンドルセは考えた。「アカデミー」は「公論」の殿堂であり、この「公論」が「世論」と結合を深めるために、サロンやリセによる知識人の啓蒙活動が必要であるとされたのである。(4)

フィジオクラートの「所有者市民」の社会は、商業社会を市民としての主体形成の圏域とは考えていなかった。デュポン・ド・ヌムールが、どれだけ「啓蒙的知識人」の枠を拡大しても、彼らは、市民社会の構成員として、財力と教養により、社会の外に特権者として分離独立した存在であった。チュルゴの「自由に処分しうる階級」の概念も、そうしたフィジオクラート的性格を引きずっていた。「所有者市民」の社会を極限まで拡大しても、政治社会と商業社会、すなわち、「政治的自由」と「個人的自由」の間には財産と知識による断絶が、残されたのである。

コンドルセは、「個人的自由」を自由に人格表現するものとして主体的に捉え直し、その自由の社会的表現圏として公共圏を位置づけることによって、フィジオクラート的限界を破壊し、すべての諸個人が「個人的自由」と「政治的自由」を行使しうる政治秩序への展望を開いた。コンドルセにおいて、フィジオクラートさらにはチュルゴにおいてさえ非政治的圏域とされた、諸個人の社会そのものが公共性という次元で位置づけられる。「所有者市民」の社会よりも公共圏が、より根底的な政治空間として登場したのである。

こうして、チュルゴ改革の実施と挫折、さらにその反省によって、コンドルセは、後に『一七八九年協会誌』の「趣意書」(一七九〇年)で語るような、自由主義政治思想の枠組みを生み出した。コンドルセの政治秩序の出発点には、自由に人格を表現する近代的個人が置かれた。労働と所有の主体として個人を評価するだけでは不十分であって、内面性とモラルをもつ主体的人格として近代的個人が定義されていた。(5)したがって、政治空間を読み解く基礎的な学問も、コンドルセによれば、個人的幸福を問題とする「道徳哲学」とされた。続いて、近代的個人が人格表現主体とされたことに対応し、商業社会は「公共経済」と把握される。富の交換と分配を、公共的イニシアティヴと支配をめぐる紛争過程としても、捉えようとしたのである。そのうえで、「憲政」と国家について、これを代議制という政体の形式の問題以上に、「公論」による運用の問題を中心として構想が練られた。コンドルセは、「社会的技術」による統治というフィジオクラートの形式を維持しているようにみえるが、その「社会的技術」は、経験科学の総称として、統治者の原理と論理よりも、諸個人の社会経験を主体とするものにかえられていたのである。

チュルゴ改革に続く時期において、チュルゴからコンドルセへという系譜で、一つの自由主義政治思想が、出現した。そして、啓蒙思想の最後を飾る新しい世代が、自由主義を胎動させていく。レドレルやシエースのようなフランス革命世代とデスチュット・ド・トラッシのような後のイデオローグが、この自由主義の担い手であり、コンドルセはこの思想集団の中心で活動を続ける。

この革命前のフランス自由主義に共通するのは、「憲政」と近代国家の主体的圏域として、「所有者市民」の社会を位置づけ、その市民をできる限り広範に商業社会の担い手から引き出そうとすることである。そこで、コンドルセ、シエース、レドレルなどは、商業社会を把握するために、フィジオクラートの経済学を離れ、スミスの理論を学んでいる。こうした傾向は、この時期の「公共経済学」の興隆にみられるように、広く共有されたものであった(6)。明らかに、彼らは、貴族の「自由主義的革命」も、フィジオクラートの「地主国家」も、政治空間としてはもはや不十分と考え、「個人的自由」に基づく近代的政治秩序を近代社会から引き出そうとしていたのである。こうして、フィジオクラート主体の「経済的自由主義」から「政治的自由主義」への発展が、明確な軌道に乗った。この場合、「経済的自由主義」の内容も、地主から産業所有者へという主体転換を伴うものであったことが、重要である。フランスにおいても、「経済的自由主義」と「政治的自由主義」を組み合わせる枠組みが模索されるようになったのである(7)。

ところが、この自由主義的潮流の中に、すでに新しい対立が懐胎していた。コンドルセは、いま述べたように、

「個人的自由」を人格の自由を中心に把握し、商業社会を公共性の母胎とみて、その力を「世論」と「公論」によって政治空間に導入する方向を探っていた。しかし、シエースやレドレルは、商業社会に、異なったアプローチをとっていた。シエースは、商業社会に「所有者市民」の調達を求めた。シエースは、スミスの分業論を商業社会に適用し、近代社会を分業の体系として描いたが、これと政治社会への架橋は、富裕な所有者を通じて構想した。確かに、シエースは、商業社会を所有者の自由な関係によるものとみているが、その所有者を、チュルゴ的「自由に処分しうる階級」の理論で把握した。(8) スミス的分業論は、シエースにおいて、「自由に処分しうる階級」の拡大把握に使われたが、コンドルセのように商業社会から公共性への展開という関心には結びつかなかった。シエースのみる商業社会では、コンドルセのいう人格の表現は問題とならず、「個人的自由」は所有に具体化されたうえで、政治社会に繋がるものであった。つまり、シエースは、商業社会を政治社会の基礎に置いたようにみえて、事実は、フィジオクラートの「啓蒙された人々」を最大限民主化しようとしたにすぎない。(9) こうして、シエースによる能動市民と受動市民の分割が持ち込まれ、政治社会は、限られた「所有者市民」の社会とされる。ここでは、「公論」も彼ら「所有者市民」の独占となり、社会の「意見」あるいは「世論」は排除されたのである。

コンドルセとの対比でいえば、シエースにおいては、「個人的自由」の人格的表現に繋がる内面性とモラルの問題は政治思想から抜け落ち、商業社会の公共的契機は軽視され、「世論」と公共圏の意義も認められないことになる。近代社会は道徳哲学的空間ではなく、所有者の社会にすぎない。したがって、シエースの自由主義の政治原理は、所有の自由なのである。シエースは『国富論』に「所有者市民」の社会を引き出す方法を求めたが、スミスの道徳哲学には関心を示さなかった。シエースの自由主義において、所有者の自由は存在しても、「個人と社会」という問題にかかわる「個人的自由」は、ほとんど考慮されないとさえいってよいだろう。

このシエースの自由主義は、レドレルやイデオローグが共有するものであり、フィジオクラート的潮流との連合を可能とするものでもあった。チュルゴ改革後、コンドルセに主導権を奪われたとはいえ、デュポン・ド・ヌムールの地主国家による自由主義は依然として活動したし、G・ガルニエにみられるように、フィジオクラートも、やはりスミスを吸収し、地主国家をより民主化する道を探っていた(10)。このフィジオクラートの系譜とシエースの潮流は、「所有者市民」の社会を追求する点において連合し、土地財産と産業財産のイニシアティヴを争いながら、しだいにシエース路線に吸収されていくのである。

フランス自由主義にみられたコンドルセとシエースとのずれと共同は、じつは、一七八九年の『人間と市民の諸権利の宣言』にも、内在していた。すなわち、この『宣言』には、自由主義を構成することになる二つの重要な契機が含まれており、両者はときに対立するものであった。まず、『宣言』には、人権を宣言するだけでなく、常に人権（宣言）を再吟味するという決意が表明されている。無知を克服する人類の一里塚として『宣言』を読めば、自由の問題にとっては、自由政体の設計以前に、人権を再吟味しうる主体の成立が中心となる。諸個人すべての自由な人間としての解放という啓蒙的課題が核心におかれ、人間の進歩、教育的主体形成が、自由の主題を構成する。コンドルセが、自由の秩序を構成するモメントに「社会的技術」だけでなく、道徳哲学を加えたのは、このような意味であった。そして、ここでの自由の主体としての個人は、理性だけでなく深い感情的内面性をもつ道徳的個人とされていた。

他方『宣言』を市民間の原契約として読めば、シエース流の共和主義が成立する。社会の中に市民が求められるが、それは現実的政治能力をもつ限定された所有者であった。諸個人の社会関係は所有の秩序に回収され、共和政の原理は所有の自由となったのである。ここでは、「所有者市民」による合理的統治が強調され、道徳哲学や社会における「意見」の存在は、政治秩序の外に置かれた(11)。

この二つの契機は、自由主義の運動において、「一七八九年協会」の枠組みでは統合され、モンタニャール独裁と戦い、テルミドールで復活した。ところが、総裁政府が追求したのは、二つの契機のうちの一つ、すなわちシエースの構想した「所有者市民」の社会による共和政の樹立であった。革命による社会変動は、土地財産から産業財産優位への傾向を強め、このシエース的「所有者市民」の社会の具体化に、根拠を提供したように思われた。この拡大が見込める「所有者市民」を理性の担い手と同一視し、彼らによる共和政の樹立が展望され、こうして「イデオローグの共和国」が出現した。近代国家は限られた特権的所有者の理性が生み出す諸制度とされ、これに結集する政治力による統治によって社会秩序が保証されると考えられた。カバニスが述べたように、自由な共和政体は民衆の排除のうえに成り立ち、共和政統治のためには非合理な感情に左右されない理性的人間の支配が必要であった。

このような体制を維持するために、「イデオローグの共和国」は、独自の公共性を生み出していった。教育により、エリート知識人と労働大衆の分割が進められた。一方で「アカデミー」に代表される権力と知識の合一体制の整備によって「科学による統治」を実質化する機構が確立し、他方で、カバニスの病院改革にみられたように、公共的諸施設を理性的人間による社会管理システムとしていったのである。[12]

「イデオローグの共和国」には、革命期のフランス自由主義が抱えた深刻な矛盾が反映している。それは、革命に始まる近代主体の未成熟からきたものであって、テルミドール派は、政治秩序の主体を現実には金融ブルジョワジーなどの限られた勢力に依存したので、近代化をエリート知識人の手で、したがって国家主導で進めなければならなかった。「科学による統治」は、国家による近代化という点で近代主体の未熟を、科学によるという点で、近代化への強い意欲を示しているのである。「個人的自由」と「政治的自由」の結合を、狭隘な「所有者市民」の社会に依存して設計しようとし、結果としては、「政治的自由」のために「個人的自由」を犠牲にせざるをえなかったといってもよい。こうして「イデオローグの共和国」においては、自由主義は、「政治的自由」に依存してのみ「個人的自由」を確保したのであって、共和主義の衣にくるまれることを宿命づけられたのである。[13]

「イデオローグの共和国」は、近代的個人の私的自治に内容を与えるという課題を放置した。自由主義は、「政治的自由」の確立と国家からの私的自由の独立という、ときに相矛盾する課題を、同時追求する。イデオローグの場合は、「政治的自由」の確立を急ぎ、「個人的自由」の独立に対しては不信感を懐き、教育による理性的個人の育成を目指したのであった。コンドルセの自由主義のうち、「社会的技術」の問題圏が拡大され、道徳哲学の問題圏が切り捨てられたように、八九年『宣言』も、「所有者市民」による近代国家樹立に傾斜して具体化されたのである。

しかし、「イデオローグの共和国」の「所有者市民」が、フランスの近代的個人を包括しえたわけではない。コンドルセが自由な人格に即して規定した「個人的自由」は、所有の自由とその秩序に統合されたわけではなく、むしろ、カバニス的自由政体の外に溢れ出た(14)。だから、コンドルセの道徳哲学は、「イデオローグの共和国」の体制下でも、発展を続ける。ソフィー・コンドルセは、「科学による統治」に変えて、近代的個人のより自主的な解放の方向を模索し、道徳哲学をカバニスに向けて提出した。そこには、イデオローグ的理性の秩序に包括されない、近代的個人の私的自治の内容が盛り込まれていた。理性より感情を優位とする道徳的個人が、女性を含むより広範で多様な個人概念において設定され、その社会的解放が模索されていたのである。

ソフィー・コンドルセは、おそらくサロンの社交性をみながら道徳哲学を組み立てていったので、独自の政治哲学を示すにはいたらず、イデオローグと現実的対立を演じることはなかった。「イデオローグの共和国」は、シエースとコンドルセの対立、あるいは八九年『宣言』の自由の二つの契機を、シエース的傾向の圧倒的優位において、共存させていたといってもよい。イデオローグ主流の「科学による統治」とソフィー・コンドルセの「道徳哲学」という自由主義の二つの傾向は、並存し、相互に交差しなかった。イデオローグ主流は、コンドルセの道徳哲学を、現実の民衆による自由政体への介入を招くものとして、警戒し、ソフィー・コンドルセは、イデオローグが排除した民衆や女性を復権させる形で、道徳哲学の抽象的枠組みを論じていたのである(15)。

しかし、総裁政府がもつ知的エリートによる権力独占という構造は、政治を大衆的基盤から乖離させ、権力の暴走への脅威を呼び起こす。このとき、「科学による統治」と道徳哲学という二つの系譜は、再び交錯することになる。総裁政府から統領政府への移行をリードしたシエースは、左右の急進派に対抗し、自由の権力として行政権力を強化し、クーデタを乱用し、ナポレオンを呼び込んだ。この強大な軍事権力を前に、テルミドール派において、権力を制御する政治秩序と公共性との強化の必要性があらためて自覚される。彼らの日は、政治秩序の母胎としての「個人的自由」と社会とに、再び向けられる。こうして、レドレルやコンスタンは、「世論」を、近代政治のペースメイカーの領域として、取り上げる。

レドレルは、「世論」を動産優位の財産の秩序に重ねた。市場の自由が産業財産の優位を生み、旧体制の遺制としての反動的勢力を駆逐するという社会分析に立って、そうした社会の主体的意志を表現するネットワークに、「世論」を組み込んだ。レドレルは、このとき、それまでの彼の「公共経済」分析に、新しい視点を導入していた。それは、「公共経済」の後衛基地に家族が存在するという認識であった(16)。レドレルは、「世論」の主体が近代的個人一般ではなく、家族の長であることを前提に、自由な「世論」が結局は所有の自由を原理とする政治秩序を支持することを確信したのであった。こうした「世論」による社会と政治との調和的結合を見通し、レドレルは、権力との共同による「産業社会」の発展を、あらためて展望する。その産業の自由発展への楽観的見通しが、逆に、「世論」の社会学的把握に繋がる。

レドレルにおいて、家族、市民社会、国家のそれぞれの領域が、分離独立し、ハーバマスの「市民的公共性」の形式を整えて、登場した。政府や国家から独立した私的個人の領域を「世論」を軸に示したという意味で、レドレルは、共和主義の衣を必要としない自由主義に到達したといってよい。しかし、内実は、家族による「世論」の規制、所有による公共圏の統合、知識と権力の結合による統治という、三点セットによって社会の政治的統合を目指しているという意味で、レドレルの自由主義は、国家に依存した国家による自由主義であって、ハーバマスのいう「市民的公共性」の国家対峙の性格を、ほとんどもたないものであった。

コンスタンとジェルメーヌ・スタールも、レドレルとほぼ同じ社会認識に立っていた。土地財産に対する産業財産の優位、商業の浸透による財産の流通的性格の出現、これらによって、「個人的自由」を主権の侵害から防衛するという性格を社会が獲得しかつ強化し、これを基礎に「所有者市民」の世界樹立の可能性が拡大したと、コンスタンもみていた。しかし、それにもかかわらずコンスタンにとっては、近代的自由を支えるためには、産業の自由は、レドレルが見るほど強力ではなかった。財産の秩序も、政治勢力としての貴族反動の温床ともなりうるとコンスタンはみた。こうしてコンスタンは、近代的個人の自由は、産業の自由によってだけでなく、公共圏による独自の支えをもたないかぎり、政治秩序を生み出しえないと考える。コンスタンは「世論」を財産の秩序や社会に重ねず、むしろ、「世論」を核心にして、出版と新聞の諸制度による公共圏が独自的政治空間としての機能と意義をもつと主張した。[17] 近代的政治秩序は私的個人の社会から直接引き出すことはできず、「世論」という公共圏を必要とする。商業社会の原理としての「利益」は、「個人的自由」を犯す。だから「個人的自由」は「利益」原理によってではなく、「意見」の対立の場としての公共圏によって、「政治的自由」に架橋されるというのが、コンスタンの自由主義であった。普通、コンスタンは近代の特質として、私的自治と「政治的自由」の分離を主張したといわれるが、彼の真意は、その上で、「政治的自由」を公共圏という基礎の上に構想することにあった。コンスタンにおいて、「個人的自由」は功利主義的統治に吸収されず、内面性をもつ自由として、独自の公共圏の活動を展開するものとされた。表現の自由のみを絶対とし、あらゆる超越的価値を認めず、個人の議論がすべてを決するシステムとして、公共圏が社会と政治双方から独立し構想されたのは、自由主義においても独自のことであった。確かに、コンスタンが公共圏としたものの中心は、出版を核とする文書表現の空間にすぎず、コンドルセの場合と同じように、それが言語制度による特権的障壁をもつものであったことを、見逃すわけにはいかない[18]。それは、フランス語を特権化しなかったにしても、当時の女性や非ヨーロッパ的人間に対して、排他的空間を構成する可能性を、常に秘めていた。しかし、コンスタン（そしてコンドルセ）が構想した公共空間がもつ制度としての閉鎖性を、コンスタン（そしてコンドルセ）の公共圏の思想の限界とすることは、できないだろう。コンスタン（そしてコンドルセ）の思想は、自己が構想した諸制度のもつ閉鎖性を解体する力をもちえたからである。この意味で、コンスタンとジェルメーヌ・スタールの公共圏に基づく自由主義は、体制批判という性格を常に宿すものであったのである。

コンスタンもレドレルも、社会構造の把握の面でも、近代化の現実的担い手についても、現実認識としてはそれほど変わらない。しかし、両者の近代的個人像は大きく異なり、レドレルは現実に妥協できたが、コンスタンのみる近代的個人はフランスの近代化の現実を受け入れることはできなかった。コンスタンにおいて、人格の自由を強調するコンドルセ的個人が大きくふくらみ、そうした個人による公共圏を、コンスタンは、フランスの現実に対抗させようとしたのである。

二つの自由主義はナポレオン権力の前に、政治行動において大きく分裂する。なぜなら、ナポレオンは、近代権力の総括者として、自由と権力の関係を極限の緊張に持ち込んだからである。

ナポレオンは、官僚制、租税体系、軍事などすべての面で、財政軍事国家以来の近代的権力を継承総括しようとしていた。ナポレオンは「個人的自由」の権力的統制を目指し、公共圏と家族の組織的掌握を戦略とした。文芸共和国が家族と市民的公共性へと展開した一八世紀的公共性の諸条件を総括し、家族と近代権力に公共圏を一元化しようとした。ナポレオン帝政は、自由主義が足場とした産業社会への傾向を強化するとともに、革命が生み出した独立小農民層の力を吸収するものであって、権力による近代化を進める総力体制であった[19]。

このようなナポレオン体制は、レドレルの自由主義を包括しうる諸制度を保持していた。レドレルが「世論」を導入して見通しを立てようとした政治秩序を、ナポレオン体制は法と政治の諸制度に組み込むことができたのである。民法諸制度の整備による家族制度の強化は、レドレルが「世論」をいったん家族に回収しようとしたことに対応する。コンコルダによる宗教の体制への組み込みとメリトクラシーの諸制度は、レドレルの「世論」が財産の秩序に合致することを保証するものでもあった。[20] こうして、レドレルの自由主義は、ナポレオン体制内の自由主義として、一方で貴族反動に対抗し、他方で農民と民衆の急進的エネルギーを権力へ吸収することを目指しながら、議会制をよりどころに産業社会へ向けた政策展開に協力した。しかし、このことは、レドレルの自由主義が、事実上公共圏を失ったことを意味する。ナポレオン体制内で、レドレルの期待した「世論」は、家族、宗教制度、メリトクラシーという権力の網に捕らえられ、利益と財産の諸関係としての社会に埋没する。「世論」はもはや、社会と権力双方から独立した領域も力ももちえない。「世論」の能動性は消え、「世論」は権力によって調査対象となり、いわば参考意見として権力に取り込まれる運命にあった。一七八九年『宣言』の理念まで立ち返って見直せば、レドレルの自由主義は、市民間の原契約という擬制によってナポレオン権力を承認したことを前提とするものである。レドレルの自由主義は、そうして承認した体制の中で法の解釈を武器に活動するものであり、人類の無知の克服という表現にこめられていた文明諸個人の自己成長と政治秩序樹立への能動的過程を視野から外すものであった。そのような意味で、レドレルの自由主義において、自由主義は体制内の自由主義となり、思想としての自由主義の生命力を失ったということができる。

コンスタンは、ナポレオン体制に自由主義の政治秩序を樹立する可能性を探ったが、しだいに幻滅へと追いやられた。ナポレオン体制は「利益」の原理による社会の活性化を基礎においた権力で、近代的諸制度の多くを整備するものであった。しかしコンスタンにとって、そうした諸制度が不十分ということ以上に、この権力が、個人的自由の条件としての近代社会を手段ではなく目的にしてしまっていることが問題であった。手段と目的の転倒は、個人的自由の内面性を奪い、公共圏と政治的自由を窒息させてしまうとコンスタンはみた。コンスタンは、ナポレオン民法典の家族制度による個人の内面性の囲い込みに対し、近代的個人は社会的表現活動をもつことが必要であると主張し、宗教制度に対し、信仰と道徳の内面性を抑圧すると批判し、メリトクラシーは能力の自由な競い合いの障害であるとみた。ナポレオン体制は、近代的権力としての制度的諸条件を多くもちながら、「政治的自由」の抹殺を代償として近代社会の内実を発展させるものであって、「個人的自由」を抑圧するものであったのである。

コンスタンは、ナポレオン体制を批判し、公共圏と「政治的自由」を活性化する戦いを展開した。しかし、彼が基盤にしようとした、出版と言論の世界は、検閲制度を通じて権力の統制下に組み込まれていく。コンスタンは、反体制的性格を強め、公共圏をフランスの外に広げ、文明の公共圏という性格を強化し、外国からの体制批判者となっていったのである[21]。ここでも一七八九年『宣言』に戻って見直せば、コンスタンは、人類の自己成長という文明のプロジェクトを核心に据え直し、近代的個人の「政治的自由」を原理とする、体制批判の思想としての自由主義に踏み出していったのである。

ナポレオンは、曲がりなりにも議会制度を定着させた。百日天下も復古王政も、議会制度を否定しなかったので、ナポレオン以後の自由主義の活動は、この代議制度を足掛かりに展開された。ルイ一八世による一八一四年『憲章』も、フランス革命の成果を認め、議会制の維持を盛り込んでいた。自由主義は、やはり、この『憲章』の自由規定を拡大利用しながら、反動と民衆急進勢力双方を牽制し、産業社会の発展に向けて活動する。レドレルとコンスタンとの自由主義の相違も、この時期のこうした活動傾向の中では、合流が可能であった。一方が政策的実現に力を入れ、他方が言論界の活性化と「政治的自由」に力を呼び戻すことに熱意を込めたとはいえ、全体として多様な自由主義が連携可能であったのである。レドレルやコンスタンと違い、活動を私的自治と経済活動に限定するJ・B・セーの経済的自由主義も、独自の潮流として姿を明確にした。

一八三〇年の七月革命は、いわゆる上層ブルジョワジーの権力奪取を実現した。自由主義は、テルミドール派の時代よりも強力な社会的基盤を見つけることができた。依然として金融ブルジョワジー主導とはいえ、産業階級の力は、間違いなく大きくなっていたのである。このような社会的背景にたって、ギゾーは、一八三〇年革命を「摂理」によるものとして既成事実化し、これに基づいて、体制としての自由主義の枠組みを構想していった。ギゾーにとって自由主義は、近代的個人の自由原理から引き出されるのではなく、フランス・ブルジョワジーという歴史具体的な社会階級の思想であった。彼は、文明史をブルジョワジーの興隆にいたる階級闘争史に転換した。自由と公共の結合という文明のプロジェクトは解体され、文明史はブルジョワジーの政治的社会的支配力蓄積の事実史となる。(22) ギゾーによって、自由の政治秩序は、現実のブルジョワジーの政治的能力に即して、具体的に存在する諸制度とされるにいたった。

レドレルやコンスタンの公共圏の構想は、ギゾーにおいて、社会諸階級の闘争の領域に転位される。ギゾーは、社会を階級対立の場とし、公共的政治的諸対立が発生する領域として把握した上で、これを、「政治的自由」の源泉と認めたのである。しかし、これによって、コンスタンが構想した、表現の自由を原理とし哲学的自由を核心とする言論の場としての公共圏は、消滅した。公共圏は諸階級のイデオロギー対立の場となる。そこでは政治的勝者と敗者のみが生み出されるにすぎない。言論と教育機関は明示的にイデオロギーの諸装置となる。一七八九年『宣言』が確立しようとした、人類の過ちを反省する権利、すなわち自己批判し自己回復する権利は公共圏から失われる。

こうして、ギゾーにおいて体制としての自由主義が成立したとき、啓蒙思想に発する自由と公共の結合という文明のプロジェクトの理念は、ついに自由主義から姿を消すのである。啓蒙とそのプロジェクトを継承したコンスタンの自由主義は、体制としての自由主義の中で現実的足場を失い、政治的には野党としてありながら、思想としての自由主義の性格を強める。しかも、思想表現の場をイデオロギーの諸装置に囲まれ狭められているので、思想としての自由主義はロマン主義に傾斜していったのである。

体制としての自由主義と思想としての自由主義への分化は、自由主義の社会主義への転化も伴った。いわゆる空想的社会主義は、フーリエにおいてもサン＝シモンにおいても、本来社会主義と呼ぶべきものではなく、自由の秩序を社会の組織によってはかろうとしたものであった。フーリエやサン＝シモンがたどった道は、むしろギゾーに近いものであった。彼らは、ギゾーのように自由の秩序の主体を社会の中に求めたが、ブルジョワジーに近代的自由の担い手としての信頼を見出せなかった。そのため、彼らは、「社会」そのものを組織するという方向に、軌道を修正していった。[23]こうして、七月革命によって自由主義は体制の思想となったが、そのことで自由主義の多様な分解も生み出したのである。

自由主義の源泉は、自由と公共の結合という啓蒙思想時代の文明のプロジェクトの理念にあった。自由主義は、権力からの自由によってよりも、公共圏のポリティックスによって特徴づけられた。そのような公共圏の表象は、チュルゴとコンドルセによって政治空間に結合された。しかし、フランス革命における政治文化の圧倒的制覇においても、その公共圏の表象が政治空間に吸収されることはなかった。一七八九年『宣言』の人間進歩の理念に代表されるように、政治と区別される公共圏の表象として、コンドルセからコンスタンへの自由主義の思想に継承され、その核心を構成した。

ギゾーによる体制としての自由主義の成立によって、フランス自由主義は、国家を前提に国家のなかで、可能な限り私的自治の確保を目指す思想となった。この体制としての自由主義は、政治対立を法規解釈と運用によって進めるのであり、権力の起源への問いを失った。こうして政治哲学と公共圏のポリティックスは、背景に追いやられる。このとき、ついに自由主義から、啓蒙的公共表象の影も消え去ったのである。

それでは、フランス自由主義は結局のところ、国家による自由主義であったのだろうか。そうではない。ローザンヴァロンやジョームが示しているように、フランス自由主義の中心は、経済的自由主義ではなく政治的自由主義であった。フランス自由主義は、国家による自由主義ではなく、「政治的自由」を構想具体化しようとした思想と運動であったのである。確かに、ギゾーの体制としての自由主義は、「政治的自由」のブルジョワジーによる独占を目指し、自由の体制の国家依存を色濃く宿していた。しかし、それにもかかわらず、ギゾーの自由主義の核心は、市民社会の政治的ダイナミズムを導入し、近代国家における政治的自由の具体的形態を確保したことにある。(24)

イギリスと比較するとき、フランスの経済的自由主義は、J・B・セーにみられるように、国家による自由主義という性格が強い。しかし、経済的自由主義は、フランス自由主義の中心ではなかった。フランス革命後のイギリスからの経済的自由主義や功利主義の流入の延長上にフランス自由主義を捉えようとしても、それはうまくいかない。フランス自由主義は、啓蒙の諸理念とフランス革命の政治文化とを母体に、「政治的自由」の設計をめぐって成立展開したのである。

したがって、ギゾーによって構想されたブルジョワジーに主体を限定する「政治的自由」の具体化の基準として、その「政治的自由」の枠組みを不満で狭隘と感じる程度に比例して、自由主義的諸潮流は、体制の外に分化脱出し、体制批判的傾向を強めた。コンスタン的（個人主義的）自由主義、空想的社会主義、最後には自由主義的カトリシズムも、体制批判的自由主義としての性格を強め、多くは、社会主義に接近していく。

このとき、「政治的自由」に新しい活力を呼び戻す枠組みを求めて、その活力の源泉としての「社会」への着目が、再度焦点を形成する。ギゾー後、一八四八年二月革命に向かうこの時期において、「政治的自由」と「社会」との関係が問い直され、自由主義の再生という主題の中心となる。サン゠シモン主義もフーリエ主義も自由主義的カトリシズムも、社会あるいは社会的自由に着目するが、それは「政治的自由」の新しい枠組み作りをめぐってであった。ギゾー以後の世代の自由主義を代表するトクヴィルも、「政治的自由」の解体に直面し、自由主義の見直しを始めた。トクヴィルは、政治における個人の問題を、社会における個人の問題に転位し、個人的自由を支えるものとしてアソシアシオンの活用を構想した。このような自由主義の新展開の活力源となったのは、体制としての自由主義の遺産以上に、コンスタンおよびジェルメーヌ・スタールの思想としての自由主義であり、「政治的自由」の基礎としての「公共圏のポリティックス」の構想であったと思われる。コンスタンの公共圏による近代的個人の解放という主題は、体制から排除されることによって、かえって、政治原理的考察やロマン主義的文学などの姿をとり、哲学として生き延び、トクヴィルの時代の自由主義に思想的磁場を提供するのである。

一八四八年の二月革命は、自由主義から社会主義に主導権を渡した。しかし、その社会主義も、フランスでは、「政治的自由」を主題としたのであって、フランス自由主義の思想の枠組みを継承し展開した。プルードンの社会主義が、社会における政治、したがって社会的自由を求め、活動したことは明白だろう。[25] また、マルクスが、一八四八年革命をみた視点も、ギゾー的階級闘争であり、目指したのは、ブルジョワジーからプロレタリアートへの「政治的自由」の主体転換であった。[26] このように、「政治的自由」の設計というフランス自由主義の主題は、一九世紀思想史を決定づける。[27] そして、いずれの思想においても、その「政治的自由」の主体が個人にほかならないという根本的次元において、コンスタンおよびジェルメーヌ・スタールの近代的個人主義と公共圏のポリティックスとは、体制批判の立脚地点として、繰り返し再生するのである。

あとがき

この本の研究の出発点となっているのは、一九八九年の「社会思想史学会」大会の共通シンポジウム「フランス革命の衝撃」での報告「革命とそれ以後における自由と公共」(『社会思想史研究』一四号、一九九〇年)である。当時一八世紀啓蒙の自由の理念と一九世紀フランス自由主義との関係をどのように捉えたらよいか苦しんでいたが、両者を結ぶ主題として公共性の問題に着目してみようと考え、報告をまとめたことを思い出す。その時点では、一九世紀フランス自由主義についての関心はそれほど強くなく、ただ、啓蒙の自由の理念が公共性をデザインする苦闘を経て一九世紀の政治的自由主義に結びついていく過程を明らかにしてみたいとだけ、考えていた。というよりも、コンドルセとコンスタンをつなぐ思想史的コンテクストを探していたといったほうがよいかもしれない。

公共性に着目したのは、社会思想史という方法を点検するという意味もあった。社会思想史は、思想の変容と転位とを、時間と空間すなわち歴史と社会の中で捉える。ところが、当時、社会史の盛況に代表されるように、近代社会の概念についての共通了解が失われ、思想の社会的態度を捉える現場を把握し表現する方法を再吟味することが必要となっていると思われた。クエンティン・スキナーのコンテクスチュアリズムに注目が集まり、それは、社会思想史の方法を捨て去る方向へと進むようにも見えた。こうした状況の中で、本書序章でも述べたように、公共性は、思想の社会的態度を問う磁場を構成するという意味で、社会思想史の方法装置としても、注目すべきだと思われたのである。

このような事情もあり、研究は、自由の理念あるいは自由主義における公共性という問題を追う方向と公共性の展開における自由の理念あるいは自由主義の意義を問うという方向との二本立てで進んだ。両者、すなわち、自由主義の思想史と公共性の思想史が総合される見通しがたっていたわけではなかった。やっと目標とそこへの出口が見えてきたのは、二〇〇三年になって、「近代公共性の思想像」（安藤隆穂編『フランス革命と公共性』名古屋大学出版会、二〇〇三年、所収）という一文を書いたときであった。この論文と同書に収録した別の二論文「啓蒙思想の公共空間」と「公共性とフランス経済学」とがこの本の原型となった。しかし、その後の道のりは遠く、原型も大きく変容した。本書の題名も、『自由主義の成立』とするか『公共性の思想史』とするか最後まで迷った。曲がりなりにも一書にまとめたとはいえ、本書においても、両者の総合よりも分裂が目に付いてしまうことを否定できない。それでも、自由主義の思想としての変容と転位の触媒的主題を公共性が構成したということを示し、フランス自由主義の思想と運動の構図は提出できたのではないかと考えている。

本書は、対象の性格もあって、政治思想史や文学など他分野の研究に多大な助けを受けた。それら専門分野から見れば、本書の研究は、中途半端なものに映ると思う。たとえば、「共和主義」のような政治思想史的に重要な概念について、本書は取り上げた思想が語るにまかすだけで、著者の定義を示していない。スタール夫人のテクストの読解など、文学研究者にはどのように映るか、不安である。また、公共性について、歴史具体的実証に入らない本書は、歴史研究者の関心を引けないかもしれない。さらに、そのような扱いの不手際だけでなく、フランス革命期以降の宗教問題とその思想（とくに自由主義的カトリシズム）とジェンダー論的主題（とくにオランプ・ド・グージュ、ソフィー・コンドルセ、ジェルメーヌ・スタール）については、準備不足で、本書の展開に組み込めなかった。ドイツ思想（とくにカント）の影響が示せなかったこととともに、本書の大きな弱点となっている。しかし、フランス自由主義を社会思想史上に認知するという本書の主題については、表現しえたのではないかと考えている。

『フランス革命と公共性』のときのように、多方面からコメントまたは批判をいただければ幸いである。

着想してから本書をまとめるまでに、一五年以上の歳月を経てしまっている。それだけに、内外の多分野の方々から貴重なご助言をいただいたし、とりわけ同世代を中心とした研究仲間の励ましが、この研究を支えてくれた。あまりに多くの方々のため、個別にお名前をあげることはできないが、深くお礼を申し上げたい。

ただし、この本が、水田洋先生の圧倒的影響下にあることは、一目瞭然であろう。著者の『フランス啓蒙思想の展開』（名古屋大学出版会、一九八九年）が水田先生のヴォルテール論への応答を意図していたように、今回も、先生のコンスタン論（水田洋『思想の国際転位』名古屋大学出版会、二〇〇〇年、など）が常に念頭におかれている。先生のコンスタン論の中心主題は大陸におけるアダム・スミス問題を扱うことにあるが、先生のスミス論のうち、私にとっては、「アダム・スミスにおける同感概念の成立」（『一橋論叢』第六〇巻第六号、一九六八年）が最も貴重である。その論文の冒頭におかれた「他人の存在は彼の学説にとって決定的な役割を果している」（太田可夫からの引用）の一文は、水田的スミスにとっての自由の意味を定義するものであり、それは、本書の着想の源泉であったことを告白しておきたい。公共性はフランス自由主義にとっての他者問題であって、この本は、「他人の存在を決定的な役割」とするような自由主義の成立を明らかとしたかったのである。この本がフランス自由主義の中心においたコンスタンの人間と思想を集約する言葉として、ツベタン・トドロフは次の文章を掲げている。「ひとつの言葉、ひとつの眼差し、ひとつの握手はあらゆる理性、地上のあらゆる玉座よりも私にはつねに好ましいと思われた」（トドロフ『バンジャマン・コンスタン』小野潮訳、法政大学出版局、二〇〇三年）。私は、コンスタンのこの言葉で、先の水田論文を思い起こし、本書の校正をしながら、この研究がどれほど大きく水田先生の学恩によっているかをあらためて痛感している。

また、津田内匠先生のカンティロン、グルネ、チュルゴなどの研究が、この本の研究にとって常に導きの星であった。この本は経済思想史にはあまり立ち入っていないが、津田先生による一八世紀フランス経済思想史の書き直しを前提としてはじめて、構想することができた。フランスの研究者との交流に際しても、津田先生の先駆的研究の存在がどれだけ大きな支えであったかは、計り知れないほどである。

さらに、中川久定先生の存在が、私の研究展開への大きな励ましであることも、記さないわけにはいかない。一九八三年国際一八世紀学会のブリュッセルでの大会で「コンドルセ夫人と同感の哲学」について報告した機会に、中川先生から、貴重なご助言をいただいた。それ以来、ご著書を通じてだけでなく直接に、幾度となく、励ましをいただいている。とくに、啓蒙における「干渉する意志」の問題、フランスにおけるリチャードスンと哲学小説の問題など、本書の主題の多くは、中川先生の学恩なしには展開できなかった。ただし、私の研究は、いつも先生の期待を裏切ってきたと自覚してもいる。先生は社会思想史がともすると陥る図式押し付けのテクスト読みを批判されているが、私には、思想史のコンテクスト探しを優先してしまう傾向が強いからである。本書にも、思想史的コンテクストにこだわりすぎたために生じた、乱暴なテクスト解釈が多々あることを恐れている。中川先生への感謝とともに自戒の念を記し、今後の研究再出発の決意としたい。

故河野健二先生から生前にいただいた貴重なメッセージにも、深く感謝したい。私のコンドルセ論に注目してくださり、革命期コンドルセの研究をもっと充実すべきだと励ましてくださった。河野先生ご自身もコンドルセ論をまとめようとされていた。その大著出現の前に先生を失ったのが残念でならない。本書のコンドルセ論で、河野先生からいただいた宿題に少しは答えが出せたことを祈るばかりである。

最後に、身近なところで、近代思想研究会と近代公共圏研究会の存在なしには、本書は完成できなかったことも、記しておきたい。近代思想研究会は名古屋地区の思想史研究者を中心に定期的に研究会を開催し、貴重な助言と批判を得る機会を提供してくれている。近代公共圏研究会は『フランス革命と公共性』を編んだメンバーを中心に活動していて、まもなく新報告集『ナポレオン帝国と公共圏』を公刊する予定であり、著者の研究持続にとってのオアシスである。これらの研究会とともに、今後も研究の発展に尽くしていきたい。

本書の出版に際しては、名古屋大学出版会にお世話になった。橘宗吾さんには、出版の企画のはじめから、叱咤激励をいただき、また仕事の遅い私を忍耐強く見守ってもいただき、感謝の言葉もないほどである。編集作業と校正は三木信吾さんのお世話になった。著者以上に奮闘していただき、三木さんの本作りにかける情熱によって、どれだけ励まされたかわからない。さらに、本書の索引作成については、名古屋大学大学院生の大塚雄太さんがそのほとんどを引き受けてくれた。心からお礼を申し上げたい。また、出版にあたっては日本学術振興会二〇〇六年度科学研究費補助金（研究成果公開促進費）の交付を受けた。関係各位のご配慮に心から感謝する次第である。

二〇〇七年一月一四日

安藤隆穂

《著者略歴》

安藤《あんどう》隆《たか》穂《ほ》

1949年　愛知県に生まれる
1979年　名古屋大学大学院経済学研究科博士課程単位取得退学
現　在　名古屋大学大学院経済学研究科教授
編著書　『フランス啓蒙思想の展開』（名古屋大学出版会，1989年）
　　　　『フランス革命と公共性』（編著，名古屋大学出版会，2003年）他

フランス自由主義の成立

2007年2月28日　初版第1刷発行

定価はカバーに
表示しています

著　者　安　藤　隆　穂

発行者　金　井　雄

発行所　財団法人　名古屋大学出版会
〒464-0814　名古屋市千種区不老町1名古屋大学構内
電話(052)781-5027/FAX(052)781-0697

Printed in Japan
印刷・製本 ㈱太洋社
ISBN978-4-8158-0557-9
乱丁・落丁はお取替えいたします。

索　引

＊項目は本文からのみ採録した。ただし，人名と書名については，研究者と本書の内容に直接関係のないものは除き，事項については，思想史の流れからみて必要と思われる最小限のものにとどめた。

ア　行

『赤い手帖』　257, 283
アディスン（Addison, J.）　21, 24, 75, 78
『アテネウム』　223
「アデライードとテオドール」　197
『アドルフ』　217, 257, 273, 283, 285-7
『アメリカ人に関する哲学的考察』　95
『アメリカの民主主義』　318
「アメリカ連合の状況についての考察」　62
『あらゆる政府に適用しうる政治の諸原理』（『政治学原理』）　190, 256-8, 266, 274, 278, 289
アリストテレス（Aristote）　115
あわれみ　32, 46, 178-9, 196-7, 206, 213, 284
アンシクロペディスト　9, 19, 31, 36-7, 41-2, 46, 50-1, 56, 65-7, 78-83, 95, 98, 112-3, 118, 322
『イギリス観察記』　24
『イギリス新旅行記』　24
『イギリス便り』（→『哲学書簡』）
『イギリスにおける1660年の反革命の帰結について』　250
意見　25-6, 31-2, 44, 47-9, 51, 63-5, 78, 124, 126-30, 134-40, 147-8, 158-9, 166, 172, 177-81, 183, 186, 215-20, 225, 229, 231, 238, 256, 262, 264, 270, 275, 277-88, 291, 309-11, 316, 325-6, 330
イデオローグ　69, 110, 149-51, 154-7, 159-60, 166, 168-70, 172-9, 181-2, 187-90, 193-7, 207, 213, 224-5, 228, 235, 237, 241-2, 249, 251-2, 262, 324-5, 328
イデオローグの共和国　149-51, 153, 156-8, 168, 172, 174, 176-8, 180-7, 189-90, 197-9, 205, 209, 213, 227, 232, 236-7, 242, 248, 251-2, 295-6, 305, 327-8
『イデオロジー原論』　155-6, 162
『ヴァルシュタイン』　257
ヴィーラント（Wieland, C. M.）　222, 257
ヴィレール（Villers, Ch.）　222
ヴェルジェンヌ（Vergennes, Ch. de）　86
『ウェルテル』　222
ヴェルネ夫人（Vernet, Fanny, née Moreau）　144
ヴォルテール（Voltaire : Arouet, F. M.）　2, 10, 22, 24-37, 42, 44-6, 49-50, 55-6, 65, 68-9, 82-3, 88, 94-5, 107-8, 174, 177-8, 191, 208, 277
『ヴォルテール全集』　103, 105, 108
ヴォルネ（Volney, C.-F.-C., comte de）　107, 150, 175
『ヴォルール』　295, 317
『エグモント』　222
エコノミスト　35-6, 41-4, 46, 50, 68-70, 72, 95-6, 98, 121, 162, 164-5
「エコル・サントラルに関する報告と法案」（ラカナル）　154
『エミール』　46-7, 191, 284
「エミールとソフィー」　47
エラスムス（Erasmus, D.）　19
エルヴェシウス（Helvétius, C. A.）　29-30, 36, 41, 93, 107, 224-5
「演劇に関するアカデミー会員への手紙」　31
「演劇に関するダランベールへの手紙」　44
『王妃審判に関する考察』　193
『王への報告書（ネッケル）』　80, 85
『王立アカデミー会報』　20
『オーベルマン』　284

カ　行

『革命を終結させうる現在の状況とフランスで共和国の基礎となるべき諸原理について』　11, 190, 200-1, 209, 211, 221, 226, 228, 237, 251, 254, 289
『学問芸術論』　30-1, 44-5, 47

『家政的農業的共同社会論』　314
『ガゼット・ナシオナル』　115
カバニス（Cabanis, P. J. G.）　107, 109, 113, 150-2, 155-7, 161, 165-6, 169, 171-2, 175-7, 179-81, 237, 251, 306, 327-8
ガラ，ジョセフ（Garat, J.）　107, 175
ガラ，メリア（Garat, M.）　175
ガリアニ（Galiani, F. abbé）　65-8
『ガリアニ擁護』　66, 78
ガルニエ（Garnier, G.）　162, 326
『感覚論』　36
『カンディード』　34, 94-5
カンティロン（Cantillon, R.）　35
カント（Kant, I.）　214, 219, 222-4, 230, 235
『寛容論』　108
『危険な関係』　284
ギゾー（Guizot, F. P. G.）　2, 5-6, 12-3, 238-9, 274, 296-319, 334-7
貴族の自由主義的革命　6, 41, 56, 79, 81, 83, 106, 110, 324
ギボン（Gibbon, E.）　298
『恐怖政治の諸結果』　200, 250
「共和国のための呼びかけ」　175
共和主義　1, 13, 86, 93, 101, 103-6, 127-8, 148, 164, 173-5, 186-7, 193-5, 200-1, 206, 209-10, 212, 221, 228-9, 234-8, 241-4, 248-52, 255, 258, 267, 269, 289, 306, 316, 326-7
『共和派』　128
「ギリシア英雄時代の習俗についての試論」　246
『キリスト教精髄』　293
『禁止主義の著作者N氏へのピカルディの一農民の手紙』　70, 73
『近代人との比較による古代人の自由について』　275
近代的個人　3-4, 6, 10-2, 147, 167-9, 177-8, 181-3, 185-6, 191-2, 196, 198-9, 208, 210, 213, 215, 230, 257, 261-4, 267-8, 277, 279, 285-8, 296, 304-5, 308, 310-1, 313, 316-9, 321-3, 328-9, 333, 337
近代的自由　134, 218, 237, 245, 254, 261, 290-1, 304, 321, 330
空想的社会主義　12, 314-5, 318, 335-6
クーザン（Cousin, V.）　298
グージュ，オランプ・ド（Gouge, O. de）　95, 140, 168, 198, 213
『クラリッサ・ハーロー』　39, 191
グリム（Grimm, F. M.）　222
グルネ（Gournay, J. C. M. V. de）　35-6, 41, 43, 54, 57, 61, 66-7, 71
『グルネ賞讃』　57
グレゴアール（Grégoire, H. B.）　141
『クロニック・ド・パリ』　115, 124
『経済学概論』　243, 289
経済的自由主義　1-2, 5-7, 290-1, 313, 315, 321, 324, 333, 336
『経済表』　42, 53
『系統的百科全書』　16
啓蒙思想　1, 6, 10, 19, 22-4, 26-9, 31, 33-5, 37, 44, 49-51, 53, 55-7, 62, 65-6, 69, 74, 77, 86, 89, 92-3, 96, 98, 106-7, 109, 112, 114, 117, 152, 173, 189-92, 245, 247-9, 253, 255, 321, 324, 334-5
ゲーテ（Goethe, J. W. von）　214, 222, 257
ケネー（Quesnay, F.）　42-3, 53-4, 57-9, 66, 87, 92, 121
「現在の公教育制度についての観察」　154
『現在の政府の力とそれに協力する必要について』　200, 250, 252-3
『憲章』（1814年，ルイ18世）　266-7, 269-70, 272-4, 294-7, 333
『憲章に基づく君主政』　274, 293
憲政　55, 60-2, 64, 75, 77-9, 87, 92-3, 101-6, 114, 118, 145, 147, 190, 192, 321-2, 323-4
『源泉，諸形態，諸発展において考察される宗教について』　273
公共，――性　8-9, 13-22, 24-5, 27-35, 37, 39-45, 47-51, 55-6, 60-3, 65, 68-70, 78-9, 81-3, 97, 100-1, 105-6, 113-4, 116, 118-20, 122-3, 127-31, 133, 136, 139-40, 142, 144-5, 147-8, 150, 152-3, 155, 158, 160-1, 163, 166-7, 169, 171-3, 179-81, 184, 195, 199, 204, 208, 214-5, 217, 224, 228, 267-8, 278-9, 283-4, 286, 301, 309, 311, 321-3, 325, 327, 329
『公教育に関する五つの覚書』　131
「公教育に関する報告」（ドヌー）　154
『公共経済，道徳，政治覚書』　162
『公共経済，道徳，政治雑誌』　4, 162-4
『公共経済論』　163
公共圏，――空間　7-13, 15-6, 18-9, 21-2, 24-30, 32-4, 39, 41, 44, 48-50, 59, 67-8,

72, 77-80, 82-3, 85-7, 89-90, 92, 94, 99-100, 104, 106, 108-9, 114-6, 118, 122-3, 127, 136-8, 140-2, 145-8, 153, 155-7, 159-162, 164, 166-8, 170-1, 173-4, 178, 180-6, 197-200, 205-14, 216-21, 223-5, 227-42, 244, 254-5, 265-6, 268-83, 286-8, 290-1, 293-8, 304-19, 322, 329-35, 337
公共精神　11, 83, 112, 116-8, 139, 142-3, 150, 159-60, 171, 206, 232, 267, 270
公経済，公共経済，公共経済学　7, 42, 45, 91, 125-6, 162-4, 166, 168, 170-2, 181, 188, 263, 302, 314, 323-4, 329
公衆　16-7, 21-2, 25-6, 28, 31, 33-4, 36, 38-40, 43-4, 49, 51, 59, 61, 64-5, 67-9, 76, 82, 86-8, 119-20, 123-4, 127-8, 133, 145
公人　115, 131-3
『公人叢書』　115, 123, 131, 281
功利主義　1, 4, 6, 30, 41, 50, 137, 159-60, 169, 184, 188-9, 195-6, 225-30, 235, 238, 243, 251, 264, 271-2, 279-80, 290, 313, 330, 336
公論　7, 9-11, 15-9, 29, 34, 40-1, 46, 50-1, 54-6, 62, 64-5, 68-9, 71, 76-83, 85-7, 90, 98, 101-6, 111-120, 123-30, 136-9, 143-8, 150-2, 155, 157-62, 165, 173, 176, 179, 183-5, 203-6, 208, 221, 227-8, 237, 242, 246-7, 254-5, 258, 264, 268, 316, 321-5
『黒人奴隷に関する考察』　10, 94, 96, 100-1, 103-4, 129, 141, 176, 322
『国内平和についての考察』　193, 249, 251
『国富論』　7, 57, 62, 96-7, 104-5, 110, 121, 129-30, 162, 188, 325
『国民公会への手紙』　144
『国民の多数者，それが形成される仕方，それを認識する手段，そして世論の理論について』(『世論の理論』)　4, 7, 160, 163-5, 172, 182, 185, 201, 218, 236, 241, 263, 271, 289, 296
「穀物取引に関するアベ・テレへの手紙」　66
『穀物取引に関する対話』　65
『穀物取引に関する対話と題された著者への反駁』　66
『穀物取引に関する手紙』　68
『穀物取引についての考察』　103
「穀物取引の自由の諸結果と禁止の諸結果についての観察」　66
『穀物の輸出入について』　54
「穀物論」　42
個人的自由　10, 99, 117, 128-9, 134, 140, 142, 150, 184, 189, 191, 197, 199, 204, 208-9, 216, 218, 220-1, 226-30, 234-5, 238, 246-7, 249, 260-2, 264-5, 270-2, 274-5, 278, 281, 288-90, 304, 314, 316, 321-5, 327-34, 337
『個人と諸国民の幸福に及ぼす情熱の影響について』　194-5, 197-8, 200, 208-9, 222, 251
古代的自由　217, 246
『国家の一般的利益』　66
コッス（Cost, P.）　24
ゴドウィン（Godwin, W.）　207, 250-1
『小麦取引についての考察』　68, 70, 73-4, 76, 78
『コリンヌ』　211, 214-22, 224-5, 227, 282-3
コルネイユ（Corneille, P.）　22
コルベール（Colbert, J. B.）　20, 44, 53, 63, 65, 70-2, 74-6
コルベール主義　44, 63, 66, 71-2, 74-6
『コルベール賞讃』　71-2
コンスタン（Constant de Rebecque, H. B.）　1, 3-4, 10-3, 99, 107, 109, 118, 134, 150, 161, 175, 186-90, 193, 200-1, 204, 207, 210, 215-7, 219-22, 230, 236-7, 243-91, 294-302, 304-5, 307-11, 313-19, 329-37
コンディヤック（Condillac, E. B. de）　29, 36, 68, 72-4, 79, 81
コント（C.）（Comte, C.）　188, 234, 243, 313, 315
コンドルセ（Condorcet, M. J. A. N. de C. Marquis de）　10-1, 13, 16-7, 40, 55-6, 59, 61-2, 66, 68-70, 73-79, 81-3, 86-94, 96-110, 113-148, 152-4, 157-60, 162, 165-9, 173-8, 181, 183-4, 186, 189, 191-3, 204, 207-8, 212, 219, 237-9, 246-9, 251-2, 254-5, 276, 281, 286-7, 301-2, 304, 306-7, 314, 321-6, 328, 335
コンドルセ，ソフィー（コンドルセ夫人）(Condorcet, Sophie de, née Grouchy)　11, 93, 109, 173-83, 185-6, 199, 248, 251, 254, 286, 328
『コンドルセ著作集』　176
コンドルセ夫人（→コンドルセ，ソフィー）

サ 行

『財政論に関する諸観念』 162
『財務総監チュルゴ氏の生涯と著作に関する覚書』 102
『産業者の教理問答』 315
『産業体系』 315
サン＝シモン（Saint-Simon, C. H. de R., Comte de） 314-5, 317, 335-6
『三世紀辞典の著者への一神学者の手紙』 69, 96
サン＝ピエール，アベ・ド（St.-Pierre, C. I. C. Abbé de） 23
サン＝ピエール，ベルナルダン（St.-Pierre, J. H. B. de） 95
サン＝ランベール（Saint-Lambert, J. F. de） 95, 224
『四運動の理論』 314
シエース（Sieyès, E. J. dit l'abbé） 7, 11, 13, 83, 86, 104, 107, 110, 113, 116, 118-125, 127-131, 133, 137-8, 145-8, 150, 153, 156, 158-9, 161-63, 165, 169-170, 172, 183-4, 186-7, 192-3, 201, 207, 231, 241-2, 247-51, 255, 298, 307, 324-9
ジェファーソン（Jefferson, T.） 93, 109
「ジェルメーヌ・スタールの国民性について」 200
「ジェルメーヌ・スタールの『個人と諸国民の幸福に及ぼす情熱の影響について』に関する論評」 200, 251
「ジェーン・グレイ」 191
『自殺に関する考察』 211
シスモンディ（Sismondi, J. C. L. S. de） 189, 243
自然的自由のシステム 62, 97, 99-100, 104, 106, 110
『自治体に関する覚書』 43, 54-5, 60, 64, 81
市民社会 3-6, 16, 32-3, 45, 164, 239, 329, 336
市民的公共性 8-9, 15, 19-21, 27, 33, 37, 49, 158, 329-31
市民的自由 28-9, 194, 212
『市民暦』 53
『社会教育誌』 115, 123, 125-8, 130-1, 136, 145
『社会契約論』 44-6, 48, 95, 139, 284
社会主義 12, 314-5, 318, 335-7
『社会諸制度との関係で考察された文学について』 211, 220, 222, 251
社会数学 87, 90-2, 106, 306
『社会組織論』 163
社会的技術 43, 92, 123-6, 143, 147, 153, 157-8, 207-8, 248, 322, 324, 328
「借地農論」 42
『車刑を言い渡された三名の人間に対する弁明趣意書』 108, 174
「ジャック・ネッケルの宗教的意見の重要性についてという短い論文に関する註解」 246
『ジャーナリズムの自由に関する付言』 266
シャプタル（Chaptal, J. A.） 188, 243
シャーフツベリ（Shaftesbury, A. A. C. 3rd Earl of） 24, 36, 224
『ジャン＝ジャック・ルソーの作品と性格についての書簡』 191
シュアール（Suard, J. B.） 93, 109, 113, 189, 191, 193, 245
シュアール夫妻 87, 93, 107, 174
『趣意書』（モルレ） 71
『宗教に関する無関心についての試論』 294
自由主義 1-13, 41, 50, 66, 79, 81-3, 87, 100, 103, 106, 109-10, 113-5, 127-8, 136-8, 143, 145, 147-8, 150-1, 156, 160, 164, 170-3, 181, 185-90, 199, 209, 212, 218, 221, 225, 229-30, 234-45, 248-9, 255-8, 262, 265-75, 278, 280-1, 288-91, 293-8, 305-7, 310-9, 321-37
自由主義的カトリシズム 3, 294, 313-4, 336
重商主義 36, 41, 43, 53-5, 61-2, 71, 80, 96-8, 104
『習俗論』 95
自由と公共，――性 8, 10-1, 25, 27, 29-30, 114, 117-8, 131, 136-8, 141, 148, 321, 334
『出版の自由について』 297
『出版の自由についての断章』 61
『出版論』 61
受動市民 120, 122, 146, 153, 204, 208, 252, 325
『ジュネーヴの一住人からの同時代人への手紙』 315
『ジュルナル・エコノミック』 66
『ジュルナル・デ・サヴァン』 20
『ジュルナル・ド・パリ』 115, 198
シュレーゲル（シュレーゲル兄）（Schlegel,

A.)　189, 223
シュレーゲル兄弟（Schlegel, A., Schlegel, F.）　223, 257
『商業一般の性質に関する試論』　35
商業社会　24, 28-9, 35-6, 44-5, 68-9, 85, 100, 103-4, 121-2, 145, 155-6, 158-60, 181, 184, 220, 261, 271, 288, 291, 304-5, 314-6, 322-5
『商業とインド会社について』　71
『商業と政府』　68, 79
『商業に関する政治的試論』　35
『商業の富』　243
『小冊子，パンフレット，新聞の自由について』　266
ジョクール（Jaucourt, L. Chevalier De）　95
『女性と女性市民の諸権利の宣言』　140, 168, 198
『女性の市民権の承認について』　168
『所有権と政治的権利の関係について』　163
所有者市民，——の社会　12, 100, 105-6, 120-3, 130, 145-7, 149, 155-6, 158, 166, 185, 321-8, 330
ジョルダン（Jordan, C.）　296
ショワズール（Choiseul, E. F. de）　41, 56
シラー（Schiller, C. F. von）　214, 222-3, 257
ジラルダン（Girardin, E. de）　295, 317
『新エロイーズ』　47, 191
『新交易論』　35
『彗星雑考』　21
『ズィメオ』　95
スタール，ジェルメーヌ（スタール夫人）（Madame de Staël, ou Staël de Holstein, Germaine Necker）　3-4, 11-2, 161, 186-239, 242-5, 247-51, 254-7, 259, 271, 273-4, 279, 281-3, 289, 295, 298-9, 312-3, 316-7, 319, 330-1
『スタール夫人全集』　193
「スタール夫人とその作品について」　282
スターン（Sterne, L.）　75
スティール（Steele, R.）　21, 24
スピノザ（Spinoza, B. de）　23
『スペクテイタ』　21, 24, 75
スミス（Smith, A.）　1, 40, 57, 62, 85, 96-7, 100, 104, 106, 110, 115, 121-2, 129-130, 132, 145, 155-6, 159, 162, 175-6, 178, 181, 184, 199, 224, 243, 248, 286-7, 324-6
『ズュルマ』　197-8
セー（Say, J. B.）　2, 5, 150, 188, 243, 289-90, 306, 313, 315, 333, 336
『政治学原理』（→『あらゆる政府に適用しうる政治の諸原理』）
「政治経済論」　31, 44-6
政治的自由　6, 10, 28-9, 43, 62, 85, 99-100, 104-5, 129, 134, 191, 194-5, 204, 206-9, 214, 219, 229, 260-5, 267, 269, 275-6, 281, 288, 290-1, 319, 321, 323, 328, 330, 333-4, 336-7
政治的自由主義　2, 5-7, 291, 321, 324, 336
『政治的正義』　250
『政治的反動について』　200-1, 250, 253-4, 258-9, 289
『精神論』　36
セギエ（Séguier, A. L.）　70-1, 73, 81
『セシル』　257, 283
セナンクール（Senancourt, E. P. de）　283
セール（→ド・セール）
『宣言』（→『人間と市民の諸権利の宣言』）
「1790年におけるブラバンド革命について」　247
『1789年協会誌』　11, 115, 123-4, 127-9, 145, 147, 323
「租税に関する覚書」　62
「ソフィーまたは隠された感情」　191

タ　行

『大国における共和政体の可能性についての放棄された著作の断章』　190, 256, 289
『第三身分とは何か』　110, 119, 123-4, 127, 131, 145, 147, 153, 158-9, 169, 184, 249, 259, 307
「多神教の歴史」　246
『多数決に基づく決定に蓋然性分析を適用する試み』　91
『タトラー』　21, 24
ダランベール（D'Alembert, J. L. R.）　31, 34, 37-8, 40-1, 44, 55, 59, 69, 88-91, 191
タルマ（Talma, J.）　175
タレイラン（Talleyrand-Péligord, C. M. de）　113, 193
『断片集』　197
チエール（Thiers, L. A.）　239, 297-8, 311-2, 318

『痴愚神礼賛』 19
「地方議会と立法議会に関する共和主義者の感情，現在の状況についてフランス人へのアメリカの一市民の手紙から」 93
『地方議会の構成と機能についての試論』 105, 129-30
チャイルド，J.（Child, J.） 35
チュルゴ（Turgot, A. R. J.） 7, 10, 16-7, 36, 43, 53-71, 73, 75-6, 78, 80, 82-3, 85-7, 89-90, 92-4, 97-8, 100-8, 110, 114, 118-122, 126, 128, 145, 147, 162-3, 183-4, 191, 246, 321-6, 335
『チュルゴ氏の生涯』 101-2, 105
『追放十年』 211, 230
『帝国憲法追加条項』 257, 270, 272-3
ディドロ（Diderot, D.） 31, 34, 36-41, 44, 46, 48-9, 65-8, 73, 78-9, 81, 86, 94-6, 191-2, 224
デギヨン（Aiguillon, A. V. P. R. duc d'） 54
デスチュット・ド・トラッシ（Destutt de Tracy, A. L. C., Comte） 107, 109, 150, 154-9, 161-3, 175-6, 237, 251, 261, 306, 310, 324
『哲学辞典』 65
『哲学者・経済学者への疑問』 82
哲学小説 197-8
『哲学書簡』（『イギリス便り』） 24, 26-30, 35
『哲学，政治，文芸論叢』 298
デュアメル（Duhamel, J. P. F. G.） 123, 125
デュト（Dutot, C.） 35
デュノワイエ（Dunoyer, B. C. P. S.） 188, 243, 313, 315
デュパチ（Dupaty, C.） 108, 174,
デュポール（Duport, A. J. P. D.） 113
デュポン・ドゥ・ヌムール（Dupont de Nemours, P. S.） 42-3, 53-5, 60-2, 64-70, 71-3, 76, 78, 81, 86-7, 102, 113, 323, 326
デュモン（Dumont, P. E. L.） 109, 243
デランド（Delandes, B.） 24
『デルフィーヌ』 211, 214, 217, 222, 283
テレ（Terray, J. M. abbé） 54
『テレマック』 23
『ドイツ演劇に関するいくつかの考察』 257
『ドイツ国民への講義』 223
『ドイツ論』 190, 211, 223-4, 228-31, 235, 238
同感 176, 178-9, 181, 186, 199, 286
「同感についての（カバニスへの）手紙」 174-6, 181-2, 185-6, 248
『道徳感情論』 40, 104, 129, 175-6, 178, 248, 286
道徳小説 207, 215, 282-4, 286-7
道徳哲学 27, 36, 39-40, 104, 122-5, 129, 147, 153, 165-7, 169, 173-6, 178, 181-2, 184, 186, 197, 237, 246, 248-9, 251, 286, 323, 325-6, 328-9
トクヴィル（Tocqueville, A. C. H. M. C. Comte de） 2, 12-3, 318-9, 337
『独占と独占者』 70, 73
「徳の探究」 24
『トスカナ農業概観』 243
ド・セール（Serne, P. F. H. comte de） 296
ドヌー（Daunou, P. C. F.） 107, 152, 154, 163, 241
『富の生産と分配についての諸考察』 57, 60
ドルバック（Holbach, P. H. D. Baron d'） 66, 115
「どんな兆候に基づいて多数意見を知ることができるのか」 192

ナ 行

『ナシオナル』 312
ナポレオン（ボナパルト）（Napoléon, Bonaparte） 3, 150-1, 161-3, 168, 172-3, 175-6, 185-6, 188-90, 209-11, 214-6, 218, 221-4, 227-37, 241-4, 247-9, 255-7, 260, 266, 269-73, 277, 279, 288-9, 293, 295-6, 329, 331-3
「『ナルシス』序文」 31
ナルボンヌ（Narbonne, L. comte de） 192-3, 107
『2440 年』 95
『日記』 257
ニュートン（Newton, Sir I.） 88
「ニュー・ヘイヴンの一ブルジョワからヴァージニア市民への複数の団体に立法権力を分割する有効性についての手紙」 93
『人間悟性論』 24
『人間心身関係論』 155, 157

『人間精神進歩の歴史的展望の素描』 142, 144, 152-3, 173, 176, 314
『人間と市民の諸権利の宣言』 111-2, 114, 140, 159, 168, 183, 214, 230, 239, 242, 244, 247, 253, 326-8, 332-5
『人間の諸権利』 175
『人間の友』 115
『人間，風習，意見，時代の諸特徴』 24
『人間不平等起源論』 31-3, 44, 46
「熱狂に関する手紙」 24
ネッケル（Necker, J.） 16-8, 55, 68-9, 71-7, 79-81, 85, 107, 118, 187, 189-94, 204, 222, 227, 229, 236, 245-9
『ネッケル財政論』 80
『ネッケル氏の行政論』 192
『ネッケル氏の人間と私生活について』 211
ネッケル夫人（Necker, Suzanne） 191, 193
『農業と商業および金融雑誌』 53
能動市民 120, 122, 127, 133, 146, 153, 184, 186, 204-5, 325

ハ 行

パウ（Paw, C. de） 95
『パスカルのパンセに関する註解』 96
バスティア（Bastiat, C. F.） 2, 5
ハチスン（Hatcheson, F.） 224
『蜂の寓話』 22, 24
『パトリオット・フランセーズ』 115
バブーフ（Babeuf, F. N.） 149, 247, 250, 313
『パメラ』 39
「パリ高等法院において起こったことについて（1786年8月20日）」 108
ビシャ（Bichat, M. F. X.） 306
『ピット氏およびフランス人に宛てた平和についての考察』 193
ピネル（Pinel, Ph.） 306
『批評者』 234, 243, 290
『百日天下に関する覚書』 257
『百科全書』 31, 34, 36-42, 44, 46, 55-6, 67-9, 78-9, 82, 86-9, 95
ビュフォン（Buffon, G. L. L. Comte de） 88-9
ヒューム（Hume, D.） 26, 115
ファブリ，アメリ（Fabri, A.） 257
「フィクション試論」 197, 207, 222, 251
『フィジオクラシィ（自然統治）』 54
フィジオクラート（重農主義） 6-7, 9, 16-7, 36, 41-4, 50, 53-7, 59-63, 65-73, 78, 80-3, 87, 92, 95-7, 102, 104-6, 110, 112-3, 118-24, 128, 137, 145, 155, 162, 191, 322-6
フィヒテ（Fichte, J. G.） 222-4
『賦役についての考察』 70
『賦役の廃止について』 70
フェヌロン（Fénelon, F. de S.） 23
フォルボネ（Forbonnais, F. V. de） 36
フォントネル（Fontenelle, B. le B. de） 69
『ブケ賞讃』 91
「不幸への書簡詩，アデールとエドゥアール」 197
『復古王政のフランスおよび現内閣の政府について』 307
『ブッシュ・ド・フェール』 115
プライス（Price, R.） 62, 101
プラトン（Platon） 115
フランクリン（Franklin, B.） 62, 93, 107
ブーランジェ（Boulanger, N. A.） 46
『フランス革命についての考察』 239
『フランス革命の主要事件についての考察』 201, 211, 215-6, 230-1, 235-6, 238
「フランス革命の弁明」 175
『フランス市民へ，新憲法について』 139
『フランス島紀行』 95
『フランスについての考察』 250, 293
『フランスの現状における政府と対立の力』 307
『フランス文明史』 298
フーリエ（Fourier, F. M. Ch.） 314-5, 317, 335-6
ブリッソ（Brissot de Warville, J. P.） 86, 110, 113, 141
プルードン（Proudhon, P. J.） 318, 337
フレデリック2世（Frédéric II, de Prusse） 91
フレロン（Fréron, L. S.） 150
『文学政治雑論集』 215, 274, 276, 278
文芸共和国 19-24, 38, 88, 331
『文芸通信』 38
フンボルト（Humboldt, A. F. von） 222-3
『文明社会における政治的宗教的権力の理論』 293
ペイン（Paine, T） 93, 101, 107, 109, 127, 174-5
ベーコン（Bacon, F.） 20

ベッカリア（Beccaria, C. B.） 109
ベール（Bayle, P.） 21, 23
『ペルシャ人の手紙』 28
ベルタン（Bertin, H. L.） 63, 65
ベンサム（Bentham, J.） 188, 225, 243
ボアギールベール（Boisguillebert, P. L. P. de） 35
『法の精神』 28, 94, 162
ボーダン（Bodin, J.） 27, 115
ホッブズ（Hobbes, T.） 3, 46
ボードー（Baudeau, N.） 92
ボナール（Bonald, L. G. A. Vicomte de） 266-8, 293, 295
「ポリーヌ物語」 197
ボーリングブルック（Bolingbroke, H. St. J.） 33
ボワシー・ダングラス（Boissy-d'Anglas, F. A.） 150
ポンパドゥール夫人（Pompadour, J.-A. P., marquise de） 42

マ 行

マキァベッリ（Machiavelli, N.） 115
マッキントッシュ（Mack'intosh, Sir J.） 175
マブリ（Mably, G. B. de） 72, 82, 86, 115, 275
マラー（Marat, J. P.） 86
マリー・アントワネット（Marie-Antoinette, J. J.） 193
マルクス（Marx, K.） 337
マルゼルブ（Malesherbes, C. G. de L. de） 40-1, 55, 61, 90, 123
マンドヴィル（Mandeville, B. de） 22, 24, 28
ミニェ（Mignet, A.） 239, 298
『未来』 294, 313
ミラボー（Mirabeau, H. G. R. comte de） 115
ミラボー（父）（Mirabeau, V. R. marquis de） 86, 113, 193
ミル，J.（Mill, J.） 243
「ミルザあるいは旅人の手紙」 197
ミルトン（Milton, J.） 2
ムロン（Melon, J. F.） 35
メーストル（Maistre, J. M. Comte de） 250, 293
『メルキュール・ド・フランス』 230
メルシエ（Mercier, L. S.） 95
メルシエ・ドゥ・ラ・リヴィエール（Mercier de la Rivière, P. P.） 42, 53, 66
モア（More, T.） 115
モープー（Maupeou, R. N. C. A.） 54, 63, 80
モルレ（Morellet, A.） 65-8, 71, 73, 78
モレリ（Morelly） 83
モンタランベール（Montalambert, C. F. Comte de） 3, 294, 313
モンテスキュー（Montesquieu, C. L. de S.） 2, 28-9, 33-4, 41, 44-5, 50, 81, 94, 102, 104-6, 112, 115, 132, 189-90, 192, 262

ヤ 行

ヤコービ（Jacobi, F. H.） 222, 224
『ヨーロッパの永久平和』 23
『ヨーロッパ批評者』 243
『ヨーロッパ文明との関係における征服と簒奪の精神について』 12, 258-9, 266, 269, 272-4
『ヨーロッパへのアメリカ革命の影響』 94, 101-2
世論 6, 27, 31-3, 44-9, 72-4, 77, 79, 81, 83, 98-100, 113, 129, 133, 136-40, 142-6, 154, 157, 160, 163, 165-6, 168-72, 180-6, 188, 199, 212, 214-5, 217-20, 232, 234, 237, 242, 249, 252-5, 258, 263-5, 267-74, 278-80, 282-3, 285, 287-90, 296, 301-3, 305-6, 308, 311, 313, 322-3, 329-32
『世論の理論』（→『国民の多数者，それが形成される仕方，それを認識しうる手段，そして世論の理論について』）

ラ・ワ行

ラヴェルディ（L'Averdy, C. C. F. de） 63, 66
ラヴワジェ（Lavoisier, A. L.） 113
ラカナル（Lakanal, J.） 153-4
ラクルテル（Lacrettelle, Ch.） 113, 193
ラクロ（Laclos, P. A. F. C. de） 284
ラ・ファイエット（La Fayette, M. J. P. Y. R. G. M.） 107, 113, 192, 257
ラプラス（Laplace, P. S.） 306
ラムネ（Lamenais, F. R. de） 294, 313
『ラモーの甥』 39

ラ・ロシュフーコー（La Rochefoucauld-Liancourt, F. A. F.）　113
ランゲ（Linguet, S. N. H.）　83, 115
リヴァロル（Rivarol, A. Comte de）　124
リカードゥ（Ricardo, D.）　243
『理性の迷妄』　314
リチャードスン（Richardson, S.）　39-40, 47-8, 75, 78, 191-2, 197-8
『立憲君主政下の憲法についての考察』　272, 274
『立憲的政治講義からなり，フランスの代議政体と現実的憲政について出版される著作全集』（『立憲的政治講義』）　274-5
「立法および執行権力についての四つの疑問への回答」　175
『立法と穀物取引』　68, 73
『両インド史』　86, 95
ルイ 14 世（ルイ太陽王）（Louis XIV）　20, 23-4, 49, 221, 300-1, 306-7
ルイ 15 世（Louis XV）　70
ルイ 16 世（Louis XVI）　53
ルイ 18 世（Louis XVIII）　266, 269, 273, 294-5, 333
ルクレック（Leclerc, J.）　24
ルサージュ（Lesage, A. R.）　24
『ル・シッド』　22
ル・シャプリエ（Le Chapelier, I. R. G.）　113
ルソー（Rousseau, J.-J.）　3, 9, 16-7, 30-3, 35, 37, 42, 44-51, 72-3, 82-3, 86, 95, 99-100, 107, 112, 117, 129, 139, 141, 147, 177-9, 183, 189, 191-2, 194, 196-7, 199, 245-6, 267, 275, 284
『ル・モニトゥール』　115
『歴史的批評的辞典』　21
『レザンデパンダン』　192-3
レスピナス（Lespinasse, J. de）　89, 93
レゾン・デタ　20-1, 23-4, 27, 29, 32, 34, 49-50
レッセ・パセ　36, 41, 72
レッセ・フェール（自由放任）　35, 42-3, 57, 61, 66-8, 71, 83, 92, 135
レドレル（Rœderer, P. L.）　4, 6-7, 11, 83, 104, 110, 113, 118, 150, 160, 162-73, 176, 180-3, 185-6, 188-9, 198-9, 201, 207, 209, 218, 225, 227-9, 232-4, 236-8, 241-3, 261, 263-5, 267-8, 271-2, 278-80, 289-91, 296-8, 305-6, 310, 313, 315-7, 324-5, 329-34
レナル（Raynal, G. T. F.）　86, 94-6, 99, 191
『レピュビュリカン』　115
ロー，ジョン（Law, J.）　24, 35
ロック（Locke, J.）　24-7, 29, 31-3, 35-6, 40, 82, 115
ロベスピエール（Robespierre, M. F. M. I.）　16-7, 128, 138-140, 142-3, 148, 150, 152, 171, 178, 183, 202, 205-6, 252, 258, 260, 262, 267
『ローマ帝国衰亡史』　298
『ローマ帝国の没落からフランス革命にいたるヨーロッパ文明史』　298-9, 301, 310
「ローマの軍事規律について」　246
ロワイエ＝コラール（Royer-Collard, P. P.）　2, 274, 296-8
「わが娘への助言」（コンドルセ）　174
『私はみた』　24

註

序　章　公共性とフランス自由主義

（1）　たとえば，次の整理を参照。井上達夫・古賀勝治郎「自由主義」（『岩波哲学・思想事典』岩波書店，1998 年）。Berthier de Sauvigny, G. de, «Libéralism. Aux origins d'un mot», dans *Commentaire*, no. 7, automme 1979. また，自由論の概説としては，次がよく知られている。Cranston, M., *Freedom*, London, 1953（クランストン『自由——哲学的分析』小松茂夫訳，岩波新書，1976 年）。バーリンの自由論については，Berlin, I., *Four Essays on Liberty*, London, 1969（バーリン『自由論』生松敬三他訳，みすず書房，1979 年）参照。ハイエクについては，Hayek, F. A., *New Studies in Philosophy, Politics, Economics and the History of Ideas*, London, 1978 参照。ロールズについては，Rawls, J., *Political Liberalism*, New York, 1993.

（2）　英米を中心とする現代の「自由主義」論争を，「フランス自由主義」に結びつける場合は，トクヴィルに関心が集中するが，次には，バンジャマン・コンスタンの自由論も注目されている。『思想』No. 979（2005 年）の「トクヴィル」特集の諸論文，とくに，次の 2 論文を参照。スティーヴン・ホームズ「民主化と惨事の時代にトクヴィルをどう読むか」（松本礼二訳），松本礼二「（紹介）トクヴィル生誕二百年とデモクラシーの現在——国際シンポジウム『アメリカとフランス，二つのデモクラシー？』」。

（3）　ここでは，近年の新しい研究動向を出発点とし，フランス自由主義の研究史に詳しく立ち入る余裕はない。自由主義の歴史研究としては，古典的には，ラスキやルッジェーロの業績がある。Laski, H. J., *The Rise of European Liberalism*, London, 1936（ラスキ『ヨーロッパ自由主義の発達』石上良平訳，みすず書房，1951 年）. Ruggiero, G. de, *Storia des Liberalismo Europea*, Bari, 1925, tra. by Collingwood, G., as *The History of European Liberalism*, Oxford, 1927. また，前掲した，バーリンやハイエクの発言の他，次の業績が，研究動向の整理としても，いまでも有益であると思う。Wolin, S., *Politics and Vision : Continuity and Innovation in Western Political Thought*, London, 1960, chap. 9（ウォーリン『西欧政治思想史』IV，尾形典男他訳，福村出版，1975 年）. Gray, J., *Liberalism*, Cambridge, 1986（グレイ『自由主義』藤原保信他訳，昭和堂，1991 年）. また，1990 年代までの研究について，田中治男の次の整理を是非とも参照。田中治男「自由論の歴史的構図」（佐々木毅編『自由と自由主義——その政治思想的諸相』東京大学出版会，1995 年，所収）。さらに，フランス自由主義に関するもので，ジョームなど後で触れる新研究以前のものでは，個別思想家についてでなく，概括的なものとして，次を参照。Girard, L., *Les libéreaux français 1814–1875*, Rennes, 1984. Jardin, A., *Histoire du libéralis-*

me politique de la crise de l'absolutisme à la constitution de 1875, Paris, 1985. Manent, P., *Histoire intellectuelle du libéralism, Dix leçons*, Paris, 1987（マナン『自由主義の政治思想』高橋誠他訳，新評論，1995 年）. また，すぐ後で取り上げる近年のフランス自由主義研究は，かつてのマクファーソンの「所有的個人主義」論を意識していると思われる。Macpherson, C. B., *The Political Theory of Possesive Individualism : Hobbes to Locke*, Oxford, 1962（マクファーソン『所有的個人主義の政治理論』藤野渉他訳，合同出版，1980 年）. 日本では，トクヴィル研究などの優れた多くの業績がみられるが，フランス自由主義そのものを対象にしたものとしては，田中治男の研究が古典的地位を占める。田中は，イギリスの功利主義に対応する意義をもつものとして，19 世紀フランス自由主義の存在を全体的に捉えようとした。田中治男『フランス自由主義の生成と展開』東京大学出版会，1970 年。この研究は，当時の内外の研究を総括したものであり，現在でも，フランス自由主義研究の基準となるものである。ただし，自由主義を功利主義に結びつけすぎている点で，フランス自由主義を新しく読み直す必要があると考える。また，ギゾーやトクヴィルを中心としたものとして，次も参照。中谷猛『近代フランスの思想と行動』法律文化社，1988 年。

（4） Manent, P., *Les libéraux*, Paris, 2001.

（5） フュレだけでなく，R. シャルチエの文化史の方法まで，同様の傾向は幅広くみられる。Furet, F., *Penser la Révolution française*, Paris, 1978（F. フュレ『フランス革命を考える』大津真作訳，岩波書店，1989 年）. Chartier, R., *Les origins culturelles de la Révolution française*, Paris, 1991（R. シャルチエ『フランス革命の文化的起源』松浦義弘訳，岩波書店，1994 年）.

（6） Furet, F. et Ozouf, M., *Dictionnaire critique de la Révolution française*, Paris, 1988（河野健二他監訳『フランス革命事典』1，2，みすず書房，1995 年）. ルソーとジャコバン独裁の意義が相対化されて，革命終結におけるテルミドール派の役割に光があてられ，コンスタン，スタール夫人，ギゾーなどが大きく取り上げられている。こうした新研究をリードしているのは，P. マナン，P. ローザンヴァロン，M. ゴーシェである。この事典では，ローザンヴァロンは，「重農学派」，「ギゾー」などを，ゴーシェは「コンスタン」，「スタール夫人」を担当している。三者は研究年報『政治思想』（*La pensée politique*）を編集し，新研究の活性化を担ってきた。

（7） Jaume, L., *Échec au libéralism, Les Jacobins et l'Etat*, Paris, 1990（L. ジョーム『徳の共和国か，個人の自由か――ジャコバン派と国家 1793 年-94 年』石埼学訳，勁草書房，1998 年）.

（8） ジョーム前掲書，「日本語版への序文」，石埼訳 X ページ。引用の訳文については，石埼訳を用いるが，本書における用語の統一などの事情により一部適宜変更することがある。以下，他の著作についても，日本語訳のあるものについては同様にあつかうこととする。

（9） 石埼訳 XIV ページ。

（10） 石埼訳 X ページ。

(11)　石埼訳 XI ページ。

(12)　石埼訳 II ページ。

(13)　石埼訳 X ページ。

(14)　石埼訳 II ページ。ジョームはジャコバン史学の成果を自由主義研究に積極的に取り込もうとしているともいえよう。フランス革命における 1789 年と 1793 年の対決図式を，対決のままに終わらせず，89 年の思想の系譜に 93 年問題に対する回答を読み込もうとしているのである。日本でも，樋口陽一の研究は，ジョームに通じる問題意識のもとにおこなわれていると思われる。樋口陽一「フランス革命と世界の立憲主義」（深瀬忠一・樋口陽一・吉田克己編『人権宣言と日本——フランス革命 200 年記念』勁草書房，1990 年，所収），樋口陽一『憲法と国家』岩波新書，1999 年。また，視角は異なるが，富永茂樹によるブリッソを中心としたフランス革命期のデモクラシー言説論争研究は，本書でいうフランス自由主義の新研究としても注目される。富永茂樹『理性の使用——ひとはいかにして市民となるのか』みすず書房，2005 年。

(15)　石埼訳 III ページ。

(16)　石埼訳 II ページ。

(17)　Jaume, L., *L'individu effacé ou paradoxe du libéralisme français*, Paris, 1997. ジョームは，コンスタンの潮流について，「偉大な人物をもつが，政治的実践的影響においては少数派にとどまる」と述べている（*Ibid*., p. 19）。自由主義の思想史的研究では，歴史的実践的評価と思想史的評価とのずれも考慮しなければならない。

(18)　Rosanvallon, P., *Le moment Guizot*, Paris, 2001.

(19)　Rosanvallon, P., *Le modèle politique française*, *La société civile contre le jacobinisme de 1789 à nos jours*, Paris, 2004.

(20)　ジョームもローザンヴァロンもギゾーの教育政策に注目し，ジョームは，「七月王制下の教育の自由に関する論争」に，キリスト教にかわる「精神的権力」樹立の試みを見出そうとしている。これは自由主義が革命の政治文化にどう対応したかという問題であると考えられる。ジョーム前掲書，「日本語版への序文」（石埼訳 XI ページ）。

(21)　Baker, K. M., *Condorcet : From Natural Philosophy to Social Mathematics*, Chicago, London, 1975（フランス語訳 *Condorcet raison et politique*, Présentation par Furet, F., tra. par Nobile, M., Paris, 1988）. フュレの発言の引用した部分は，「序文」の最初にある（*Ibid*., p. vii）。ベイカーもフュレも革命前夜の政治的自由主義に関心を集中しているが，経済的自由主義に引きつけて，コンドルセをフランス自由主義の先駆者におく研究は，以前から存在する。Schapiro, J. S., *Condorcet and the Rise of Liberalism*, New York, 1963. ファッカレーロとロスチャイルドの研究は，次を参照。Faccarello, G., et Steiner, Ph., éd. *La pensée économique pendant la Révolution française*, Paris, 1990. Rothschild, E., *Economic Sentiments*, London, 2002. なお，エグレの提起した貴族の「自由主義的革命」については，次を参照。Egret, J., *Louis XV et l'opposition parlementaire 1715-1774*, Paris, 1970.

Do., *Necker, ministre de Louis XVI 1776-1790*, Paris, 1975. Do., *La Pré-Révolution française*, Genève, 1978. また，シエースについては，ザペリによる次のシエース選集編纂が，経済思想史研究とシエースを結びつける大きなきっかけを提供した。Sieyes, E.-G., *Écrits politiques, Choix et présentation de Roberto Zapperi*, Bruxelles, Paris, 2001. シエースに経済思想史からアプローチしたものとして，次の研究が注目される。Larrère, C., *L'invention de l'économie au XVIIIe siècle*, Paris, 1992.

(22) Chartier, R., *Les origins culturelles de la Révolution française, op. cit*., chap. 2（松浦訳，第 2 章）. Ozouf, M., «Esprit public», dans Furet, F. et Ozouf, M., *Dictionnaire critique de la Révolution française, op. cit*., pp. 711-719（阪上孝訳「公共精神」前掲『フランス革命事典』2，943-954 ページ）。

(23) これまで，19 世紀フランス自由主義を 18 世紀思想という源泉から引き出す思想史的コンテクストについては，ほとんど関心が払われていない。なお，フランス自由主義の思想史研究とは別であるが，自由主義と公共性との繋がりを重視するのは，特異なことではない。たとえば，井上達夫は，自由主義の再生の道を「公共性の哲学としての自由主義」に見出そうとしている。井上達夫『他者への自由――公共性の哲学としてのリベラリズム』創文社，1999 年。

(24) Habermas, J., *Strukturwandel der Öffentlichkeit : Untersuchungen zur einer Kategorie der bürgerlichen Gesellschaft*, Neuwied (Luchterhand), 1962（J. ハーバーマス『公共性の構造転換』細谷貞雄訳，未来社，1973 年）.「市民的公共性」については，H. アレントの議論が，ハーバマスに匹敵する影響力をもつことを，もちろん忘れるわけにはいかない。公共性を把握する方法もその意義づけも，両者では大きく異なるが，アレントが近代における「社会的なもの」の興隆と呼ぶ対象は，ハーバマスのいう「市民的公共性」に対応する。Arendt, H., *The Human Condition*, Chicago, 1958, p. 38（アレント『人間の条件』志水速雄訳，中央公論社，1973 年，39 ページ）. なお，ここで立ち入れない公共性をめぐる議論の状況については，次を参照。花田達朗『メディアと公共圏のポリティクス』東京大学出版会，1999 年。齋藤純一『公共性』岩波書店，2000 年。山脇直司『公共哲学とは何か』筑摩新書，2004 年。

(25) R. シャルチエも，こうした公共圏の特質を重視していると思う。Chartier, R., *Les origins culturelles de la Révolution française, op. cit*., pp. 32-34（松浦訳，32-33 ページ）. ハーバマスの公共性概念を政治文化論や思想史研究に適用しようという問題意識をたどるとき，英米圏では 1989 年に『公共性の構造転換』英語版の出版を記念してノースカロライナ大学で K. キャルホーンなどにより組織され開催されたシンポジウム「ハーバマスと公共圏」の意義が大きい。ここで，K. M. ベイカーは，18 世紀文化史における公共性概念の重要性を報告し，フランス革命期を中心としたフランス思想研究に新風を吹き込んだ。このシンポジウムの議論は，論文集『ハーバマスと公共圏』として，1992 年出版された。フランス思想史のフランスでの研究については，ハーバマスの著作の直接の刺戟によるよりも，こうした英米圏での動向を受ける形で，ベイカーの研究とともに，フランス圏にもハーバマスの影響

が急速に広まったと思われる。また，歴史社会学的研究のなかでも，思想史研究にとって有意義なものとして，次を是非とも挙げておきたい。Sennett, R., *The Fall of Public Man*, London, 1977（セネット『公共性の喪失』北川克彦・高階悟訳，晶文社，1991 年）.

(26)　寺田元一『「編集知」の世紀』日本評論社，2003 年。

(27)　シャルチエの前掲書の他，代表作として，次を参照。Baker, K. M., *Inventing the French Revolution*, Cambridge, New York, 1990（フランス語訳 *Au tribunal de l'opinion*, tra. par Évrard, L., Paris, 1993）. Ozouf, M., *L'homme régénéré*, Paris, 1989.

(28)　ハーバマスもベイカーも，「公論」の諸観念のうち，非討議型のルソーと討議型の自由主義的傾向との対抗を重視している。そして，自由主義的傾向をめぐって，フィジオクラートをどう扱うかで，異なる見解をとっている。この点の検討は，本書の課題の一つであるが，いずれにしても，こうした「公論」の諸観念の対立が，フランス革命におけるジャコバン派とジロンド派の抗争の前哨戦とみられていることは，明らかである。

(29)　この研究の前提として，次を参照されたい。安藤隆穂「革命とそれ以後における自由と公共」（『社会思想史研究』第 14 号，1990 年）。Ando, T. «Condorcet and Constant : public opinion in the age of the French Revolution», in *Transactions of the Eighth International Congress on the Enlightenment* (*Bristol 21–27 juillet 1991*), Oxford, 1992, pp. 265–268. 安藤隆穂編『フランス革命と公共性』名古屋大学出版会，2003 年。

(30)　Ozouf, «Esprit public», *op. cit.*, p. 714, p. 717（阪上訳，947 ページ，950 ページ）.

(31)　先に挙げた田中治男の研究も同様である。前掲『フランス自由主義の生成と展開』4 ページ。

第 *1* 章　啓蒙思想と公共空間

(1)　Habermas, J., *Strukturwandel der Öffentlichkeit : Untersuchungen zur einer Kategorie der bürgerlichen Gesellschaft*, *op. cit.*, pp. 60–61（細谷訳，64–65 ページ）.

(2)　Baker, K. M., «Defining the Public Sphere in Eighteenth-Century France : Variations on a Theme by Habermas», in Calhoun, C., ed., *Habermas and the Public Sphere*, Cambridge, 1992, p. 191.

(3)　Baker, K. M., *Inventing the French Revolution, op. cit.*, pp. 224–251.

(4)　Habermas, *op. cit.*, pp. 120–123（細谷訳，136–139 ページ）. Baker, «Defining the Public Sphere in Eighteenth-Century France : Variations on a Theme by Habermas», *op. cit.*, pp. 192–193.

(5)　Habermas, *op. cit.*, pp. 119–120, p. 123（細谷訳，135–136 ページ，139 ページ）. フランス革命におけるフィジオクラート的思想のハーバマスの位置づけについては，次も参照。Harbermas, J., *Theorie und Praxis : Sozialphilosophische Studien*, Neu-

wied, 1963, chap. 2–2（J. ハーバーマス『社会哲学論集』(1)，細谷貞雄訳，未来社，1969年，「II–2 アメリカとフランスの人権宣言における『宣言』の意味」).

（6） Baker, 《Defining the Public Sphere in Eighteenth-Century France : Variations on a Theme by Habermas》, *op. cit*., p. 196. ハーバマスもベイカーも，チュルゴからコンドルセの系譜とフィジオクラートの系譜との差異を，問題としない。チュルゴをフィジオクラートに解消することはできないし，コンドルセはさらにフィジオクラートから離れていたことは，後で明らかにする。

（7） *Ibid*., pp. 196–197.

（8） *Ibid*., p. 194, pp. 207–208. ここでベイカーは，コンドルセのような「合理的言説」の延長に，テルミドール派とB. コンスタンをおいている。じつは，もっと以前に公刊されたベイカーのコンドルセ論は，チュルゴとコンドルセの線を「合理的言説」として革命に繋ぐものであった。Baker, K. M., *Condorcet, From Natural Philosophy to Social Mathematics, op. cit*. 本書の研究は，こうしたベイカーによるコンドルセとB. コンスタンの位置づけに対抗的な思想史像を描くことになる。

（9） Habermas, *Strukturwandel der Öffentlichkeit : Untersuchungen zur einer Kategorie der bürgerlichen Gesellschaft, op. cit*., p. 89（細谷訳，99ページ).

(10) Egret, J., *Necker, ministre de Louis XVI 1776–1790, op. cit*.

(11) Chartier, *Les origines culturelles de la Révolution française, op. cit*., pp. 53–55（松浦訳，57–59ページ). この分野の研究は，いまや膨大な蓄積がある。とくに参考としたものとして，次の2著を挙げておきたい。Bellanger, C., Godechot, J., Guiral, P., Terrou, F., *Histoire général de la presse française. I, Origines à 1815, II, 1815–1871*, Paris, 1969. Chartier, R., *Lectures et lecteurs dans la France d'Ancien Régime*, Paris, 1987（ロジェ・シャルチエ『読書と読者』長谷川輝夫・宮下志朗訳，みすず書房，1994年).

(12) シャルチエの研究は，もちろん，思想史研究にも有意義である。また，モルネの古典的研究や，近年の，モナ・オズーフの「18世紀における公論の概念」の研究も，有益である。Mornet, D., *Les origins intellectuelles de la Révolution française*, Paris, 1933（D. モルネ『フランス革命の知的起源』上・下，坂田太郎・山田九朗監訳，勁草書房，1969・71年). Ozouf, M., *L'homme régénéré, op. cit*. さらに，次の2つの著作が，それぞれ，『百科全書』とルソーを中心に18世紀公共性のもつダイナミズムと問題性に切り込んだ研究として，きわめて刺戟的である。寺田前掲「「編集知」の世紀』。水林章『公衆の誕生，文学の出現』みすず書房，2003年。

(13) 文芸共和国については，次を参照。森原隆史「フランスの『レピュブリック』理念」(小倉欣一編『近世ヨーロッパの東と西』山川出版社，2004年，所収) 226–234ページ。エラスムス時代のフランスの思想動向については，次を参照。渡辺一夫『フランス・ユマニスムの成立』岩波書店，1958年，同『フランス・ルネサンス文芸思潮序説』岩波書店，1960年（両者とも『渡辺一夫著作集』5，筑摩書房，1971年に再録)。

(14) Hazard, P., *La Crise de la Conscience européenne* (*1680–1715*), Paris, 1935（P. ア

ザール『ヨーロッパ精神の危機』野沢協訳，法政大学出版局，1973 年）.

(15) ヨーロッパの絶対主義国家を正当化する理論として，16 世紀に J. ボーダンが，国家＝主権論を組み立てたことはよく知られている。そこでボーダンは，強力な主権が「共同のもの（commun）あるいは公共のもの（public）」という支柱を必要とすると述べていた。Bodin, J., *Les six livres de la rêpublique*, 1576, L. 2, chap. 2. フランス絶対王政においても，レゾン・デタの強化のためには，「公共」の強化と整備が不可欠と考えられていたのである。

(16) イギリス王立協会については，次の簡潔な要約を参照。大野誠『ジェントルマンと科学』山川出版社，1998 年。また，この時期のフランスについては，次を参照。Pomian, K., *L'Europe et ses nations*, Paris, 1990, chap. 12（K. ポミアン『ヨーロッパとは何か』松村剛訳，平凡社，1993 年，第 12 章）. Hof, U. I., *Das Europa der Aufklärung*, München, 1993, chap. 4（ウルリヒ・イム・ホーフ『啓蒙のヨーロッパ』成瀬治訳，平凡社，1998 年，134–141 ページ）.

(17) Pomian, K., *op. cit.*, p. 124（松村訳，110 ページ）.

(18) ベールは 1681 年 1 月に，彗星に関する手紙執筆をはじめ，これを『メルキュール・ギャラン』に掲載する予定であったが，結局 1682 年に単行本として刊行した。ベールの思想については，アザールの研究を参照。Hazard, P., *La Crise de la Conscience européenne（1680–1715）*, *op. cit*., chap. 5（野沢訳，第 5 章）. 野沢はこの訳本で，アザールの事実誤認を訂正し，『彗星雑考』刊行にいたる経緯を説明している（野沢訳，第 5 章への訳註，142–143 ページ）。『彗星雑考』の野沢訳には，さらに詳しい解説が付けられている（P. アザール『彗星雑考』野沢協訳，法政大学出版局，1978 年）。

(19) Eagleton, T., *The Function of Criticism*, London, 1984, chap. 1（T. イーグルトン『批評の機能』大橋洋一訳，紀伊国屋書店，1988 年，第 1 章）.

(20) Habermas, J., *Strukturwandel der Öffentlichkeit : Untersuchungen zur einer Kategorie der bürgerlichen Gesellschaft*, *op. cit.*, p. 46（細谷訳，50 ページ）. Chartier, *Les origines culturelles de la Révolution française, op. cit.*, p. 43（松浦訳，44–45 ページ）.

(21) Pomian, K., *op. cit*., p. 131（松村訳，121 ページ）.

(22) 水林前掲『公衆の誕生，文学の出現』36 ページ。

(23) Mandeville, B. de, *The Fable of the bees*, London, 1714（B. マンデヴィル『蜂の寓話』泉谷治訳，法政大学出版局，1985 年）. もとになった匿名の『うなる蜂の巣』（*The grumbling hive*）の出版は 1705 年であり，『蜂の寓話』には多くの長い註釈が追加されている。それもイギリス公共圏の格好の表現である。

(24) こうしたフランスの特徴が後の「公論の政治的創出」を準備したといえるし，フランス啓蒙の批判的性格に反映し，ヴォルテールやモンテスキューのたとえばスコットランド啓蒙思想への巨大な影響力のもとになったといえよう。

(25) 「中二階クラブ」というのは，ルイ 15 世の教育係であったアベ・アラリのもとに 1724 年以来 7 年間にわたりほぼ毎土曜日に開かれた政策研究会をいう。アベ・

ド・サン＝ピエール，ダルジャンソン侯爵が中心であり，イギリスのボーリングブルックなどとも関係を維持していた。摂政体制によって事実上貴族が王政を担当することを夢み，そのための政策を議論していた。モンテスキューもこれに参加していた。18 世紀フランス啓蒙思想の貴族的潮流はこの「中二階クラブ」から生まれたといってもよい。フランス啓蒙思想胎動期については，「中二階クラブ」も含めて，すでに論じた。安藤前掲『フランス啓蒙思想の展開』第 1 章。ここでは重複を避け，公共性に絞って考察を進めたい。なお，サロンの意義については，この時期だけでなく 18 世紀全般にわたる展望も含めて，次の研究を参照。赤木昭三・赤木富美子『サロンの思想史――デカルトから啓蒙思想へ』名古屋大学出版会，2003 年。

(26) 「摂政時代」の政治と思想の動向については，次を参照されたい。Wade, I. O., *The Structure and the Form of the French Enlightenment*, 2vols, Princeton, 1977, vol. I, pp. 87–119, pp. 313–333. また，「摂政時代」のフランスで，公権力表象がこのように変化しかつ諸潮流への分化を始める。その大前提として，王の非人格化という文化史的過程が存在したことも，指摘しておきたい。これについては，次を参照のこと。Apostlides, J.-M., *Le roi-machine, Spectacle et politique au temps de Louis XIV*, Paris, 1981（J.-M. アポストリデス『機械としての王』水林章訳，みすず書房，1996 年）.

(27) J. ローは，『貨幣と交易』（1705 年）を書き，スコットランドの財政理論家として知られるようになった。オルレアン公フィリップに接近し，1720 年にフランスの財務総監となったが，いわゆる「ジョン・ローのシステム」により経済を大混乱に導いた。しかし，活動形態が，「中二階」の知識人の目指したものであることにより，後にヴォルテールはこの経済混乱を自由への道として好意的に評価する。ローの「システム」のもつ歴史的意義については，次を参照。赤羽裕『アンシァン・レジーム論序説』みすず書房，1978 年。佐村明知『近世フランス財政・金融史研究』有斐閣，1995 年。大田一廣「ジョン・ロー　信用創造のパイオニア」（日本経済新聞社編『経済学の先駆者たち』日本経済新聞社，1995 年，所収）。

(28) イギリスに「政治的に論議する公衆」が出現した時期，フランスは同じような社会的成熟を保持していなかったが，英仏外交の復興により，イギリスの社会と思想の動向をほぼリアル・タイムで知ることができたのである。Bonno, G., *La culture et la civilisation britannique devant l'opinion française de la paix d'Utrechet aux Lettres philosophiques (1713–1734)*, Philadelphia, 1948. Wade, I. O., *op. cit.*, vol. 1, pp. 120– 133.

(29) ヴォルテールがフランス啓蒙思想に与えた影響とその意義については，次をみよ。水田洋『思想の国際転位』名古屋大学出版会，2000 年，第 1 章。また，この時期の英仏思想交流について，次を参照。Mornet, D., *Les origins intellectuelles de la Révolution française, op. cit*.（D. モルネ『フランス革命の知的起源』上・下，坂田太郎・山田九朗監訳）. とくに，第 1 編第 2 章。Wade, I. O., *op. cit.*, vol. 1, pp. 120–171.

(30) Voltaire, *Lettres philosophiques*, 1734. *Mélages de Voltaire*, (Bibliothéque de la Pléiade), Paris pp. 24-25（ヴォルテール『哲学書簡』林達夫訳，岩波文庫，1951年，54-55ページ）.

(31) *Ibid*., p. 21, p. 23（林訳，48ページ，52ページ）.

(32) *Ibid*., p. 113（林訳，223ページ）.

(33) Locke, J., *An Essay concerning Human Understanding*, 1960, ed. Fraser, A. C., 2vols, Oxford, vol. 1, p. 476. ノエル＝ノイマンは，世論の観念の起源と発展について，大筋の展開を示した。ここでは，イギリスでのロックからヒュームへの世論の観念の発展，フランスのルソーの世論への対応などについて，ノエル＝ノイマンの議論から，大きな示唆を得ている。Noelle-Neumann, *Die Schweigespirale Öffentliche Meinung : unsere sociale Haut*, Frankfurt am Mein, Berlin, 1982（ノエル＝ノイマン『沈黙の螺旋階段』池田謙一・安野智子訳，ブレーン出版，1997年）. ただし，日本の啓蒙思想研究においては，とくにイギリス道徳哲学研究において，さらに以前からロックの世論の観念について議論している。田中正司『ジョン・ロック研究（増補版）』未来社，1975年。

(34) Voltaire, *Lettre philosophiques, op. cit*., p. 14（林訳，33ページ）.

(35) *Ibid*., pp. 17-18（林訳，40ページ）.

(36) *Ibid*., p. 18（林訳，41ページ）.

(37) *Ibid*., p. 89（林訳，156ページ）.

(38) Hume, D., *Treatise of Human Nature*, 1739-40, ed. Selby-Bigge, L. A., Oxford, 1986, pp. 316-324.

(39) Voltaire, *op. cit*., p. 25（林訳，55ページ）.

(40) ヴォルテールの政治思想については，次を参照。川合清隆「政治参加の文学者ヴォルテールの軌跡」小笠原弘親・市川慎一編『啓蒙政治思想の展開』成文堂，1984年，第2章。カラス事件についての研究は多数ある。そのなかで，ヴォルテールのカラス事件関連論題をまとめ翻訳した次の文献および訳者解説はぜひとも参照。ヴォルテール『カラス事件』中川信訳，冨山房百科文庫，1978年。ヴォルテール『寛容論』中川信訳，現代思潮社，1970年。

(41) イギリス思想は，啓蒙的立法者を「市民的公共性」に結合し，立憲政体の具体的肉付けに生かしていったが，フランス啓蒙思想は，これを現実王権に重ね，理論的発展を遅らせた。

(42) イギリスの思想はフランス啓蒙思想胎動期に大きな影響を与えたが，モンテスキューの場合，いわゆる「中二階クラブ」を通じて，多くのイギリス情報を手にした。実際にイギリスを訪れる以前に，モンテスキューのイギリス認識はその枠組みを確立していたと思われる。Dedeyan, C., *Montesquieu et l'Angleterre*, Paris, 1958.

(43) 「トログロディット人の物語」とは，『ペルシャ人の手紙』，第11の手紙から第16の手紙まで独立した話としておかれているものである。ここでは完結せず，『わが思索』にその続編が収められた。Montesquieu, *Lettre persanes*, 1721, dans *Œuvres complètes de Montesuquieu*, (Bibliothéque de la Pléiade), t. 1, pp. 145-153. *Mes*

pensées, Œuvres, t. 1, pp. 377–379.

(44) Montesquieu, *L'esprit des lois*, 1748, chap. 20–22.

(45) *Ibid*., chap. 20–21.

(46) ただし，モンテスキューの「商業社会」認識については，判定が難しい。モンテスキューの主題は，商業が国際間の紛争を緩和することにあって，政治社会の基礎に「商業社会」を求める意識は，ほとんどないと思われる。モンテスキュー研究者の間でも，あまり関心が払われてはこなかったが，近年，モンテスキューの「商業社会」論およびそれと市民社会論との繋がりについての詳しい研究が現れた。Spector, C., *Montesquieu : Pouvoirs, richesses et sociétés*, Paris, 2004.

(47) モンテスキューの「市民的自由」論は，彼の政治思想の近代性に現実性を与えるものであって，アメリカ革命とフランス革命さらにはそれ以降のフランス近代政治思想に大きな影響を及ぼす。モンテスキューにおけるイギリス的政体と「商業社会」と「市民的自由」論との繋がりについては，とくに次を参照。Spector, C., *Ibid*. 近年の日本でのまとまった議論として，次を参照。川出良枝『貴族の徳，商業の精神』東京大学出版会，1996 年，とくに，第 II 部第 4 章。押村高『モンテスキューの政治理論』早稲田大学出版部，1996 年。さらに，モンテスキューの「市民的自由」と「政治的自由」の観念は，フランス市民社会論の重要な源泉となり，その市民社会論に政治的性格を与えることになる。この問題については，次を参照。M. リクター「モンテスキューと市民社会の概念」(「1996 年政治思想学会大会報告」，『思想』No. 889，1998 年)。

(48) 安藤前掲『フランス啓蒙思想の展開』12–14 ページ。

(49) このことは，もちろん政治思想に限定してであって，モンテスキューの思想が多様に継承されていくことは，当然である。そして，この文脈でいう公共性から権力論への距離の遠さが，モンテスキューの権力均衡論を君主政から切り離して，別の社会形態に結びつけることを可能にしたと思われる。アメリカの共和政論へのモンテスキューの影響，フランス革命後のイデオローグやテルミドール派への影響はその例である。アメリカについては，たとえば次を参照。小林清一「モンテスキューと合衆国憲法の思想」(樋口謹一編『モンテスキュー研究』白水社，1984 年，所収)。イデオローグについては，次を挙げておきたい。Destutt de Tracy, *Commentaire sur l'Esprit des lois*, Paris, 1798.

(50) 安藤前掲『フランス啓蒙思想の展開』第 1 章第 3 節参照。エルヴェシウスとコンディヤックについては，それぞれ次を参照。森村敏己『名誉と快楽――エルヴェシウスの功利主義』法政大学出版局，1993 年。山口裕之『コンディヤックの思想』勁草書房，2002 年。

(51) Rousseau, J.-J., *Discours sur les sciences et les arts*, 1750, dans *Œuvres complètes de Rousseau*, (Bibliothéque de la Pléiade), t. III, pp. 19–26 (J.-J. ルソー『学問芸術論』前川貞次郎訳，岩波文庫，1968 年，35–46 ページ).

(52) *Ibid*., pp. 6–8 (前川訳，14–17 ページ).

(53) *Ibid*., pp. 27–28 (前川訳，49 ページ).

(54) *Ibid*., p. 3（前川訳，9 ページ）.

(55) たとえば次の箇所を参照。Rousseau, 《Lettre de Jean-Jacques Rousseau de Genève, Sur une nouvelle Réfutation de son Discours, par un Académicien de Dijon》, dans *Œuvres complétes de Rousseau*, t. III, p. 100（「ディジョンのアカデミー会員への手紙」前川訳『学問芸術論』所収，178 ページ）. Rousseau, *Narcisse ou l'amant de lui-même,* 《Préface》, dans *Œuvres complètes de Rousseau*, t. II, pp. 959–960, pp. 967–968（「『ナルシス』序文」前川訳『学問芸術論』所収，186 ページ，200 ページ）. また，「演劇に関するダランベール氏への手紙」（1758 年）は，「世論」の観念をめぐって，ルソーとアンシクロペディストとの間に非和解的対立があることを，明示することになる。ルソーの思想における「世論」の観念の性格と意義については，次の研究による分析が詳細であり有意義である。Ganochaud, C., *L'opinion publique chez Jean-Jacques Rousseau* (Ouverage couronné par l'Académie des Sciences Morales et Politiques, Thèse présentée devant L'université de Paris V, Le 28, janvier, 1978), 1980, pp. 112–121.

(56) Rousseau, *Discours sur l'origine et les fondements de l'inégalité parmi les hommes, Œuvres complètes de Rousseau*, t. III, pp. 190–194（J.-J. ルソー『人間不平等起原論』本田喜代治・平岡昇訳，岩波文庫，1972 年，126–131 ページ）.

(57) ルソーは，文明史を，産業の発展と財産諸形態の発展という二つの視点から構成している。産業は採集段階から狩猟，牧畜，農業，商工業へと拡大し，財産は無所有，動産，不動産を経て財産一般へと諸形態を展開する。これを個人に即してみれば，諸能力の発達が，「固有」のものと財産への執着（「自尊心」）増大を伴う過程となる。*Ibid*., pp. 165–176（本田・平岡訳，80–95 ページ）.

(58) *Ibid*., p. 177（本田・平岡訳，97 ページ）.

(59) 「中二階」の会合は，先述のように 1724 年に始まり，約 7 年にわたり活発に活動を続けた。ボーリングブルック，ラムジー，アーバスノットなどが行き来した。

(60) フランス啓蒙思想を刺戟したイギリスの公共表象の発展については，すでに紹介したハーバマス，ノエル゠ノイマン，T. イーグルトンの研究に加えて，次も参照。Agnew, J.-C., *The Market and the Theater in Anglo-American Thought, 1550–1750*, Cambridge, 1986（J.-C. アグニュー『市場と劇場』中里壽明訳，平凡社，1995 年）.

(61) 青年カンディードの体験は，彼が信じていたライプニッツとヴォルフの予定調和説を打ち砕き，近代的個人の孤立を自覚させる。リスボンの大地震が神の退場と宗教道徳の崩壊を示し，七年戦争が旧国家秩序の解体を表していると考えられる。そうして，最後にカンディードが発する「とにかく自分たちの畑を耕さねばならない」という言葉の皮肉な響きは，ヴォルテールが，依然として，フランス社会に無秩序をみていたことを物語るだろう。Voltaire, *Candide, Romans et Contes de Voltaire*, (Bibliothéque de la Pléiade), p. 233（ヴォルテール『カンディード』吉村正一郎訳，岩波文庫，1956 年，172 ページ，植田裕次訳，2000 年，457 ページ）. 七年戦争の『カンディード』への反映は，意外に注目されてこなかったが，最近，日本で本格

的な考察が現れた。水林章『『カンディード』〈戦争〉を前にした青年』みすず書房，2005 年。

(62) モンテスキューの思想が，名誉の観念に基づく公共性の樹立を構想するものとして，18 世紀のフランス公共性論の重要な思想史的系譜を形作ったことについては，川出良枝が問題提起している。川出は，利益と名誉の観念を対抗軸として，商業社会化する 18 世紀フランスにおける公共性観念の発展を捉えようとしている。川出良枝「名誉と徳――フランス近代政治思想の一断面」『思想』No. 913, 2000 年。川出「近代フランスにおける公私観念の転換」（前掲佐々木他編『公共哲学』4 所収）。ここでは，モンテスキューの系譜については十分に追うことはできない。利益の系譜については，ここで，川出の予想するよりはるかに多様であることを示したいと思う。また，森村敏己は，貴族による「商業社会」への対応を，アベ・コワイエの『商人貴族論』（1756 年）の分析によって明らかにしている。これもまた，広い意味で，モンテスキューの政治思想の枠内でのものとみることができる。森村敏己「アンシアン・レジームにおける貴族と商業――商人貴族論争（1756-1759）をめぐって」（*Study Series*, No. 52, 一橋大学社会科学古典資料センター，2004 年）。

(63) 安藤前掲『フランス啓蒙思想の展開』19-21 ページ。

(64) Voltaire, 《Observation sur MM. Jean Lass, Melon et Dut sur le commerce, le luxe, les monnaies, et les impots》, 1738, dans *Œuvres complètes de Voltaire*, éd. Beuchot, Paris, 1877-1885, 50vols., t. 22, pp. 363-364. ジョン・ローとこれに繋がる経済学の動向については，次を参照。Murphy, A., 《John Law (1671-1729)》, dans *Nouvelle histoire de la penseé économique*, éd. Beraud, A. et Faccarello, G., Paris, 1992, t. 1, pp. 176-187. 大田一廣「J. ロー以降の＜貨幣論争＞と経済認識」（阪南大学『阪南論集 社会科学編』第 21 巻第 3 号，1986 年）。また，ムロンを中心にした整理として，次も参照。大田一廣「J.-F. ムロンの経済思想」（小林昇編『資本主義世界の経済政策思想』昭和堂，1988 年，所収）。

(65) Melon, J.-F., *Essai politique sur le commerce*, Paris, 1734. Daire, E., *Economistes financiers du XVIIIe siècle*, Paris, 1843, p. 742.

(66) Murphy, A., 《Richard Cantillon et le groupe de Vincent de Gournay》, dans Beraud A., Faccarello, G., éd. *Nouvelle histoire de la penseé économique,* Paris, 1992, t. 1, pp. 188-203. グルネについては，G. シェルの古典的研究がある。Schelle, G., *Vincent de Gournay*, Paris, 1897. 近年，津田内匠の一次資料の復元をはじめとするグルネ研究が，新しい段階を生み出している。Tsuda, T., éd. *TRAITÉS SUR LE COMMERCE de Josiah Child avec les REMARQUES inédites de Vincent Gournay*, Tokyo, 1983. Tsuda, T., éd. *MEMOIRES ET LETTRE de Vincent de Gournay*, Tokyo, 1993. 津田によるグルネ論は，次を参照。Tsuda, T., 《Un économiste trahi, Vincent de Gournay (1712-1759)》, dans, *Ibid*., pp. 445-486. グルネに始まるエコノミストについては，日本の津田内匠の研究が世界をリードしている。津田内匠「1750 年代のフランス経済学の動き」*Study Series*, No. 1, 一橋大学社会科学古典資料センター，1982 年. 津田「フランス革命と産業主義」成城大学経済研究所『経済

研究所年報』第 3 号，1990 年。なお，18 世紀フランス経済学の諸潮流とそれぞれにおける公共性観念については，別の機会に素描した。安藤隆穂「公共性とフランス経済学」（安藤隆穂編『フランス革命と公共性』名古屋大学出版会，2003 年，所収）。

(67) グルネもカンティロンも，津田内匠による文献考証作業が，内外の研究発展に多大の貢献を果たしている。Cantillon, *Essay de la nature du commerce en général*, éd. Tsuda, T., Kinokuniya, Tokyo, 1997. カンティロンは，企業者の概念を導入し，市場をその行動を通じて把握しようとした。グルネとともに，フィジオクラートに対抗する経済学の成立に多大な影響を及ぼすことになる。Murphy, A., *Richard Cantillon : Entrepreneur and Economist*, New York, 1986. 津田内匠によるカンティロンの日本語訳とそれにつけられた解説を，是非とも参照。津田「解説 カンティロン——企業者とディリジスムの経済学」（カンティロン『商業試論』津田訳，名古屋大学出版会，1992 年）。また，日本での研究の最新の成果として，次を参照。米田昇平「リチャード・カンティロン」（坂本達哉編『経済思想③黎明期の経済学』日本経済評論社，2005 年，第 4 章として所収）。

(68) 米田昇平「グルネとフォルボネの自由と保護の経済学」上・下（『下関市立大学論集』第 44 巻第 2 号，第 3 号，2000 年，2001 年）。

(69) 岩本吉弘「フランス革命期の産業保護主義論再考」(1)（福島大学『商学論集』第 71 巻第 1 号，2002 年）。

(70) 安藤前掲『フランス啓蒙思想の展開』第 1 章第 3 節。

(71) 若きディドロは，とりわけ，シャーフツベリの影響を受けていた。1745 年には，シャーフツベリの著作を自由訳し，『S＊＊＊伯著道徳哲学原理，または人間の真価と美徳に関する試論』として出版した。ディドロによるイギリス思想の受容については，別に論じたことがある。安藤前掲『フランス啓蒙思想の展開』第 2 章第 1 節。

(72) 社会と統治の関係について，たとえば次のようにディドロはいう。「人間が社会を形成するようになったのは，より幸福になるためにほかならない。社会が主権者を選んだのは，より有効に社会の幸福と保存に気をくばるためにほかならない」。Diderot, 《Souverains》, dans *Œuvres politique de Diderot*, éd. Verniere, P., Paris, 1963, p. 54（ディドロ「主権者」杉之原寿一訳，桑原武夫編訳『百科全書』岩波文庫，1971 年，227 ページ）.

(73) この 1750 年代あたりから，フランス啓蒙思想はイギリス思想の吸収段階を脱し，その独自性をイギリスに投げ返すようになる。水田洋『思想の国際転位』前掲，138 ページ。

(74) Habermas, *Strukturwandel der Öffentlichkeit : Untersuchungen zur einer Kategorie der bürgerlichen Gesellschaft*, *op. cit*., chap. 3-9（細谷訳，前掲）. とくに，第 3 章第 9 節参照。ハーバマスも『百科全書』が間接的には政治的志向をもった公論的企画であったと指摘はしている。

(75) 『百科全書』の目的，実施，成果，影響などについての全体的把握は，J. プルース

トの研究参照。Proust, J., *L'Encyclopédie*, Paris, 1965（J. プルースト『百科全書』平岡昇・市川慎一訳，岩波書店，1979 年）.

(76) D'Alembert, *Discours préliminaire de l'Encyclopédie*, 1751, éd. Picavet, F., Paris, 1929, p. 144（ダランベール「百科全書序論」橋本峰雄訳，桑原武夫編訳『百科全書』156 ページ）.

(77) Proust, *op. cit*., p. 76（平岡・市川訳，89 ページ）.

(78) D'Alembert, *op. cit*., p. 128（橋本訳，138 ページ）.

(79) *Ibid*., p. 71（橋本訳，76 ページ）.

(80) 『百科全書』における編集者の能動的役割について，次を参照。寺田前掲『「編集知」の世紀』，とくに，第 7 章。

(81) ディドロの演劇や俳優をめぐる考察にも，「公衆」の性格づけに関する同様の主題が登場する。Marshall, D., *The Surprising Effects of Sympathy*, Chicago, London, 1988, chap. 3. ルソーとの対比も含めて，セネットが優れた分析を行っている。Sennett, *The Fall of Public Man, op. cit*., chap. 6（北川他訳，156-177 ページ）.

(82) 次も，いま一度参照。安藤前掲『フランス啓蒙思想の展開』第 2 章第 1 節。

(83) 『ラモーの甥』の主題については，多くの研究がある。ここでは，次を参照。中川久定『啓蒙の世紀の光のもとで』岩波書店，1994 年，「哲学者たちの小説」および「『ラモーの甥』の対話の一つの解釈」の諸章。

(84) リチャードスンの小説がフランスで引き起こした反響について，ハーバマスは，公論的議論に市民的家族を源泉とする主体性が躍動するようになった証拠とみている（前掲『公共性の構造転換』第 2 章第 6 節）。しかし，より重要なことは，こうした動向の中で，ディドロが思想の側の能動的公共性創造行為を展望していたことにある。リチャードスンの小説に対するディドロの対応については，次も参照。小場瀬卓三『フランス・レアリスム研究序説』世界評論社，1950 年。

(85) Diderot, 《Eloge de Richardson》, dans *Œuvres de Diderot*, éd. Billy, A., (Bibliothèque de la Pléiade), pp. 1060-1064.

(86) Eagleton, T., *The Rape of Clarissa*, London, 1982, 《Introduction》（T. イーグルトン『クラリッサの陵辱』大橋洋一訳，岩波書店，1987 年，「はじめに」）.

(87) 水田洋「イギリス道徳哲学の系譜」（経済学史学会編『『国富論』の成立』岩波書店，1976 年，所収）。

(88) Baker, K. M., *Condorcet : From Natural Philosophy to Social Mathematics*, *op. cit.*, p. 23, pp. 35-47, pp. 72-82.

(89) Chartier, *Les origins culturelles de la Révolution française, op. cit*., pp. 44-45（松浦訳『フランス革命の文化的起源』46-47 ページ）.

(90) Condorcet, 《Discours prononcé à l'Académie française à la réception de M. le marquis de Condorcet》, *Œuvres de Condorcet*, éd. Condorcet O'Connor, A. et Arago, M. F., Paris, 1847-1849, t. 1, p. 389.

(91) コンドルセが国家の学問から社会の学問への転換を追求していたことについては，隠岐さや香の研究を参照。隠岐さや香「十八世紀パリ王立アカデミー終身書記によ

る『科学の有用性』をめぐる言説の変遷とその背景」(『科学史研究』第 29 巻第 3 号，2002 年)。

(92) 安藤前掲『フランス啓蒙思想の展開』第 1 章第 4 節。

(93) Proust, *op. cit*., chap. 6（平岡・市川訳，第 6 章).

(94) 木崎喜代治『マルゼルブ』岩波書店，1986 年，第 1 章，参照。

(95) Weulersse, G., *Le mouvement physiocratique en France : 1756-1770*, Paris, 1910. Kaplan, S. L., *Le pain, le peuple et le roi : la bataille du libéralisme sous Louis XV*, Paris, 1986. Egret, J. *Louis XV et l'opposition parlementaire, 1715-1774, op. cit*.

(96) ケネーの経済学と生涯および弟子たちについては，簡潔で要を得たものとして，次を参照。Quesnay, *Physiocratie*, éd. par Cartrier, J., Paris, 1991, へのカルトリエの序文解説。さらに，ケネーの経済学における「交換の秩序」について，次を参照。Markovits, F., *L'ordre des échanges*, Paris, 1986, chap. IV. 日本でも，あまりに多くの研究があるが，最新の水準を示すものとして，次を参照。大田一廣「フランソワ・ケネー——再生産の秩序と秩序の再生産」(坂本編『経済思想③黎明期の経済学』前掲書，第 6 章として所収）これに加えて，ここでは，ケネーの経済学だけでなく文明論を意識したケネー像を提出したものとして，次を挙げるに止めたい。木崎喜代治『フランス政治経済学の生成』未来社，1976 年，第 2 章「ケネー」。重農主義については，ヒッグズの古典的概説書（ヒッグズ『重農学派』住谷一彦訳，未来社，1957 年）に加えて，次の河野健二の整理が，その歴史的意義について，わかりやすい。河野健二『フランス革命の思想と行動』岩波書店，1995 年，第 2 章「フィジオクラート運動の歴史的役割」。また，次も網羅的である。Delmas, B. et al., *La diffusion internationale de la Physiocratie (XVIIIe-XIXe)*, Grenoble, 1995.

(97) 外科医ケネーは，はじめ，動物や人体の比喩で経済体制を描写した。1736 年の医学論文『生命体の経済に関する自然学的試論』(*Essai physique sur l'économie animale*) は，彼のそうした経済学の方法を準備している。菱山泉「ケネー」(経済学史学会編『経済思想史事典』丸善，2000 年，所収)，大田一廣前掲「フランソワ・ケネー」273-274 ページ。

(98) Steiner, Ph., «L'économie politique du royaume agricole : François Quesnay», dans Beraud, A. et Faccarello, G., éd. *Nouvelle histoire de la pensée économique*, *op. cit*., t. 1, pp. 225-253. 菱山泉前掲「ケネー」(経済学史学会編『経済思想史辞典』所収)。ケネーの「レッセ・フェール」すなわち「自由主義」についても，さまざまに検討されているが，ケネーにおいては，現実的個人の自由についても，「政治的自由」についても，明確な把握を取り出すことはできない。森岡邦泰「重農主義における自由主義」(田中眞晴編『自由主義経済思想の比較研究』名古屋大学出版会，1997 年，第 2 章として所収)。また，ケネーの経済学をその「自由主義」を意識して経済思想史的に捉えようとしていると思われる，次の研究を参照。米田昇平「18 世紀フランス経済学の展開」*Study Series*, No. 46, 一橋大学社会科学古典資料センター，2001 年。

(99) この後，いわゆるイーデン条約（1786 年）による通商の自由がフランス産業に打

撃を与えるが，この条約後，フィジオクラートによる影響力は極度に衰退する。Weulersse, G., *La physiocratie à l'aube de la Révolution : 1781-1792*, Paris, 1985. フィジオクラート，エコノミストの構想した経済体制の特質については，あまりに多くの研究があるが，ここでは，最近の研究動向を代表するものとして，次を参照。Larrère, C., *L'invention de l'économie au XVIIIe siècle, op. cit*. また，「社会的技術」の観念の成立と発展については，ベイカーによる簡単な整理がある。Baker, *Condorcet : From Natural Philosophy to Social Matthmatics, op. cit.*, pp. 391-395.

(100) フィジオクラート集団の成立後も，エコノミストとの交流は緊密であった。たとえば，グルネのサークルから育ったものには，フォルボネ，モルレ，チュルゴなどがいたが，このうち，モルレとチュルゴはケネーのきわめて強い影響を受けた。チュルゴをフィジオクラートとするには無理があるが，モルレをフィジオクラートとするのには異存はない。Murphy, «Richard Cantillon et le groupe de Vincent de Gournay», *Nouvelle histoire de la pensée économique*, éd. Beraud A. et Faccarello, G., *op. cit*., pp. 199-203.

(101) フランス 18 世紀経済思想が描いた経済秩序観の諸相については，ルソーの経済像も含めて，さしあたり，次の研究による整理を参照。Markovits, F., *L'ordre des échanges, op. cit*. Keohane, N. O., *Philosophy and the State in France*, Princeton, 1980. また，ハーシュマンの研究は，体制の思想の発展に経済秩序観が寄与していく過程を示しているという意味で，ここでも参考になる。Hirschman, A. O., *The Passions and the Interests*, Princeton, 1977（A. O. ハーシュマン『情念の政治経済学』佐々木毅他訳，法政大学出版局，1985 年）.

(102) Marshall, D., *The Surprising Effects of Sympathy*, *op. cit.*, chap. 5.

(103) Rousseau, «Discours sur l'économie politique», *Œuvres complètes de Rousseau*, t. III, p. 241（J.-J. ルソー『政治経済論』河野健二訳，岩波文庫，1951 年，7 ページ）.

(104) *Ibid*., p. 245（河野訳，13 ページ）.

(105) *Ibid*., p. 248（河野訳，18-19 ページ）.

(106) *Ibid*., p. 250（河野訳，22 ページ）.

(107) Diderot, D., «Hobbisme, ou Philosophie de Hobbes», dans *Œuvres complètes de Diderot,* première éd. Scientifique publ. Sous la responsabilité de Herbert Dickmann, Jean Fabre et Jacque Proust avec Jean Varloot, t. VIII, pp. 406-407.

(108) Rousseau, *Discours sur l'origine et les fondements de l'inégalité parmi les hommes, dans Œuvres complètes de Rousseau*, t. III, p. 151（本田・平岡訳，62 ページ）安藤前掲『フランス啓蒙思想の展開』第 2 章第 3 節。

(109) Rousseau, *Émile ou de l'éducation, Œuvres complètes de Rousseau*, t. IV. p. 311（J.-J. ルソー『エミール』今野一雄訳，岩波文庫，1962 年，上，115 ページ）.

(110) Rousseau, «Emile et Sophie», *Œuvres complètes de Rousseau*, IV.

(111) Rousseau, *Discours sur les sciences et les arts, Œuvres complètes de Rousseau*, t. III, p. 8（前川訳，17 ページ）.

(112) ルソーの教育論の枠組みでは，生徒は教師という「上位意志」の支配から決して自

由にはなりえない。教育だけでなく政治体制も含めて，ルソーは常に上位の干渉する意志を前提に議論を組み立てていた。中川久定「『エミール』とルソー——一つの教育・政治理性批判」（同『転倒の島——18 世紀フランス文学史の諸断面』岩波書店，2002 年，第 3 論文）Nakagawa, H.,《“Vie” et double “volonté” : deux conceptions du mode d'être de l'homme et de la communauté humaine chez J.-J. Rousseau》, dans *Études Jean-Jacques Rousseau*, No. 4, Reims, avril 1990. エミールの社会的自立も，共和国という政治的共同体の仲立ちなしには展望されないのであって，エミール的個人は，その政治的共同体による「世論」の統制がなければ，「世論」に対峙できないのである。

(113) Eagleton, T., *The Rape of Clarissa, op. cit.*,《Introduction》（大橋洋一訳『クラリッサの陵辱』「はじめに」）.

(114) Rousseau, *Du contract social,* dans *Œuvres complètes de Rousseau*, t. III, p. 394（J.-J. ルソー『社会契約論』井上幸治訳，中公文庫，1974 年，72 ページ）.

(115) *Ibid*., pp. 458-459（井上訳，170-171 ページ）.

第 2 章　市民的公共性の創出

（1） チュルゴの生涯と思想については，G. シェルの『チュルゴ全集』各巻に付された「文献目録」と「解説」はもちろんのこと（*Œuvres de Turgot*, éd. Schelle, G., 5vols., Paris, 1913-1923），時系列で整理した次の研究が，現在みてもよく整理されている。Dakin, D., *Turgot and the Ancien Regime in France*, New York, 1972. また，近年の研究では，次を参照。Groenewegen, P., *Eighteenth-Century Economics : Turgot, Beccaria and Smith and Their Contemporaries*, London, New York, 2002. Markovits, *L'ordre des échanges, op. cit*., chap. V. Bordes, C. et Morange, J. éd., *Turgot, économiste et adminisrateur*, Paris, 1981. 日本での研究も多いが，本章に関連するものとして，次の 2 つのみ挙げておく。木崎喜代治『フランス政治経済学の生成』未来社，1976 年，第 5 章。渡辺恭彦『批判と変革の試み——18 世紀フランスにおけるアンシアン・レジーム エコノミストたちの試み』八朔社，2006 年。

（2） フィジオクラート運動の全体をみるには，やはりウールーズの古典的研究が出発点にある。Weulersse, G., *Le mouvement physiocratique en France : 1756-1770, op. cit.*, Do., *La Physiocratie à la fin du règne de Louis XV : 1770-1774*, Paris, 1955. Do., *Physiocratie sous les ministres de Turgot et de Necker : 1774-1781*, Paris, 1958. Do., *La Physiocratie à l'aube de la Révolution : 1781-1792, op. cit*. さらに，次も詳細な研究である。Kaplan, *Le pain, le peuple et le roi : la bataille du libéralisme sous Louis XV, op. cit*. 日本での研究としては，次を参照。横山正彦『重農主義分析』岩波書店，1958 年。河野前掲「フィジオクラート運動の歴史的役割」。また，モープーの司法改革や貴族の「自由主義的革命」については，次を参照。木崎前掲『マルゼルブ』第 2 章。Egret, J., *Louis XV et l'opposition parlementaire,*

1715-1774, op. cit.

（3） Baker, K. M., *Inventing the French Revolution, op. cit*. モープーの時代における「公論」の出現については，次の研究も是非とも参照。森原隆「絶対王制下の新聞と政治報道」（服部春彦・谷川稔編『フランス史からの問い』山川出版社，2000年，所収)。Faure, E., *La disgrâce de Turgot*, Paris, 1961. Egret, *Necker, ministre de Louis XVI, op. cit*. Kaplan, *Le pain, le peuple et le roi : la bataille du libéralisme sous Louis XV, op. cit*. Larrère, C., *L'invention de l'économie au XVIIIe siècle, op. cit*. 阪上孝『近代的統治の誕生』岩波書店，1999年。

（4） ベイカーも，ネッケルの議論を，ルソー的国家論に繋げて，取り上げている。Baker, *Condorcet : From Natural Philosophy to Social Mathematics, op. cit*., pp. 62-63. ベイカーに対する異論を，後述する。

（5） 進歩の観念の発展，チュルゴの位置，チュルゴとコンドルセの関係について，次を参照。Meek, L.《Smith, Turgot, and the 'Four Stages' Theory》in Meek, *Smith, Marx and After*, London, 1977. 田辺寿利「パスカルと社会学——フランス社会学における L'idée de Progrès の発展とその帰結」(『田辺寿利著作集』第1巻，未来社，1979年，所収)。出口勇蔵『経済学と歴史意識』ミネルヴァ書房，1968年，「II フランス啓蒙時代」。

（6） ダランベール，コンドルセとヴォルテールの会談は，1770年。マルゼルブのチュルゴ改革参加については，次を参照。木崎前掲『マルゼルブ』301-308ページ。

（7） 津田内匠「ディドロとチュルゴ最初の遭遇——『パンヤ・フィロゾフィーク』批判をめぐって」(『思想』No. 724，1984年)。

（8） 津田内匠「チュルゴ」(経済学史学会編前掲『『国富論』の成立』所収)。

（9） Turgot, *Eloge de Vincent de Gournay*, 1759. *Œuvres de Turgot, op. cit*., t. I, p. 602 (『チュルゴ経済学著作集』津田内匠訳，岩波書店，1962年，45ページ).

(10) Turgot, *Plan de deux discours sur l'histoire universelle*, *Œuvres de Turgot*, t. I, p. 303.

(11) Turgot, *Tableau philosophique des progrès successifs de l'esprit humain*, *Œuvres de Turgot*, t. I, pp. 217-218.

(12) Dakin, *Turgot and the Ancien Regime in France, op. cit*., pp. 289-295. 木崎前掲『フランス政治経済学の生成』332-333ページ。

(13) 木崎喜代治の言うように，チュルゴは「社会的分業と階級分化とを完全に混同している」とみることができる。木崎前掲『フランス政治経済学の生成』325ページ。

(14) Turgot, *Discours sur les avantages que l'établissement du christianisme a procurés au genre humain*, *Œuvres de Turgot*, t. I, p. 206.

(15) *Ibid*., p. 211.

(16) Turgot,《Questions sur la Chine addressés à deux Chinois》, 1776, *Œuvres de Turgot*, t. II, p. 524 (津田訳，62ページ).

(17) Turgot, *Discours sur les avantages que l'établissement du christianisme a procurés au genre humain, Œuvres de Turgot*, t. I, pp. 205-206.

(18) Du Pon de Noumours, *Mémoire sur les municipalitiés*, 1775, dans *Œuvres de Turgot*, t. IV, p. 576.

(19) この自治体改革案とチュルゴ改革の歴史的意義については，次を参照。Faure, E., *La disgrâce de Turgot, op. cit*. 島恭彦『近世租税思想史』1938年（『島恭彦著作集』有斐閣，1982年，第1巻に再録）。渡辺恭彦「フランス革命前夜における自治的行政機構確立の試み——デュポン・ドゥ・ヌムール『自治体にかんする覚書』（1775年）を中心として」（福島大学『商学論集』第41巻第5号，1973年）。渡辺の研究は，続いて発表された成果とともに，一著作にまとめられた。渡辺前掲『批判と変革の試み——18世紀フランスにおけるアンシアン・レジーム エコノミストたちの試み』。

(20) Du Pon de Noumours, *op. cit*., p. 619.

(21) チュルゴ改革の歴史的意義については，「道路賦役廃止令」を中心にした，渡辺恭彦の優れた研究がある。渡辺恭彦「チュルゴと道路賦役廃止令」（論文の発表開始は，1967年『商学論集』第55号第1号掲載であって，その後の論説の全体をまとめ，渡辺前掲『批判と変革の試み——18世紀フランスにおけるアンシアン・レジーム エコノミストたちの試み』に，第5論文として所収）。そのほか，優れた研究として，前掲『チュルゴ経済学著作集』（津田内匠訳）につけられた，津田による「解説」や，島前掲『近世租税思想史』第4章を参照。

(22) 駅馬車制度は1774年開始。乗合馬車をTurgotineと呼ぶのは，制度の設置者チュルゴに由来する。

(23) チュルゴは，『百科全書』の公共圏戦略やダランベールのアカデミー改革はもちろん，裁判における陪審制度導入に強い関心をもち，ヴォルテールの裁判闘争による公共圏拡大運動にも繋がっていた。陪審制をめぐるチュルゴとコンドルセの論争も含め，次を参照。石井三記『18世紀フランスの法と正義』名古屋大学出版会，1999年，とくに，229-235ページ。

(24) 木崎前掲『マルゼルブ』156-183ページ。この『出版論』は1758年から59年にかけて書かれ，1788年に書かれる『出版自由論』とあわせて，マルゼルブの死後，1809年に『出版論および出版自由論』として公刊される。

(25) Turgot, «Lettre au Docteur Price», *Œuvres de Turgot*, t. V, pp. 532-540.

(26) Turgot, «L'impot indirect», *Ibid*., pp. 510-516.

(27) *Ibid*., p. 650. Dakin, *Turgot and the Ancien Regime in France, op. cit*., pp. 264-265.

(28) リ・ド・ジュスティスについては，次を参照。今村真介『王権の修辞学』講談社，2004年，第2章。ここでの「公衆」はスペクタクルにおける観客という伝統的性格をもつ。

(29) 穀物取引自由化をめぐる対立を政治的に考察するとき，「公論」の誕生に繋げるより，王権と高等法院の抗争に引きつけて扱う方が普通である。阿河雄二郎「十八世紀パリの穀物政策」（中村賢二郎編『歴史のなかの都市』ミネルヴァ書房，1986年，所収）。

(30) Larrère, *L'invention de l'économie au XVIIIe siècle, op. cit*., chap. VI. 阿河前掲「十

八世紀パリの穀物政策」参照。

(31) 穀物取引だけでなく，18世紀後半の高等法院の王権に対する闘争については，エグレが，いわゆる革命前貴族による「自由主義的革命」を意識して，考察している。Egret, J., *Louis XV et l'opposition parlementaire, op. cit*.

(32) 阪上前掲『近代的統治の誕生』第3章は，ハーバマス，ベイカー，シャルチエの研究を参考に，エグレの研究もよく組み込んで，議論を発展させたもので，本節と重なる部分が多く，また，歴史的接近の面で本節よりはるかに詳しい。ぜひとも参照されたい。もちろん，視角も，主題も，本節とは異なる。

(33) 本節，はじめに，参照。

(34) 第1章，はじめに，参照。

(35) Voltaire, 《Blé》, *Dictionnaire philosophique* (*Questions sur l'Encyclopédie*), 1770.

(36) 出版界やサロンで穀物取引論争が勢いづくのは，1768年からで，次の2つの著作が火付け役となったといわれる。Abeille, *Principe sur la liberté du commerce des grains*, Paris, 1768. Abbé Baudeau, *Avis au peuple sur son premier besoin, ou petits traits économiquees sur le blé, la farine et le pain*, Paris, 1968. ここでは，穀物取引論争へのアンシクロペディストの介入の意義が中心問題なので，この論争の広がり全体について追う余裕はない。次の研究を，是非とも参照していただきたい。Larrère, *L'invention de l'economie au XVIIIe siècle, op. cit*., chap. VI. 日本には，ディドロの穀物取引論に着目した吉田静一の研究がある。吉田「フランス革命における経済思想の原型」(同『近代フランスの社会と経済』未来社，1975年，所収)。また，次の研究も，必要不可欠である。Kaplan, S. L., *Le pain, le peuple et le roi, op. cit*., les chap. VI à X.

(37) Diderot, 《Apologie de L'Abbé Galiani》, 1770, *Œuvres politiques de Diderot*, éd. Verniere, P., Garnier, Paris, 1963, pp. 61-124.

(38) チュルゴをフィジオクラートとする評価は過去のものになりつつある。チュルゴは，商工業における利潤の成立を捉え，労働，産業，動産の意義を認めた。Faccarello, G., 《Turgot et l'économie sensualiste》, dans Beraud A., Faccarello, G., éd. *Nouvelle histoire de la pensée économique, op. cit*., t. 1, pp. 254-288.

(39) Turgot, 《Eloge de Vincent de Gournay》, *Œuvres de Turgot*, t. 1, pp. 602-605.

(40) Turgot, 《Lettres sur le commerce des grains》, 1770, *Œuvres de Turgot*, t. III, p. 326.

(41) 木崎前掲『フランス政治経済学の生成』341-342ページ。Turgot, *Reflexions sur la formation et la distribution des richesses*, Paris, 1766, *Œuvres de Turgot*, t. II, pp. 542-543 (津田訳，77ページ).

(42) Condillac, *Le commerce et le gouvernement, considerés relativement l'un à l'autre*, 1776.

(43) フィジオクラートの枠に収まらないこうしたチュルゴの経済認識を継ぐのは，コンドルセであり，さらにレドレルであった。Faccarello, 《Le legs de Turgot : aspects de l'économie politique sensualiste de Condorcet à Roedrer》, dans Faccarello G., et Steiner, Ph., éd. *La pensée économique pendant la Révolution française, op. cit*., pp.

67–108.

(44) コンドルセの生涯については，次を参照。Badinter, E. et R., *Condorcet, Un intellectuel en politique*, Paris, 1988, chap. II. 河野健二「科学者と政治——先駆者コンドルセ」（同『歴史を読む 1 革命と近代ヨーロッパ』岩波書店，1996 年，所収）。

(45) 革命期の有償形式による封建的諸特権廃止の理論の先駆といってよいコンドルセのこの考えは，とくに，『賦役についての考察』（1775 年）によく整理されている。これについては，安藤前掲『フランス啓蒙思想の展開』で，すでに論じた。同書，113–115 ページ。

(46) 《Lit de justice tenu à Versailles le 12 mars》, *Œuvres de Turgot*, t. V, p. 288.

(47) Grange, H., *Les idées de Necker*, Paris, 1974, pp. 18–24.

(48) Wermel, M. T., *The Evolution of the Classical Wage Theory*, New York, 1939, chap. 4（ワーメル『古典派賃金理論の発展』米田清貴・小林昇訳，未来社，1958 年，112–116 ページ）.

(49) ネッケルが「世論」に基づく行政さらには政治という考えを明示的にするのは，もう少し後，1776 年にチュルゴに次いで財務総監となり，政策を担当してからである。しかし，穀物取引自由化批判で，民衆の意向を強調するネッケルは，事実上，「世論」の政治的機能を知っていたとみてよいだろう。ネッケルにおける「世論」の観念の形成については，次の研究がでた。Burnand, L., *Necker et l'opinion publique*, Paris, 2004.

(50) Wermel, *op. cit.*, chap. 4（米田・小林訳，112–116 ページ）.

(51) 岡本明「ネッケル初任期の財政問題」（『西洋史学報』14 号，1988 年）。

(52) Baker, *Condorcet, op. cit.*, p. 61.

(53) Gauchet, M., 《Necker》, dans *Dictionnaire critique de la Révolution française, op. cit.*, pp. 307–317（垂水洋子訳「ネッケル」前掲『フランス革命事典』307–317 ページ）. Grange, *op. cit.*, chap. II.

(54) *Ibid.*, pp. 25–33. 穀物取引論争だけでなく，改革者としてのネッケルの活動とその歴史的意義については，エグレの研究を参照。Egret, J., *Necker, ministre de Louis XVI, 1776–1790, op. cit.*

(55) この時期におけるコンドルセの経済認識の性格については，ネッケルとの論争にも立ち入り，すでに論じた。ただし，視角は異なっている。安藤前掲『フランス啓蒙思想の展開』111–117 ページ。

(56) ディドロとモルレが論争し，モルレの隣にデュポン・ド・ヌムールとチュルゴがいた。そして，モルレとデュポン・ド・ヌムールに対してネッケルはインド会社問題で向き合っていた。ここでは，コンドルセの立場がディドロの議論を引き継いでいることを明らかにする。これにより，論争のなかでアンシクロペディストの影が薄くなり，コンドルセ（ディドロ）対ネッケルという対抗が浮かび上がることになろう。このことは，チュルゴ改革あるいは「公論の政治的創出」の時期に，フィジオクラートからチュルゴとコンドルセへと後の自由主義に繋がる系譜の主導権交代が行われていることを示している。

(57) Condorcet, *Lettre d'un laboureur de Picardie*, 1775, *Œuvres de Condorcet*, t. XI, pp. 8-19.

(58) Condorcet, *Réflexions sur le commerce de blés,* 1775, *Œuvres de Condorcet*, t. XI, p. 106.

(59) コンディヤックやエルヴェシウスは，個別利益を一般的利益へと導く役割を立法者に求めた。しかし，チュルゴやコンドルセは，そのような立法の機能が実現されるためには，これを支持する主体を社会において見出さなければならないと考え，その抽象性を批判していた。コンディヤック的立法者像に対するチュルゴとコンドルセのこのような批判については，別に論じた。安藤前掲『フランス啓蒙思想の展開』第3章第1節，第2節。

(60) Condorcet, *Lettre d'un laboureur de Picardie*, 1775, *Œuvres de Condorcet*, t. XI, pp. 8-10.

(61) リチャードスンのフランスへの流入については，先にみた。第1章参照。

(62) ここではコンドルセは直接にはL.スターンの作品『フランスとイタリアの感傷旅行』(1768年) を意識しているようである。スターンはリチャードスンを継ぎ，感情描写を多用した小説を書いた。コンドルセがスターンの小説の人物描写手法を民衆の経済行動の動機分析に生かそうとしていたことは，次の作品によっても知ることができる。Condorcet, *Monopole et monopoleur*, 1775. *Œuvres de Condorcet*, t. XI, p. 43. こうしてディドロとコンドルセの近さが推測される。また，コンドルセが社会分析に人間行動の動機分析を持ち込み感情観察を重視していたことも含めて，フランス社会思想史における感情の位置を考えるために，次の研究が大きな示唆を与える。Denby, D., *Sentimental Narrative and the Social Order in France 1760-1820*, Cambridge, 1994.

(63) Condorcet, *Réflexions sur le commerce de blés*, 1775, seconde partie, *Œuvres de Condorcet*, t. XI, pp. 162-247.

(64) Condorcet, *Réflexions sur les corvées*, 1775, *Œuvres de Condorcet*, t. XI, pp. 63-76.

(65) Condorcet, *Réflexions sur le commerce de blés*, *Œuvres de Condorcet*, t. XI, p. 240.

(66) *Ibid*., p. 178.

(67) *Ibid*., p. 178.

(68) *Ibid*., p. 178.

(69) Condorcet, *Fragment sur la liberté de la presse*, 1776, *Œuvres de Condorcet*, t. XI, p. 312.

(70) Chartier, *Les origins culturelles de la Révolution française, op. cit*., pp. 47-49 (松浦訳，48-51ページ).

(71) ディドロが，コンディヤック的立法者の抽象性を超えていくことについても，すでに別に論じた。安藤前掲『フランス啓蒙思想の展開』第2章第2節。

(72) Baker, *Au tribunal de l'opinion, op. cit*., p. 256.

(73) ここでは扱えないが，1770年代には，王権による租税法院の解体に対するマルゼルブの抵抗が行われた。王権の専制化に対する貴族の抵抗として，エグレは，ここ

に貴族の「自由主義的革命」をみたのであるが，マルゼルブの意志を継ぐものとして，ネッケルの財務長官としての租税改革を位置づけている。Egret, *Louis XV et l'opposition parlementaire, op. cit*. 木崎前掲『マルゼルブ』も参照。とくに，第2章，4。

(74) ハーバマスもベイカーも，ネッケルの「公論」の思想を，フランス革命に繋がる最も民主主義的な路線の成立として評価することは，すでにふれた。しかし，ネッケルの公共表象を支える社会表象は，セギエに近い伝統的民衆像の影を宿している。ネッケルの「公論」の観念が民主主義的にみえるのは，それが公共性を具体的に把握しておらず，抽象的であるため，政治的に浮遊し続けるからだと思われる。

(75) Baker, «Defining the Public Sphere in Eighteenth-Century France», *op. cit*., pp. 192-193.

(76) ハーバマスもベイカーもフィジオクラートと革命期自由派とを結びつけて考えすぎている。本書の研究はそのような把握を批判し，フランス自由主義の別の成立ルートを探り出すことを意図している。現段階では，フィジオクラートの「公論」の観念の構図が確立したこの時期が，この学派の政治的退潮期にはいることに，注意しておきたい。

(77) 序章でもふれたが，近年，経済思想史研究では，チュルゴからコンドルセの線で，重農主義にかわる新しい経済学が生まれるという見解が有力になっている。たとえば，G. ファッカレーロが，チュルゴからコンドルセとレドレルへという線で，フランスにおけるスミス的傾向が「公共経済学」という独自の系譜を生み出すと主張している。Faccarello, G., «Le legs de Turgot : Aspects de l'économie politique sensualiste de Condorcet à Rœderer», dans Faccalello, G., et Steiner, Ph., éd. *La pensée économique pendent la Révolution française, op. cit*. また，E. ロスチャイルドは，チュルゴとコンドルセの系譜を「ロマン主義的自由主義」と呼び，ここに，これまで研究史で見逃されてきたフランス革命以前の自由主義の存在があると，主張している。彼はチュルゴとコンドルセの思想がイギリスのアダム・スミスの自由主義に相当するフランスの自由主義であるとみている。本章は，ロスチャイルドでは問題とされていない，アンシクロペディストとコンドルセの関係を重視している。フランス自由主義の起源を問い直すとき，この革命前の自由主義の存在形態についての検討は，今後重要課題となると思われる。Rothschild, E., *Economic Sentiments, op. cit.* これまでも革命前のフランス自由主義の存在自体はよく知られていた。しかし，それはフィジオクラート主体に認知されていて，フランス自由主義の多様性も内部での主導権の交代もほとんど問題にされてこなかった。ジャコバン史学系はもともと自由主義そのものへの評価が低い。修正派においても，また，これに大きな示唆を与えたトクヴィル，コシャンなどの伝統的革命論においても，革命前の革命思想はルソーとフィジオクラートに求められていて，自由主義の多様性には関心がみられない。しかし，ヴォルテール，アンシクロペディストの系譜から誕生した自由主義を，独自に，革命以前の最も革命的な自由主義として確認する必要があると思われる。

(78) Baker, *Condorcet, op. cit*., pp. 62–63.

(79) ルソーはこの時期，啓蒙的公共圏を批判し，公共圏の告発とこれからの逃避の間で，激しく揺れていた。次を参照。水林前掲『公衆の誕生，文学の出現』とくに「III 言語の専制の彼方へ――『対話』における公衆と公論」の章。この本には，この時期のルソーだけでなく，ルソーの公共性に対する根本的批判の展開が，18 世紀「公衆の誕生」および「文学の出現」という現代に繋がる大きな射程で，示されている。

(80) 先ほど挙げたロスチャイルドの研究の他，政治思想史では，さしあたり次を参照。Spitz, J.-F., *La liberté politique*, Paris, 1995. Sée, H., *Les idées politique en France au XVIIIe siècle*, Paris, 1920.

第 *3* 章　フランス自由主義の胎動

(1) ロスチャイルドは，フランス革命前に「ロマン主義的自由主義」が出現するというが，その自由主義が始まるチュルゴ改革期の時代を，イギリスとフランス双方において，「経済的自由」と「政治的自由」の確立という共通課題が追求され始めるという同時代性において捉えることを主張している。かつての大西洋革命論の思想史への反響であるといえるが，ロスチャイルドのこうした視角を生かすためにも，この時期の英米仏公共圏の相互交流と共時性は，注目すべきであると思われる。ただし，ロスチャイルドにおいては，公共圏把握が軽視され，そのため「自由主義」の社会的根拠が見出せず，「ロマン主義」の名を冠したように思う。Rothschild, E., *Economic Sentiments, op. cit.*, 《Introduction》. 次の書評も参照。安藤隆穂「書評 Rothschild, E., *Economic Sentiments*」『経済学史学会年報』第 42 号，2003 年。

(2) 司法改革の問題は，きわめて重要であるが，ここではコンドルセの活動にふれるだけで，多くは立ち入れない。石井三記の研究を参照されたい。石井前掲『18 世紀フランスの法と正義』，とくに，第 8 章。

(3) Mornet, D., *Les origins intellectuelles de la Révolution française, op. cit.*, 1933, pp. 231–240（坂田太郎・山田九朗監訳『フランス革命の知的起源』上，335–348 ページ）.

(4) Darnton, R., *The Forbidden Best-Sellers of Pre-Revolutionary France*, 1995（R. ダーントン『禁じられたベストセラー』近藤朱蔵訳，新曜社，2005 年）. ダーントンは，第 10 章「世論」で，チュルゴとネッケルの時代，「公論」がとくに活気づいたとみている。

(5) レナル『両インド史』第 3 版「奴隷制の起源と発展，奴隷制正当化の論拠，これに対する反論」の章へディドロが加筆した部分。Raynal, G. T. F., *Histoire philosophique et politique des établissement et du commerce des européens dans les deux Indes*, 3er éd., Genèves, 1780 (1er éd., Amsterdam, 1770). 浜忠雄『ハイチ革命とフランス革命』北海道大学図書刊行会，1998 年，58–63 ページ。

（6） 津田内匠「自由貿易と保護主義の相克——18世紀フランスのイーデン条約をめぐって」（杉山忠平編『自由貿易と保護主義——その歴史的展望』法政大学出版局，1985年）。

（7） Hinker, M. et F., 《La vie de Condorcet》 dans Condorcet, *Esquisse d'un tableau historique des progrès de l'esprit humain*, éd. par Hinker, M. et F., Paris, 1971, p. 41.

（8） チュルゴからコンドルセへの発展は，チュルゴの経済思想からの単線的な道ではなく，アンシクロペディストの思想を今一度組み込んだ，いわば飛躍であるとみるのが本書である。経済思想史のロスチャイルドもファッカレーロもアンシクロペディストとコンドルセの関係には無関心である。しかし，「公論」を視野に入れるとき，アンシクロペディストやヴォルテールとコンドルセの関係を無視することはできない。チュルゴとコンドルセの継承関係の概略を知るには，経済思想を中心としてであるが，次が便利である。Deloche, R., 《Turgot, Condorcet et la question de l'affectation des resources》, dans *Colloque international Condorcet : mathématicien économiste, philosophe, homme politique* (sous la direction de Pierre Crépel, Chrittian Giain), Minerve, 1989.

（9） ヴォルテールはイギリスで1727年にニュートンの国葬をみて，『哲学書簡』でニュートンをロックの哲学とともに紹介した。その後，ニュートン理論のフランスへの導入は，ヴォルテールの愛人デュ・シャトレ夫人の努力によるところが大きかった。ヴォルテールの『ニュートン哲学要綱』が出されたのが1736年であり，デュ・シャトレ夫人による『プリンキピア』のフランス語訳は，ヴォルテールの序文をつけ，彼女の死後，1756年に出版された。川島慶子『エミリー・デュ・シャトレとマリー・ラヴワジエ』東京大学出版会，2005年，とくに，第3章「エミリー・デュ・シャトレと『物理学教程』」参照。

（10） Terral, M., 《Metaphysics, Mathematics, and the Gendering of Science in Eighteenth France》, in Clark, C., Golinski, J., and Schaffer, S., ed. *The Sciences in Enlightened Europe*, Chicago, 1999, pp. 246-271.

（11） Baker, *Condorcet, op. cit*., pp. 87-109.

（12） Robinet, *Condorcet, sa vie, son œuvre 1743-1794*, Paris, 1893, (Slatkine reprints, Genève, 1968), pp. 4-43.

（13） Alengry, F., *Condorcet : guide de la Révolution française, théoricien du droit constitutionnel et précurseur de la science sociale,* Paris, 1904 (Genève, Slatkine reprint, 1971), pp. 12-13. Brian, É., 《Le triomphe de l'analyse : Condorcet, secrétaire de l'Académie royale des sciences》, dans *Colloque international Condorcet : mathématicien économiste, philosophe, homme politique, op. cit*. Brian, É., *La mesure de l'État*, Paris, 1994.

（14） 次の論文は，科学アカデミーが国家の学問機関から社会の学問機関へと変革されていく過程をたどった，重要な研究である。隠岐さや香「一七八〇年代のパリ王立科学アカデミーと『政治経済学』」（『哲学・科学史論争』〔東京大学教養学部哲学・科学史〕第3号，2001年）。

(15) Chartier, *Les origins culturelles de la Révolution française, op. cit*., pp. 44–45（松浦訳，46–47 ページ）.

(16) Condorcet,《Discours prononcé dans l'académie française le Jeudi 21 février 1782, à la réception de M. le marquis de Condorcet》, *Œuvres de Condorcet*, t. 1, pp. 389–415.

(17) Baker, *Condorcet, op. cit*., pp. 388–395. コンドルセの「社会数学」については，次の詳しい研究がある。Granger, G.-G., *La mathématique sociale du Marquis de Condorcet*, Paris, 1989.

(18) Condorcet,《Éloge de M. Bucquet》, 1780, *Œuvres de Condorcet*, t. 2, p. 410.

(19) Badinter, E. et R., *Condorcet, Un intellectuel en politique, op. cit*., p. 196. コンドルセのこの議論についての分析と後代の評価については，次を参照。Haddad, H.,《Élections, ultrafiltres, infinitésimaux ou le paradoxe de Condorcet》, dans *Colloque international Condorcet : mathématicien économiste, philosophe, homme politique, op. cit*.

(20) Condorcet, *Essai sur l'application de l'analyse à la probabilité des dicisions rendu à la pluralité des vois*, Paris, 1785.

(21) Baker, *Condorcet, op. cit*, pp. 273–274.

(22) コンドルセは，フランス革命期においても，近代的統治は科学に基づきなされねばならないと考え，その科学の体系を蓋然性に基づく諸科学の集合として示そうとしていた。1793 年『社会教育誌』の 6 月 22 日号と 7 月 6 日号に，そのような「政治道徳諸科学」の構想を発表しているし，それは遺著においても強調されている。Condorcet,《Tableau général de la science qui a pour objet l'application du calcul aux sciences politiques et morales》(le *Journal d'instruction sociale* des 22 juin et 6 juillet 1793), *Œuvres de Condorcet, op. cit*., t. I, p. 549. ベイカーは，コンドルセの「社会科学」を，社会的行為を認識する統治者の科学とみている。したがって，ベイカーのみるコンドルセは，フランス革命期にいたっても，知識人エリートの統治と管理が社会統合をもたらすという考えをもつことになる。Baker,《Defining the Public Sphere in Eighteenth-Century France》, *op. cit*., pp. 197–198. しかし，社会科学に「蓋然性」を導入することが，コンドルセの場合，対象としての諸個人を計量しきれない主体として位置づけることに繫がったと思われる。本書では，コンドルセの構想した近代的政治秩序が，ベイカーのいうような知的エリートによる統治ではなく，より民主主義的な性格をもつことを明らかにしたい。

(23) Badinter E. et R., *Condorcet, Un intellectuel en politique, op. cit*., pp. 199–201. コンスタンがこのリセに参加したことは，後で述べる。

(24) チュルゴのアメリカ論としては，1778 年のプライス宛の手紙がよく知られているが，『間接税についての考察』(1777 年）もフランクリンへの提案として書かれたことは，前に述べた。コンドルセは，とりわけ，ジェファーソンとの交流が深く，政治活動だけでなく，政治の科学の構想（コンドルセの「社会数学」）において，両者は共通点を多くもっていたといわれる。ジェファーソンは，1784 年から 1789 年

まで，在仏アメリカ大使を務めた。Urken, A. B., 《Condorcet-Jefferson : un chaînon manqueant dans la théorie du choix social ?》, dans *Colloque international Condorcet : mathématicien, économiste, philosophe, homme politique, op. cit.*

(25) Alengry, F., *Condorcet : guide de la Révolution française, op. cit.*, pp. 23–26. これらの文章が「一ブルジョワ」とか「一市民」による手紙という形式をとるのは，必ずしも珍しいことではないが，コンドルセの場合，「ピカルディの一農民」のときと同じく，公共圏に対する独自の戦略に立っていたことに注意したい。公共圏の主体として個人が明確に登場している。次にみる『黒人奴隷に関する考察』も同じ書き方をとっているのである。

(26) 浜前掲『ハイチ革命とフランス革命』55ページ。

(27) Ando, T., 《L'économie coloniale chez Smith et Condorcet》,（『名城商学』第45巻別冊，1996年）. この論文は，1991年のパリでのシンポジウム「Adam Smith et l'économie coloniale（アダム・スミスと植民地）」で報告されたものを，単独で雑誌論文としたものである。このコンドルセの黒人奴隷制論を，「進歩の観念」による奴隷制度批判というコンテクストに位置づけるものとして，次の論文も参照。Jurt, J., 《Condorcet : l'idée de progrès et l'opposition à l'esclavage》, dans *Colloque international Condorcet : mathématicien, économiste, philosophe, homme politique, op. cit*. また，以下で論じる黒人奴隷問題について，当時の全体の状況を知るために，次の著作を，是非とも参照。Benot, Y., *La Révolution française et la fin des colonies*, Paris, 1987. 浜前掲『ハイチ革命とフランス革命』。小川了『奴隷商人ソニエ』山川出版社，2002年。また，黒人奴隷解放のためのコンドルセの活動については，後で述べるが，ブノも，フランス革命期について個別論文を書いている。Benot, Y., 《Condorcet journaliste et le combat anti-esclavagiste》, dans *Colloque international Condorcet : mathématicien, économiste, philosophe, homme politique, op. cit*. さらに，コンドルセの議論は，少し前のルイ＝セバスティアン・メルシエ『2440年』（1771年），後のオランプ・ド・グージュ『黒人奴隷制』（1788年，コメディー・フランセーズで1789年公演）などとともにフランス文学史上でも重要とされる。Mercier, R., *L'Afrique noire dans la littérature française, Les premières images*（*XVIIe–XVIIIe siècle*), Dakar, 1962.

(28) Motesuqueiu, *L'esprit des lois, op. cit.*, XV–5（井上堯裕訳『法の精神』〔『世界の名著28 モンテスキュー』中央公論社，1973年〕第15編，とくに，第5章「黒人奴隷制について」474ページ）.

(29) 浜前掲書，51–57ページ。

(30) 小川前掲書，107–110ページ。エコノミストの貿易上の利益の観点からする奴隷容認論が，なかなか力を失わなかったのは，フランスが現実に「三角貿易」から利益を上げ続けたことの反映でもあった。小川は，次のように，分析している。すなわち，オーストリア継承戦争（1740–48年）と7年戦争（1756–63年）でフランスは植民地の多くを失い，奴隷貿易も衰退したが，現地ではイギリス船との交易を続けた。アメリカ独立戦争の終結（1783年）は貿易上フランスに有利に働いた。貿易

は，英仏に限らず自由貿易に傾く。これは，奴隷貿易の自由の復活でもあった。しかし，啓蒙思想の多くは，自由貿易の発展を評価するだけで，奴隷貿易と三角貿易の復活に鈍い反応しか示さなかった。しかも，コーヒー，砂糖の奢侈品の流行が，植民地の問題を隠した。黒人奴隷の生活の悲惨を指摘しながら，奴隷貿易は擁護し，黒人の生活改善を提案するという論調は，エコノミストを中心に，18 世紀を通じて衰えなかった。同書，92-96 ページ。

(31) 小川前掲書，103 ページ。

(32) 浜前掲書，58-62 ページ。Rousseau, *Du contrat social,* chap. 4, dans *Œuvres de Rousseau, op. cit*., t. III, pp. 355-358（前川訳，16-22 ページ）.

(33) Condorcet,《Remarque sur ses Pensées》, 1776, *Œuvres de Condorcet*, t. III, p. 635.

(34) Condorcet, *Réflexions sur l'esclavage des nègres*, 1781, *Œuvres de Condorcet*, t. VII, pp. 86-88, pp. 97-98.

(35) ここでのコンドルセの黒人奴隷解放論に『国富論』の影響があることは，次の論文も指摘しているが，スミスとフィジオクラートの理論との違いについて無関心であると思われる。Dockes, P.,《Condorcet et l'esclavage des nègres ou esquisse d'une économie politique de l'esclavage à la veille de la Révolution française》, dans *Idees économiques sous la Révolution 1789-1794*, Études coordonées par Jean-Michel Servet, Lyon, 1989.

(36) Condorcet, *Réflexions sur l'esclavage des nègres, op. cit*., *Œuvres de Condorcet*, t. VII, pp. 74-77, p. 96.

(37) *Bibliothèque de l'homme public : ou analyse raisonné des principaux ouverages français et étrangers*, t. 4, Paris, 1790, pp. 54-56. 二つの著作での植民地論へのスミス理論の援用については，前掲，Ando, T.《L'économie coloniale chez Smith et Condorcet》を参照。

(38) Condorcet, *Réflexions sur l'esclavage des nègres, op. cit*., *Œuvres de Condorcet*, t. VII, pp. 85-86.

(39) *Ibid*., p. 69.

(40) *Ibid*., p. 122.

(41) ローザンヴァロンは，「所有者市民」の観念の成立を，基本的に，重農主義の発展過程にみており，コンドルセもその流れのなかに入れているが，コンドルセへのスミスの影響は重農主義と異なる「所有者市民」像を生み出していくと思われる。Rosanvallon, P.,《Physiocrates》, Furet et Ozouf, *Dictionnaire critique de la Révolution française, op. cit.*, pp. 813-819（河野健二訳「重農学派」前掲『フランス革命事典』2, 1024-1032 ページ）.

(42) Raynaud, Ph.,《Révolution Amérique》, Furet et Ozouf, *Dictionnaire critique de la Révolution française, op. cit*., p. 862（石井三記訳「アメリカ革命」前掲『フランス革命事典』2, 823 ページ）.

(43) Robinet, *Condorcet, sa vie, son œuvre 1743-1794, op. cit.*, pp. 65-67.

(44) Dupont de Noumours, *Mémoire sur la vie et les œuvres de M. Turgot, Ministre*

d'État, Philadelphie, 1782. Condorcet, *Vie de M. Turgot*, 1786, *Œuvres de Condorcet*, t. V, p. III.

(45) *Ibid*., pp. 114–115, p. 145.

(46) *Ibid*., pp. 114–115, pp. 145–149.

(47) *Ibid*., p. 209.

(48) Condorcet, *De l'influence de la Révolution d'Amérique sur l'Europe*, 1786, *Œuvres de Condorcet*, t. V, p. III, pp. 5–6.

(49) *Ibid*., p. 5, p. 9.

(50) *Œuvres de Condorcet*, t. IV, p. 393.

(51) 同じく，『ヴォルテール全集』への脚註に，次のようにある。「奢侈の政治的帰結については，スミスの『国富論』をみよ。これは，今世紀が生み出した，最も深淵かつ有益な作品の一つである」。この註は，ヴォルテールがムロンを評価した，前にみた箇所につけられた。ヴォルテールのいう自由の経済学の系譜の最高峰に，コンドルセが『国富論』をおいていたことがわかる。*Ibid*., pp. 560–561.

(52) Condorcet, *Esquisse d'un tableau historique des progrès de l'esprit humain, 1794, Œuvres de Condorcet*, t. VI, pp. 190–191（コンドルセ『人間精神進歩史』渡辺誠訳，岩波文庫，1951 年，第 1 部，201 ページ）.

(53) *Œuvres de Condorcet*, t. IV, p. 502.

(54) 『国富論』全体のフランス語訳が始まり，これを行うルーシエは，ロマン派の詩人であり，コンドルセと結婚するソフィー・ド・グルーシーの実家で開かれていたサロンの一員であった。また，コンドルセとソフィーはスミス『道徳感情論』の翻訳計画を立て，後にソフィー訳が完成する。

(55) Condorcet, *Essai sur la constitution et les functions des assemblées provincials*, 1788, *Œuvres de Condorcet*, t. VIII.

(56) *Ibid*., pp. 127–150.

(57) *Ibid*., p. 187. コンドルセのモンテスキュー批判については，次の論文が要点をまとめている。Kintzler, C., «Condorcet et la lettre des lois» dans *Colloque international Condorcet : mathématicien, économiste, philosophe, homme politique, op. cit*.

(58) 念のために掲げると，『国富論』第 5 編は，次のようになっている。「第一章　主権者または国家の費用について　第一部　防衛費について　第二部　司法費について　第三部　公共事業および公共施設の費用について　第四部　主権者の威厳をたもつための費用について　結論　第二章　社会の一般的あるいは公共的収入の源泉について　第一部　主権者あるいは国家に直属している基金あるいは収入源泉について　第二部　租税について　第三章　公債について」（水田洋訳『国富論』下，河出書房，1965 年)。防衛論は民兵論となりスミスの議論と大きく異なる。

(59) Badinter, E. et R., *Condorcet, Un intellectuel en politique, op. cit*., pp. 199–220. シエースについては，次も参照。浦田一郎『シエースの憲法思想』勁草書房，1987 年，21 ページ。

(60) Condorcet, «Récit de ce qui s'est passé au Parlement de Paris» Le mercredi 20 août

1786, *Œuvres de Condorcet*, t. I, pp. 505-507. Cahen, L., *Condorcet et la Révolution française*, Paris, 1904 (Slatkin reprint, 1970), pp. 19-21.「三人の車刑囚事件」については，次を参照。石井前掲『18 世紀フランスの法と正義』183-186 ページ。ここに述べられているように，有罪判決を求めた論客は，パリ法院次長セギエであった。

(61) カラス事件とヴォルテールの戦いについては，多くの研究がある。とくに日本での研究として次を参照。高橋安光『ヴォルテールの世界』未来社，1979 年。

(62) *Œuvres de Condorcet*, t. IV, p. 368.

(63) アラングリーによれば，リセは「文人と知識人連合の中心であり，高等教育の基盤であった」。コンドルセは，1786 年 2 月 15 日に高等数学について，1787 年には「天文学と蓋然性計算」について，講義をしている。Alengry, *Condorcet : guide de la Révolution Française, op. cit.*, p. 13. シュアールのサロンでのコンドルセについては，次のコンドルセとシュアール夫人との『書簡集』とこれにつけられた，エリザベス・バダンテールの「序言」が参考になる。*Correspondance inédite de Condorcet et Madame Suard 1771-1791*, éditée, présentée et annoté par Badinter, E., Paris, 1988. ソフィーは，デュパチの姪であったし，ソフィーの妹は，後にイデオローグの中心の一人カバニスと結婚する。また，実家のグルーシー家のサロンにルーシエがいたことはすでに述べた。

(64) Badinter, E. et R., *Condorcet, Un intellectuel en politique, op. cit.*, pp. 246-252, pp. 285-288. 河野前掲「科学者と政治」169-171 ページ。

(65) レドレルは「スミスの優れた作品の政治経済学に対する関係は，『法の精神』の政治学に対する関係に等しい」と 1787 年に述べる。Rœdrer, *Questions proposés à la Commission intermédiaire de l'Assemblé provincialle de Lorraine concernant le reculement des barrièrres*, 1787. 同じ頃，シエースは『国富論』のノートを取り，分業論の研究をしていた。シエースは，20 代のとき書いた書簡論文で，ケネーの農業偏重に疑問を呈していた。Sieyès, E. J. 《Lettres aux économists sur leur système de politique et de morale》, 1775, dans Sieyes, *Écrits politiques*, chois et présentation de Roberto Zapperi, Paris, 1994.

第 *4* 章　フランス革命と公共圏の思想

(1) Chartier, *Les origins culturelles de la Révolution française, op. cit.*, pp. 233-239 (松浦訳，295-303 ページ). 文学史上，「雄弁とジャーナリズム」が目立つ分野として登場し，「演説」が政治思想史の重要資料となる。Saulnier, V. L., *La litérature française du siècle philosophique* (1715-1802), Paris, 1948, chap. 4 (V. L. ソーニエ『十八世紀フランス文学』山田稔・中川久定・田村俶訳，白水社，1965 年，136-155 ページ).

(2) *Déclaration des droits de l'homme et du citoyen du 26 août 1789*,《Préambule》(田中正人訳「人間と市民の権利の宣言」〔河野健二編『資料フランス革命』岩波書店，

1989 年，105 ページ〕所収）.

（3） 「公論」が原理的に承認されていただけで，具体的に政治過程に反映しない段階で，「公論」の諸形態の違いが争点にならなかった側面も，もちろん否定できない。

（4） 辻村みよ子『フランス革命の憲法原理』日本評論社，1989 年，47-55 ページ参照。フランス革命の構造については，諸論点が手際よく整理されているものとして，次を参照。柴田三千雄『フランス革命』岩波書店，1989 年。

（5） Bronowski, J. and Mazlish, B., *The Western Intellectuel Tradition: From Leonard to Hegel*, New York, 1960, p. 397（J. ブロノフスキー，B. マズリッシュ『ヨーロッパの知的伝統』三田博雄他訳，みすず書房，1969 年，303 ページ）. フランス革命期の思想の諸潮流についての整理として，次も参照。河野健二『フランス革命とその思想』岩波書店，1964 年。

（6） Ozouf, 《Esprit public》, *op. cit*., p. 714（阪上孝訳「公共精神」前掲『フランス革命事典』2，947 ページ）. ただし，阪上訳では「公論（opinion publique）」と「世論（opinions）」を必ずしも訳し分けていない。本章では阪上訳を用いるが，必要に応じて変更する。「公論」と「世論」の区別は，後にフランス自由主義を理解するうえで決定的に重要である。

（7） Badinter, E. et R., *Condorcet, Un intellectuel en politique, op. cit*., p. 246.

（8） *Ibid*., p. 286.

（9） 前章でみた，フランス自由主義の革命前の胎動を担った思想家。

（10） Robinet, *Condorcet, sa vie, son œuvre 1743-1794, op. cit*., pp. 99-100.

（11） Badinter, E. et R., *Condorcet, Un intellectuel en politique, op. cit*., p. 307. なお，フランス革命期におけるコンドルセの思想活動を，その生涯にわたる思想遍歴を視野において捉えるために，概略的なものとして，次を参照。渡辺誠『コンドルセ』岩波新書，1949 年。河野健二前掲「科学者と政治——先駆者コンドルセ」。安藤隆穂「コンドルセ」（小林道夫他編『フランス哲学・思想事典』弘文堂，2000 年，所収）。

（12） Robinet, *Condorcet, sa vie, son œuvre 1743-1794, op. cit*., p. 99.

（13） ヒューム『政治論集』，ロック『市民政府論』，スミス『国富論』要約など，それぞれ 100 ページを超えるもので，単なる紹介ではなく，学問的分析を意図しており，アカデミーに匹敵する学術的水準を意識している。

（14） Robinet, *Condorcet, sa vie, son œuvre 1743-1794, op. cit*., pp. 100-112.

（15） コンドルセとジロンド派憲法については，辻村みよ子の前掲書を，是非とも参照。コンドルセの教育論と教育政策活動については，次の小林亜子の業績を参照。小林亜子「フランス革命期の公教育と公共性」（安藤編前掲『フランス革命と公共性』所収）。

（16） Ozouf, 《Esprit public》, *op. cit*., p. 714（阪上訳，946-947 ページ）.

（17） *Ibid*., pp. 716-717（阪上訳，949-950 ページ）.

（18） ネッケルは，チュルゴの後，1776-81 年まで財務総監を務め辞職した。1988 年に復職したが 89 年には辞職。同年またすぐ復職したが，90 年にアシニャ証券化で議会

と対立し辞職。ついにスイスに引退した。ネッケルの「公論」の観念が，フランス革命に追い越される運命にあることは，前章で述べた。

(19) Baker, *Condorcet, op. cit*., pp. 272-285.

(20) コンドルセやシエースも含め，ジロンド派憲法にも重農主義の影響が色濃いとされる。Habermas, *Theorie und Praxis, op. cit*., chap. II-2, 4（細谷訳，(I)，79-85, 91-98 ページ）. 稲本洋之助「一七八九年の『人間および市民の権利の宣言』」（東京大学社会科学研究所編『基本的人権』東京大学出版会，1969 年，第 3 巻，所収）。

(21) Forsyth, M., *Reason and Revolution : The Political Thought of the Abbé Sieyès*, New York, 1987, p. 6. 本章でのシエース研究は，「公論」の問題に絞られているが，シエースの思想全体については，本書の他，次のバスティドの古典的研究および日本での研究を参照。Bastid, P., *Sieyès et sa pensée*, Paris, 1970. 浦田前掲『シエースの憲法思想』。シエースの政治活動は 1787 年 11 月，オルレアン州地方議会の司祭代表として選出されたことに始まる。翌年の 88 年 8 月 8 日三部会の招集が決定されると，シエースは，『1789 年にフランスの代表者が行使すべき実行方法についての見解』『特権論』『第三身分とは何か』の三つのパンフレットを出した。シエースの伝記的事項については，古くは，Bigeon, A., *Sieyès L'homme-Le constituant*, Paris, 1893 などがあるが，ここでは，ほとんどをバスティドにしたがっている。また，『第三身分とは何か』からの引用は，以下『全集』版を用いるが，このパンフレットをめぐる状況については，シャンピオン版につけられた E. シャンピオンによる「序文」の解説が有益である。また，シャンピオン版は，1789 年に J. チュラールにより再発行されたが，ここにつけられたチュラールの「序言」も，あわせて参照されたい。*Qu'est-ce que le tiers état ? Par Emmanuel Sieyès précédé de L'essai sur les privilèges*, Édition critique avec une introduction par Edme Champion, Paris, 1888. Sieyès, E., *Qu'est-ce que le tiers état ?* Préface de Jean Tulard, Paris, 1982.

(22) 近代国家が樹立される以前のこの段階は，公共性の国家による囲い込みがなく，公的活動は，社会活動に直接結合していた。シエースらの政治行動は，「公人」の行動として観念され，その「公人」の行動が，政治行政的領域と社会的領域に分離されるのは，ナポレオン体制以降であると思われる。また，ジャーナリズムを中心に活動する人々は「ピュビュリシスト」と呼ばれた。このような「公人」や「ピュビュリシスト」が活発に活動したことからも，この時代の公共圏の活力を知ることができる。1800 年に『市民シエースの政治的意見および公人としてのその生涯』という本が出版されており，この時点でも「公人」シエースが認知されている。*Des opinions politiques du citoyen Sieyès, et de sa vie comme homme public*, par Conrad-Engelbert Oelsner, Paris, 1800. 『シエース全集』を編集した M. ドリーニイは，シエースについて，1789 年での政治家としての役割はそれほど大きなものでなかったし，『1789 年協会誌』への貢献が足りないと，コンドルセに非難されたとしている。しかし，続いて指摘されているように，1793 年発行の『社会教育誌』は『1789 年協会誌』の続編にあたるものであり，それはシエースの政治闘争の武

器であった。公人としてのグループ関係は，「1789 年協会」の以前から以後にかけて，維持されたのである。*Œuvres de Sieyès*, Notes liminaires par Marcel Dorigny, 3vols., Paris, 1989, t. 1, pp. V-VII.

(23) Sieyès, E., *Qu'est-ce que le tiérs état ?*, 1789, éd. Champion, E., *op. cit., Œuvres de Sieyès, op. cit.*, t. 1, p. 2（シエイエス『第三階級とは何か』大岩誠訳，岩波文庫，1950 年，23 ページ）.

(24) *Ibid.*, pp. 3-4（大岩訳，24 ページ）.

(25) *Ibid.*, pp. 72-73（大岩訳，81-82 ページ）.

(26) フランス革命期における代表制の観念とその制度化については，次を参照。Gauchet, M., *La Révolution des pouvoirs La souverainité, le peuple et la représentation 1789-1799*, Paris, 1995（M. ゴーシェ『代表制の政治哲学』富永茂樹他訳，みすず書房，2000 年）.

(27) シエースは，フィジオクラートの影響を受けてはいたが，アダム・スミスを読むなどして，独自の経済観念をもつようになっていた。コンドルセと同じく，スミス的分業の観念に着目していて，これを政治的代表論の基礎におこうとしていた。以下，本文でも説明するが，次も参照。Baker, K. M., «Sieyès», dans *Dictionnaire critique de la Révolution française, op. cit.*, pp. 338-340（垂水洋子訳「シエース」，前掲『フランス革命辞典』1，292-294 ページ）. Larrère, *L'invention de l'économie au XVIIIe siècle, op. cit.*, chap VII, pp. 269-307.

(28) Sieyès, «Lettre au économists sur leur système de politique et de morale», dans Sieyès, *Écrits politiques, op. cit.*, p. 32.

(29) *Ibid.*, p. 36.

(30) *Ibid.*, p. 43.

(31) Sieyès, «Notes et fragments inédits», dans Sieyès, *Écrits politiques, op. cit.*, p. 63.

(32) Baker, «Sieyès» *op. cit.*, pp. 338-340（垂水訳，292-294 ページ）.

(33) Sieyès, *Essai sur les privilèges, Qu'est-ce que le Tier état? op. cit.*, dans *Œuvres de Sieyès, op. cit.*, p. 33. 浦田前掲『シエースの憲法思想』66 ページ。

(34) Sieyès, «Notes et fragments inédits», dans Sieyès, *Écrits politiques, op. cit.*, p. 56. シエースに対するスミスの影響については，次の研究を参照。遠藤輝明「フランス革命史の再検討」（岡田与好編『近代革命の研究』上，東京大学出版会，1973 年，所収）。

(35) Sieyès, *Qu'est-ce que le tiérs état?* dans *Œuvres de Sieyès, op. cit.*, p. 30（大岩訳，88 ページ）.

(36) ローザンヴァロンも，フィジオクラートの政治表象の狭隘性を踏み越えようとする試みが，コンドルセやシエースによっておこなわれたことを，フィジオクラートの理論展開を追う中で指摘している。Rosanvallon, P., «Physiocrates», dans *Dictionnaire critique de la Révolution française, op. cit.*, pp. 815-818（河野健二訳「重農主義」，前掲『フランス革命辞典』2，1027-1031 ページ）.

(37) *Journal de la Société de 1789*, (Édition d'histoire sociale, Paris, 1982), «Prospec-

tus》, 1790, p. 1.

(38) *Ibid.*, pp. 2-3.

(39) *Ibid.*, p. 3.

(40) Rivarol, *Les plus belles pages*, éd. Dutourd, J., Paris, 1965. コンドルセ自身，革命期のジャーナリストとしても傑出していたことは，すでにみた。次も参照。Delsaux, H., *Condorcet Journaliste (1790-1794)*, Paris, 1931.

(41) Robinet, *Condorcet, sa vie, son œuvre 1743-1794, op. cit*., pp. 105-107.

(42) *Journal d'un instruction sociale*, par les citoyens Condorcet, Sieyēs et Duhamel, (Edition d'histoire sociale, Paris, 1981), 《Prospectus》, 1793, p. 2.

(43) *Ibid*., p. 1.

(44) *Journal d'un instruction sociale*, no. IV (Samedi, 29 Juin 1793, l'an II de la Rēpublique), *Ibid*., pp. 106-107. コンドルセは「社会数学」という概念を構想していた。コンドルセの「社会数学」の性格について，本書と捉え方が大きく異なることも含めて，次を参照。森岡邦泰『深層のフランス啓蒙思想』晃洋書房，2002年，第5章。森岡の捉え方は，ベイカーとほぼ同じとみえる。

(45) *Ibid*., p. 107.

(46) *Ibid*., pp. 107-108.

(47) *Ibid*., pp. 108-109.

(48) ジロンド憲法の分析については，コンドルセの貢献も含めて，次を是非とも参照。辻村前掲『フランス革命の憲法原理』第3章第1節。

(49) Badinter, E. et R., *Condorcet, Un intellectuel en politique, op. cit*., p. 330.

(50) Cahen, *Condorcet et la Révolution française, op. cit*., pp. 516-523. コンドルセはいわばブリッソ派としてロベスピエールとの対決の前線に押し出されていった。それは，公共性の表現をめぐる争いでもあった。富永茂樹『理性の使用』(みすず書房，2004年) は，ブリッソやコンドルセによる公共性の表現形式を「理性の使用」という側面からクローズアップし，その意義をフランス革命期だけでなく近代という広い射程で明らかにした，注目すべき研究である。ブリッソの「公論」の観念に加えてコンドルセについても，「公論」を理性的言語による表現圏として限定したという性格をするどく再構成している。本書は，コンドルセのそうした理性主義を否定するものではない。しかし，理性の立場を維持したコンドルセは，これによって，非理性的な領域を排除し否定したのではなく，民衆や外国人や黒人奴隷を軽視しもしなかった。「理性の使用」の可動域については，富永がみるより，広い展望をコンドルセはもっていたと考えられる。

(51) コンドルセは，革命直前1788年にブリッソが設立した「黒人友の会」の初代会長となり，フランス革命期の黒人解放運動の中心として活動した。Benot, 《Condorcet journaliste et le combat anti-esclavagiste》, dans *Colloque international Condorcet, mathématicien, économiste, philosophe, homme politique, op. cit*. Dockes, P., 《Condorcet et l'esclavage des nègres ou esquisse d'une économie politique de l'esclavage à la veille de la Révolution française》, dans J.-M. Servet éd. *Idées*

économique sous la Révolution 1789-1794, Lyon, 1989.

(52) コンドルセによる『道徳感情論』の受容については，これをフランス語訳したソフィー・コンドルセの影響が大きい。ソフィー・コンドルセによる『道徳感情論』のフランス語訳は，1798 年出版された。ソフィーはこれに付けることになる「同感についてのカバニスへの手紙」を 1793 年頃に書き，スミスの道徳哲学を検討していた。このソフィーの作品については後で取り上げる。翻訳に際しては原典として 1792 年エディンバラで出版された第 7 版を用いているが，これよりはやくコンドルセが結婚した 1786 年頃から，両者でスミスの道徳哲学への関心を強めていったと考えられる。コンドルセ夫妻によるスミスの思想の受容については，すでに別の機会に論じた。Ando, T., «The introduction of Adam Smith's Moral Philosophy to French Thought», in Mizuta H., ed. *Adam Smith International Perspectives*, London, 1993. また，安藤前掲『フランス啓蒙思想の展開』第 4 章第 3 節および第 4 節も，参照。

(53) コンドルセのいう社会の「意見」のなかには，女性，ユダヤ人，黒人など，当時公共圏から排除されていた人々の「意見」が含まれていた。黒人奴隷についてはすでにみたが，女性の人権について，たとえばコンドルセは次のように述べていた。「人間の身体的差異のうえから，また，人々が人間の知性の力や道徳的感性のうちに見出そうとする差異のうえから，男女の権利の不平等を正当化する動機を求めようとしたが無駄であった。この男女間の不平等が生じた起源は力の乱用以外の何ものでもなく，その後は詭弁によって，これを弁解しようと無駄な努力をしてきたのであった」。Condorcet, *Esquisse d'un tableau historique des progrès humain*, dans *Œuvres de Condorcet, op. cit*., t. VI, p. 264（渡辺訳，第一部，274–275 ページ）. 女性の人権について，コンドルセが当時例外的に自覚を持ち得た男性思想家であったことは，よく知られている。黒人奴隷や女性という虐げられた存在の解放について，コンドルセは，遺著でも大きく取り上げていた。Fricheau, C. «Les femmes dans la cité de l'Atlantide», dans *Colloque international Condorcet : mathématicien, économiste, philosophe, homme publique, op. cit*.

(54) 前章参照。また，スミスの教育論については，水田洋『アダム・スミス研究』未来社，1968 年，第 6 章 4「国富論における人間形成」を参照。

(55) これは，コンドルセが POLICE としての教育に強い関心をもっていたということでもある。POLICE としての教育という問題については，小林亜子の議論を参照。小林亜子「〈POLICE〉としての〈公教育〉——〈祭典〉のユートピアと〈学校〉のユートピア」（谷川稔他『規範としての文化——文化統合の近代史』平凡社，1990 年，所収）。また，ここでは，公共性の視点に関連するものとして，コンドルセの思想における教育と市民の誕生との関係を追究した，次の研究も参照。Kintzler, C., *Condorcet, l'instruction publique et la naissance du citoyen*, Paris, 1984. フランス革命期の教育は国民の創出という主題に集約されたといわれる。しかし，コンドルセの公共性観念が国民や国家の枠に収まるものでないように，革命期教育論も，より幅広い社会的枠組みで争われたと考えられる。

(56)　『公人叢書』についてはすでに述べた。ここでは，編者には，コンドルセのほか，ペゾネル（M. de Peysonel），ル・シャプリエ（M. Le Chapelier）の名前があることを付け加えたい。ル・シャプリエ法につながる自由主義が「公人」についてどう考えていたかを知るうえでも，興味深い。また，『公教育に関する五つの覚書』の教育思想については，フラマリオン版の編者解説を参照。Condorcet, *Cinq mémoires sur l'instruction publique*, éd. Coutel, Ch., et Kintzler, C., Paris, 1994. また，コンドルセの教育の思想全般については，おびただしい研究があるが，ここでは指標として次を参照されたい。Kintzler, C., *Condorcet, l'instruction public et la naissance du citoyen, op. cit.* 堀尾輝久『現代教育の思想と構造』岩波同時代ライブラリー，1992 年（初出は 1971 年，岩波書店）。小林亜子「フランス革命期の公教育と公共性」（安藤編前掲『フランス革命と公共性』所収）。

(57)　Condorcet, *Cinq mémoires sur l'instruction publique*, 1791, dans *Œuvres de Condorcet*, t. VII, pp. 169-190（松島鈞訳『公教育の原理』明治図書，1962 年，9-25 ページ）.

(58)　*Ibid*., p. 175（松島訳，12-13 ページ）.

(59)　*Ibid*., p. 171（松島訳，10 ページ）.

(60)　*Ibid*., pp. 190-191（松島訳，25 ページ）.

(61)　*Ibid*., p. 191（松島訳，25-26 ページ）.

(62)　*Ibid*., p. 191（松島訳，26 ページ）.

(63)　*Ibid*., p. 193（松島訳，27 ページ）.

(64)　*Ibid*., pp. 193-194（松島訳，28 ページ）.

(65)　*Ibid*., p. 193（松島訳，27-28 ページ）.

(66)　シエースもコンドルセも社会的分業の主体として所有者を捉え，これを同時に市民の主体としていた。しかし，シエースが公共性の中心を能動市民に求めたのに対し，コンドルセは，むしろ受動市民が公共性の実質を決定すると考えていた。シエースが公共性を国家に総括する方向で考えていたのに対し，コンドルセは，公共空間を国家より広大な自律した領域として確保すべきだと捉えていたのである。シエースもコンドルセもフィジオクラートの「啓蒙された公衆」という公共性の担い手を「所有者市民」へと拡大したが，そのうえで，両者には，「所有者市民」の把握において，重要な開きが存在したのである。

(67)　*Ibid*., p. 197（松島訳，31 ページ）.

(68)　*Ibid*., p. 197（松島訳，31 ページ）.

(69)　*Ibid*., pp. 197-198（松島訳，31-32 ページ）.

(70)　*Ibid*., p. 199（松島訳，32 ページ）.

(71)　*Ibid*., p. 201（松島訳，34 ページ）.

(72)　*Ibid*., p. 202（松島訳，35 ページ）. このような教育におけるレッセ・フェールの主張は，コンドルセの宗教的寛容の思想に連動している。コンドルセはチュルゴ改革以来宗教的寛容を説いた。プロテスタント擁護論として，1781 年の文章がよく知られている。Condorcet, *Recueil de pièces sur l'état des protestants en France*,

1781, dans *Œuvres de Condorcet*, t. V. 革命期にも，1790 年 4 月 13 日のデクレに関して，『1789 年協会誌』でカトリックの扱いを論じ，「市民的権力は市民の権利に反することを抑制させることに限定される」として，信仰の自由と寛容とを説いている。Condorcet, «Sur le décret du 13 avril 1790. Religion catholique» 12 juin 1790, *Journal de la Société de 1789,* dans *Œuvre de Condorcet*, t. X. モラルの非キリスト教化を追求したコンドルセは，教育のレッセ・フェールの効果を信頼し，反キリスト教的教育を主張しはしなかった。フランス革命期における宗教的寛容の問題については，次を参照。木崎喜代治『信仰の運命——フランス・プロテスタントの歴史』岩波書店，1997 年。松嶌明男「宗教と公共性」（安藤編前掲『フランス革命と公共性』所収），松嶌明男「近代フランスにおける公認宗教体制と宗教的多元性」（深沢克己・高山博編『信仰と他者』東京大学出版会，2006 年，第 7 章として所収）。また，フランス近代社会統合の鍵としての教育における非キリスト教化については，次を参照。谷川稔『十字架と三色旗——もうひとつの近代フランス』山川出版社，1997 年。

(73) *Ibid*., p. 202（松島訳，35 ページ）.

(74) *Ibid*., p. 208（松島訳，40 ページ）.

(75) *Ibid*., pp. 204-205（松島訳，37 ページ）.

(76) *Ibid*., pp. 203（松島訳，36 ページ）.

(77) コンドルセの教育改革の実際とその成果および影響については，小林亜子前掲「フランス革命期の公教育と公共性」の議論とともに，同じ小林の次の論文も参照。小林「フランス革命後のフランス——「エコール・サントラル」にみる啓蒙思想の実験／経験とその遺産」（沼田裕之・加藤守通編『文化史としての教育思想史』福村出版，2000 年，所収）。

(78) Condorcet, *Rapport et projet de décret sur l'organisation générale de l'instruction public*, 1792, *Œuvres de Condorcet*, t. VII, pp. 521-522（コンドルセ『革命議会における教育計画』渡辺誠訳，岩波文庫，1949 年，93 ページ）.

(79) Cahen, *Condorcet et la Révolution française, op. cit*., p. 378. 河野前掲「科学者と政治——先駆者コンドルセ」179 ページ。

(80) ウェルチによれば，革命初期の自由主義においては，自然権論と功利主義とが調和していたが，モンタニャール独裁に自然権論の帰結をみ，これに恐怖するにおよんで，自然権論は捨てられ，功利主義が強化された。Welch, C. B., *Liberty and Utility : The French Idéologues and the Transformation of Liberalism*, New York, 1984. 革命期思想における自然権論と功利主義の錯綜した関係については，次も参照。安藤隆穂「革命とそれ以後における自由と公共」（『社会思想史研究』第 13 号，1990 年）。

(81) Rothschild, *Economic Sentiments, op. cit*., chap. 7, とくに，pp. 199-203.

(82) ロベスピエールとコンドルセの対立については，別の視角からであるが，すでに論じた。安藤前掲『フランス啓蒙思想の展開』第 5 章第 1 節。また，次も参照。小笠原弘親「デモクラシーにおける理性と情念——コンドルセとルソー」（平井友義・

毛利敏彦・山口定編『統合と抵抗の政治学』有斐閣，1985 年，所収)。

(83) Robespierre, M. F. M. I., 《Sur les rapports des idées religieuses et morales avec les principes républicains et sur les fêtes nationals, (7, mai, 1794)》, dans *Œuvres de Maximilien Robespierre*, par Laponneraye, New York, 1970, t. III, p. 623.

(84) Robespierre, 《Sur les principes de morale politique qui doivent guider la Convention nationale dans l'administration intérieure de la république, (5, février, 1794)》, dans *Œuvres de Maximilien Robespierre*, t. III, p. 544.

(85) ロベスピエールは，政治クラブにおける雄弁，革命祭典などによって，「公共精神」の社会支配を実質化していった。革命祭典については，多くの研究があるが，ここでは，是非とも次を参照。立川孝一『フランス革命と祭り』筑摩書房，1988 年。また，革命期の公共圏が，ロベスピエール派のいう「公共精神」によって統制されていく過程について，歴史的考察として，次の二著を参照。Monnier, R., *L'espace public démocratique Essai sur l'opinion à Paris de la Révolution au Directoire*, Paris, 1994. 竹中幸史『フランス革命と結社——政治的ソシアビリテによる文化変容』昭和堂，2005 年。

(86) Condorcet, *Cinq mémoires sur l'instruction publique, op. cit*., *Œuvres de Condorcet*, t. VII, p. 202（松島訳，35 ページ）.

(87) Condorcet, *Esquisse d'un tableau historique des progrès de l'esprit humain, op. cit., Œuvres de Condorcet*, t. VI, p. 139（渡辺誠訳『人間精神進歩史』第 1 部，150 ページ）.

(88) コンドルセによる女性の人権擁護については，次を参照。辻村みよ子「フランス革命期における女性の権利」(『成城法学』17 号，1984 年)。小林亜子「フランス革命・女性・基本的人権」(岩波講座『世界歴史 17 環大西洋革命』1997 年，所収)。

(89) 1790 年 7 月にコンドルセが公表した「女性に対する市民権の認可について」は，当時女性の政治的権利を最も広く認めたものであった。また，コンドルセは，現実における男女の能力の差異を教育によるものと考え，公教育から女性を排除しないこと，したがって男女共学を主張した。Condorcet, 《Sur l'admission des femmes au droit de cité》, dans *Œuvres de Condorcet*, t. X, p. 119. Condorcet, *Cinq mémoires sur l'instruction publique, op. cit*., *Œuvres de Condorcet*, t. VII, pp. 215–226（松島訳，45–53 ページ）.

(90) Grégoire, H. B., *Mémoire en faveur des gens de couleur ou Sans-Mêlés de Saint-Domingue et des autres îles française de l'Amérique adressé à l'Assemblée nationale*, 1789. グレゴアールはユダヤ人問題への対応についても，国語の修得を含む国民としての能力をもつことが，ユダヤ人の差別からの解放の前提条件としている。Grégoire, *Essai sur la régénération physique, morale et politique des Juif*, 1788. グレゴアールも「黒人友の会」の会員であった。黒人もユダヤ人も，グレゴアールは国民として解放しようとし，国民となるための教育を受けることを解放の前提条件とした。この点については，F. P. ボーマンの次の編者「序文」および「解説」を参照。*L'Abbé Grégoire Évêque des Lumières,* Textes réunis et presentés

par F. P. Bowman, Paris, 1988. また，国民の選別基準として言語が用いられたことも含めて，グレゴアールについて，次を参照。粕谷啓介「<啓蒙>の言語イデオロギー」（『思想』No. 708，1983 年）。天野智恵子「言葉・革命・民衆」（『社会史研究』第 6 号，1985 年）。柳原智子「フランス革命と言語活動——言語政策をめぐって」（『史学研究』第 198 号，1992 年）。コンドルセは，すでに前章でみたように，黒人奴隷の解放を，「個人的自由」の主体として社会的解放を獲得することを基本に置いて，展望していた。革命期のコンドルセの態度は，『黒人奴隷に関する考察』とほとんど同じであり，黒人の経済的解放と公共的および政治的主体としての成長とを結合した解放論を維持している。サント・ドマングの代表者をフランス議会に迎え入れる問題でも，コンドルセにとっての前提は，黒人の自由労働主体としての解放を現地支配者が自己利益とし，支配者と黒人奴隷双方の共同による平和的奴隷解放が進められることであった。Condorcet, *Au corps électoral contre l'ésclavage des noirs*, 1789, dans *Œuvres de Condorcet*, t. IX, pp. 469–475. Condorcet, *Sur l'admission des députés des planteurs de Saint-Domingue à l'Assemblée national*, 1789, dans *Œuvres de Condorcet*, t. IX, pp. 477–485. コンドルセの黒人解放論の枠組みは，ユダヤ人についても，同様に適用される。当時，黒人奴隷とユダヤ人は国民性を剝奪された存在として，結び付けて論じられた。コンドルセとグレゴアールの差異は，黒人問題とユダヤ人問題の双方において，同じく顕在化している。当時の黒人とユダヤ人問題については，次を参照。Pluchon, P., *Nègres et Juifs au XVIIIe siècle : La racisme au siècle des Lumières*, Paris, 1984. グレゴアールとコンドルセの違いは，後に，マルクスが『いわゆるユダヤ人問題について』（1843 年）で，ブルーノ・バウアーを批判する際に再現される。マルクスは，バウアーが政治的解放しかみておらず，ユダヤ人の社会的解放が必要だと論じる。マルクスの議論はコンドルセの延長上にあるといえよう。ところが，マルクスは，フランス革命をロベスピエール的視点でみていて，コンドルセのような議論がフランス革命期に存在したことを無視している。それは，また，マルクスの社会の観念とコンドルセの社会像との違いを示すものでもあるだろう。これらの問題については，別に論考を予定している。

(91) Badinter, E. et R., *Condorcet, Un intellectuel en politique, op. cit.*, p. 375. 河野前掲「科学者と政治——先駆者コンドルセ」177 ページ。

(92) Condorcet, «Exposition des principes et des motifs du plan de constitution, presenté à la Convention nationale, les 15 et 16, février, 1793», *Œuvres de Condorcet*, t. XII, p. 411.

(93) Condorcet, *Esquisse d'un tableau historique des progrès de l'esprit humain, op. cit.*, dans *Œuvres de Condorcet*, t. VI, p. 197（渡辺訳，第 1 部，207 ページ）.

(94) *Ibid.*, p. 201（渡辺訳，第 1 部，211 ページ）.

(95) Condorcet, *Cinq mémoires sur l'instruction publique, op. cit.*, dans *Œuvres de Condorcet*, t. VII, pp. 434–435.

(96) ベイカーは，「社会的技術」を知識人の技術とみていて，「通信センター」の機能を

考慮していない。そのため，ベイカーは，コンドルセが世論より「社会的技術」を重視し，結局は世論を政治的最終判断者とはしなかったと捉えている。Baker, 《Defining the Public Sphere in Eighteenth-Century France》, *op. cit*., pp. 195–198.

(97) Baker, 《Condorcet》, dans *Dictionnaire critique de la Révolution française, op. cit*., p. 242（北垣徹訳「コンドルセ」，前掲『フランス革命辞典』1，266 ページ）．ベイカーのみるコンドルセは，フィジオクラート的「啓蒙された公衆」をできるかぎり民主化しようとしたにすぎない。したがって，革命期の民衆は，コンドルセの期待するだけの啓蒙的成熟を，決して示さず，コンドルセを挫折に追い込むことになる。ベイカーのみるこうしたコンドルセの民衆像と社会像は，シエースに近いものであって，コンドルセは，もっと近代社会のもつ公共圏展開のダイナミズムを評価していたと本書は考える。

(98) *Ibid*., pp. 242–243（北垣訳，266–267 ページ）．コンドルセのこの歴史論は，いくつかの「諸断章」部分が残された。前掲した渡辺訳『人間精神進歩史』は，第 2 部として，この諸断章をまとめ翻訳している。

(99) Condorcet, *Esquisse d'un tableau historique des progrèss de l'esprit humain, op. cit*., *Œuvres de Condorcet*, t. VI, p. 201（渡辺訳，第 1 部，211 ページ）.

(100) シエースがスミスの分業論をもとに近代社会を捉えようとしたことは，よく指摘される。シエースの経済理論と社会認識の関係について，たとえば註(34)でふれた遠藤輝明の整理を参照。遠藤前掲「フランス革命史の再検討」。ここで注意したいのは，シエースが，分業に基づく近代社会把握によって，チュルゴの「自由に処分しうる階級」をできるかぎり広く社会の所有者に適用しようとしたことであって，社会諸関係から公共性や「公論」を引き出そうとしたわけではないということである。シエースには，「啓蒙された公衆」の観念を民主化する意図はあっても，社会的諸関係から「公論」を引き出す志向はみられない。シエースの関心は，能動市民の創出と政治諸制度の設計におかれており，すべての面で，コンドルセより政治的であった。『1789 年協会誌』にシエースが実際にはほとんど貢献しなかったことは，前に述べたが，コンドルセが社会に対する思想的働きかけをこの機関誌に期待していたのに対し，シエースはそうした活動より政治家としての役割を重視していたことを，ここにも窺うことができる。註(21)参照。なお，ここでみたシエースの政治思想の軌跡も枠組みも，後でみるレドレルと基本的に同じであることを，あらかじめ指摘しておきたい。

(101) Condorcet, *Esquisse d'un tableau historique des progrèss de l'esprit humain, op. cit*., dans *Œuvres de Condorcet*, t. VI, p. 238（渡辺訳，第 1 部，248–249 ページ）.

(102) フランス革命のなかにルソーと自由主義的潮流との思想対立をみるのが常識であるが，その自由主義の内部対立をみることも重要であると考える。通例では，研究対象が共和主義の枠組みをめぐる対立に引きつけられるので，本書が強調したい自由主義的潮流の内部対立は目立たない。しかし，それは，自由主義が共和主義の衣をまとっているからであって，この外皮を捨て，自由主義が本来の姿をみせる段階で，ここでいう内部対立が明確となるだろう。

第5章　テルミドール派と公共圏

（1）　谷川稔・渡辺和行編『近代フランスの歴史』ミネルヴァ書房，2006年，第2章（谷川執筆部分），参照。

（2）　革命期の自由主義的潮流が，モンターニャール独裁の経験をくぐって，自然権論を捨て，新しい人間と社会についての理論を模索していく中で，イデオローグ集団が誕生する。イデオローグについては，前掲ウェルチの研究のほか，ピカヴェ以来，多数の研究がある。Picavet, F. J., *Les Idéologues*, Paris, 1981. Van Duzer, *The contribution of the Ideologues to French Revolutionary Thought*, Baltimore, 1935. Gusdorf, G., *La conscience révolutionnaire, Les Idéologues*, Paris, 1978. Cabanis, A.,《Idéologue》 dans Tulard, J., (sous dir.), *Dictionnaire Napoléon*, Paris, 1987. Martin, X., *Nature humaine et Révolution française : Du siècle des Lumières au Code de Napoléon*, Bouere, 1994. Le Guyader, A., 《Les Idéologues》 dans Vovelle, M. (sous dir.), *L'Etat de la France pendant la Révolution*, Paris, 1988. Moravia, S., *Il Pensiero degli Ideologues, Scienza e filosofia in Francia, 1780-1813*, Rome, 1974. Azouvi, F. (sous dir.), *L'institution de la raison, La Révolution culturelle des Idéologues*, Paris, 1992. Roussel, J., (textes réunis par), *L'Héritage des Lumières : Volney et les idéologues*, Paris, 1988. Goetz, R., *Destutt de Tracy, Philosophie du langage et science de l'homme*, Paris, 1993. その他，後で適宜引用する。日本での研究としては，次を参照。上山春平「哲学思想——イデオローグの思想と行動」（桑原武夫編『フランス革命の研究』岩波書店，1959年，第5章として所収）。赤間啓之『監禁からの哲学——フランス革命とイデオローグ』河出書房新社，1995年。

（3）　Ozouf, 《Esprit public》, *op. cit.*, pp. 716-717（阪上訳，949-950ページ）. 総裁政府期よりナポレオン体制下に至る時期におけるジャーナリズムの活動状況については，次も参照。Cabanis, A., *La presse sous le consulat et l'empire*（*1799-1814*）, Paris, 1975.

（4）　*Corpus général des philosophes français*, *t. XLIV, Cabanis*, *vol. 2*, Paris, 1956, p. 481. テルミドール以降イデオローグが公共性の空間に閉鎖性を持ち込もうとし，自由主義の秩序を狭隘なものにしていく過程で，カバニスの公共性観が果たした役割は大きかったと思われるが，ここでは立ち入れない。さしあたり，次を参照。Staum, M. S., *Cabanis, Enlightenment and Medical Philosophy in the French Revolution*, Prinston, 1980.

（5）　富永前掲『理性の使用』。

（6）　テルミドール派以降のアカデミー組織化とその歴史的意味については，次を参照。高木勇夫「ブルジョワ・イデオローグ研究——フランス学士院・道徳政治科学部門（1795-1803年）」（長谷川博隆編『権力・知・日常』名古屋大学出版会，1991年，所収）。

（7）　Dhombres, N. et J., *Naissance d'un nouveau pouvoir : sciences et savants en France*

1793-1824, Paris, 1989, pp. 69-91.

(8) Condorcet, *Esquisse d'un tableau historique des progrès de l'esprit humain, op. cit., Œuvres de Condorcet*, t. VI, p. 3（渡辺訳，第1部，9ページ）.

(9) *Ibid*., p. 3（渡辺訳，第1部，9ページ）.

(10) 主知主義的進歩史観に限定して遺著を読むやり方は，このときはじまった。

(11) 註(2)で挙げた文献参照。

(12) 松島均「フランス革命期の教育」（梅根悟監修『世界教育史大系9 フランス教育史I』講談社，1975年，所収）第5節，172-181ページ。

(13) 阪上孝編訳『フランス革命期の公教育論』岩波文庫，2002年，「10 中央学校の設立」に加えられた「解説」，同書，364ページ。

(14) 松島前掲，181-191ページ。ロベスピエール派の教育は訓育による国民の産出を狙いとしていた。これに対して，コンドルセのように，公教育を知育に限定するのは，ロベスピエール派の共同体主義に抵抗するもので，自由主義的教育の共通了解であった。革命期の教育論争を，ロベスピエールの国家主義とコンドルセの自由主義との対抗としてみるのは，よくある見方である。松島前掲，193-229ページ。堀尾輝久前掲『現代教育の思想と構造』9-16ページ。ここで強調したいのは，このうち，自由主義的知育主義のなかに，コンドルセのように教育権を絶対的に確保し，各人の自立の平等的基礎におくものと，テルミドール派のような知識による選別を導入するものとの対立があることである。

(15) Destutt de Tracy, 《Observations sur le système actuel d'instruction publique》, par le citoyen Destutt de Tracy, Paris, 1801, p. 34.（阪上孝訳「公教育についての総括」〔阪上編訳，前掲『フランス革命期の公教育論』〕420ページ）.

(16) Ibid., p. 37.（阪上訳，422ページ）.

(17) Ibid., p. 34.（阪上訳，420ページ）.

(18) デスチュット・ド・トラッシの略歴については次を参照。小林亜子「デスチュット・ドゥ・トラシ，アントワーヌ＝ルイ＝クロード」（小林道夫他編『フランス哲学・思想事典』弘文堂，1999年，255-256ページ）。さらに，トラッシの思想活動について，次を参照。Kennedy, E., *A Philosophe in the Age of Revolution, Destutt de Tracy and the Origins of "Ideology"*, Philadelphia, 1978. Goetz, R., *Destutt de Tracy Philosophie du langage et science de l'homme*, Paris, 1993.

(19) Destutt de Tracy, *Élémens d'idéologie, (IVe, V^e partes), Traité de la volonté et ses effets*, 1815 (Friedrich Fromman Verlag reprint, 1977) p. 144.

(20) *Ibid*., p. 157.

(21) *Ibid*., pp. 293-294.

(22) 河野健二は，デスチュット・ド・トラッシの経済認識に，「フランスにおけるいわばリカード段階を表現する理論家」という位置づけを与えている。河野「経済思想」（桑原編前掲『フランス革命の研究』第4章）。社会を労働と資本の関係を基本に捉えようという志向は，間違いなくみられる。ただし，それは，現実の経済社会の分析ではなく，知的エリートによる寡頭的国家体制による強力な保護のもとに実

現できる政治的法的体制の構図を描くものであったとみるべきである。また，デスチュット・ド・トラッシの経済思想については，次を参照。津田前掲「フランス革命と産業主義」。米田昇平「デスチュ・ド・トラシの経済学と産業主義」（『下関市立大学論集』第42巻第2号，1998年）。

(23) シエースの背景には，現実には，「中間層」というより，金融ブルジョワジーがいたといわれる。大下尚一他編『西洋の歴史［増補版］「近現代編」』ミネルヴァ書房，1998年（岡本明執筆部分）87ページ。

(24) カバニスについては，次を参照。Staum, M. S., *Cabanis*, Princeton, 1980. また，赤間啓之「カバニス略伝」も適切な要約として有意義であると思う（赤間前掲『監禁からの哲学』所収）。カバニスが病院改革を理性的で自由な人間による秩序樹立の問題として捉えていたことについては，次を参照。富永前掲『理性の使用』「第1章 バスティーユからビセートルへ」。そこで，富永も整理しているように，革命期パリ病院改革のイニシアティヴはカバニス以上にピネルが握っていた。ピネルがカバニスとともにコンドルセの最後の逃亡生活を支えたことはよく知られている。ピネルとカバニスの病院改革は，コンドルセの「社会数学」の構想の具体化という意味ももつと，富永はいう（同書，61-62ページ）。M. フーコー『狂気の歴史』による近代のディシプリン形成における医療という問題提起の意味も含め，富永の議論を，参照されたい。コンドルセの「社会数学」の構想は，イデオローグに多大の影響力をもち，いわゆる「中間団体」を消滅させ，社会を私的個人に解体する方向での改革を押し進めた。富永は，ブリッソやコンドルセは，こうした方向に適合的に理性的言語による「公論」の観念を構成していったのであり，ル・シャプリエの法案も，単なる経済的自由だけでなく，こうした「公論」の創出を視野に入れていたことを，鮮明に示している。本書でいう，コンドルセからイデオローグへの道も，ほぼ同様の過程を念頭においている。フーコー的には，この道は近代のディシプリンの形成あるいは近代的管理体制の成立過程ということになるだろう。しかし，コンドルセの思想は，このような「社会数学」の道に解消されるものでは，決してなかった。もう一つの道を，ソフィー・コンドルセやコンスタンが歩むことになるだろう。病院改革とピネルについては，アッカークネヒトの整理も参照。Ackerknecht, E. H., *Medicine at the Paris Hospital 1794-1846*, chap. 5（E. H. アッカークネヒト『パリ病院 1794-1848』舘野之男訳，思索社，1978年，80-101ページ）. また，ピネルについては，次を参照。Weiner, D. B., *Comprendre et soigner : Philippe Pinel (1745-1826), La médecine de l'esprit*, Paris, 1999.

(25) Ackerknecht, *op. cit.*, chap. 1（舘野訳，17-32ページ）.

(26) 富永茂樹は，18世紀サロンにあった「会話と議論」という特性が革命を経て衰退したことを明らかにしている。富永前掲『理性の使用』第3章。

(27) 小林前掲「フランス革命期の公教育と公共性」。

(28) Hunt, L., *The family romance of the French Revolution,* Berkeley, 1992, chap. 6（リン・ハント『フランス革命と家族ロマンス』西川長夫・平野千果子・天野知恵子訳，平凡社，1999年，277-337ページ）.

(29) Ozouf, 《Esprit public》, *op. cit*., p. 714（阪上訳，946 ページ）.

(30) *Ibid*., p. 719（阪上訳，953 ページ）.

(31) Welch, *Liberty and Utility, op. cit*., chap. 2.

(32) Destutt de Tracy, *Élémens d'idéologie,* (*IVe, V^e^ parties*)*, Traité de la volonté et ses effets*, *op. cit.*, p. 144.

(33) 絶対王政派と立憲君主派双方の議員を追放した 1797 年 9 月のフリュクチドールのクーデタは，かえって共和政の政治的支持基盤の弱さを露呈し，共和派の動揺を生む。レドレルやソフィー・コンドルセ，さらにはジェルメーヌ・スタールとコンスタンが政治原理を問い直し始めるのは，後でみるように，このクーデタの衝撃によってであったと思われる。

(34) 経済学の動向でも，重農主義が衰退し，かわって登場する「公共経済学」においては，企業者的活動への関心が強くみられ，J. B. セーの企業者論を準備する。Faccarello, 《Le legs de Turgot : Aspects de l'économic politique sensualiste de Condorcet à Rœderer》, *op. cit*., Meyssonier, S., *La balance et l'horloge : La genèses de la pensée libérale en France au XVIIIe siècle*, Montreuil, 1989.

(35) Madame de Staël, *Des circonstances actuelles qui peuvent terminer la Révolution et des principes qui doivent fonder la république en France, 1979,* (Édition critique, par Omacini, L.) p. 5.

(36) デスチュット・ド・トラッシは，モンテスキュー評註を書き，共和政体論も構想していた。Destutt de Tracy, *Commentaire sur l'Esprit des lois*, Paris, 1798.

(37) Faccarello, 《Le legs de Turgot : Aspects de l'économic politique sensualiste de Condorcet à Rœderer》, *op. cit*. 古典的には，モリニエの位置づけがあり，日本でもよく知られている。Molinier, J., *Les métamorphoses d'une théorie économique*, Paris, 1959, III-1（モリニエ『フランス経済理論の発展』坂本慶一訳，未来社，1962 年，165-166 ページ）. 経済思想にかぎるのでなく，レドレルの思想と著作の概略については，次を参照。Margerison, K., *P. L. Rœderer : Political Thought and Practice During the French Revolution, Transactions of the American Philosophical Society*, vol. 73, Part 1, Philadelphia, 1983. Lenitz, Th., *Rœderer*, Metz, 1989. さらに，フランス革命に対するレドレルの態度を中心にその思想形成史をみるには，1831 年にレドレル自身が書いた回想的著作が役に立つ。Rœderer, *L'Esprit de la Révolution de 1789*, Paris, 1831.

(38) Alilx, E., 《La rivalité entre la propriété foncière et la foutune mobilière sous la Révolution》, dans *Revue d'Histoire économique et sociale*, 1913.

(39) Rœderer, *Questions proposés par la commission intermédiaire de l'Assemblée provinciale de Lorraine, concernant le reculement des barrières, et observations pour servir de réponse à ces questions*, s. l., 1787 (Cité par Allix, *op. cit*., p. 300).「産業主義」の経済学として，適切に整理した，津田内匠の研究を，是非とも参照。津田前掲「フランス革命と産業主義」24-29 ページ，42-52 ページ。

(40) Jaume, *Échec au libéralisme, op. cit*., p. 98（石埼訳，158-159 ページ）.

(41) *Ibid*., p. 98（石埼訳，158ページ）．レドレルの『世論の理論』については，ジョームの研究に示唆を受け，筆者は，1993年5月「経済学史学会関西部会」において，「レドレルと『世論の理論』」として概要を紹介した。しかし，コンスタンやジェルメーヌ・スタールとの関係付けが難しく，思想史的位置づけができたのは，「近代公共性の思想像」（安藤編前掲『フランス革命と公共性』第7章として所収）においてであった。レドレルの『世論の理論』については，日本では阪上孝も検討を試みている。本書との対比を含めて是非参照されたい。阪上前掲『近代的統治の誕生』。

(42) *Ibid*., p. 98（石埼訳，158ページ）.

(43) *Ibid*., p. 98（石埼訳，158ページ）.

(44) Molinier, J., *op. cit*., III-1（坂本訳，165-166ページ）も参照。

(45) Rœderer, *De la majorité nationale, de la manière dont elle se forme, et des moyens auxquels on peut la reconnaître, ou Théorie de l'opinion publique*, 1802, dans Jaume, *Échec au libéralisme, op. cit*., p. 98（石埼訳，160-161ページ）.

(46) *Ibid*., p. 99（石埼訳，161ページ）.

(47) *Ibid*., pp. 99-101（石埼訳，162-166ページ）.

(48) *Ibid*., pp. 100-101, p. 104（石埼訳，163-164ページ，170ページ）.

(49) *Ibid*., p. 99（石埼訳，162ページ）.

(50) Condorcet, *Cinq mémoires sur l'instruction publique*, *op. cit.*, dans *Œuvres de Condorcet*, t. VII, p. 202（松島訳，35ページ）．前章を参照。コンドルセにとって，家族が子供に植え付ける最悪の偏見は宗教からくるものであった。したがって，コンドルセにおける家族と道徳との関連付けについて把握するためには，啓蒙期以来の非キリスト教化と教育の関係，およびそのフランス近代社会における意義について，考察する必要がある。この点については，教育文化史や歴史学で優れた研究が進められているが，本書はその成果を十分に活かす余裕がない。次を参照されたい。谷川稔『十字架と三色旗――もうひとつの近代フランス』山川出版社，1997年。

(51) レドレルは家族法を含む民法典の整備が，社会平和の基本であると考えていた。この意味で，レドレルはナポレオン法典を準備したとさえいえる。Jaume, *Échec au libéralisme, op. cit*., p. 98（石埼訳，159ページ）.

(52) 1796年に，スタール夫人が，『個人と諸国民の幸福に及ぼす情熱の影響について』のコメントを『ジュルナル・ド・パリ』誌に求めたとき，レドレルが「恋愛が女性の唯一の情念である」と答え，女性の市民としての資質に否定的対応をしたことは，次章第1節で述べる。フランス革命と家族制度については，次を参照。Hunt, *The Family Romance of the French Revolution, op. cit*.（リン・ハント前掲『フランス革命と家族ロマンス』西川他訳）．また，次を参照。Blanc, O., *Une femme de libertés Olympe de Gouges*, Paris, 1989, chap. 10（オリヴィエ・ブラン『女の人権宣言』辻村みよ子訳，岩波書店，1995年，235-257ページ）．さらに，同訳書に付けられた，辻村みよ子による「訳者解説」参照。コンドルセとの関連でいえば，イデオローグによって排除される女性は，コンドルセからスタール夫人やコンスタンへの思

想継承の道では，その主体性の維持が模索されるだろう。

(53) Rœderer, «Du gouvernement représentatif», *Journal de Paris*, le 8 décembre 1799. Jaume, *Échec au libéralisme, op. cit.*, pp. 106-110（石埼訳，175-182 ページ）.

(54) ただし，民衆の政治主体としての承認は形式的なもので，実質的にはカバニス的政体の再編であることは，後でみる。

(55) Jaume, *Échec au libéralisme, op. cit.*, p. 98（石埼訳，158 ページ）.

(56) *Ibid*., p. 104（石埼訳，171 ページ）.

(57) *Ibid*., p. 106（石埼訳，175 ページ）.

(58) *Ibid*., p. 104（石埼訳，171 ページ）.

(59) Ozouf, «Esprit public», *op. cit*., pp. 716-717（阪上訳，949-950 ページ）. ただし，オズーフは，総裁政府期の「公共精神」とロベスピエール的「公共精神」の違いは，問題にしない。

(60) Jaume, *Échec au libéralisme, op. cit*., p. 110（石埼訳，183 ページ）.

(61) Condorcet, *Esquisse d'un tableau historique des progrès de l'esprit humain, op. cit., Œuvres de Condorcet*, t. VI, pp. 7-8（渡辺訳，第 1 部，12 ページ）.

(62) Alengry, F., *Condorcet : guide de la Révolution française, op. cit.*, p. 734. Bouissounouse, *Condorcet, le philosophe dans la Révolution*, Paris, 1962, pp. 115-117. Guillois, A., *La marquise de Condorcet : sa famille, son salon, ses amis, 1764-1822*, Paris, 1897, pp. 168-169.

(63) 思想活動の場として，サロンは，革命以前に，アカデミーに主導権を奪われた。革命期には，政治クラブが活発となり，サロンは衰退した。しかし，その中で，女性の活躍は，特筆される。ソフィー・コンドルセの他，スタール夫人とラヴワジェ夫人がよく知られているが，彼女たちはいずれも，サロンを経営するだけでなく，思想と学問においても自身が指導的役割を演じたのである。ソフィーのこうした活動の意義は，J. ミシュレの記述によって，よく知られるようになった。Michelet, J., *Les femmes de la Révolution*, Paris, 1872. スタール夫人については後で述べる。ラボワジェ夫人については，次を参照。川島前掲『エミリー・デュ・シャトレとマリー・ラヴワジエ』。

(64) Badinter E. et R., *Condorcet, Un intellectuel en politique*, *op. cit*., pp. 209-216.

(65) Michelet, J., *Les Femmes de la Révolution*, Paris, 1872.

(66) ソフィーの妹のシャルロット・ド・グルーシーも，この知的サークルを通じて，カバニスと結婚する。また，グルーシー家のサロンには，ロマン派詩人ルーシエがいて，『国富論』をフランス語訳する。これにはコンドルセが解説を付けることになっていたが，予告だけで実現しなかった。後のイデオローグとスミスの思想との意外に深い関係を示唆する。仲立ちはコンドルセ夫妻であった。また，ソフィーの兄は後にナポレオン軍の指揮を執るグルーシー将軍であり，1822 年に没するが，ソフィーとナポレオン体制との複雑な関係に影響する。

(67) ソフィー・コンドルセのスミス受容とそのコンドルセへの思想的影響について，筆者による欧米圏での発言は，1983 年の「第 6 回啓蒙思想研究国際会議」（ブリュッ

セル）でおこなった。T. Ando, 《Mme de Condorcet et la philosophie de la sympathie》, in *Studies on Voltaire*, 216, 1983, pp. 335-336. その後，欧米では，ラグラーヴの次の研究がでた。Lagrave, J. P., 《L'influence de Sophie de Grouchy sur la pensée de Condorcet》, dans *Colloque international Condorcet : mathématicien, économiste, philosophe, homme publique, op. cit*. J. ミシュレは，ソフィー・コンドルセを，革命期のコンドルセの苦闘を支えた女性として描いた。Michelet, J., *Les femmes de la Révolution*, *op. cit.* しかし，近年，思想的に，コンドルセの影というより，独自の位置を占めている存在として，評価が進んでいる。ラグラーヴの優れた校閲によって『同感についての手紙』が，近年刊行されている。これにつけられた著作年譜が，ソフィー・コンドルセの著作活動について一覧するのには，正確で便利である。Sophie de Grouchy, marquise de Condorcet, *Lettres sur la sympathie suivies des Lettres d'amour*, Présentation et annotation par Lagrave, J. P., Quebec, Paris, Bruxelles, pp. 249-255.

(68) Guillois, *La marquise de Condorcet, op. cit*., p. 163.

(69) Boissel, Th., *Sophie de Condorcet*, Paris, 1988, pp. 229-230.

(70) *Œuvres complètes de Condorcet* par Mme de Condorcet, A.-A. Barbier, Cabanis et Garat, 21vols., Paris, 1801-1804. Cahen, *Condorcet et la Révolution française, op. cit*., p. XI.

(71) カバニスに宛てられたのは，相手を指名して書簡体で書くというサロン的議論の形式をとっただけでなく，カバニスの合理主義的人間論への批判を意図してもいたと思われる。カバニスは，教育だけでなく，理性を失った人間を医療によって治癒させ社会復帰させることを構想していた。カバニスのパリ病院改革は，文明秩序をつくる人間に必要な理性を維持するための社会制度改革でもあった。カバニスは，リムーザン知事時代のチュルゴによって見出され，詩人アントワーヌ・ルーシエのもとに送られ，パリの思想界に入った。ワルシャワ居住などを経て，カバニスが華々しくパリで活躍を始めるのは，ルーシエに導かれエルヴェシウス夫人のサロンの常連となった1778年頃からとみられる。カバニスは，コンドルセなどの啓蒙思想家が，アメリカ革命などについて熱心に議論するのに立ち会い，デスチュット・ド・トラッシなどの後のイデオローグと出会い，ジェファーソンやフランクリンなどを知ったのである。Staum, *Cabanis, op. cit.*, pp. 14-16. エルヴェシウス夫人のサロンでのカバニスについては，次を参照。Guillois, A., *Le salon de Madame Helvétius, Cabanis et les Idéologues*, Paris, 1894. ルーシエが，グルーシー家のサロンの常連であり，やがて『国富論』の翻訳を始めるのは，先に述べた。したがって，カバニスは，ソフィー・コンドルセの妹と結婚しただけでなく，ルーシエやソフィーによるスミスのフランスへの導入やアメリカ革命論への関心を，身近で共有していたと推察される。ただし，カバニスの『人間心身関係論』へのスミスの影響は明らかであるけれども，ソフィーのスミス道徳哲学の受容がいつカバニス批判に結びついていったかは，具体的に明らかにできない。

(72) Sophie de Grouchy, *op. cit.*, p. 435. Mme Sophie de Grouchy, marquise de Condor-

cet, 《Lettre à Cabanis sur la sympathie》, dans Adam Smith, *Théorie des sentiments moreaux*, tra. par Mme Sophie de Grouchy, marquise de Condorcet, 2vols., Paris, 1798, p. 475（以下，引用頁はこの『道徳感情論』フランス語版につけられたものによる）. カバニスの方は，後に，『人間心身関係論』で，ソフィーの仕事にふれ，ハチスンやスミスでは不完全であった「同感」の観念を，「身体的法則」に還元する方向で正確にしたと，評価している。*Corpus général des philosophes français, t. XLIV, Cabanis, vol. 2, op. cit.*, p. 493. カバニスは，明らかにソフィーによる「同感」の観念の分析から，道徳哲学的議論を切り捨て，「同感」の観念と身体との関係のみの議論に限定している。

(73) Mme Sophie de Grouchy, marquise de Condorcet, 《Lettre à Cabanis sur la sympathie》, *op. cit.*, pp. 473-474.

(74) コンドルセはスミスの道徳哲学を，リチャードスン，ルソー，ディドロの感情主義の思潮に沿って受容した。リチャードスンのフランスへの影響という点では，ルソーの『新エロイーズ』が代表的であり，ルソーとアンシクロペディストの対立は，前面にでない。したがって，ソフィーが，感情主義の点でヴォルテールにルソーを対比したといっても，それはルソーの政治思想を評価したことにはならない。

(75) *Ibid*., pp. 435-445.

(76) 感情は，共有されるか反発を招くかであって，理性のような序列を伴わないのである。

(77) *Ibid*., pp. 485-492.

(78) *Ibid*., pp. 486-487.

(79) *Ibid*., p. 481.

(80) コンドルセとルーシエ，イデオローグのほとんどがスミス『国富論』に熱心なとき，その環境のなかでも，ソフィーはまったく経済学を語らなかった。こうしたソフィーの傾向は，じつは，スミス同感論の解釈の特質となって現れている。スミスは諸個人の利己的活動が同感を媒介に社会秩序に至る過程を，いわゆる商業社会を前提に展望していた。スミスの場合は，商業社会の中に「同感」する普通の観察者を見出し，各個人はその同感者の存在を意識して利己的行為を自己規制するので，社会秩序が成立するとみていた。しかし，ソフィーは，商業社会についても，社会の中での観察者についても考察を展開せず，同感による社会秩序を具体化しようとはしていない。財産に対する感情などいくつかの具体的例証を示すだけで，全体として，ソフィーの議論は，諸個人の「同感」能力の増大という主体の側に議論が傾斜し，「同感」の社会的機能については未展開に終わっている。この点は，別の機会に指摘した。安藤前掲『フランス啓蒙思想の展開』146-147 ページ。

(81) 「同感についての手紙」での道徳感情についてのソフィーの考察には，M. ガラとの恋愛体験が強く反映しているといわれる。しかし，ソフィーは，そのガラが 1800 年にナポレオン体制下で法制審議院議員となったとき，これを冷ややかにみていた。Boissel, *Sophie de Condorcet, op. cit*., pp. 231-232. まもなく二人は訣別する。ソフィーのライヴァルのスタール夫人が恋人のコンスタンの護民院参加を喜んだのと対

照的である。ソフィーは，自己の恋愛感情を鎮めるために「同感についての手紙」を書いたわけではない。むしろ，彼女の道徳哲学は，ナポレオンの政治体制批判まで射程におさめていたのではないだろうか。

(82) ソフィー・コンドルセ，ラヴワジェ夫人，スタール夫人は，サロンを足場に思想家として自立した例であり，『人権宣言』の男性中心主義に対する対抗意識をもっていたと思われる。ソフィーが造幣局にサロンをもっていた時期，オランプ・ド・グージュが訪れていた。また，メアリ・ウルストンクラフトが1792年にパリに滞在したとき，ジロンド派として，ソフィーと交流したともいわれる。Sophie de Grouchy, *op. cit*., p. 69（ラグラーヴの註解）. ソフィーが当時のフェミニズムの動向に深くかかわっていたことは疑いない。

(83) ただし，離婚の自由の主張など，女性の自立に向けての具体的発言はない。財産を守るため，ソフィーは指名手配されたコンドルセと離婚したといわれるが，離婚の自由についてのソフィーの言及はない。また，ソフィーは，コンドルセ逃亡中，肖像画を描いて生活資を得，育児をし，コンドルセを支えたが，こうした経験を，グージュがしたように女性の権利の擁護論に繋げたわけでもない。

(84) モンタニャール独裁の衝撃によって，テルミドール派の関心の中心は，ルソー的政治空間にかわる自由の体制を設計することに向けられ，個人の私的自治の内容，すなわち個人の社会的自立については，分析が先送りされたように思う。

(85) デスチュット・ド・トラッシやレドレルの「公共経済学」は，すでにみたように，シエース以上に産業分析を進めていた。

(86) すでに指摘したグレゴアールの議論が代表例である。

(87) ただし，制度としての家族が確立するのは，ナポレオン法典においてである。

(88) 小林亜子の適切な表現を借りれば，テルミドール派は，「公教育によって，〈知識人〉対〈民衆〉から〈エリート〉対〈民衆〉の対置へ」と置き換えたのである。小林前掲「フランス革命期の公教育と公共性」135ページ。

(89) 「イデオローグの共和国」が知的寡頭性に基づく公共性を準備したから，ナポレオン帝政も可能となったのである。

(90) イデオローグは一般に，感情が理性をしのぐ人間を認めなかった。レドレルも，人間は理性的であるべきだと考えていたが，現実の人間が感情に左右されることを無視できなかったのである。

(91) 総裁政府期，ジャーナリズムは自由であるように見えて，とくに新聞は政府との癒着が強かった。コンスタンやスタール夫人が，こうした新聞のもつ権力的性格を批判することは，後で取り上げる。

(92) ソフィーは，説得の技術としての雄弁術に，まったく関心を示さない。

(93) コンスタンへのスミスの影響は後で取り上げるが，それはスコットランド留学だけでなく，ソフィー経由の影響が大きかったであろう。この場合，仲立ちとして，ジュリ・タルマの役割が大きかったという見解もある。タルマは，「同感についての手紙」が書かれ話題とされた頃，ソフィー・コンドルセのサロンで目立つ存在であり，コンスタンが『アドルフ』を書くのに大きく影響したからである。Leger, Ch.,

Captives de l'amour d'après des documents inédits : Lettres intimes de Sophie de Condorcet, d'Aimée de Coigny et de quelques autres coeurs sensibles, Paris, 1933.

第6章　ジェルメーヌ・スタールの自由主義

（1）スタール夫人とコンスタンについては，伝記類についても多くの研究がある。たとえば，両者をともに扱った伝記の例として，Cordey, P., *Mme de Staël et Benjamin Constant sur Les Bordes du Léman*, Lausanne, 1966. スタール夫人についての膨大な研究のうち，近年では，S.バレイエの研究を筆頭に，次が，注目される。Balayé, S., *Mme de Staël, Lumière et liberté*, Paris, 1979. Do., *Mme de Staël, Écrire, lutter, vivre*, Paris, 1994. Didier, B., *Mme de Staël*, Paris, 1999. Diesbach, G., de, *Mme de Staël*, Paris, 1993. フランス革命からナポレオン帝政期を中心に自由主義思想の形成を意識して両者の人間と思想について簡潔に整理したものとして，次のM.ゴーシュの論文も是非とも参照。Gauchet, M., 《Constant》, 《Mme de Staël》, dans *Dictionnaire critique de la Révolution française, op. cit.*, pp. 951-959, pp. 1053- 1060（柏木加代子訳「コンスタン」,「スタール夫人」，前掲『フランス革命事典』2，所収）。

（2）フランス革命からナポレオン体制までの経済政策を本来的重商主義の連続する一つの流れとして捉え，シャプタルを位置づけたものとして，次を参照。吉田静一『フランス重商主義論』未来社，1962年。

（3）Sauvigny, G. P., 《Préface》, dans, *L'école libérale sous la Restauration*, Genève, 1968.

（4）近年，セーについて，本書にいう「公共経済学」の展開に繋げて位置づけようとする研究が現れていて，レドレルとセーの距離は接近してみられるようになっている。Steiner, Ph., 《Quels principes pour l'économie politique? Charles Ganilh, Germain Garnier, Jean-Baptiste Say et la critique de la physiocratie》, dans Delmas, B., Delmas, T., Steiner, P., ed. *La diffusion internationale de la physiocratie (XVIII et XIXe siècles)*, Grenoble, 1995.

（5）Jardin, A. *Histoire du libéralisme politique de la crise de la l'absolutisme à la constitution de 1875*, Paris, 1985, p. 210. ただし，Thibaudet, A., *Idées politiques de la France*, Paris, 1932 からの借用。

（6）Jaume, L., *L'individu effacé ou paradoxe du libéralisme français*, *op. cit.*, pp. 48-49. ピカヴェの研究以来，コンスタンやスタール夫人をイデオローグに入れているので，自由主義としても，イデオローグとスタール夫人の間に区別をもうけない見解も根強く存在する。Nicolet, C., *L'Idée républicaine en France*, Paris, 1982, p. 127.

（7）Rudrer, G., *La jeunesse de Benjamin Constant 1767-1794*, Paris, 1909, pp. 146-154.

（8）ネッケルとコンドルセの激しい穀物取引論争についてはすでにみた。しかし，コンドルセがシュアールとリセ活動をした頃，すなわちコンスタンがパリに来た頃には，コンドルセのサロンとネッケル夫人のサロンとの間の対立は解消されていたといわ

れる。さらにこれに続いて，ソフィーのサロンとジェルメーヌ・スタールのサロンとは多くの参加者を共有している。Badinter, E. et R., *Condorcet, Un intellectuel en politique, op. cit.*, pp. 217–220.

（9） Gauchet, «Constant», *op. cit*., p. 1055（柏木訳，1266 ページ）.

（10） Diesbach, G. de, *M*^{me} *de Staël*, *op. cit.*, chap. II. スタール夫人の伝記的事項については，基本的に本書を参考にする。現在のスタール夫人研究の水準は，文献考証をはじめとして，シモーヌ・バレイエの業績に示されている。Balayé, S., *M*^{me} *de Staël : Lumière et liberté*, *op. cit.* Do., *M*^{me} *de Staël : Écrire, lutter, vivre*, *op. cit.* 日本では，杉捷夫の優れた研究があった。杉捷夫『スタール夫人「文学論」の研究』筑摩書房，1958 年。これに続いて，城野節子の研究がまとめられた。城野節子『スタール夫人研究』朝日出版社，1976 年。そして，近年，最新の研究成果を用い，スタール夫人の全生涯と業績について，優れた書物が現れた。佐藤夏生『スタール夫人』清水書院，2005 年。本章は，思想史研究であるが，これらの文学的研究の成果に，多く依存している。とくに，佐藤の研究は，多くの著作を手際よく要約しているので，研究の指針として，参照が不可欠である。

（11） Mme de Staël, *Lettre sur les écrits et le caractère de J.-J. Rousseau*, Paris, 1788, lettre III, dans *Œuvres complètes de M*^{me} *la baronne de Staël*, publiées par son fils, Paris, 17vols., 1820–21, t. I, p. 63.

（12） フランス自由主義の胎動が始まっていた。第 3 章参照。ネッケルとコンドルセの確執も緩和されていた。

（13） Benrubi, I., *L'idéal moral chez Rousseau, M*^{me} *de Staël et Amiel*, Genève, 1940, pp. 124–133. ルソーの文学作品と政治思想が統一的に読まれていないのは，モンタニャール独裁の経験の前には，他の思想家においてもよく見られる現象である。

（14） Diesbach, *M*^{me} *de Staël, op. cit*., p. 29.

（15） 政治活動としては，ネッケルに期待するだけでなく，ナルボンヌをたて，立憲君主政を追求する。*Ibid*., p. 86.

（16） Gwynne, G. E., *M*^{me} *de Staël et la Révolution française, Politique, philosophie, litérature*, Paris, 1969, pp. 14–16.

（17） 佐藤前掲『スタール夫人』90–94 ページ。

（18） Diesbach, *op. cit*., pp. 130–137.

（19） 政治的考察というより，王妃の人間個人としての苦しみに同情する形で弁護している。Gwynne, *op. cit*., p. 53.

（20） Diesbach, *op. cit*., pp. 148–152.

（21） Mme de Staël, *Réflexions sur la paix, addressés à M. Pitt et aux François*, 1794, dans *Œuvres complètes de M*^{me} *la baronne de Staël, op. cit*., t. II, p. 52. 佐藤前掲『スタール夫人』99–104 ページ。Gwynne, *op. cit*., pp. 53–55.

（22） Mme de Staël, *Réflexions sur la paix intérieure*, 1795, dans *Œuvres complètes de M*^{me} *la baronne de Staël, op. cit*., t. II, pp. 118–120, pp. 153–154. 佐藤前掲『スタール夫人』104–108 ページ。

(23) ネッケルは娘スタール夫人の共和主義への傾斜を憂慮していた。Grange, H., *Les Idées de Necker*, Paris, 1974, p. 462。

(24) Mme de Staël, *De l'influence des Passion sur le bonheur des individus et des nations*, 1796, 《Avant-propos》, 《Introduction》 dans *Œuvres complètes de Mme la baronne de Staël*, *op. cit*., t. III, p. 3, pp. 15-16. Gwynne, *op. cit*., p. 35.

(25) 佐藤前掲『スタール夫人』109-112ページ。

(26) Gwynne, *op. cit*., p. 131. 杉捷夫『フランス文学論』酣燈社，1947年，76-77ページ。

(27) Mme de Staël, *De l'influence des Passion sur le bonheur des individus et des nations*, 《Introduction》, dans *Œuvres complètes de Mme la baronne de Staël*, *op. cit*., t. III, p. 13. Gwynne, *op. cit*., p. 131.

(28) Mme de Staël, *De l'influence des Passion sur le bonheur des individus et des nations*, dans *Œuvres complètes de Mme la baronne de Staël, op. cit*., t. III, p. 297.

(29) *Ibid*., p. 16 et suiv. Gwynne, *op. cit.*, pp. 62-63.

(30) Mme de Staël, 《Essai sur les fictions》, 1795, dans *Œuvres complètes de Mme de la baronne de Staël, op. cit*., t. II, pp. 176-177, pp. 211-212. スタール夫人「小説論——フィクションに関する試論」(山口俊章訳『関東学院教養論集』第3，4号，1994年).

(31) Mme de Stael, *Zulma*, dans *Œuvres complètes de Mme la baronne de Staël, op. cit*., t, II, p. 349.

(32) 佐藤前掲『スタール夫人』146-147ページ。

(33) Rœderer, P., *Œuvres complètes*, Paris, 8 vols, 1855-1859, t. VIII, p. 562.

(34) *Journal de Paris*, 2 frimaire an V (22, novembre, 1796) p. 250, Cité dans Gwynne, *op. cit*., p. 36.

(35) *Ibid*., pp. 35-36.

(36) スタール夫人は，1800年5月20日付で，ソフィー・コンドルセに手紙を送り，「同感についての手紙」8通の読後の感動を伝えている。Guillois, *La marquise de Condorcet, op. cit*., pp. 181-183.

(37) ルソーを前期ロマン主義とするような思想の流れが，こうして，スタール夫人を通じて形成される。Van Tieghem, Ph., *Le romantism français*, Collection Que sais-je? Paris, 1944, chap. 1 (ヴァン・チーゲム『フランスロマン主義』辻昶訳，白水社，1968年，7-17ページ). また，啓蒙思想期からはじめ，ロマン主義の形成を宗教思想とドイツ思想の影響を含め捉えるなかで，コンスタンとスタール夫人を自由主義文学と規定し位置づけるものとして，次を参照。Benichou, P., *Le sacre de l'écrivain 1750-1830*, Paris, 1985, pp. 228-245.

(38) 次章でふれる。

(39) Diesbach, *Mme de Staël, op. cit*., pp. 197-201.

(40) Gauchet, 《Mme de Staël》, *op. cit*., pp. 951-959, pp. 1054-1055 (柏木訳，1266-1267ページ). この作品は，1906年にはじめて公刊されたが，不完全であった。その後，ルチア・オマチニが校閲し，1979年に刊行した。ここでは，もちろん，このオマ

チニ校訂版を用いる。

(41) Mme de Staël, *Des circonstances actuelles qui peuvent terminer la Révolution et des principes qui doivent fonder la république en France*, Édition critique par Omacine L., Paris, Genève, 1979, p. 5.

(42) *Ibid*., p. 5. これは，直接には，共和政原理を攻撃するメーストルへの反論を意図した発言である。

(43) *Ibid*., p. 10.

(44) *Ibid*., p. 47.

(45) *Ibid*., p. 47.

(46) *Ibid*., p. 34.

(47) *Ibid*., p. 36.

(48) *Ibid*., p. 39.

(49) 革命を考えるとき，自然権論の適用によってではなく，文明社会の政治的能力を問うのは，コンスタンに共通する。むしろ，コンスタンからの影響といった方がよいかもしれない。ゴーシュは，コンスタンのこうした見方について，「彼の思考はまさに2つの世界の繋ぎ目において展開する。すなわち運動による証明が自然的基礎による論証にとってかわる時点においてである」といっている。Gauchet, M., 《Constant》, *op. cit*., p. 952（柏木訳，1242ページ）.

(50) Mme de Staël, *Des circonstances actuelles qui peuvent terminer la Révolution et des principes qui doivent fonder la république en France*, *op. cit*., p. 44.

(51) *Ibid*., p. 106.

(52) *Ibid*., p. 107.

(53) 「公論」と自由を結合するのが，啓蒙思想の公共表象に一般的であることは，本書がこれまで強調してきたことである。

(54) *Ibid*., p. 111.

(55) *Ibid*., p. 112.

(56) *Ibid*., pp. 111-112.

(57) *Ibid*., p. 113.

(58) *Ibid*., p. 113.

(59) *Ibid*., p. 114.

(60) *Ibid*., p. 160.

(61) *Ibid*., p. 167.

(62) *Ibid*., p. 169.

(63) *Ibid*., p. 222.

(64) コンスタンが，本格的に宗教論を論じるのは，もう少し後である。しかし，ネッケルの信仰の自由についての論説「宗教的意見の重要性について」（1788年）への支持を，コンスタンは革命前に表明していた。*Œuvres complètes, Série œuvres* de Benjamin Constant, Tübingen, 1998, t. 1, p. 207. コンスタンもジェルメーヌも，宗教論の重要な源泉の一つに，ネッケルの議論を共有していることは，間違いない。

この点，次章でも述べる。

(65) Mme de Staël, *Des circonstances actuelles qui peuvent terminer la Révolution et des principes qui doivent fonder la république en France*, *op. cit*., p. 270.

(66) *Ibid*., pp. 275-276.

(67) *Ibid*., p. 280.

(68) *Ibid*., p. 281.

(69) *Ibid*., pp. 281-282.

(70) *Ibid*., p. 286.

(71) *Ibid*., p. 287.

(72) コンドルセが非政治的に考えていた受動市民の公共圏を，シエース的能動市民の政治的機能をもちうるものにしたといってもよい。シエースが，能動市民と受動市民に分け，能動市民に限定しようとした政治社会を，受動市民を含む公共圏に取り戻したといってもよい。

(73) *Ibid*., p. 289.

(74) *Ibid*., p. 160.

(75) Diesbach, *Mme de Staël, op. cit*., pp. 249-251.

(76) Gwynne, *Mme de Staël et la Révolution française, politique, philosophie, litérature, op. cit*., p. 79.

(77) 杉捷夫「スタール夫人の『文学論』」（杉前掲『フランス文学論』所収）69-133ページ。佐藤夏生「スタール夫人におけるロマン主義理論の形成」（神奈川大学人文学研究所編『ロマン主義のヨーロッパ』勁草書房，2000年，所収）98-107ページ。

(78) Mme de Staël, *De la litérature considerée dans ses rapports avec les institutions socials*, 1800, (Gengembre, G. et Goldzink, J. éd., Édition de Frammarion, Paris, 1991), p. 65.

(79) *Ibid*., p. 66.

(80) 杉捷夫「スタール夫人の『文学論』」（杉前掲『フランス文学論』所収）74ページ。

(81) Mme de Staël, *De la litérature considerée dans ses rapports avec les institutions socials*, *op. cit*., p. 87.

(82) *Ibid*., p. 409.「人類の完成」すなわち「進歩の理念」の継承は，スタール夫人が啓蒙の哲学を公共圏の哲学として継承することを意味し，簡単にはロマン主義に転換しないことを予想させる。むしろ，この作品は，シャトーブリアンなどのフランス・ロマン主義の主力とスタール夫人との対立関係を明確とした。この作品の「完成可能性」の観念を，シャトーブリアンは，『キリスト教の精神』で激しく批判することになる。Jaume, *L'individu enfacé ou paradox du libéralisme français, op. cit*., p. 27. Gengembre, G. et Goldzink, J.,《Introduction》, dans Madame de Staël, *De la litératures*, [Édition par Gengembre et Goldzink], *op. cit.*, pp. 41-46.

(83) コンドルセの「世論の法廷」がそうであったように，公共圏は，国民国家の圏域を超えて広がっているものであって，ジェルメーヌは，ナポレオンによってフランス国家から追放されても，公共圏から追放されたわけではない。

(84) *Ibid*., p. 409.
(85) *Ibid*., p. 408.
(86) *Ibid*., Première partie, chap. VIII, pp. 162-178.
(87) *Ibid*., Première partie, chap. XIX, pp. 279-285.
(88) Diesbach, *Mme de Staël, op. cit*., pp. 258-260.
(89) Gwynne, *Mme de Staël et la Révolution française, politique, philosophe, litélature, op. cit*., p. 79.
(90) Diesbach, *op. cit*., pp. 262-263.
(91) したがって，『コリンヌ』の研究は，文学作品分析に集中している。
(92) 「スタール夫人が死んで12年たつ……」ではじまるこの論説は，表現上では，1817年7月14日の彼女の死から考えて，1829年に書かれたことになる。ただし，実際は，もっとはやくから執筆されていた論考を再編集したものであった。Constant, B., *Portraits Mémoires Souvenirs*, Textes établis et annotés par Harpaz, E., Paris, 1992, p. 206. この論文については，次章でも取り上げる。
(93) Constant, 《De Mme de Staël et de ses ouvrages》, dans *Œuvres de Benjamin Constant*, (Bibliothéque de la pléiade), Paris, 1979, p. 831.
(94) *Ibid*., p. 834.
(95) *Ibid*., p. 834. 社会における諸個人を，利害による説得の関係ではなく，「意見」による相互承認の関係においてみるのは，ソフィー・コンドルセの「同感についての手紙」が示していた。
(96) *Ibid*., p. 831.
(97) *Ibid*., p. 835.
(98) *Ibid*., pp. 835-836.
(99) 表現形式が，18世紀のサロン的性格から，より哲学的であり，かつ19世紀的小説の方向に向かっている。
(100) オズワルドの人物像については，次の分析を参照。城野節子「オズワルドの肖像」（城野前掲『スタール夫人研究』所収）。
(101) Mme de Staël, *Corinne, ou L'Italie*, (Édition de Galilmard, Paris, 1985), I-1（スタール夫人『コリンナ——美しきイタリアの物語』佐藤夏生訳，国書刊行会，1997年，15ページ）.
(102) *Ibid*., I-3（佐藤訳，15-20ページ）.
(103) *Ibid*., I-3（佐藤訳，15-20ページ）. 城野前掲『スタール夫人研究』243-244ページ。コンスタンとスタール夫人が，ナポレオン体制を功利主義に基づく政治秩序とみていたことは，コンスタンについては次章で，スタール夫人については引き続き次節で，検討する。
(104) 『コリンヌ』における「完成可能性」の意味については，次を参照。城野節子「スタール夫人素描——『コリンヌ』を通して」（城野前掲『スタール夫人研究』所収）17ページ。城野は，コリンヌをスタール夫人の自画像とみている。そうして，コリンヌの愛の挫折を現実に破れたものと捉えているようである。しかし，「完成

可能性」はコンドルセの「世論の法廷」に近い歴史的世界であって，イギリスの社会は「完成可能性」の世界を最もよく体現する現実を構成している。したがって，ルーシルとコリンヌの愛は，空間的に対立し時間的に連続する性格をもつと考えられる。

(105) ジェルメーヌのイギリス讃美が，その憲政讃美だけでなく，プロテスタント的心性への共感に基づくものであることは疑いを入れないが，当時のイギリスの福音主義的運動について，彼女が実際どう考えていたかは，明確でない。

(106) Constant, 《De Mme de Staël et de ses ouvrages》, *op. cit*., pp. 845–846.

(107) *Ibid*., p. 846.

(108) *Ibid*., pp. 846–851.

(109) Diesbach, *Mme de Staël, op. cit*., chap. VIII.

(110) *Ibid*., pp. 282–284, pp. 297–300. 城野節子「シャルル・ドゥ・ヴィレール――スタール夫人の先駆者として」(城野前掲『スタール夫人研究』所収)。ヴィレールからどのようにカントを吸収したかは，書簡集によっても推察できるが，ジェルメーヌのカント理解が定着するのは，やはり『ドイツ論』においてである。Cf. Madame de Staël, Charles de Villers, Benjamin Constant, *Correspondance*, Établissement du texts, introduction et notes par Kurt Kloocke avec le concours d'un groupe d'étudiants, Frankfurt am Main, Paris, 1993. なお，スタール夫人が読んだヴィレールのカント論は，1801年の著作であるが，相当ずさんな解説であった。Villers, Ch., de, *Philosophie de Kant, ou principes fondamentaux de la philosophie transcendentale*, 2vols., Paris, Metz, 1801.

(111) Van Tiegem, *Le romantism français, op. cit*., chap. 1 (辻訳，16–17ページ). ジェルメーヌに同行したコンスタンによるシラーをはじめとするドイツ文学のフランスへの紹介も，フランス・ロマン主義の成立に重要な役割を果たした。

(112) Diesbach, *Mme de Staël, op. cit*., pp. 453–466. Balayé, 《Pour une lécture politique de De l'Allemagne》, (*Mme de Staël, Écrire, lutter, vivre, op. cit.*). ナポレオンに対するスタール夫人の批判活動については，とくに次も参照。Gautier, P., *Madame de Staël et Napoléon*, Paris, 1921.

(113) 佐藤前掲「スタール夫人におけるロマン主義理論の形成」108–124ページ。西川長夫「フランス革命とロマン主義」(宇佐美斉編『フランス・ロマン主義と現代』筑摩書房，1991年，所収) 90–91ページ。

(114) Mme de Stael, *De l'Allemagne*, Paris, 1968, II, p. 181 (スタール夫人『ドイツ論』3，梶谷温子・中村加津・大竹仁子訳，鳥影社，1996年，143ページ).

(115) *Ibid*., p. 183 (梶谷他訳，146ページ).

(116) *Ibid*., p. 196 (梶谷他訳，163ページ).

(117) *Ibid*., p. 185 (梶谷他訳，149ページ).

(118) *Ibid*., p. 185 (梶谷他訳，149ページ).

(119) *Ibid*., p. 185 (梶谷他訳，149ページ).

(120) *Ibid*., p. 192 (梶谷他訳，158ページ).

(121) *Ibid*., p. 192（梶谷他訳，158 ページ）.
(122) *Ibid*., p. 188（梶谷他訳，153 ページ）.
(123) *Ibid*., p. 189（梶谷他訳，153 ページ）.
(124) *Ibid*., p. 190（梶谷他訳，156 ページ）.
(125) この「公平な観察者」はスミス『道徳感情論』からの影響であることは間違いない。ソフィー・コンドルセ「同感についての手紙」を通じて，「観察者」のはたす道徳的機能についてのスミスの議論は，フランスにも意外に大きく影響が広がったように思う。コンスタンの『アドルフ』への影響については後でみるし，スタンダールは，逆に，「同感についての手紙」の感情主義を否定し，『国富論』を評価した。安藤前掲『フランス啓蒙思想の展開』終章第 3 節への註(36)参照。同書，293-294 ページ。
(126) Mme de Staël, *De l'Allemagne*, *op. cit*., p. 193（梶谷他訳，159 ページ）.
(127) Mme de Staël, *De l'Allemagne*, *op. cit*., p. 193（梶谷他訳，159 ページ）.
(128) リュシアン・ジョームは，コンスタンとスタール夫人の自由主義を，「主体的自由主義」とし，ギゾーやドクトリネールの「エリート自由主義」と区別している。ジョームは，ドイツ思想とくにカントの受容によって，スタール夫人の自由主義が成立するとみる。本書は，二つの自由主義を区別するジョーム説に大きな示唆を得ているが，ドイツ思想の影響については，ジョームがいうほど大きくなく，コンドルセの影響が決定的であったとみる。Jaume, *L'individu effacé ou paradoxe du libéralisme français*, *op. cit*., chap. 1.
(129) *Ibid*., pp. 40-49. Gautier, P., *Madame de Staël et Napoléon, op. cit*., pp. 271-274. 佐藤前掲「スタール夫人におけるロマン主義理論の形成」113-120 ページ。
(130) Diesbach, *Mme de Staël, op. cit*., chap. XIV, pp. 511-549.
(131) Mme de Staël, *Considérations sur la Révolution française*, (Presenté et annoté par Godechot, J., Paris, 1983). この版に付け加えられた，ゴドショの「序文」を参照。*Ibid*., pp. 26-32.
(132) *Ibid*., p. 357.
(133) *Ibid*., p. 365.
(134) *Ibid*., p. 367.
(135) *Ibid*., p. 363.
(136) *Ibid*., p. 353.
(137) *Ibid*., p. 368.
(138) *Ibid*., pp. 416-417.
(139) *Ibid*., p. 417.
(140) ナポレオン体制における作家の役割とこれに対するスタール夫人の認識については，次を参照。Balayé, S., «Madame de Staël, Napoléon et la mission de l'écrivain», dans *Europe*, avril-mai 1969. また，実際，ナポレオンの新聞統制は厳しく，1811 年には 4 紙しか公認されていなかったといわれる。Christophe, Ch., *Les intellectuals en Europe au XIXe sciècle, Essai d'histoire comparée*, Paris, 1996, p. 46.

(141) *Ibid*., pp. 413–414.

(142) *Ibid*., p. 328.

(143) *Ibid*., p. 340.

(144) *Ibid*., p. 397.

(145) *Ibid*., p. 373.

(146) *Ibid*., p. 374.

(147) ジョームも，スタール夫人とコンスタンの自由主義が，功利主義への批判を主題とし，それをナポレオン体制批判と結びつけていることを強調している。Jaume, *L'individu effacé ou paradoxe du libéralisme français*, *op. cit*., pp. 41–49.

(148) マルセル・ゴーシュは，『革命を終結させうる現在の状況とフランスで共和国の基礎となるべき諸原理について』(1798 年執筆) を最後に，政治的分析は鋭さを失い背景に退くとみていた。Gauchet, 《Mme de Staël》, *op. cit*., p. 1054 (柏木訳，1266 ページ). しかし，出版界を中心とした公共圏を政治空間とする把握をジェルメーヌ・スタールがもち，政治を公共圏活動と捉えていたことを，見逃してはならない。

(149) *Ibid.,* p. 1053 (柏木訳，1264 ページ). ナポレオンの評価をめぐっても，ジェルメーヌ・スタールの批判は，長く反響を及ぼした。スタンダールの『ナポレオンの生涯』(出版は 1876 年) への影響も大きいといわれる。Godechot, J., 《Introduction》, Mme de Staël, *Considérations sur la Révolution française* (Tallandier), *op. cit*., pp. 32–41.

(150) ジョームが，『革命を終結させうる現在の状況とフランスで共和国の基礎となるべき諸原理について』は，イデオローグと同じ政治思想の枠組みで書かれているとみていることは，すでに述べた。イデオローグの共和主義をジェルメーヌ・スタールが共有していたことは，その通りである。しかし，ジェルメーヌの「主体的自由主義」は，この時点で胎動を始めており，それはコンドルセの系譜にたつものであって，ジェルメーヌは共和主義をイデオローグと共有していたが，その衣に包んだ自由主義は，すでにイデオローグを離れていたのである。

(151) フランスの市民社会論の系譜は，社会を政治的に把握するという特徴をもつといわれる。ジェルメーヌ・スタールには「市民社会」の概念は登場しないが，その公共圏把握を，フランス市民社会論の系譜に加えることができよう。M. リクター「モンテスキューと市民社会論の概念」(『思想』No. 889, 1998 年)。

(152) Gauchet, 《Mme de Staël》, *op. cit*., p. 1059 (柏木訳，1272 ページ).

第 7 章　バンジャマン・コンスタンと自由主義の成立

(1) 総裁政府期から独立がはじまるフランス自由主義の思想と運動は，一枚岩ではない。ジョームは，コンスタンとスタール夫人を中心とした「主体的自由主義」とギゾーにいたる「エリート自由主義」とカトリック的自由主義とに区別する。ローザンヴァロンは，「社会数学 (ラプラス，コンドルセ)，社会生理学 (ビシャ，カバニス，

ピネル），と政治経済学（レドレル，デスチュット・ド・トラッシ）」の三潮流に区別する。Jaume, *L'individu effacé ou paradoxe du libéralisme français*, *op. cit*., pp. 19–21. Rosanvallon, «Présentation», dans Guizot, F., *Histoire de la civilisation en Europe*, Édition établié, présentée et annotée par Rosanvallon, Paris, 1985, p. 307. とくにカトリック的自由主義については，次を参照。Benichou, P., *Les temps des prophètes, Doctrines de l'âge romantique*, Paris, 1977. このように諸潮流を区別するとしても，固有のフランス自由主義の起源をイデオローグに求める点では，研究視角に変化はない。近年英米の研究者は，フランスにおける自由主義の発掘に強い関心を示しているが，事情は同じである。Welch, C. B., *Liberty and Utility : The French Idéologues and the Transformation of Liberalism*, *op. cit*. Kelly, G. A., *The Human Comedy : Constant, Tocqueville, and French Liberalism*, New York, 1992. 本書のように，フランス革命前のコンドルセを自由主義の起点とするのは，ロスチャイルドなどがいるとはいえ，いまだ少数である。Rothschild, *Economic Sentiments, op. cit*.

（2） 総裁政府期の思想と社会については，次に所収の諸論文を参照。安藤編前掲『フランス革命と公共性』。

（3） レドレルの意義を強調するのは，ジョームである。Jaume, L., *Échec au libéralism, op. cit*. ただし，註（1）で紹介した自由主義諸潮流との関係では，レドレルの位置はややわかりにくい。

（4） フランス革命の経済政策をナポレオンが取り込み完成に導いた点については，次を参照。吉田前掲『フランス重商主義論』。

（5） Sauvigny, G. B., «Préface», dans Harpas, E., *L'école libérale sous la Restauration*, Genève, 1968.

（6） 護民院には，ジェルメーヌ・スタールに繋がるコンスタン，ソフィー・コンドルセに繋がるM. ガラも参加しており，自由主義の創生者がいかにこの護民院を重視していたかがわかる。

（7） セーとシスモンディの経済学については，吉田静一の次の著作を参照。吉田静一『近代フランスの社会と経済』未来社，1975年。同『異端の経済学者シスモンディ』未来社，1974年。また，セーについては，次を参照。最近の研究は，セー固有の政治論に注目しており，新しいセー像を生み出しつつある。Poitie, J. P. et Tiran, A., (sous la direction de), *Jean-Baptiste Say : Nouveaux regards sur son œuvre*, Paris, 2003. 喜多見洋「ジャン＝バティスト・セー——習俗の科学から実践経済学へ」（鈴木信雄編『経済思想④経済学の古典的世界 I』日本経済評論社，2005年，第6章として所収）。シスモンディについての日本での最先端の研究としては中宮光隆の業績がある。中宮光隆『シスモンディ経済学研究』三嶺書房，1997年。中宮光隆「J. C. L. シモンド・ド・シスモンディ——恐慌・困窮克服の経済学」（大田一廣編『経済思想⑥社会主義と経済学』日本経済評論社，2005年，第2章として所収）。

（8） コッペ・グループについては，次の論文集が有益である。Association Benjamin

Constant, Société des études Staëliennes, *Benjamin Constant, Madame de Staël et le groupe de Coppet*, publiés sous la direction d'Etienne Hofmann, Paris, 1982.

(9) コンスタンの自由主義といえば，彼が1819年にパリのアテネ・ロワイヤルの講演で論じた，近代における「個人的自由」と「政治的自由」の分離という問題提起があまりにも有名なため，ほとんどの研究が，このコンスタンの近代的自由の把握を，自由主義における彼の独自の貢献として，これを中心に論じている。しかし，本書で取り上げたように，コンドルセなどによって論じられていたこの近代的自由論は，コンスタンに独創性を求めることはできない。コンスタンにおいては，「個人的自由」と「政治的自由」の分離だけでなく，両者の近代的結合こそが重要主題であったことを，本章は示していきたい。なお，本書の研究にとっても，コンスタンの諸著作における「自由」の用語を丹念に拾い上げ，彼の自由の観念の内容を分析した次の研究が，有益であった。Gougelot, H. *L'idée de liberté dans la pensée de Benjamin Constant*, Melun, 1942.

(10) コンスタンの生涯と思想を概観するには，その「政治原理」が確立したと言われる1806年までについては，ホフマンの整理が基本となる。Hofmann, E., *Les 《Principes de politique》 de Benjamin Constant*, t. I, La genèse d'une œuvre et l'évolution de la pensée de leur auteur (1789-1806), Genève, 1980. ホフマンによれば，コンスタンの政治思想は，大きく三つの時期に区分される。まず，1794年までは旧体制を告発する政治活動期であり，続いて，1799年までの総裁政府期戦闘的共和主義の時代，最後に，1800年以降，コッペ・グループとドイツ思想の影響を受け独自の政治思想を展開する時期である。しかし，ホフマンの整理には思想史的関心が希薄であって，コンスタンが総裁政府期にはイギリス思想の影響を，1800年以降はドイツ思想の影響を，強く受けたと指摘しているが，イギリス思想，ドイツ思想のそれぞれの内容を示しているわけではない。思想史的視点からは，次の研究がより有益である。Gauchet, M., 《Constant》, *op. cit.*（柏木訳「コンスタン」，前掲『フランス革命事典』2，所収）. コンスタン自身の自伝的作品『赤い手帖』（1811年執筆）や『日記』（1803-1816年）が有益であるのは，もちろんである。また，次も参照。Bastid, P., *Benjamin Constant et sa doctrine*, 2vols, Paris, 1966. Wood, D., *Benjamin Constant : A Biography*, London, 1993.

(11) Holmes, S., *Benjamin Constant and the Making of Modern Liberalism*, New Haven, London, 1984, pp. 3-5.

(12) Rudler, G., *La jeunesse de Benjamin Constant 1767-1794*, chap. II, pp. 135-155. Wood, D., *Benjamin Constant : A Biography, op. cit.*, 1993, p. 80.

(13) Constant, *B., Œuvres complètes, Série Œuvres*, Comite directeur, President : Paul Delbouille, Jean-Daniel Candaux, C. P. Courtney, Alain Dubois, Etienne Hofmann, Norman King, Kurt Kloocke, Lucia Omacini, Cllaude Reymond et Dennis Wood, Tübingen, 1998-(刊行中). Wood, D., *Benjamin Constant A Biography, op. cit.* コンスタンの新『全集』はエディンバラ時代の論考も収録しており，有益である。もちろん，以前のホフマンによる文献集成も，依然として研究の基本となる。Hof-

mann, E., (sous la direction de), *Bibliographie analytique des écrits sur Benjamin Constant (1796-1980)*, Oxford, 1980. また次も参照。Valloton, F., *Bibliographie analytique des écrits sur Benjamin Constant (1980-1995)*, Paris, 1997.

(14) Rudler, *La jeunesse de Benjamin Constant, op. cit.*, pp. 165-168. Wood, D., *Benjamin Constant : A Biography, op. cit.*, pp. 43-62. Constant, 《Le cahier rouge》, dans *Œuvres* de Constant, Texte présenté et annoté par Roulin, A., Paris, 1957 (Bibliothèque de la Pléiade), p. 126.

(15) Constant, *Œuvres complètes, Série Œuvres, op. cit., Œuvre* I, pp. 115-197. 水田洋「アダム・スミス，コンスタン，マケンジー」（『東京経大学会誌』第137号，1984年，98-102ページ）。

(16) 本書第4章，参照。コンスタンは，主にリセ聴講によって，アベ・モルレ，コンドルセ，J. ガラなどとの親交を深めたといわれ，フランス啓蒙思想の世代交代に立ち会ったということができるし，このときの，ラ・ファイエットとの出会いと議論はアメリカ問題を現実的に受け止める機会となったであろう。Wood, *Benjamin Constant : A Biography, op. cit.*, p. 80. Faubre-Luce, A., *Benjamin Constant*, Paris, 1939, pp. 33-34. Rudler, *La jeunesse de Benjamin Constant, op. cit.*, p. 179. 《Le cahier rouge》, *Œuvres* de Constant, (Bibliothèque de la Pléiade), *op. cit.*, p. 127.

(17) Constant, 《De la révolution du Brabant en 1790》 *Œuvres completés Série Œuvres* de Constant, *op. cit., Œuvres* I, pp. 211-237.

(18) Gauchet, 《Constant》, *op. cit.*, p. 952（柏木訳，1241ページ）.

(19) Holmes, *Benjamin Constant and the Making of Modern Liberalism, op. cit.*, p. 12.

(20) テルミドール反動後政治活動に参加するコンスタンにとって，ルソー的共和主義は受け入れがたいものであった。ただし，コンスタンは，ルソーを全面否定したわけではなく，ルソーの社会契約論を受け継いでいたといわれる。*Ibid.*, pp. 87-103. しかし，この場合も，徳を実現する共和国というロベスピエール的意味においてではなく，代議政体の樹立というシエース的意味において，契約の論理を認めていたのである。コンスタンは，ルソーおよびロベスピエールの共和国が，理念においてではなく適用方法において誤ったものであると考えていた。Hofmann, E., *Les 《Principes de politique》 de Benjamin Constant*, t. II, Texte établi d'après les manuscrits de Lausanne et de Paris avec une introduction et des notes, Genève, 1980, pp. 43-46.

(21) 本書第5章，参照。水田前掲「アダム・スミス，コンスタン，マケンジー」102-106ページも参照。

(22) Gauchet, 《Constant》, *op. cit.*, p. 952（柏木訳，1241ページ）. 浦田前掲『シエースの憲法思想』222-223ページ。

(23) 書物のタイトルをみるだけで，王党派（反動）とロベスピエール派（復活）の両者をともに斥け，自由共和派を結集しようとしていることは明らかである。

(24) Barberis, M., 《Introduction》, dans *Œuvres complètes, Série Œuvres* de Constant, *op. cit., Œuvre* I, p. 323.

(25) Grange, H., 《Introduction》, dans Constant, *Fragments d'un ouvrage abandonné*

sur la possibilité d'une constitution républicaine dans un grand pays, Édition établié par Grange H., Paris, 1991, p. 17.

(26) Constant, 《Compte rendu de *De l'influence des passions sur le bonheur des individus et des nations* de Germaine de Staël》, *Gazette nationale, ou le Moniteur universal*, n° 35, quintidi 5 brumaire an V/ mercredi 26 octobre, 1796, dans *Œuvres complètes, Série Œuvres* de Constant, *op. cit.*, *Œuvre* I, pp. 419–427.

(27) Constant, *De la force du gouvernement actuel de la France et de la nécessité de s'y rallier*, 1796, *Œuvres complètes, Série Œuvres* de Constant *op. cit.*, *Œuvre* I, p. 327.

(28) *Ibid.*, p. 376.

(29) Barberis, M., 《Introduction》, dans *Œuvres complètes, Série Œuvres* de Constant, *op. cit., Œuvre* I, p. 450.

(30) Constant, *Des réactions politiques*, 1797, *Œuvres complètes, Série Œuvres* de Constant *op. cit., Œuvre* I, p. 457.

(31) *Ibid.*, p. 457.

(32) *Ibid.*, p. 458.

(33) *Ibid.*, p. 457.

(34) Constant, *De la force du gouvernement actuel de la France et de la nécessite de s'y rallier, op. cit.,* p. 375.

(35) Gauchet, 《Constant》, *op. cit.*, p. 952（柏木訳，1242ページ）．コンスタンの政治思想の枠組みのこのような変化については，コンドルセとの比較で，別の機会に指摘した。安藤前掲「革命とそれ以後における自由と公共」。

(36) Mme de Staël, *Des circonstances actuelles qui peuvent terminer la Révoution et des principes qui doivent fonder la république en France, op. cit.*, p. 34.

(37) 第6章で，ジェルメーヌ・スタールの側から，ネッケルの発言も含め，指摘した。Grange, H., *op. cit.*, p. 462.

(38) Mme de Staël, *Des circonstances actuelles qui peuvent terminer la Révolution et des principes qui doivent fonder la république en France*, *op. cit.,* p. 5.

(39) 護民院でのコンスタンの活動については，次を参照。Hofmann, *Les* 《principes de politique》 *de Benjamin Constant, op. cit.*, t. I, pp. 187–218. Bastid, *Benjamin Constant et sa doctrine, op. cit.*, t. I, pp. 152–179. Jasinski, B. W., 《Benjamin Constant tribun》, dans Hofmann, E., (sous la direction de), *Benjamin Constant, Madame de Staël et le groupe de Coppet*, *op. cit.* ナポレオンの意図は，このときも，後の百日天下のときも，たんにコンスタンを政治的に利用しようとしただけであったようである。Kerchove, A., *Benjamin Constant ou le libertin sentimental*, Paris, 1950, pp. 170–174.

(40) Gauchet, 《Constant》, *op. cit.*, p. 955（柏木訳，1246ページ）.

(41) Chronologie de Benjamin Constant, dans *Œuvres complètes, Série Œuvres* de Constant, *op. cit., Œuvre VI*, pp. 5–14.

(42) Todorov, T., *Benjamin Constant La passion démocratique*, Paris, 1997. 小野潮『バ

ンジャマン・コンスタン——民主主義への情熱』法政大学出版局，2003年，7-14ページ。

(43) コンスタンのこの論説については，文献考証問題も含め，刊行中の新『全集』，第14巻，「序文」を参照。《Introduction》 par Kloocke, K., dans *Œuvres complètes, Série Œuvres* de Constant, *op. cit*., *Œuvre XIV*, pp. 11-35.

(44) Constant, *Des réaction politiques*, *Œuvres complètes, Série Œuvres* de Constant, *op. cit*., *Œuvre I*, pp. 457-458.

(45) Gauchet, 《Constant》, *op. cit*., p. 952（柏木訳，1242ページ）.

(46) Constant, *De l'esprit de conquête et de l'usurpation dans leurs rapports avec la civilisation européenne*, *Œuvres* de Constant, (Bibliothéque de la Pléiade), *op. cit*., p. 959.

(47) *Ibid*., p. 960.

(48) *Ibid*., p. 960.

(49) *Ibid*., p. 1054.

(50) *Ibid*., p. 1013.

(51) Constant, *Principes de politique applicables à tous les gouvernements*, Texte par Hofmann, Les 《*Principes de politique*》 *de Benjamin Constant, op. cit*., t. II, p. 38.

(52) *Ibid*., p. 1033.

(53) *Ibid*., p. 1574.

(54) *Ibid*., p. 1573.

(55) 政治的思考の枠組みは，ジェルメーヌ・スタールと合致する。

(56) レドレルの場合，諸個人は統治の対象なので，主体としての個人は登場しないといってもよい。ジョームは，コンスタンとスタール夫人の自由主義には個人が認められているが，他のフランス自由主義は主体としての個人を嫌ったと，捉えている。Jaume, L., *L'individu effacé ou paradoxe du libéralisme français*, *op. cit*., p. 19.

(57) この時期のジャーナリズムについては，次を参照。Cabanis, A., *La presse sous le consulat et l'empire* (1799-1814), Paris, 1975. ジャーナリズムや「世論」が近代政治の自由の心臓部を構成するとコンスタンが考えていたことは，B. フォンタナも詳しく吟味している。ところが，フォンタナは，政治的に「世論」を重視したコンスタンが，他方でこれを否定的にみる例として『アドルフ』を引く。フォンタナでは，「世論」に基づく政治という文脈と「世論」から孤立する個人という文脈はまったく交差しない。フォンタナの場合は，公共圏に対するコンスタンの独自の意義付けが捉えられていないと思う。そのため，コンスタンの政治原理的考察における「世論」と『アドルフ』における「世論」とは，相互に何の関連もないとみられることになったのである。フォンタナは，コンスタンが「個人的自由」と「政治的自由」との近代的結合を模索したことについて，十分に注意を払っていないと思われる。また，フォンタナは，コンスタンへのコンドルセの影響について，コンドルセへのスミスの影響も含めて指摘しているが，本書が強調する道徳哲学的問題圏に無自覚であるため，影響関係の事実の確認にとどまってしまった。Fontana, B., *Ben-*

jamin Constant and the Post-Revolutionary Mind, New Haven, London, 1991, pp. 42-47, pp. 81-97.

(58) Todorov, T., *Les morales de l'histoire*, Paris, 1991, chap. V（T. トドロフ『歴史のモラル』大谷尚文訳，法政大学出版局，1993年，第V章）.

(59) *Ibid*., pp. 218-221（大谷訳，250-253ページ）.

(60) 芸術的価値や民族の伝統など，何らかの価値に絶対性を認めれば，コンスタンの言う思想の自由は検閲によって制限されることになる。フランスの「国家による自由主義」も社会主義も，このコンスタンの相対主義による自由擁護の見解を受け入れることはしなかった。

(61) 公共性の国家に対峙するこの性格が，公共圏の国際的性格から来ていることも，確認しておきたい。

(62) この『憲章』の自由主義的条項を活用するのが，フランス自由主義に共通の政治的態度である。多くは，『憲章』の範囲内で，自由主義的体制を実現しようとしたのであり，とりわけドクトリネールがそうであった。

(63) 百日天下におけるコンスタンの活動については，次を参照。Bastid, *Benjamin Constant et sa doctrine, op. cit*., t. 1, pp. 283-287, t. 2, pp. 886-889, pp. 887-899. 岡本明『ナポレオン体制への道』ミネルヴァ書房，1992年，327-336ページ。

(64) Constant, *De l'esprit de conquête et de l'usurpation dans leurs rapports avec la civilisation européenne*, *Œuvres* de Constant, (Bibliothéque de la Pléiade), *op. cit*., p. 1003.

(65) *Ibid*., p. 964.

(66) レドレルが社会の機構分析を主としたとすれば，コンスタンは歴史分析を重視し，近代的個人の主体形成を中心に社会を観察していたということができる。

(67) Constant, *Mélanges de litérature et de politique*, Paris, 1829, p. 421.

(68) Constant, *De l'esprit de conquête et de l'usurpation dans leurs rapports avec la civilisation européenne*, *Œuvres* de Constant, (Bibliothéque de la Pléiade), *op. cit*., p. 995. コンスタンだけでなく，復古王政期の自由主義は，1814年の『憲章』を手がかりに，政治活動を展開した。この『憲章』の性格と，自由主義運動の成果と困難については，ローザンヴァロンの研究を参照。Rosanvallon, P., *La monarchie impossible : Les Chartes de 1814 et de 1830*, Paris, 1994.

(69) スタール夫人とともに，コンスタンもドイツの文学と思想をフランスに伝え，フランス・ロマン主義の成立に寄与したといわれる。1809年には，ドイツ演劇の紹介もしていて，自由主義思想成立の前に，ドイツ思想から影響を強く受けていたのは，スタール夫人以上かもしれない。Constant, *Wallstein, tragédie en cinq actes et en vers*, précédé de *Quelques réflexions sur le théâtre allemand*, Genève, Paris, Paschoud, 1809.

(70) 文学が専門化し，政治から分離するのは，もう少し後の，1830年代頃からであり，コンスタンの時代は，多かれ少なかれ，政治と文学は結びついていたともいえる。

(71) 田中前掲『フランス自由主義の生成と展開』40-44ページ。

(72) Constant, *De la liberté des anciens comparée à celle des modernes*, Discours prononcé à l'Athènes royal de Paris en 1819, dans Constant, *Cours de politique constitutionnelle ou collection des ouverage publiés sur le gouvernement représentatif par Benjamin Constant* avec une introduction et des notes par M. Édouard Laboulaye, Paris, 1872, t. II, p. 542.

(73) *Ibid*., pp. 539-541.

(74) Constant, *Mélanges de litérature et de politique, op. cit*., pp. 404-412.

(75) Constant, *Principes de politique applicables à tous les gouvernements*, *Œuvres* de Constant, (Bibliothéque de la Pléiade), *op. cit*., pp. 1167-1168.

(76) *Ibid*., p. 1054.

(77) Constant, *De l'esprit de conquête et de l'usurpation dans leurs rapports avec la civilisation européenne,* dans *Œuvres* de Constant, (Bibliothéque de la Pléiade), *op. cit*., p. 1013.

(78) Constant, 《Sur la censure des journaux》, Discours à la Chambre, Séance du 7 juillet, 1821, *Œuvres* de Constant, (Bibliothéque de la Pléiade), *op. cit*., p. 1296.

(79) Costant, *Mémoires sur les Cent-Jours*, Paris, 1829, 《Introduction》 de la deuxième édition, dans *Œuvres complètes*, *Série Œuvres* de Constant, *op. cit*., *Œuvre XIV*, p. 71.

(80) Constant, *Principes de politique applicables à tous les gouvernements*, Texte par Hofmann, *Les 《Principes de politique》 de Benjamin Constant, op. cit.*, t. II, p. 165.

(81) Constant, *De l'esprit de conquête et de l'usurpation dans leurs rapports avec la civilisation européenne*, dans *Œuvres* de Constant, (Bibliothéque de la Pléiade), *op. cit*., p. 1033.

(82) Constant, *Principes de politique applicables à tous les gouvernements*, Texte par Hofmann, *Les 《Principes de politique》 de Benjamin Constant, op. cit.*, t. II, p. 433.

(83) Constant, *Mélanges de litérature et de politique,* dans *Œuvres* de Constant, (Bibliothéque de la Pléiade), *op. cit*., p. 801.

(84) Constant, *Principes de politique applicables à tous les gouvernements*, Texte par Hofmann, *Les 《Principes de politique》 de Benjamin Constant, op. cit.*, t. II, p. 628.

(85) Constant, *Cours de politique constitutionnelle*, *op. cit*., t. II, p. 39.

(86) 田中前掲『フランス自由主義の生成と展開』45-47ページ。

(87) Constant, *Principes de politique applicables à tous les gouvernements*, Texte par Hofmann, *Les 《Principes de politique》 de Benjamin Constant, op. cit*., t. II, p. 368.

(88) コンスタンの雑誌，新聞掲載の論説を集成する出版が進行中であり，ジャーナリスト・コンスタンの関心を追ううえで，きわめて有益である。Benjamin Constant, *Recueil d'articles 1795-1817*, Introduction, notes et commentaries par Éphraïm Harpaz, Genève, 1978, *Recueil d'articles 1820-1824*, Genève, 1981.

(89) Constant, *Mélanges de litérature et de politique*, dans *Œuvres* de Constant, (Bibliothéque de la Pléiade), *op. cit*., p. 831.

(90) *Ibid*., p. 834.
(91) 前章の議論と重複するので，ここでは，簡略に示す。
(92) *Ibid*., p. 835.
(93) *Ibid*., p. 835.
(94) *Ibid*., pp. 835-836.
(95) ルソーの『告白』にはじまり，スタンダールの『アンリ・ブリュラールの生涯』へと連なるという流れで，「自伝の文学」の系譜の存在を確認することができる。中川久定『自伝の文学』岩波新書，1979 年。「道徳小説」は，この自伝の文学の流れに添うように生まれる。リチャードスンの影響下でルソーとディドロによってフランスに力を得た感情的哲学小説の流れとして，主題を社会とモラルの変革においていたということができる。しかし，コンスタンが目指した文学と政治の結合は，スタンダール的自伝の文学によって文学が政治から自立していくとき，解体していくと思われる。
(96) 『アドルフ』の文学作品としての分析は無数にあるが，社会思想史的分析は，水田洋の次の諸論文以外には見あたらない。水田前掲「アダム・スミス，コンスタン，マケンジー」。同「『アドルフ』とアダム・スミス」（グループ象『象』創刊号，1988 年）。同前掲『思想の国際転位』第 6 章。本章は，この水田の研究に多くを学んでいる。ただし，コンスタンの「商業社会」把握と「観察者」の概念の双方について，本章の結論は，水田の見解と同じではない。
(97) 恋愛が結婚と家族の成立によって完成すると，コンスタンはみていたのではない。コンスタンが，近代人の家庭への退却を，政治的挫折とみて，批判していたことはすでにみた。コンスタンは，この家族の持つ否定的力を克服する方向を摑んではいないが，家族制度を近代的個人の阻害要因として批判していたことは，確実である。
(98) Constant, *Principes de politique applicables à tous les gouvernements*, Texte par Hofmann, *Les «Principes de politique» de Benjamin Constant, op. cit.*, t. II, p. 1573.
(99) Constant, *Adolphe*, Londre, Paris, 1816, dans *Œuvres* de Constant, (Bibliothéque de la Pléiade), *op. cit*., p. 83（コンスタン『アドルフ』新庄嘉章訳，新潮文庫，1954 年，109 ページ）.
(100) 水田前掲『思想の国際転位』第 6 章。
(101) Constant, *De la religion, considerée dans sa source, ses formes et ses développements*, t. 1, Paris, 1824, dans *Œuvres complètes, Série Œuvres* de Constant, *op. cit., Œuvre XII*, p. 90.
(102) 水田洋は次のように言う。「スミスは，商業社会＝近代社会におけるあたらしい人間抑圧に，いくらか気づいてはいたが，全体としては楽観的であった。コンスタンは，部分的に近代化されつつある領邦国家の宮廷社会と，スミスの商業社会とを区別しないで，前者を社会一般と考えた。いくらか近代化され，ゲティンゲン大学卒業生としてのアドルフがそこで成功する余地があったために，宮廷社会と商業社会の区別はつけにくかったであろう。だがそのために，かれの社会批判は，スミスの商業社会への批判とはなりえなかったし，そのことは社会のなかで日常であう人で

あったはずの中立的観察者が，社会のそとにおかれたことにも対応する」（水田前掲『思想の国際転位』204 ページ）。戦争の時代と商業の時代の対比についてのコンスタンの議論についてすでにみたが，コンスタンは，宮廷社会と商業社会の違いについて，水田がいうよりは，明確な区別をもち，大陸の近代のゆがみを示すため宮廷社会をアドルフの舞台としたのではないだろうか。また，「中立的な観察者が，社会のそとにおかれた」のは，その通りであるが，「刊行者の言葉」が作品本体に持ち込まれているように，観察者は公共圏にあって社会との通路を常に保っている点は，重要だと思われる。フランスの 18 世紀「哲学小説」からコンスタンの「道徳小説」にみられる「観察者」の位置については，別の論文を用意しているが，「哲学小説」では作品のなかに登場しない「観察者」が，書簡体形式の相互的意見交換（ソフィー・コンドルセの観察者）をへて，コンスタンの「道徳小説」で，ついに作品のなかに存在を現す。この変遷は，公共圏の位置に対応していると考えられる。

(103) Constant, *Mélanges de litérature et de politique*, dans *Œuvres* de Constant, (Bibliothéque de la Pléiade), *op. cit*., pp. 835–836.

(104) Constant, *Réflexions sur la tragédie*, Paris, 1829, dans *Œuvres* de Constant, (Bibliothéque de la Pléiade), *op. cit*., p. 912.

(105) *Ibid*., pp. 912–913. この問題については，次を参照。Todorov, T., *Les morales de l'histoire, op. cit*., chap. V, pp. 227–228（T. トドロフ『歴史のモラル』大谷尚文訳，第 V 章，261–262 ページ）.

(106) Constant, *Cours de politique constitutionnelle, op. cit*., t. I, p. 445.

(107) コンスタンの考える公共圏は，出版の自由により確保される書物とジャーナリズムの世界であり，抽象的には表現の自由一般でもあり，歴史具体的公共圏把握としては，か細く映るかもしれない。しかし，このような表現圏および論壇を，独自の政治空間とし，その絶対的自由を主張した自由主義は，フランス自由主義においては，独自の存在である。

(108) 花田達朗の言葉。花田前掲『メディアと公共圏のポリティクス』。

第 *8* 章　体制としての自由主義

(1) Todorov, T., *Les morales de l'histoire, op. cit*., p. 212（大谷訳『歴史のモラル』244 ページ）.

(2) ボナールは，過去への復帰を主張したのではなく，市民社会秩序と家族秩序を同質のものとみなし，現実の家族制度と強力な権力に基づいて，王政体制を再編しようとした。Bonald, L., *Théorie du pouvoir politique et religieux dans la société civilisée*, Paris, 1796. ボナールにとっては，家族の確立と「離婚」問題が，「公共的ないしは政治的状態」すなわち社会秩序の根本問題であった。Bonald, *Du divorce, considéré au XIX*^{e} *siècle relativement à l'état domestique et à l'état public de société,* dans

Œuvres de M. de Bonald, Essai analytique sur les naturelles de l'ordre social, Du divorce, Pensées sur divers sujets, Discours politiques, Paris, 1847.

(3) Girard, L., *Les libéraux français 1814-1875*, Paris, 1985, pp. 53-58.

(4) 自由主義的カトリシズムについては，ここで扱う余裕はない。次の研究を，是非とも参照。Jaume, L., *L'individu effacé ou le paradoxe du libéralisme français, op. cit*., chap. III. Benichou, P. *Le temps des prophètes, Doctrines de l'âge romantique*, Paris, 1977.

(5) この時期のフランスのブルジョワ化とその担い手をめぐる錯綜した状況を手際よく整理した研究として，次を参照。小田中直樹『フランス近代社会 1814〜1852』木鐸社，1995 年。とくに，第 1 章「王政復古の歴史的位置」。Tulard, J., *La vie quotidienne des français sous Napoléon*, Paris, 1978, pp. 77-83. Chaussinand-Nogaret, G., éd. *Histoire des élites en France du 16e siècle au 20e siècle*, Paris, pp. 280-294.

(6) Godechot, J., «Préface», dans Cabanis, A., *La presse sous le Consulat et l'Empire (1799-1814)*, Paris, 1975, p. V. この時期のジャーナリズムについては，カバニスの本書の他，次も参照。前川貞次郎『フランス革命史研究』創文社，1956 年，35-36 ページ。

(7) 「交信手段の乏しいこの時代においては，出版が重要性の中心的地位を得た」(Harpaz, E., *L'école libérale sous la Restauration*, Paris, 1968, p. 1)。

(8) 鹿島茂『新聞王ジラルダン』筑摩文庫，1997 年（初出は『新聞王伝説――パリと世界を征服した男ジラルダン』筑摩書房，1991 年)，45 ページ。同「ジャーナリズムとバルザック」(バルザック『ジャーナリズム博物誌』鹿島茂訳，新評論，1986 年，所収)。

(9) エンジニア・エコノミストの活動も，代表的事例である。栗田啓子『エンジニア・エコノミスト』東京大学出版会，1992 年。エンジニア・エコノミストは，1804 年にナポレオンが改革した新制「理工科学校」の出身者に発する。また，オーギュスト・コントやサン＝シモニアンのアンファンタン，ミシェル・シュヴァリエが「理工科学校」卒業生であることはよく知られている。

(10) したがって，復古王政期以降のフランス自由主義について，ジャーナリズムの分析を中心に検証するという方法は，きわめて有効である。Harpaz, *L'école libérale sous la Restauration, op. cit*. また，『憲章』の諸規定分析と『憲章』をめぐる復古王政期の政治については，ローザンヴァロンの詳細な研究がある。Rosanvallon, P., *La monarchie impossible, op. cit*.

(11) すでに述べたように，レドレルの新聞は『公共経済』であり，コンスタンの論文集は『文学政治雑文集』であって，公共圏に対する両者の態度が，表題にもよく現れている。

(12) コンスタンも代議士活動に熱心であったが，その代議士の政策課題を公共圏での活動から引き出すだけでなく，公共圏の変革を常に主題としていた。このような傾向は，コンスタンやレドレルだけでなくフランス自由主義全体に，「フランス市民社

会論の政治的性格」を与えたのである。Rosanvallon, P., *Le modèle politique française, La société civile contre le jacobinisme de 1789 à nos jours*, Paris, 2004.

(13) ドクトリネールについては，多くの研究があるが，本書の研究にとって示唆的なのは，ジョームの整理である。Jaume, *L'individu effacé ou paradoxe du libéralisme français, op. cit*., chap. II. ジョームは，ドクトリネールの立憲主義が，コンスタンの個人主義と対立することを重視している。*Ibid*., p. 164. ただし，この時期には，コンスタンとドクトリネールの間の違いはあまり表面化していない。Girard, *Les libéraux français 1814-1875, op. cit*., pp. 69-79.

(14) 谷川稔・北原敦・鈴木健夫・村岡健二『近代ヨーロッパの情熱と苦悩』(『世界の歴史』22)，中央公論新社，1999年，64-65ページ（谷川執筆部分）。

(15) ギゾー研究の現代的水準は，ローザンヴァロンによって示されている。Rosanvallon, P., *Le moment Guizot*, Paris, 1985. ローザンヴァロンのギゾー論のポイントを知るには，次が便利である。Rosanvallon, 《Guizot》, dans *Dictionnaire critique de la Révolution française, op. cit.*（水島一憲訳「ギゾー」，前掲『フランス革命事典』2，所収）. また，伝記的事項については，主として，次を参照した。Broglie, G. de, *Guizot*, Paris, 1990. 次の諸著作も，是非参照。Pouthas, Ch., *Guizot pendant la Restauration, Préparation de l'homme d'État*, Paris, 1923. Johnson, D., *Guizot : Aspects of French History (1787-1874)*, London, 1963. Colloque de la Fondation Guizot-Val Richer, *François Guizot et la culture politique de son temps* (Textes rassemblés et présentés par Valensise, M.), Paris, 1991. Nique, Ch., *François Guizot : l'École au service du gouvernement des esprit*, Paris, 1999.

(16) ロワイエ＝コラールの影響力は，ギゾー以上に大きいほどであって，「同世代のソクラテス」とも言われる。Kelly, *The Human Comedy, op. cit*., p. 23.

(17) Furet, F. 《Histoire universitaire de la Révolution》, dans *Dictionnaire critique de la Révolution française, op. cit*., pp. 979-997（阪上孝訳「大学における革命史」前掲『フランス革命事典』2，所収，1274-1296ページ）.

(18) Rosanvallon, 《Guizot》, *op. cit*., p. 971（水島訳，1221ページ）.

(19) 前川前掲『フランス革命史研究』67-76ページ。

(20) Rosanvallon, 《Guizot》, *op. cit*., p. 969,（水島訳，1218-1219ページ）.

(21) Guizot, *Histoire de la civilisation en Europe, Depuis la chute de l'Empire romain jusqu'à la Révolution française*, Paris, 1828 (Présenté par Pierre Rosanvallon, Édition Hachette, Paris, 1985), 《Préface de la sixième édition (1855)》, p. 52（ギゾー『ヨーロッパ文明史』安士正夫訳，みすず書房，1987年，ii-iiiページ）.

(22) 田中前掲『フランス自由主義の生成と展開』84-85ページ。

(23) Rosanvallon, 《Guizot》, *op. cit*., p. 969（水島訳，1219ページ）.

(24) Guizot, *Histoire de la civilisation en Europe, Depuis la chute de l'Empire romain jusqu'à la Révolution française, op. cit*., p. 286（安士訳，252ページ）.

(25) *Ibid*., p. 287（安士訳，254ページ）.

(26) *Ibid*., p. 299（安士訳，266ページ）.

(27) *Ibid*., p. 289（安士訳，256 ページ).
(28) *Ibid*., p. 301（安士訳，268 ページ).
(29) *Ibid*., p. 290（安士訳，257 ページ).
(30) *Ibid*., p. 62（安士訳，10 ページ).
(31) *Ibid*., p. 62（安士訳，11 ページ).
(32) *Ibid*., p. 62（安士訳，11 ページ).
(33) *Ibid*., p. 63（安士訳，12 ページ).
(34) *Ibid*., p. 63（安士訳，12 ページ).
(35) *Ibid*., p. 304（安士訳，271 ページ).
(36) *Ibid*., p. 173（安士訳，131 ページ).
(37) *Ibid*., p. 181（安士訳，139 ページ).
(38) *Ibid*., pp. 181（安士訳，139 ページ).
(39) *Ibid*., p. 182（安士訳，140 ページ).
(40) *Ibid*., p. 186（安士訳，145-146 ページ).
(41) *Ibid*., p. 183（安士訳，141 ページ).
(42) *Ibid*., pp. 182-3（安士訳，140-141 ページ).
(43) マルクスはフランス革命史分析に，階級闘争の視点をギゾーなどのフランスの文明史論から学び導入した。マルクスの歴史論から個人の役割が薄れていく前提として，マルクスに階級闘争の歴史という社会把握を教えたフランスの文明史論において，すでに個人が消えていたことが，注目される。
(44) *Ibid*., p. 57（安士訳，5 ページ). エンゲルスは，たとえば，『フォイエルバッハ論』(1888 年）で，ギゾー，チエリ，ミニェ，チエールを階級闘争史観の先駆者としている。マルクスは，1843 年から 1845 年のパリ時代にギゾー『ヨーロッパ文明史』を読んだといわれるし，フュレもマルクスのフランス革命論へのフランスの歴史論からの影響を指摘している。ただし，フュレは『ブルメール十八日』(1852 年）や『フランスの内乱』(1871 年）は，「トクヴィル的」だという。Furet, F., 《Marx》, dans *Dictionnaire critique de la Révolution française, op. cit*., pp. 1027-1028（磯村和人訳「マルクス」前掲『フランス革命事典』2，所収，1380-1382 ページ).
(45) Rosanvallon, 《Présentation》 dans Guizot, *Histoire de la civilisation en Europe, Depuis la chute de l'Empire romain jusqu'à la Révolution française,* (Hachette), *op. cit*., p. 307.
(46) *Ibid*., p. 302（安士訳，269 ページ).
(47) *Ibid*., pp. 291-292（安士訳，258 ページ).
(48) *Ibid*., pp. 297（安士訳，264 ページ).
(49) *Ibid*., pp. 292（安士訳，258 ページ).
(50) *Ibid*., p. 299（安士訳，266 ページ).
(51) ということは，政治社会諸制度においてフランスはイギリスに大きく遅れたことになるが，逆に遅れて革命をおこなうフランスにおいては思想と政治の意義がイギリスにはない大きな比重を占めることになると，ギゾーは見る。Raynaud, Ph., 《La

Rēvolution anglaise», dans Colloque de la Fondation Guizot-Val Richer, *François Guizot et la culture politique de son temps, op. cit*., pp. 74-76. ギゾーによるこのような政治と思想の重視は，社会の主体的把握に繋がり，主権を社会における理性から引き出すという「理性の主権」論を生み出す。

(52) *Ibid*., pp. 170-172（安士訳，128-130 ページ）.

(53) ギゾーは 1814 年以来官吏となり，内務省に続いて法務省に属していたが，1820 年当時の政府の反動化に抗議して辞職し，自由主義的政治活動に入った。Guizot, F., *Du gouvernement de la France depuis la Restauration et du ministere actuel*, Paris, 1820. *Des moyens de gouvernement et d'opposition dans l'ētat actuel de la France*, Paris, 1821.

(54) *Ibid*., p. 131.

(55) *Ibid*., p. 133.

(56) 田中前掲『フランス自由主義の生成と展開』100 ページ。Rosanvallon, *Le moment Guizot*, *op. cit*., pp. 87-94.

(57) Guizot, «De la souverainetē», *Le Globe*, 25 novembre 1826. Guizot, «Philosophie politique : de la souverainetē» dans Guizot, *Histoire de la civilisation en Europe, Depuis la chute de l'Empire romain jusqu'ā la Rēvolution française*, *op. cit*., pp. 327-330.

(58) Rosanvallon, «Guizot», *op. cit*., p. 972（水島訳，1223 ページ）.

(59) *Ibid*., p. 972（水島訳，1223 ページ）.

(60) Guizot, F., *Memoires pour servir ā l'histoire de mon temps*, t. 3, Paris, 1860, pp. 14-15. ギゾーは，復古王政期にも，公教育におけるユニヴェルシテの役割を強調するとともに，これに対する「政府の指導」したがって「国民教育への政府の影響力」が不可欠であると主張していた。Guizot, *Essai sur l'histoire et l'état actuel de l'instruction publique en France*, Paris, 1816, p. 91. ギゾーのユニヴェルシテ論をも分析した，次の前田更子論文は，ギゾーにおける「理性の主権」の具体的意味をも示してくれ，大変有益である。前田更子「19 世紀前半フランスにおける公教育と国家——7 月王政期のユニヴェルシテをめぐって」(『史学雑誌』第 109 編第 6 号)。また次も参照。Rozanvallon, P., *Le moment Guizot, op. cit*., pp. 222-231.

(61) Guizot, *Histoire de la civilisation en Europe, Depuis la chute de l'Empire romain jusqu'ā la Rēvolution française, op. cit*., p. 53（安士訳，iii ページ）.

(62) Rosanvallon, *Le moment Guizot, op. cit*., chap. VII, pp. 223-264.

(63) 小田中前掲『フランス近代社会 1814～1852』292 ページ。

(64) ギゾーの公共圏戦略の鍵をなす教育改革は，必ずしも十分な成果を生まず，「ギゾー法」がもたらした差別化によって，高等教育を受けたにもかかわらず満足できる職に就けなかった「公初等教員」のなかに，反体制的知識人となるものが出現した。志村鏡一郎「ブルジョア自由主義の教育政策」(梅根悟編『世界教育史大系』第 10 巻，講談社，1975 年)，39-46 ページ。

(65) ローザンヴァロンも，ギゾーの自由主義を「ブルジョワ・イデオロギーの誕生」と

規定している。Rozanvallon, P., *Le moment Guizot, op. cit*., pp. 342-347.

(66) 上垣豊「復古王政と七月王政」(服部春彦・谷川稔編『フランス近代史』ミネルヴァ書房，1993年，第3章Iとして所収)，107ページ。もちろん，チエールもギゾーと並ぶ，自由主義の歴史家であり，彼の『フランス革命史』は1832年に，はじめの2巻が出版された。

(67) 田中前掲『フランス自由主義の生成と展開』105-106ページ。

(68) 上垣豊「カトリック王政からブルジョワ王政へ」(谷川稔・渡辺和行編『近代フランスの歴史』ミネルヴァ書房，2006年，第3章として所収)，105-106ページ。

(69) Weill, G., *Histoire du Catholicisme libéral en France 1828-1908*, Paris, 1909. (Slatkine reprint, Paris, Genève, 1979), p. 39. 自由主義的カトリシズムについては，註(4)で挙げた文献参照。Jaume, L., *L'individu effacé ou le paradoxe du liberalisme français, op. cit*., chap. III. Benichou, P., *Le temps des prophètes, Doctrines de l'age romantique, op. cit*.

(70) ジョームが，自由主義的カトリシズムも個人主義を主張しない点で，批判的自由主義としての性格に欠けるとしていたことは，すでに指摘した。Jaume, L., *L'individu effacé ou paradoxe du libéralisme français*, *op. cit*., p. 11, pp. 19-20.

(71) 教育政策の挫折は，志村鏡一郎の指摘にもあることは，すでにみた。志村前掲「ブルジョア自由主義の教育政策」39-46ページ。

(72) 逆に，サン＝シモンは「新キリスト教」を掲げたし，サン＝シモンから独立し実証主義を唱えたコントが「人類教」を樹立しようとしたことは，あまりによく知られている。このような空想的社会主義，実証主義と自由主義的カトリシズムの融合，さらにはそれらに浸透するロマン主義の発展は，ギゾーの体制としての自由主義が，自由主義を統合し得なかったことを現す。Benichou, *op. cit*., pp. 71-220.

(73) ここでのフーリエの思想分析は，次の二論文の要約である。安藤隆穂「シャルル・フーリエにおけるアソシアシオンの構想」(『経済科学』(名古屋大学) 第25巻第3号，1978年)。安藤隆穂「フーリエの人間解放論と家族制度」(高橋春子編『女性の自立と家政学』法律文化社，1981年，第2章として所収)。

(74) サン＝シモンの生涯と思想については，いまでも，F. E. マニュエルの研究が最も体系的であると思う。また次も参照。吉田静一『サン＝シモン復興——思想史の淵から』未来社，1975年。

(75) 広田明「サン＝シモンの社会組織思想における市民社会と国家」(一)，(二)(『社会労働研究』第20巻第1号，第2号，1974年)。高草木光一「C.-H. de R. サン＝シモン——産業への隘路」(大田一廣編『経済思想⑥社会主義と経済学』日本経済評論社，2005年，第1章として所収)。

(76) 空想的社会主義のブルジョワ的性格は，もともとマルクスとエンゲルスによって指摘され，日本では，かつて坂本慶一によって，産業革命思想として，そのブルジョワ的性格が，よりいっそう強調されたことがある。次も参照。岩本吉弘「王政復古期フランスにおける産業主義と反産業主義」*Study Series*, No. 32, 一橋大学社会科学古典資料センター，1994年。

(77)　公共圏と社会との緊張について，コンスタンの方がこれを鋭く問題とし，商業社会批判の意識を強く持っていたことは，繰り返し論じた。
(78)　ギゾーやチエールもジャーナリストといえるが，彼らの活動は，政治的機関誌を中心としている。自由主義の政治機関誌的役割を果たしたものには，「サンスール」「ミネルヴ」「グローブ」「クリエ・フランセ」「ナシオナル」などがあった。前川前掲『フランス革命史研究』35-36ページ。
(79)　鹿島前掲「ジャーナリズムとバルザック」218-219ページ。
(80)　河野健二「一八四八年と社会主義」（河野『資本主義批判の立場（近代を問う第II巻）』岩波書店，1995年，第6章として所収）。
(81)　Jardin, A., *Alexis de Tocqueville, 1805-1859*, Paris, 1984, chap. 5（アンドレ・ジャルダン『トクヴィル伝』大津真作訳，晶文社，1994年，96-98ページ）.
(82)　松本礼二『トクヴィル研究』東京大学出版会，1991年。宇野重規『デモクラシーを生きる』創文社，1998年。
(83)　フュレによれば，「トクヴィルには，フランス革命を自由の創設と自由の破壊とに分ける，自由主義の歴史学の古典的な考え方をみることもできる」。しかしながら，トクヴィルは，階級闘争史観をミニェやギゾーと共有しない。要するに，トクヴィルにとって，「民主制への動きは不可逆である」。Furet, 《Tocqueville》, dans *Dictionnaire critique de la Révolution française*, *op. cit*., pp. 1081-1082（富永茂樹訳「トクヴィル」，前掲『フランス革命事典』2，所収，1325ページ），こうして，孤立する近代的個人の運命がトクヴィルの主題であった。コンスタンが強調した近代的個人をギゾーが階級闘争に埋め込んでしまった後で，トクヴィルは，個人の問題を救い出さなければならなかったのである。

終　章　フランス自由主義の歴史的諸形態

(1)　Rosanvallon, 《Physiocrates》, *op. cit*., p. 816（河野訳「重農学派」前掲『フランス革命事典』2，1028ページ）.
(2)　チュルゴ改革については，ふつう，高等法院派とフィジオクラートの対立，あるいは，フィジオクラートとネッケルの対立が中心に取り上げられるが，チュルゴ派のなかで，フィジオクラートのデュポン・ド・ヌムールからコンドルセへの主役転換が行われ，フィジオクラートが力を失った点を，本書は明らかにしてきた。
(3)　コンドルセの『黒人奴隷に関する考察』における自由主義については，次も参照。Ando, 《L'economie coloniale chez Smith et Condorcet》, *op. cit*. フィジオクラートからチュルゴとコンドルセを区別し，これに「公共経済学」や自由主義の新しい潮流の始まりを求めるのは，ファッカレーロやロスチャイルドの研究にみられる。Faccarello, 《Le legs du Turgot》, dans Faccarello et Steiner éd. *La pansée économique pendant la Révolution française*, *op. cit*. Rothschild, *Economic Sentiments, op. cit*.
(4)　このときのアカデミーを頂点とする公共圏組織というコンドルセの構想は，総裁政

府期イデオローグの教育改革のほとんどを準備していたことになる。ただし，イデオローグは，コンドルセの公共圏把握の前提となっていた「個人的自由」の概念については，これを継承しなかった。

（5）「所有者市民」が，イギリス思想においては，ロック以来，労働に基づく所有の観念によって，近代的個人の主体性を反映する存在であったのに対し，フランスにおいて，政治主体として「所有者市民」を主張したフィジオクラートは，ロックの労働所有権論を受容しなかった。したがって，労働の権利や所有の権利が主張される場合にも，それは，近代的個人の主体形成にかかわる議論としては，フランスでは，展開されない。コンドルセが人格の自由を強調したのは，フランスにおけるロック的個人の屈折を表すといってもよい。

（6）Faccarello, 《Le legs du Turgot》, *op. cit*.

（7）ベイカーやローザンヴァロンは，この時期の「経済的自由主義」の性格転換を軽視している。そのため，この時期の「政治的自由主義」への動向を，フィジオクラートの延長上で「地主国家」の民主化という方向において把握するのである。本書序章，参照。ジョームも，ほぼ同様であって，彼は「経済的自由主義」を考察対象から外し，「政治的自由主義」の三つの潮流によるフランス自由主義思想史を描いているのである。Jaume, *L'individu effacé ou paradoxe du libéralisme français, op. cit*., pp. 11-12.

（8）Sieyès, 《Lettre aux économists sur leur système de politique et de morale》, *op. cit*.

（9）このような民主化は，社会のなかに政治主体にふさわしい理性的個人を調達する方向なので，個人の社会的解放が政治主体としての成熟に繋がる過程分析をもたない。したがって，近代的個人は，常にエリートという枠内で把握されるにすぎないのである。

（10）チュルゴ改革に，フィジオクラートからチュルゴおよびコンドルセの自由主義が分化する点を，本書は強調している。この2つの自由主義は，フランス革命期にも，多くは共同歩調をとったので，普通区別されない。コンドルセがスミスに傾斜したのとときを同じくして，フィジオクラートも『国富論』への関心を深めたこともすでに指摘した。この点でも，2つの自由主義は，区別が明確でないとみえるかもしれない。しかし，土地財産へのフィジオクラート的執着を振り切ろうとする点で，コンドルセの自由主義は，明らかに新しい類型の自由主義であった。同じく『国富論』に接近したにしても，この2つの潮流において，その読み方は，異なっていた。『国富論』のフランス語訳にも，ルーシエ版（1790-1791年）とガルニエ版（1802年）が出現した。ルーシエ版にはコンドルセの「解説」が含まれると予告されていた。実際にはつけられなかったが，その「解説」は，『公人叢書』所収の『国富論』解説とほぼ同じものであったと思われる。ガルニエも，『国富論』解説を付け，スミスの分業論を生産力論としてのみ評価し重農主義の経済体系に組み込もうとした。コンドルセの「解説」とガルニエによる「解説」を対比するとき，2つの自由主義の違いも，表現されていると思われるが，ここでは立ち入る余裕を持たない。ガルニエによる『国富論』の解釈については，次を参照。喜多見洋「G. ガルニエによ

るスミス経済学のフランスへの導入」（『大阪産業大学論集 社会科学編』第 98 号，1995 年）。

(11) コンドルセの進歩の哲学や道徳哲学の主題は，憲法論としては，自然法論の言葉で示される。したがって，シエースの方が，自然法論を経験的社会に具体化しようという意識が強いようにみえるかもしれない。

(12) イデオローグの活動が，とりわけ教育システムの樹立に集中したのも，知識と権力の合一を目指し，科学による統治を実現しようとしたことの，自然の結果である。

(13) I. バーリンが極端に分離したように，自由には，積極的自由と消極的自由の二契機がある。フランス自由主義は，国家への自由と国家からの自由の同時実現を課題としており，「所有者市民」の社会にその解決を求めたが，肝心の「所有者市民」の社会樹立に十分成功しなかったということができる。

(14) コンドルセが受動市民において確保しようとした近代的政治主体は，「イデオローグの共和国」では，政治社会からは排除された。

(15) フランスでは，総裁政府末期頃から，「社会」あるいは「社会的」存在への関心が強まるのが見られるが，これは，「イデオローグの共和国」が構築した公共性と政治空間が狭隘であって，社会性を十分に吸収できなかったことによる。ソフィー・コンドルセの道徳哲学も，「イデオローグの共和国」の政治空間に対応する近代的個人の社会圏の考察として構想されたが，コンスタンやスタール夫人は，これを，国家に対抗する社会空間という性格を強め，継承するのである。

(16) 第一帝政期から復古王政期にかけて，自由主義と保守反動派とは，意外によく似た社会表象をもっていた。保守派については，次を参照。小田中前掲『フランス近代社会 1814〜1852』11-12 ページ。自由主義については，本書とともに，簡潔には次を参照。安藤前掲「革命とそれ以後における自由と公共」。両者がこのように類似するのは，双方が社会の組織の基礎に家族を求めていたことによるだろう。

(17) 出版と新聞を公共圏の軸として強調したことだけでなく，これを具体的足場にして，公共圏を独自の政治的領域と意義づけたことが重要である。

(18) フランス革命に始まる公共的言論空間が，理性を使用する文章としての言語表現がもつ閉鎖性を伴うことを克明に追跡し，近代的公共圏のもつ問題性を示した研究として，次を，あらためて是非とも参照。富永前掲『理性の使用』。本書も富永の近代への懐疑を認めるし，コンスタンも，すでにそうした公共圏への懐疑を保持していたと考える。しかし，コンスタンの懐疑は絶望ではなかったし，コンスタンは，「政治的自由」の近代的機能にとって，公共圏は希望の最も明るい灯火だと考えるのをやめなかった。コンスタンが，公共圏へも文学へも，ロマン主義的言語表現を持ち込まなかったのも，その表れであると思われる。

(19) ナポレオン体制が，フランス革命が創出した独立農民層を支持基盤に取り込んだだけでなく，じつは産業資本の利害を貫徹しようとしたことは，吉田静一の研究以来，よく知られている。吉田前掲『フランス重商主義論』。

(20) 岡本前掲『ナポレオン体制への道』第 4 篇第 2 章「ナポレオン行政論」。

(21) 総裁政府から統領政府さらにはナポレオン体制とフランスの近代化は，いわば狭隘

な「政治的自由」主導で進められた。これは，公共圏の国家による囲い込みと公共性の国民化を意味し，コンスタンの観念にあるような18世紀的公共性の国際的性格を排除していったのである。

(22) ギゾーは，ブルジョワ的イデオロギーを「事実」や「実証」の名で語った。これは，コントの「実証主義」についても当てはまる。いつの時代も，歴史学や社会学において，イデオロギー的価値は支配者にとって「実証」として示される。

(23) フーリエもサン＝シモンも，自由な近代的個人を現実に見出せなかったので，その主体表現に「社会」を用いたのである。

(24) ローザンヴァロンなどによるフランス自由主義の見直しが，フランス市民社会論の政治的性格の再評価に繋がっていることは，すでに指摘した。

(25) プルードンについては，マルクスのプロレタリアート独裁論に対抗するものとして，国家からの社会の独立を主張した側面が指摘されてきた（阪上孝『フランス社会主義』新評論，1981年，等を参照)。プルードンによる社会的アナルシーの強調を，「政治的自由」の社会的自由への転位の試みとしても，読む必要があるだろう。

(26) マルクスの社会主義の源泉に，その有力な一つとして，フランス社会主義が挙げられる。この場合フランス社会主義が，ギゾー的政治体制を批判していたことが重要であると思われる。マルクスは，ギゾー的体制の解体という政治的文脈で，フランス社会主義を受容したと考えられる。マルクスが『いわゆるユダヤ人問題について』(1843年）で，フランス市民社会を，ルソーからロベスピエールという線上で，きわめて政治的に把握していたことは，すでに触れた。マルクスは，そこで，近代における国家と社会の分離を示し，近代的個人の政治的疎外を指摘し，近代的個人の社会的解放を展望していた。マルクスの論理には，コンドルセやコンスタンさらにはレドレルが主題とした近代的個人の「政治的自由」についての関心が，希薄である。マルクスにとって，「政治的自由」はルソーやロベスピエール的な意味での「政治的自由」であったといってよいだろう。こうした前提にたって，マルクスは，社会主義を，プロレタリアートによる社会組織の思想として，構想した。そこで，マルクスがフランス社会主義から引き出したのは，ギゾー的な階級闘争史観の上に新しい主体としてのプロレタリアートを位置付けるということであった。つまり，マルクスにおいては，「個人的自由」と「政治的自由」との関連づけという問題が素通りされているのであって，コンスタンのみた公共圏の意義も消え去っているのである。マルクスは，コンスタンがボリールに対して譲らなかった公共圏の自由あるいは表現の自由の絶対性についても関心が薄く，公共圏はギゾー的階級闘争のイデオロギー的線上にみられているといわざるを得ないだろう。マルクスがフランス自由主義のコンスタン的主題を受容しなかったことは，逆にマルクス主義のフランスへの流入を困難としたと思われる。マルクスの経済学批判という形のブルジョワ体制批判は，ブルジョワジーからプロレタリアートへの主体変更を明示したが，ギゾーによる体制としての自由主義の成立に似通っており，「政治的自由」をめぐるフランスでの論争に終結をもたらすものとは思われなかったであろう。『資本論』はフランスに定着しなかった。そして，フランスにおけるマルクスの受容は，「政

治的自由」という問題において，マルクスを活用しうるか否かを焦点としたと思われる。世界大戦後，サルトルはマルクスを政治哲学的に読んだし，アルチュセールの『資本論』解読（『資本論を読む』1965 年）も，哲学的であるだけでなく政治的であった。

(27)　フランス自由主義の「政治的自由」の設計という主題は，近代的個人の未成熟認識によって，「政治的自由」の主体を社会そのものに求めたのであった。フランス革命後，「社会」の観念が，諸思想においてクローズアップされるが，それは，社会主義的思想によったというより，自由主義的潮流のフランス的屈折にも規定されたのであった。こうして，フランスにおける自由主義と「社会」の思想との結合が伝統化された。それは，自由主義と国家という枠組みで，フランスの福祉国家の思想にまで，大きく影を落とすことになるだろう。ローザンヴァロンの自由主義研究が彼の福祉国家論に結びつく必然性も，ここにあるだろう。Rosanvallon, P., *La crise de l'État-providence*, Paris, 1981. 田中前掲『貧困と共和国』。